U0960065

权威·前沿·原创

皮书系列为
“十二五”“十三五”国家重点图书出版规划项目

BLUE BOOK

智库成果出版与传播平台

长江经济带产业蓝皮书

BLUE BOOK OF INDUSTRY IN YANGTZE RIVER ECONOMIC BELT

长江经济带产业发展报告（2019）

ANNUAL REPORT ON INDUSTRIAL DEVELOPMENT IN YANGTZE RIVER ECONOMIC BELT (2019)

主　编／吴传清
副主编／黄　成　杜　宇　周中林　黄庆华

社会科学文献出版社
SOCIAL SCIENCES ACADEMIC PRESS (CHINA)

图书在版编目（CIP）数据

长江经济带产业发展报告．2019／吴传清主编．--北京：社会科学文献出版社，2020.3
（长江经济带产业蓝皮书）
ISBN 978－7－5201－5853－4

Ⅰ．①长…　Ⅱ．①吴…　Ⅲ．①长江经济带－产业发展－研究报告－2019　Ⅳ．①F127.5

中国版本图书馆 CIP 数据核字（2019）第 278897 号

长江经济带产业蓝皮书
长江经济带产业发展报告（2019）

主　　编／吴传清
副 主 编／黄　成　杜　宇　周中林　黄庆华

出 版 人／谢寿光
组稿编辑／陈凤玲　田　康
责任编辑／关少华

出　　版／社会科学文献出版社·经济与管理分社（010）59367226
地址：北京市北三环中路甲 29 号院华龙大厦　邮编：100029
网址：www.ssap.com.cn
发　　行／市场营销中心（010）59367081　59367083
印　　装／天津千鹤文化传播有限公司

规　　格／开 本：787mm × 1092mm　1/16
印 张：31.75　字 数：473 千字
版　　次／2020 年 3 月第 1 版　2020 年 3 月第 1 次印刷
书　　号／ISBN 978－7－5201－5853－4
定　　价／198.00 元

本项研究工作受武汉大学建设世界一流大学和特色发展引导专项资金资助项目“长江经济带高质量发展多学科研究”资助

本书出版获武汉大学中央高校基本科研业务费专项资金、武汉大学中国发展战略与规划研究院专项资金资助

长江经济带产业发展报告（2019）
编　委　会

学术支持　武汉大学中国发展战略与规划研究院长江经济带发展战略研究中心
武汉大学长江经济带高质量发展多学科研究团队
长江大学长江经济带发展研究院
武汉大学区域经济研究中心
睿景智库（睿景经济研究院）
中国区域经济学会长江经济带专业委员会

主　　编　吴传清

副 主 编　黄　成　杜　宇　周中林　黄庆华

主编助理　黄　磊　邓明亮

撰 稿 人　吴传清　杜　宇　黄　成　邓明亮　陈　翥
万　庆　李姝凡　周西一敏　黄庆华　时培豪
郑开元　宋子逸　黄　磊　申雨琦　尹礼汇
刘　晗　王　燕　周中林　肖　博　郑　军
钟　晟　叶云岭　张冰倩　高　坤　李言蹊
尹诚明　熊　珊　张　玲　谭雨希　许雄琛

主要编撰者简介

吴传清 武汉大学经济与管理学院经济学博士、教授、区域经济学学科建设负责人、区域经济学专业博士生导师。武汉大学中国发展战略与规划研究院副院长，武汉大学区域经济研究中心主任，武汉大学长江经济带高质量发展多学科研究团队负责人，长江大学长江经济带发展研究院执行院长。中国区域科学协会副理事长，中国区域经济学会长江经济带专业委员会发起人、主任委员，“长江经济带发展高端论坛”“长江经济带发展30人论坛”发起人。研究领域：区域经济理论与政策、长江经济带发展战略与政策、创新驱动发展战略与政策、产业集群理论与政策。主持国家社科基金一般项目“推动长江经济带制造业高质量发展研究”（项目编号：19BJL061）。合著《黄金水道——长江经济带》（2018年）、《长江中游城市群研究》（2018年），主编出版系列《长江经济带产业发展报告》（2017年、2018年、2019年）。

黄庆华 西南大学经济管理学院副院长、管理学博士、教授、硕士生导师。研究方向为产业政策与产业布局、产业升级与公司治理、农业产业发展。主持国家级项目1项，省部级项目10项，其他纵向和横向项目10余项。在 *International Journal of Production Economic*, *Transformations in Business & Economics*, *International Journal of Environmental Research and Public Health*,《科研管理》《经济理论与经济管理》《中国人口·资源与环境》《财经问题研究》《改革》《宏观经济研究》《农业经济问题》《农业技术经济》等SSCI、SCI、CSSCI源刊发表学术论文30多篇。出版《重庆工业可持续增长动力机制研究》《全球价值链视角下西部地区制造业转型升级机制与路径研究》等专著。

周中林 长江大学长江经济带发展研究院副院长，经济学博士，长江大学经济与管理学院教授，硕士生导师。中国区域经济学会长江经济带专业委员会副主任委员。主持国家社科基金项目1项，主持或参与省部级科研项目10余项。出版《绿色壁垒理论与实证研究》等著作，发表论文50余篇。《长江经济带产业发展报告》（副主编，2018年、2019年）。

王 燕 重庆工商大学长江上游经济研究中心教授、研究生院副院长，经济学博士、管理学博士后，重庆工商大学“应用经济学”学科技术带头人。研究方向为区域创新与区域经济发展。主持国家社科基金项目等科研项目近20项；在《管理世界》等期刊发表论文近50篇，出版专著1部。

黄 磊 西南大学经济管理学院讲师。武汉大学区域经济学专业博士，武汉大学区域经济研究中心特约研究员。在长江经济带发展领域发表系列研究论文10余篇，多篇论文被人大复印报刊资料全文转载。出版《黄金水道——长江经济带》（第二作者，2018年）、《长江经济带产业发展报告》（副主编，2017年、2018年）。《长江经济带工业绿色发展报告》获第九届“优秀皮书报告奖”一等奖（中国社会科学院第五届皮书学术委员会颁发），《长江经济带产业绿色发展报告》获第十届“优秀皮书报告奖”一等奖（中国社会科学院第五届皮书学术委员会颁发）。

黄 成 武汉大学区域经济研究中心主任助理，武汉大学中国中部发展研究院区域经济学专业博士研究生，福建师范大学区域经济学专业硕士。发表《长江经济带经济增长动力评价与优化路径研究》《长江经济带综合立体交通走廊绿色发展研究》《长江经济带高技术制造业创新效率时空格局演变研究》等论文；参著《黄金水道——长江经济带》、《长江经济带产业发展报告》（2018 年、2019 年）等著作。

杜　宇　武汉大学区域经济研究中心主任助理，武汉大学经济与管理学院区域经济学专业博士研究生，安徽大学产业经济学专业硕士。发表《偏向型技术进步对长江经济带全要素能源效率影响研究》《长江经济带高技术制造业创新效率时空格局演变研究》等论文；参著《黄金水道——长江经济带》（2018 年）、《长江经济带产业发展报告》（2018 年、2019 年）等著作。

邓明亮　武汉大学区域经济研究中心主任助理，武汉大学经济与管理学院区域经济学专业硕博连读研究生。发表《长江经济带高耗能产业集聚特征及影响因素研究》《基于改进超效率 DEA 模型的长江经济带科技创新效率研究》《基于 PCA – DEA 组合模型的长江经济带生态效率研究》《技术创新、空间溢出与长江经济带工业绿色全要素生产率》《科技创新、对外开放与长江经济带高质量发展》等系列论文 10 余篇；参著《黄金水道——长江经济带》（2018 年）、《长江经济带产业发展报告》（2017 年、2018 年、2019 年）等著作。

陈　蕙　中南民族大学经济学院讲师，武汉大学区域经济学专业博士，武汉大学区域经济研究中心特约研究员，中国区域经济学会长江经济带专业委员会副秘书长。主持教育部人文社会科学研究青年基金项目 1 项。出版《中国城市服务业经济研究》（第一作者，2018 年）、《长江经济带产业发展报告》（副主编，2018 年）。在区域产业经济领域发表系列研究论文 10 余篇。

万　庆　武汉工程大学年薪制副教授、硕士生导师，武汉大学区域经济学专业博士，武汉大学区域经济研究中心特约研究员。主持国家自然科学基金青年项目 1 项、教育部人文社会科学研究青年基金项目 1 项。在长江经济带领域发表系列研究论文10余篇；出版《长江中游城市群研究》（第二作者，2018年），参著《黄金水道——长江经济带》（2018年）、《长江经济带产业发展报告》（2017年、2018年、2019年）等著作。

郑开元 建信理财有限责任公司研究部研究员，武汉大学区域经济研究中心特约研究员。武汉大学区域经济学专业博士、金融学专业硕士。发表学术论文10余篇；参著《黄金水道——长江经济带》（2018年）、《长江经济带产业发展报告》（2017年、2018年、2019年）等著作。

钟　晟 武汉大学国家文化发展研究院文化规划中心主任、讲师，管理学专业博士。湖北省文化产业学会副秘书长。研究方向为文化战略、文化空间、文化旅游规划。负责完成地方文化旅游相关规划、策划和研究报告多项。出版《旅游产业与文化产业融合发展研究——以武当山为例》（独著）、《旅游策划：理论、案例与实践》（主编）。

刘　晗 重庆工商大学长江上游经济研究中心、经济学院讲师，管理学博士。研究方向为产业结构与区域经济发展等。主研国家自然科学基金、国家社科基金等省部级项目9项。发表论文30余篇，出版专著2部。

摘 要

2018年，在武汉召开的深入推动长江经济带发展座谈会上，习近平总书记强调：推动长江经济带发展是党中央作出的重大决策，是关系国家发展全局的重大战略，对实现“两个一百年”奋斗目标、实现中华民族伟大复兴的中国梦具有重要意义；推动长江经济带发展，既是一场攻坚战，更是一场持久战；坚持新发展理念，推动长江经济带高质量发展，使长江经济带成为引领我国经济高质量发展的生力军。推动产业高质量发展是促进长江经济带高质量发展的重点，是推动长江经济带建设成为我国生态文明建设先行示范带、创新驱动带、协调发展带的重要支撑。

《长江经济带产业发展报告（2019）》是由武汉大学中国发展战略与规划研究院、武汉大学区域经济研究中心、长江大学长江经济带发展研究院等科研机构组织编撰的智库产品，是第三本长江经济带产业蓝皮书。《长江经济带产业发展报告（2019）》分为总报告、专题研究报告、专题调研报告、附录四部分，共收录19篇研究报告、3份附录材料。

总报告为《长江经济带工业发展质量研究报告》。根据工业高质量发展的科学内涵构建工业发展质量综合评价体系，重点研判长江经济带工业发展质量在全国的相对位置，分析长江经济带工业发展质量的演变特征和空间差异。报告显示：长江经济带工业发展质量呈稳步上升态势，高于全国平均水平和长江经济带以外地区，成为引领全国经济高质量发展的支撑带。长江经济带工业发展质量的区域分异特征显著，上海、江苏、重庆是长江经济带工业发展质量的“高地”。

专题研究报告部分收录13篇研究报告。侧重研究产业结构变化特征、制造业集聚发展、制造业转型升级、制造业能源消费、城市工业绿色发展、装备制造业绿色发展、污染密集型产业生态化发展、FDI 对制造业污染的影响、科技服务业发展、文化产业发展等领域。报告内容显示：长江经济带产业结构合理化水平高于全国平均水平，产业结构高度化、高效化水平低于全国平均水平，上中下游地区内部差异较大；长江经济带工业同构现象普遍存在且呈深化趋势，下游地区同构现象最显著，长江经济带工业同构性合意，但存在转变为非合意的风险；产业集聚对长江经济带沿江各地区经济发展质量具有显著促进作用，技术进步是提升长江经济带经济发展质量的主要动力；长江经济带制造业全要素生产率年均增速高于全国平均水平，上中下游地区呈倒 V 形格局，多数省市全要素生产率提升主要源于技术进步；长江经济带制造业转型升级水平高于全国平均水平，体现在制造业结构优化和绿色发展方面优势明显；长江经济带制造业集聚对全要素能源效率的影响存在门槛效应，跨过门槛后，提高政府干预程度和经济发展水平能有效提升能源效率；长江经济带城市工业绿色发展效率呈上升态势，上中下游地区呈梯度递减格局，经济发展、环境规制、工业化、对外开放对长江经济带城市工业绿色发展效率具有直接促进作用；长江经济带上中下游地区装备制造业集聚水平梯度递增，交通运输设备装备制造业、专用设备装备制造业集聚水平较低，中下游地区装备制造业集聚与绿色创新效率存在显著 N 形关系，上游地区装备制造业集聚与绿色创新效率存在显著倒 N 形关系；长江经济带污染密集型产业规模呈先上升后平稳的变化特征，污染密集型产业主要集聚在下游地区，存在向中上游地区转移的趋势，污染密集型产业生态效率呈上升趋势；FDI 对长江经济带制造业污染产生显著的抑制作用，其影响效应在长江经济带不同地区有所差别，且随着产业集聚水平的变化而产生差异；长江经济带制造业能耗总量呈上升趋势，能耗强度呈下降趋势，能源消费碳排放量呈浮动上升态势，引发长江经济带制造业碳排放量快速增长的主要原因包括产业和人口规模不断扩大、经济快速增长、能源结构持续调整、能源效率逐年降低；长江经济带生态保护效率与科技服务业发展效率具有显著的空间差异，科研技术服务业发展效率对本地区及周边地区生态保护效率有正向影响，科技资本服务业发展效率对本地区生态保护效率有正向影响，但对周边地区有抑制效应，科技宣传服务业发展效率对生态保护效率未产生显著影响；建设长江文化产业带可有效推动长江流域各地区丰富多彩的文化资源优势向经济优势转变，促进长江经济带文化产业蓬勃发展。

专题调研报告部分收录5篇实地调研报告，主要涉及“化工围江”、轨道交通装备制造业、高端航运服务业、医药产业、信息技术产业、国家综合性科学中心建设等长江经济带产业高质量发展的热点话题。报告内容显示：长江经济带化工产业在全国化工发展格局中占据重要地位，湖北省和江苏省化工产业规模位居长江经济带前列，围绕引导化工产业高质量发展已形成破解“化工围江”难题的“湖北样本”和“江苏样本”；株洲是我国最大的电力机车研发和制造基地，已形成以整车制造为主体，以核心部件、关键零部件、车载电气系统、铁路工程机械、运营维护系统等为重点的集约型产业体系；合肥综合性国家科学中心产业发展聚焦“信息、能源、健康、环境”领域，其中，人工智能产业、量子信息技术产业是合肥综合性国家科学中心着力发展的特色产业；高端航运服务业是提升航运中心综合竞争力和集聚辐射力的重要支撑，武汉航运交易所是武汉高端航运服务业的重要主体和推动者，促进武汉高端航运服务业高质量发展的关键是培育发展高端特色航运服务业态，加强高端航运服务业与制造业融合发展；江苏泰州是我国重要的医药产业集聚区，已形成以疫苗、生物药、诊断试剂、化学药新型制剂、高端医疗器械等为特色的医药产业体系。

附录部分收录长江经济带沿线11省市工业、服务业、农业相关统计数据；长江经济带国家级制造业创新中心名录；本书编撰者研究长江经济带相关成果目录。

关键词： 长江经济带　产业集聚　制造业　服务业　高质量发展

目　录

Ⅰ　总报告

Ⅱ　专题研究报告

Ⅲ 专题调研报告

Ⅳ 附录

皮书数据库阅读**使用指南**

总 报 告

General Report

B.1 长江经济带工业发展质量报告*

吴传清 杜 宇 黄 成 邓明亮 陈 翥 万 庆**

摘 要： 工业是经济高质量发展的着力点，工业高质量发展是长江经济带建成高质量发展经济带的重中之重。本报告从国家和省级层面梳理长江经济带工业高质量发展政策文本和实践热点。根据工业高质量发展的科学内涵构建包括创新驱动、绿色转型、协同发展、开放发展四个维度共36个基础指标的工业发

* 基金项目：武汉大学建设世界一流大学和特色发展引导专项资金资助项目“长江经济带高质量发展多学科研究”（主持人：吴传清）；湖北省社会科学基金一般项目“长江经济带产业发展研究报告”（项目编号：2019056；主持人：吴传清）；中央高校基本科研业务费专项资金项目“区域协调发展理论与实践问题研究”（项目编号：2042019kf1005；主持人：吴传清）。

** 吴传清，武汉大学经济与管理学院、中国发展战略与规划研究院教授，博士生导师，从事区域经济学研究；杜宇，武汉大学经济与管理学院区域经济学专业博士研究生，从事区域经济学研究；黄成，武汉大学中国中部发展研究院区域经济学专业博士研究生，从事区域经济学研究；邓明亮，武汉大学经济与管理学院硕博连读研究生，从事区域经济学研究；陈翥，中南民族大学经济学院讲师，从事区域产业发展研究；万庆，武汉工程大学年薪制副教授、硕士生导师，从事城市经济发展研究。

展质量综合评价体系，基于2011～2017年全国30个省区市面板数据，采用熵权－Topsis法系统评估全国30个省区市工业发展质量，重点研判长江经济带工业发展质量在全国的相对位置，并结合长江经济带上中下游地区和沿线11个省市两个空间尺度，分析长江经济带工业发展质量的演变特征和空间差异。研究结果显示：长江经济带工业发展质量呈稳步上升态势，高于全国平均水平和长江经济带以外地区，成为引领全国经济高质量发展的支撑带，创新驱动和开放发展是工业高质量发展的主要动力。长江经济带工业高质量发展的空间分异特征显著，呈下上中游梯度递减格局。上海、江苏、重庆是长江经济带工业发展质量的“高地”。长江经济带工业高质量发展面临着工业创新驱动能力不强、工业污染治理难度较大、区域工业协同度较低、全面对外开放格局尚未形成等主要瓶颈。进一步推动长江经济带工业发展质量提升，应充分发挥创新驱动对工业转型升级的引领作用、加大力度推动产业绿色化发展、引领地区间工业协同发展、提高制造业国际化发展水平。

关键词： 长江经济带　工业　高质量发展　创新驱动　开放发展

长江经济带是我国区域经济发展的重要战略支撑带，也是我国工业发展的主要集聚区。2018年4月，习近平总书记在深入推动长江经济带发展座谈会上强调，推动长江经济带高质量发展，使长江经济带成为引领我国经济高质量发展的生力军。工业是经济高质量发展的着力点，工业高质量发展是长江经济带建成高质量发展经济带的重中之重。《中共中央国务院关于推动高质量发展的意见》强调，坚持新发展理念，推进制造业、高技术产业等重点领域高质量发展，带动引领整体高质量发展。《2018 年中央经济工作会议公报》将推动制造业高质量发展确定为 2019 年首要重点工作任务。推动长江经济带工业高质量发展是经济高质量发展的重要内容，也是建设现代化经济体系、打造制造业强国的应有之义。

一 长江经济带工业高质量发展政策环境

（一）国家关于工业高质量发展的重要制度安排

1. 国家颁布关于工业高质量发展相关政策文件概况

经济高质量发展是新时代我国经济发展的必然要求和基本特征，“工业高质量发展”是经济高质量发展的重点，实现工业高质量发展是体现新发展理念的发展。国家高度重视工业高质量发展，围绕实现工业高质量发展目标，制定了一系列工业高质量发展专项规划和指导意见，为长江经济带工业高质量发展做好顶层设计、提供政策指导。

2015 年 5 月 8 日，国务院出台《中国制造 2025》，指出要坚持制造业创新发展、绿色发展，促进制造业提质增效，加快新一代信息技术与制造业深度融合，促进产业转型升级，实现制造业由大变强。将提质增效摆在制造业高质量发展的中心位置，坚持把质量作为建设制造强国的生命线，强化企业质量主体责任，加强质量技术攻关、自主品牌培育；建设法规标准体系、质量监管体系、先进质量文化，营造诚信经营的市场环境，走以质取胜的发展道路。《中国制造 2025》指出要积极推动长江经济带产业协同发展，按照新型工业化的要求，改造提升现有制造业集聚区，推动产业集聚向产业集群转型升级，是推动长江经济带制造业高质量发展的重要依据，对加快长江经济带工业高质量发展具有重要意义。

2016 年 3 月 16 日，全国人民代表大会通过《中华人民共和国国民经济和社会发展第十三个五年规划纲要》，强调根据资源环境承载力，引导产业合理布局和有序转移，打造特色优势产业集群，培育壮大战略性新兴产业，建设集聚度高、竞争力强、绿色低碳的现代产业走廊，优化长江经济带产业布局。2016 年 6 月 30 日，为落实《中华人民共和国国民经济和社会发展第十三个五年规划纲要》和《中国制造 2025》战略部署，加快推进生态文明建设，促进工业绿色发展，工信部出台《工业绿色发展规划（2016—2020 年)》，强调提升资源能源利用效率和清洁生产水平，推动传统工业绿色化改造，创新绿色科技，建设法规标准制度，实施绿色制造工程，构建绿色制造体系，大力发展绿色制造产业，全面发展绿色产品、绿色工厂、绿色园区、绿色供应链，建立健全工业绿色发展长效机制。这一规划明确提出要大力推动长江经济带生态保护，推进沿江工业节水治污、清洁生产改造，加快发展节能环保、新能源装备等绿色产业，支持一批节能环保产业示范基地建设和发展。2016 年 8 月 23 日，工信部等四部门联合出台《绿色制造工程实施指南(2016—2020 年)》，指出绿色制造是工业转型升级的必由之路，要全面推行绿色制造，缓解当前资源环境瓶颈约束，加快转变经济发展方式、推动工业转型升级、提升制造业国际竞争力；提出提高绿色制造能力、推进绿色制造关键共性技术产业化应用、建成绿色制造相关评价标准体系和认证机制，创建绿色工业园区、示范工厂，推广绿色产品等目标。2017 年 5 月 19 日，工信部印发《工业节能与绿色标准化行动计划（2017—2019 年)》，强调全面贯彻新发展理念，充分发挥工业节能与绿色标准的规范和引领作用，促进工业企业能效提升和绿色发展，充分发挥行业主管部门在标准制定、实施和监督中的作用，强化工业节能与绿色标准制修订，扩大标准覆盖面，加大标准实施监督和能力建设。《工业绿色发展规划（2016—2020 年)》《绿色制造工程实施指南（2016—2020 年)》《工业节能与绿色标准化行动计划(2017—2019 年)》以绿色发展为基本方向，明确工业绿色发展的重点领域、基本准则、发展标准和主要抓手，对长江经济带工业高质量发展提出具体要求和推进路径，对进一步推进长江经济带制造业高质量发展具有重要指导意义。

2016 年 7 月 23 日，国务院办公厅发布《关于石化产业调结构促转型增效益的指导意见》，指出要推动石化产业提质增效、转型升级和健康发展。

2016年9月29日，工信部制定《石化和化学工业发展规划（2016—2020年）》，进一步强调要推动石化和化学工业由大变强，实现石化和化学工业持续科学健康发展。2017年12月5日，国家发改委和工信部联合出台《关于促进石化产业绿色发展的指导意见》，提出要坚持政策引导与市场推动相结合、优化布局与园区建设相结合、优化升级与绿色生产相结合、创新驱动与标准引领相结合，实现产业布局更趋合理、产业结构不断优化、创新能力稳步提升、绿色标准持续完善等目标。《关于石化产业调结构促转型增效益的指导意见》《石化和化学工业发展规划（2016—2020年）》《关于促进石化产业绿色发展的指导意见》明确了石化产业提质增效、绿色发展的基本思路，对修复长江生态环境、鼓励长江经济带相关地区化工园区循环化改造、推动长江经济带石化产业高质量发展具有重要指导意义。

2016年8月1日，国家质检总局、国家标准委、工信部印发《装备制造业标准化和质量提升规划》，强调以提高制造业发展质量和效益为中心，实施工业基础、智能制造、绿色制造等标准化和质量提升工程，不断优化和完善装备制造业标准体系，加强质量宏观管理，完善质量治理体系，提高标准的技术水平和国际化水平，提升我国制造业质量竞争能力。2017年10月31日，工信部制定《高端智能再制造行动计划（2018—2020年）》，提出要加快实施绿色制造，推动工业绿色发展，推进高端智能再制造关键工艺技术装备研发应用与产业化推广，推动形成再制造生产与新品设计制造间的有效反哺互动机制，完善产业协同发展体系，加强标准研制和评价机制建设，探索高端智能再制造产业发展新模式，促进再制造产业不断发展壮大。《装备制造业标准化和质量提升规划》《高端智能再制造行动计划（2018—2020年）》明确了装备制造业、高端再制造、智能再制造发展的工作思路和主要任务，对提升长江经济带工业发展技术管理水平和工业发展质量具有重要指导意义。

2017年6月13日，国家发改委印发《服务业创新发展大纲（2017—2025年）》，从制造业和服务业融合发展角度，强调推进信息化与工业化深度融合，加快发展智能化服务，提高制造智能化水平，提出充分发挥制造业对服务业发展的基础作用，有序推动双向融合，促进有条件的制造企业由生产型向生产服务型转变、服务企业向制造环节延伸。《服务业创新发展大纲（2017—2025 年）》明确了制造业和服务业融合发展基本思路，有利于加快长江经济带制造业和服务业融合发展，推动长江经济带构建形成现代产业体系，加快长江经济带工业高质量发展。

2018 年 9 月 20 日，中央全面深化改革委员会第四次会议审议通过《关于推动高质量发展的意见》，强调要抓紧研究制定制造业、高技术产业高质量发展政策，创建和完善制度环境，协调建立高质量发展指标体系、政策体系、标准体系、统计体系、绩效评价和政绩考核办法。2018 年 12 月 13 日，中共中央政治局召开经济工作会议，提出制造业高质量发展的命题，要求推进先进制造业与现代服务业深度融合。2018 年 12 月 19 日，中共中央经济工作会议将推动制造业高质量发展作为 2019 年要抓好的第一项重点工作任务，从推动先进制造业和现代服务业深度融合、增强制造业技术创新能力等方面制定推动制造业高质量发展、建设制造强国的行动方案。2019 年 3 月 5 日，国务院总理李克强在第十三届全国人民代表大会第二次会议上所作的《政府工作报告》，强调围绕推动制造业高质量发展，强化工业基础和技术创新能力，促进先进制造业和现代服务业融合发展，加快建设制造强国。2019 年 9 月 9 日，中央全面深化改革委员会第十次会议审议通过《关于推动先进制造业和现代服务业深度融合发展的实施意见》，强调推动先进制造业和现代服务业深度融合是增强制造业核心竞争力、培育现代产业体系、实现高质量发展的重要途径。

总体而言，国家层面先后出台一系列涉及工业高质量发展的相关规划文本、政策文本，对高质量发展目标、重点领域和保障措施做出了全面战略部署，对长江经济带工业高质量发展具有重要的指导意义。现有国家层面工业高质量发展相关政策文本呈现以下鲜明特点。

一是多从新发展理念内容出发，从工业创新、协同、绿色、开放、共享等角度具体指导工业高质量发展。

二是多从具体工业产业类型出发，有针对性地指导制造业、战略性新兴产业、装备制造业、石化和化学工业等细分工业行业高质量发展。

三是注重工业与其他产业融合发展，推进工业高质量发展，构建形成现代产业体系，离不开多产业融合，尤其是先进制造业和现代服务业的相融相长、耦合共生。

2. 长江经济带工业高质量发展相关政策文件概况

国家层面关于工业高质量发展的相关政策文件为全国工业高质量发展指明了方向，是长江经济带工业高质量发展的重要依据。长江经济带工业发展实力较强、潜力巨大，国家高度关注长江经济带工业高质量发展，相继出台了一系列政策文件、法律法规，明确长江经济带工业高质量发展思路，指引长江经济带工业高质量发展。

2014 年 9 月 25 日，国务院颁布《国务院关于依托黄金水道推动长江经济带发展的指导意见》，强调推进信息化和工业化深度融合，积极引导沿江城镇布局与产业发展有机融合，推动沿江产业由要素驱动向创新驱动转变，大力发展战略性新兴产业，加快改造提升传统产业，引导产业合理布局和有序转移，培育形成具有国际水平的产业集群，增强长江经济带产业竞争力。2016 年 9 月，《长江经济带发展规划纲要》正式印发，要求长江经济带必须走生态优先、绿色发展的道路，培育产业绿色发展新动能，强化工业污染防治，积极推动钢铁、建材、船舶等产业改造升级，推进去产能、去库存，淘汰落后产能；强调长江经济带应大力实施长效驱动发展战略，强化企业技术创新能力，重点在集成电路、生物医药、智能机器人、航空装备、光电子、高性能医学诊疗设备、生物工程育种、新型平板显示、卫星导航、轨道交通领域，打造产业技术创新联盟，创新驱动长江经济带工业高质量发展。《国务院关于依托黄金水道推动长江经济带发展的指导意见》《长江经济带发展规划纲要》指出了长江经济带工业高质量发展的基本思路，对推动长江经济带工业高质量发展具有重要的指导意义。

2015 年 6 月 9 日，国家发改委印发《关于建设长江经济带国家级转型升级示范开发区的实施意见》，指出要以依托示范开发区为主，在地、县两级按工业集中、产业聚集、用地集约的要求，建立利益共享机制，提高工业集中度、产业集聚度，突出主导产业特色。2016 年 3 月 2 日，国家发改委等三部门联合发布《长江经济带创新驱动产业转型升级方案》，强调创新驱动实现产业转型升级是长江经济带工业高质量发展的重要举措，提出建立长江经济带工业技术研究院，加快发展高端装备制造、新一代信息技术、节能环保、现代生物、新材料、新能源、新能源汽车等战略性新兴产业，加快改造提升钢铁、有色金属、石化、纺织等传统产业，积极夯实信息化发展基础，打造长江经济带工业新优势。《关于建设长江经济带国家级转型升级示范开发区的实施意见》《长江经济带创新驱动产业转型升级方案》从创新驱动发展角度明确了长江经济带工业高质量发展的推进方向和路径。

2017 年 6 月 30 日，工信部等五部门联合印发《关于加强长江经济带工业绿色发展的指导意见》，要求优化工业布局、调整产业结构、推进传统制造业绿色化改造、加强工业节水和污染防治，进一步提高长江经济带工业资源能源利用效率，全面推进绿色制造，减少工业发展对生态环境的影响，实现绿色增长。2017 年 7 月 13 日，环境保护部（现为“生态环境部”）、国家发改委、水利部等部门联合编制《长江经济带生态环境保护规划》，强调以产业绿色发展推动长江经济带绿色发展，要求以钢铁、水泥、有色金属、建材、化工、纺织等行业为重点加快长江经济带绿色制造业发展，同时开展工业企业绿色转型发展示范试点，树立优质产能绿色品牌，推动绿色产业链延伸。2018 年 2 月 13 日，财政部发布《关于建立健全长江经济带生态补偿与保护长效机制的指导意见》，按照高质量发展的要求，强化财政职能作用，细化长江经济带排放消耗地区、工业化城镇化地区生态补偿和保护长效机制。《关于加强长江经济带工业绿色发展的指导意见》《长江经济带生态环境保护规划》《关于建立健全长江经济带生态补偿与保护长效机制的指导意见》从绿色发展角度明确了长江经济带工业高质量发展的重点任务。

2018 年 4 月 26 日，在深入推动长江经济带发展座谈会上，习近平总书记明确提出要使“长江经济带成为引领我国经济高质量发展的生力军”，要求推动质量变革、效率变革、动力变革，加快建设实体经济、科技创新、现代金融、人力资源协同发展的产业体系，构建市场机制有效、微观主体有活力、宏观调控有度的经济体制，对长江经济带工业高质量发展具有重要的指导意义。

围绕长江经济带工业高质量发展目标，国家层面相继发布了系列规划文本、政策文件和重要讲话，为长江经济带工业高质量发展营造了良好的政策环境。现有国家层面关于长江经济带工业高质量发展的顶层设计呈现以下特点。

一是多从整体上把握长江经济带产业高质量发展。长江经济带工业行业高质量发展专项政策文本相对较少，国家层面着重将产业高质量发展纳入长江经济带高质量发展总体框架，谋划通过产业高质量发展实现长江经济带高质量发展的路径。

二是侧重探讨工业创新和绿色发展，强调从传统产业绿色改造升级、新兴产业培育把握长江经济带工业高质量发展的方向，通过创新驱动、绿色引领促进长江经济带工业高质量发展。

（二）长江经济带沿线11省市工业高质量发展实践热点

1. 工业/制造业高质量发展相关政策文件

国家颁布的关于国家和长江经济带工业高质量发展的政策文件为长江经济带工业高质量发展创造了适宜的政策环境，有效地推动了长江经济带沿线11 省市工业高质量发展的进程。围绕国家、长江经济带关于工业高质量发展的战略布局，结合各省市工业高质量发展实际和进程，长江经济带沿线11 省市相继出台了一系列工业高质量发展专项政策文件，推进工业高质量发展战略在长江经济带沿线 11 省市的精准落地，加快本省市工业高质量发展进程。从相关政策文件数量来看，江苏省、安徽省、江西省、湖北省、云南省出台的工业高质量发展相关政策文件较多；从出台时间来看，长江经济带沿线 11 省市工业高质量发展相关政策文件出台时间集中在党的十九大以后，尤其是 2018 年 4 月 26 日深入推动长江经济带发展座谈会之后，相关文件集中发布于2018年和2019年；从相关政策类别来看，现有长江经济带沿线11省市工业高质量发展相关政策文件以通知、指导意见为主，相较于国家层面和长江经济带整体层面，各省市工业高质量发展相关政策文件针对性、操作性较强，能够有效推动长江经济带工业高质量发展在各省市落地实施；从政策文件发布主体来看，除长江经济带沿线11省市发布工业高质量发展政策外，各地级市也出台了一系列政策文件对长江经济带工业高质量发展举措进行有效补充，极大地丰富了长江经济带工业高质量发展政策体系；从产业类型来看，长江经济带沿线11省市工业高质量发展政策文件既有针对工业、制造业等行业的综合性政策，也有针对生物医药制造业产业、农业机械化和农机装备产业、电子信息产业、煤炭产业等细分行业的具体性政策；从政策工具来看，长江经济带沿线11省市工业高质量发展政策文件通过综合运用财政、土地、环境、投资、法律、税收等多元政策工具，引导和鼓励工业转型升级，营造良好的工业高质量发展政策环境。长江经济带沿线11省市出台的关于工业高质量发展的相关政策文件见表1。

表1　长江经济带沿线11省市出台的关于工业高质量发展的相关政策文件

省市	数量	文件名称
上海	2	《促进上海市生物医药产业高质量发展行动方案（2018—2020年）》（2018年）、《关于本市促进资源高效率配置推动产业高质量发展的若干意见》（2019年）
江苏	5	《扬州市工业企业开展高质量发展“争先创优”竞赛活动的意见》（2018年）、《江苏省政府关于推动生物医药产业高质量发展的意见》（2018年）、《无锡市推动长江经济带高质量发展三年行动计划（2018—2020年）》（2018年）、《关于加快推进苏州市生物医药产业高质量发展的若干措施的通知》（2019年）、《江苏省政府关于印发江苏省推进高新技术企业高质量发展若干政策的通知》（2019年）
浙江	4	《金华市推进工业实体经济高质量发展三年行动计划（2018—2020年）》（2018年）、《中共杭州市委、杭州市人民政府关于实施创新驱动战略　加快新旧动能转换　推动制造业高质量发展的若干意见》（2018年）、《金华市人民政府关于深入实施创新驱动发展战略推动高质量发展的若干意见》（2019年）、《浙江省人民政府关于推进农业机械化和农机装备产业高质量发展的实施意见》（2019年）

续表

省市	数量	文件名称
安徽	8	《中共安徽省委、安徽省人民政府关于促进经济高质量发展的若干意见》(2018年)、《中共宣城市委、宣城市人民政府关于促进经济高质量发展的实施意见》(2018年)、《巢湖市冲刺"高质量千亿制造业"目标2018年实施方案》(2018年)、《合肥市培育新动能促进产业转型升级推动经济高质量发展若干政策实施细则》(2018年)、《巢湖市培育新动能促进产业转型升级推动经济高质量发展若干政策》(2018年)、《蚌埠市人民政府办公室印发关于促进经济高质量发展的实施意见工作任务推进清单的通知》(2018年)、《安徽省人民政府关于推进重大新兴产业基地高质量发展若干措施的通知》(2019年)、《2019年合肥市培育新动能促进产业转型升级推动经济高质量发展若干政策实施细则》(2019年)
江西	5	《中共江西省委、江西省人民政府关于深入实施工业强省战略推动工业高质量发展的若干意见》(2018年)、《江西省人民政府办公厅印发关于加快科技创新平台高质量发展十二条措施的通知》(2018年)、《新余市人民政府关于印发新余市推动工业高质量发展考核奖励意见的通知》(2019年)、《江西省"2+6+N"产业高质量跨越式发展行动计划(2019—2023年左右)》(2019年)、《景德镇市落实〈江西省"2+6+N"产业高质量跨越式发展行动计划(2019—2023年左右)〉的实施方案》(2019年)
湖南	3	《关于坚持生态优先绿色发展在落实长江经济带发展战略中推动株洲高质量发展的三年行动计划(2018—2020年)》(2018年)、《中共湖南省委、湖南省人民政府关于促进民营经济高质量发展的意见》(2018年)、《株洲市产业转型升级示范区建设五年行动方案(2017—2021年)》(2018年)
湖北	7	《宜昌市深化工业技术改造推动工业经济高质量发展三年行动方案》(2018年)、《湖北省工业经济稳增长快转型高质量发展工作方案(2018—2020年)》(2018年)、《荆州市促进工业经济稳增长高质量发展工作方案(2018—2020年)》(2018年)、《武汉市实施"万千百工程"推进制造业高质量发展行动方案》(2018年)、《武汉市人民政府关于加快全市区级经济高质量发展的意见》(2018年)、《中共襄阳市委、襄阳市人民政府关于推进高质量发展十大重点工程的实施意见》(2018年)、《关于高质量推动荆门市2019—2020年重大项目建设的通知》(2019年)
重庆	2	《重庆市人民政府关于做好促进综合保税区高水平开放高质量发展有关工作的通知》(2019年)、《重庆市推动制造业高质量发展专项行动方案(2019—2022年)》(2019年)
四川	4	《成都市人民政府办公厅关于促进电子信息产业高质量发展的实施意见》(2019年)、《关于促进成都医药健康产业高质量发展的实施意见》(2019年)、《关于印发促进成都生物医药产业高质量发展若干政策的通知》(2019年)、《关于加快天府新区高质量发展的意见》(2019年)
贵州	2	《贵州省人民政府关于推动创新创业高质量发展打造"双创"升级版的实施意见》(2019年)、《黔南州人民政府关于加快工业园区高质量发展的意见》(2019年)

续表

省市	数量	文件名称
云南	9	《云南省人民政府关于积极有效利用外资促进外资增长推动经济高质量发展的实施意见》(2018 年)、《文山州人民政府关于积极有效利用外资促进外资增长推动经济高质量发展的实施意见》(2018 年)、《保山市人民政府关于积极有效利用外资促进外资增长推动经济高质量发展的实施意见》(2018 年)、《丽江市人民政府关于印发丽江市积极有效利用外资促进外资增长推动经济高质量发展实施方案的通知》(2018 年)、《红河州人民政府关于积极有效利用外资促进外资增长推动经济高质量发展的实施意见》(2018 年)、《大理白族自治州人民政府关于积极有效利用外资促进外资增长推动经济高质量发展的实施意见》(2018 年)、《怒江州人民政府办公室关于印发怒江州积极有效利用外资促进外资增长推动经济高质量发展实施方案的通知》(2018 年)、《德宏州人民政府关于积极有效利用外资促进外资增长推动经济高质量发展的实施意见》(2018 年)、《云南省煤炭产业高质量发展三年行动计划(2019—2021 年)》(2019 年)

注：检索时间为 2019 年 9 月 14 日。
资料来源：整理自北大法律信息网。

2. 创新/绿色/协同/开放发展相关政策文件

高质量发展是体现新发展理念的发展，长江经济带工业高质量发展政策举措同样体现在以新发展理念为指导的政策文件中。分别以“工业”和“制造业”加上“创新”“绿色”“协同”“开放”“共享”在北大法律信息网进行文件名关键词检索，由于直接体现“共享”发展理念的政策文件检索结果为 0，此处仅对工业创新、绿色、协同、开放发展相关政策文件进行统计和分析。

长江经济带沿线 11 省市出台了一系列工业创新、绿色、协同、开放发展相关政策文件，极大地丰富了长江经济带工业高质量发展整体支撑体系。如表 2 所示，长江经济带沿线 11 省市现有工业创新、绿色、协同、开放发展相关政策文件合计 249 份，占全国总数的 33.65%，下游地区省市相关政策文件总数达到 111 份，占长江经济带沿线 11 省市相关政策文件总数的 44.58%，长江经济带沿线 11 省市中浙江省、江苏省、江西省、四川省、云南省相关政策文件总数最多，浙江省工业创新、绿色、协同、开放发展相关政策文件总数达到 50 份。分政策维度看，体现长江经济带工业创新发展的相关政策文件最多，达到178份，占比达到71.49%，体现工业协同、开放发展的政策文件相对较少，部分省市未出台关于长江经济带工业协同、开放发展的专项政策文件。

表2　全国、长江经济带及其各地区、沿线11省市出台的工业创新、绿色、协同、开放发展相关政策文件

单位：份

地区	工业/制造业+创新	工业/制造业+绿色	工业/制造业+协同	工业/制造业+开放	合计
全国	563	138	7	32	740
长江经济带	178	48	3	20	249
长江经济带以外地区	385	90	4	12	491
长江经济带下游地区	77	20	1	13	111
长江经济带中游地区	43	15	0	6	64
长江经济带上游地区	58	13	2	1	74
上海市	10	1	0	1	12
江苏省	20	4	0	6	30
浙江省	32	11	1	6	50
安徽省	15	4	0	0	19
江西省	23	10	0	6	39
湖南省	15	1	0	0	16
湖北省	5	4	0	0	9
重庆市	3	2	0	0	5
四川省	21	6	2	1	30
贵州省	14	2	0	0	16
云南省	20	3	0	0	23

注：检索时间为2019年9月14日；全国统计范围为大陆31个省区市，港澳台地区未列入统计，下同；下游地区包括沪苏浙皖，中游地区包括鄂湘赣，上游地区包括川渝黔滇，下同。

资料来源：整理自北大法律信息网。

（三）总体评价

总体而言，长江经济带沿线11省市围绕工业高质量发展目标制定出台了一系列相关政策文件，营造各省市工业高质量发展的适宜性政策环境，对推动长江经济带沿线11省市工业高质量发展起到了重要促进作用。综观长江经济带工业高质量发展相关文件，主要呈现以下特点。

一是以国家工业高质量发展顶层设计为依据，长江经济带沿线11省市印发的工业高质量发展相关政策文件多以国家层面关于全国、长江经济带高质量发展、工业高质量发展政策为依据，结合本省市工业发展实际和高质量发展需求重点，聚焦工业、制造业、装备制造业、战略性新兴产业等领域高质量发展。

二是将创新驱动和绿色引领作为长江经济带工业高质量发展的重要举措。工业高质量发展是体现新发展理念的发展，长江经济带沿线11省市工业高质量发展政策文件多以创新驱动和绿色引领为抓手，通过工业创新发展、绿色发展推动长江经济带工业高质量发展。

三是宏观、中观、微观多层次构建长江经济带工业高质量发展政策体系，在国家层面工业高质量发展政策指导下，长江经济带沿线11省市制定了省级发展政策指导本地区工业高质量发展，相关城市、县、产业园区进一步制定工业高质量发展举措，推动长江经济带工业高质量发展战略在县市层面、园区层面的精准落地。

二　长江经济带工业发展总体概况

经济高质量发展是体现新发展理念的发展，推动工业高质量发展也应从体现创新驱动、绿色转型、协同发展、开放发展等科学内涵寻找实现路径。其中，工业创新驱动不仅要保证创新要素投入，也要发挥创新驱动对工业发展的引领作用，推动产业升级；工业绿色转型应围绕践行“生态优先、绿色发展”重大理念，从污染治理、环境保护、资源利用等方面推动工业绿色化、循环化、生态化发展；工业协同发展要兼顾优化空间布局和推动产业融合发展的科学内涵；工业开放发展重点从提升对外贸易质量、外资利用水平等方面建立工业全方位开放新格局。

（一）工业创新发展概况

工业创新发展立足建立现代化经济体系，提升工业发展质量，充分发挥创新驱动在工业发展中的引领作用。本报告从创新投入、创新绩效、产业升级3个维度刻画长江经济带工业创新发展总体概况。

1. 创新投入

（1）规上工业企业 R&D 经费内部支出强度。长江经济带是全国创新资本集聚的核心区域，工业部门 R&D 经费内部支出规模较大、强度较高。如图1和表3所示，2011～2017年长江经济带规上工业企业 R&D 经费内部支出强度呈快速增长态势，由2011年的0.753上升到2017年的1.154，年均增长7.37%，规上工业企业 R&D 经费内部支出强度及增速均高于长江经济带以外地区。长江经济带以外地区规上工业企业 R&D 经费内部支出强度由2011年的0.683稳步上升到2017年的0.987，年均增长6.33%。全国规上工业企业 R&D 经费内部支出强度由2011年的0.712上升到2017年的1.060，年均增长6.86%。长江经济带与长江经济带以外地区的规上工业企业 R&D 经费内部支出强度差距逐步扩大，由2011年的0.070上升到2017年的0.167，充足的资金投入能增强长江经济带工业创新能力，为长江经济带成为全国创新驱动主要策源地提供要素支撑。

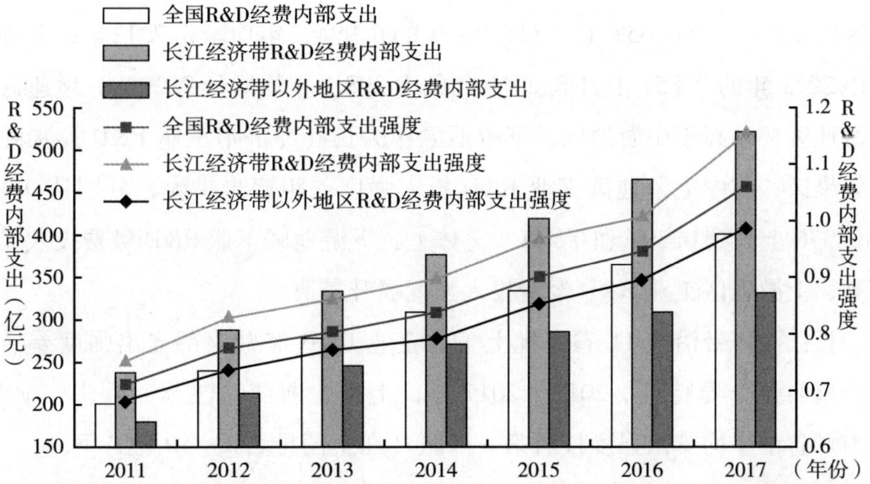

图1　2011～2017年全国及各地区规上工业企业 R&D 经费内部支出总量及强度

注：R&D 经费内部支出强度 = R&D 经费内部支出/主营业务收入；R&D 经费内部支出为各省区市 R&D 经费内部支出的算术平均值，下同。

资料来源：根据《中国统计年鉴》（2012～2018年）、《中国科技统计年鉴》（2012～2018年）相关资料整理。

表 3　全国及各地区规上工业企业 R&D 经费内部支出强度

地区	2011 年	2013 年	2015 年	2017 年	平均增速(%)
全国	0.712	0.808	0.902	1.060	6.86
长江经济带	0.753	0.860	0.969	1.154	7.37
长江经济带以外地区	0.683	0.772	0.853	0.987	6.33
上游地区	0.475	0.575	0.670	0.867	10.55
中游地区	0.658	0.720	0.813	0.994	7.12
下游地区	0.851	0.985	1.113	1.298	7.29

资料来源：根据《中国科技统计年鉴》（2012 ~ 2018 年）相关资料整理。

长江经济带规上工业企业 R&D 经费内部支出强度总体呈下游、中游、上游梯度递减的空间分异特征，地区间差距呈扩大趋势。上游地区规上工业企业 R&D 经费内部支出强度呈快速上升态势，由 2011 年的 0.475 快速上升到 2017 年的 0.867，年均增长 10.55%，高于中下游地区。中下游地区规上工业企业 R&D 经费内部支出强度均呈稳步上升态势（见图 2）。其中，中游地区由 2011 年的 0.658 上升到 2017 年的 0.994，年均增长 7.12%；下游地区由 2011 年的 0.851 上升到 2017 年的 1.298，年均增长 7.29%，增速低于上游地区，略高于中游地区。下游地区作为长江经济带工业 R&D 投入的核心集聚区，与中上游地区工业 R&D 投入强度差距逐步扩大，分别从 0.193 和 0.376 上升到 0.304 和 0.431。总体上，下游地区工业 R&D 经费投入强度最高，上游地区工业 R&D 经费投入强度提升最快。

长江经济带沿线 11 省市规上工业企业 R&D 经费内部支出强度差异显著，呈明显分异特征。2011 ~ 2017 年，上海、浙江、江苏、重庆、湖北、湖南 6 省市平均支出强度位居第一梯队（在全国排名 1 ~ 10 位，下同），工业部门 R&D 经费内部支出强度在全国处于较高水平，是长江经济带创新资本最活跃的区域。安徽省位居第二梯队（在全国排名 11 ~ 20 位，下同），工业部门 R&D 经费内部支出强度在全国处于中上游水平。云南、四川、贵州、江西 4 省位居第三梯队（在全国排名 21 ~ 30 位，下同），工业部门

R&D 经费内部支出强度在全国处于较低水平，是长江经济带工业 R&D 经费投入强度的“洼地”。

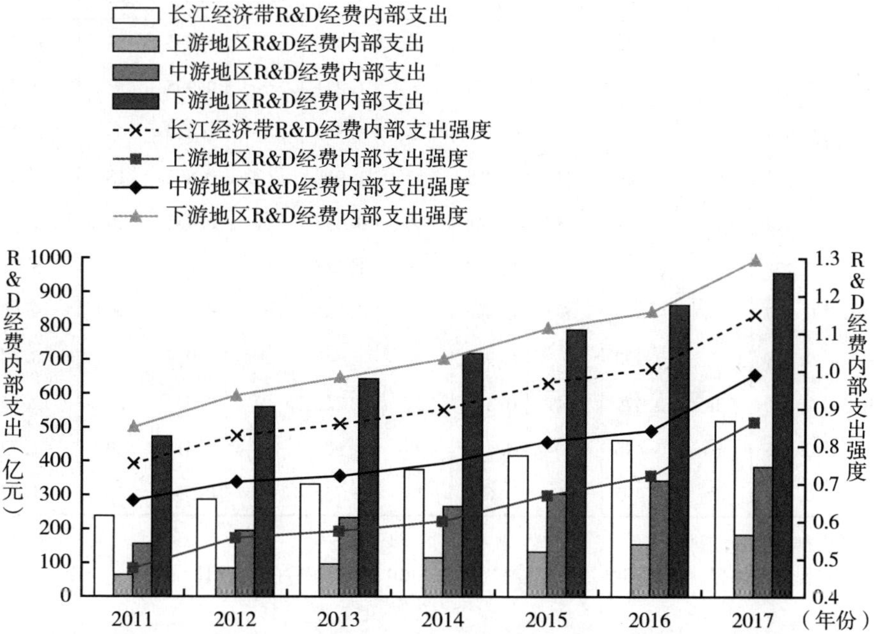

图 2　2011～2017 年长江经济带及上中下游地区规上工业企业 R&D 经费内部支出及强度

资料来源：根据《中国统计年鉴》（2012～2018 年）、《中国科技统计年鉴》（2012～2018 年）相关资料整理。

长江经济带省域规上工业企业 R&D 经费内部支出强度差距呈扩大态势。如表 4 所示，四川、云南、浙江 3 省居长江经济带工业 R&D 支出强度平均增速前三位，平均增速均为两位数，成为推动长江经济带创新资本集聚的主力军。四川、云南规上工业企业 R&D 经费内部支出强度增长较快，年均增长高达 12.85% 和 11.57%，但支出强度仍处于较低水平。整体而言，长江经济带沿线 11 省市规上工业企业 R&D 经费内部支出强度均有明显提升，在全国的相对位置较为稳定，但省域规上工业企业 R&D 支出强度差距逐步扩大。工业发展基础扎实、经济发展水平较高、创新禀赋较强的省市工业 R&D 支出强度相对较高。

表 4 长江经济带沿线 11 省市规上工业企业 R&D 经费内部支出强度

省市	2011 年		2013 年		2015 年		2017 年		平均		平均增速(%)
	强度	排名	强度	排名	强度	排名	强度	排名	强度	排名	
上海	1.002	2	1.172	2	1.388	1	1.424	2	1.253	1	6.03
江苏	0.841	6	0.937	6	1.024	6	1.231	7	0.995	6	6.56
浙江	0.867	5	1.108	5	1.350	2	1.567	1	1.219	2	10.37
安徽	0.652	14	0.749	13	0.825	13	1.012	12	0.802	13	7.60
江西	0.414	22	0.414	28	0.448	26	0.657	21	0.465	26	8.00
湖北	0.778	8	0.823	10	0.943	9	1.085	11	0.899	9	5.70
湖南	0.707	12	0.855	8	0.996	7	1.186	8	0.928	8	9.00
重庆	0.829	7	0.900	7	0.955	8	1.348	5	0.978	7	8.44
四川	0.350	28	0.479	24	0.579	21	0.723	19	0.531	21	12.85
贵州	0.548	16	0.498	20	0.463	25	0.609	23	0.517	22	1.77
云南	0.393	25	0.465	26	0.630	18	0.758	18	0.558	20	11.57

注：排名为全国排名。

资料来源：根据《中国科技统计年鉴》（2012～2018 年）相关资料整理。

（2）规上工业企业 R&D 人员投入比重。长江经济带是全国 R&D 人员的主要集聚区，工业部门 R&D 人员投入规模较大、比重较高。如图 3 和表 5 所示，2011～2017 年长江经济带规上工业企业 R&D 人员投入比重增长较快，由 2011 年的 2.323% 上升到 2017 年的 3.774%，年均增长 8.42%，规上工业企业 R&D 人员投入比重及增速均显著高于长江经济带以外地区。长江经济带以外地区规上工业企业 R&D 人员投入比重呈稳步增长态势，由 2011 年的 1.980% 上升到 2017 年的 2.583%，年均增长 4.53%。全国规上工业企业 R&D 人员投入比重由 2011 年的 2.116% 上升到 2017 年的 3.055%，年均增长 6.31%。长江经济带与长江经济带以外地区的规上工业企业 R&D 人员投入比重差距逐步扩大，由 2011 年的 0.343 个百分点快速上升到 2017 年的 1.191 个百分点。工业部门 R&D 人员快速集聚促进长江经济带成为引领全国工业创新发展的人才高地。

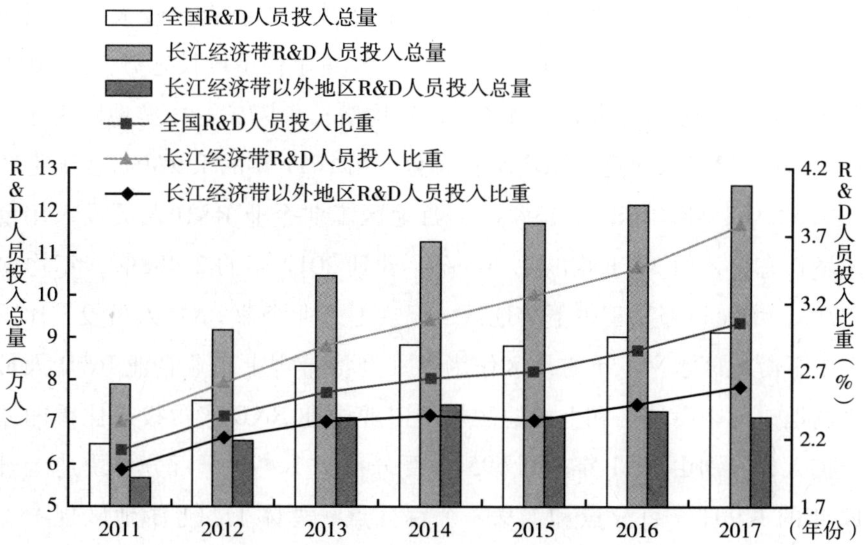

图3　2011～2017年全国及各地区规上工业企业R&D人员投入总量及比重

注：R&D人员投入比重＝R&D人员投入总量/平均从业人员数×100%；R&D人员投入总量为各省区市R&D人员投入总量的算术平均值，下同。

资料来源：根据《中国统计年鉴》（2018年）、《中国科技统计年鉴》（2012～2018年）、《中国工业经济统计年鉴》（2012年）、《中国工业统计年鉴》（2013～2017年）相关资料整理。

表5　全国及各地区规上工业企业R&D人员投入比重

单位：%

地区	2011年	2013年	2015年	2017年	平均增速
全国	2.116	2.547	2.700	3.055	6.31
长江经济带	2.323	2.887	3.259	3.774	8.42
长江经济带以外地区	1.980	2.325	2.337	2.583	4.53
上游地区	1.203	1.636	1.791	2.488	12.87
中游地区	1.978	2.069	2.127	2.522	4.13
下游地区	2.673	3.418	3.930	4.426	8.77

资料来源：根据《中国科技统计年鉴》（2012～2018年）相关资料整理。

长江经济带规上工业企业R&D人员投入比重总体呈下游、中游、上游梯度递减的空间分异特征，地区间差距逐步扩大。2011～2017年长江经济带上中下游地区规上工业企业 R&D 人员投入比重增长差异较大。如图 4 所示，下游地区规上工业企业 R&D 人员投入比重呈快速增长态势，由 2011 年的 2.673% 上升到 2017 年的 4.426%，年均增长 8.77%。中游地区规上工业企业 R&D 人员投入比重呈稳步增长态势，由 2011 年的 1.978% 上升到 2017 年的 2.522%，年均增长 4.13%。上游地区工业企业 R&D 人员投入比重呈高速增长态势，由 2011 年的 1.203% 上升到 2017 年的 2.488%，年均增长 12.87%，增速显著高于中下游地区，但规上工业企业 R&D 人员投入比重仍低于中下游地区水平。下游地区作为长江经济带规上工业企业 R&D 人员的集聚高地，与中游地区和上游地区规上工业企业 R&D 人员投入比重的差距逐步扩大，分别由 2011 年的 0.695 个百分点和 1.470 个百分点快速上升到 2017 年的 1.904 个百分点和 1.938 个百分点。总体上，上游地区规上工业企业 R&D 人员投入比重提升最快，下游地区规上工业企业 R&D 人员投入比重最高。

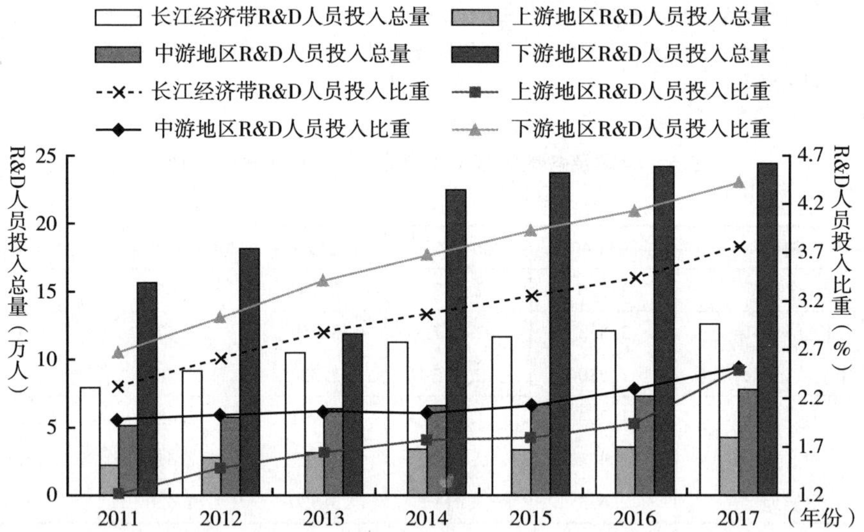

图 4　2011～2017 年长江经济带及上中下游地区规上工业企业 R&D 人员投入总量及比重

资料来源：根据《中国统计年鉴》（2018 年）、《中国科技统计年鉴》（2012～2018 年）、《中国工业经济统计年鉴》（2012 年）、《中国工业统计年鉴》（2013～2017 年）相关资料整理。

长江经济带沿线11省市规上工业企业R&D人员投入比重差异显著。如表6所示，2011~2017年上海、浙江、江苏、安徽、湖北5省市位居第一梯队，工业部门R&D人员投入比重在全国处于较高水平，是长江经济带创新人员最密集的区域。湖南、重庆2省市位居第二梯队，工业部门R&D人员投入比重在全国处于中上游水平。四川、贵州、云南、江西4省位居第三梯队，工业部门R&D人员投入比重在全国处于较低水平，创新人才集聚规模较低。

长江经济带省域规上工业企业R&D人员投入比重的空间分异特征显著，规上工业企业R&D人员投入规模较低省市后发优势逐步凸显。四川、云南、贵州3省位居长江经济带工业R&D人员投入比重平均增速前三位，平均增速均为两位数，但规上工业企业R&D人员投入比重处于较低水平。浙江、江苏、重庆、安徽、上海5省市规上工业企业R&D人员投入比重平均增速均高于中游地区3省。湖北省规上工业企业R&D人员投入比重增长相对缓慢，平均增速仅为2.67%，远低于其他省市。整体而言，经济发展水平较高的下游地区规上工业企业R&D人员投入比重更高、对创新人才的吸引力更强，经济发展水平较低的上游地区规上工业企业R&D人员投入比重增长后劲更强，中游地区规上工业企业R&D人员投入比重增长后劲不足。

表6　长江经济带沿线11省市规上工业企业R&D人员投入比重

单位：%

省市	2011年		2013年		2015年		2017年		平均		平均增速
	比重	排名	比重	排名	比重	排名	比重	排名	比重	排名	
上海	2.939	4	3.548	4	4.064	4	4.309	5	3.765	4	6.59
江苏	2.633	6	3.423	5	3.877	5	4.416	4	3.593	5	9.00
浙江	2.834	5	3.663	3	4.491	3	4.976	3	3.974	3	9.84
安徽	2.131	9	2.733	7	2.848	7	3.348	6	2.778	7	7.82
江西	1.181	25	1.250	27	1.189	27	1.642	26	1.257	27	5.65
湖北	2.549	7	2.478	10	2.441	12	2.986	9	2.590	9	2.67
湖南	1.984	11	2.227	14	2.538	13	2.805	11	2.384	12	5.94
重庆	1.897	13	2.161	15	2.351	14	3.196	8	2.347	13	9.08
四川	0.968	30	1.510	23	1.600	23	2.259	19	1.584	22	15.17
贵州	1.132	27	1.752	20	1.460	26	2.022	21	1.543	26	10.15
云南	1.140	26	1.143	28	1.730	20	2.388	17	1.554	25	13.12

注：排名为全国排名。

资料来源：根据《中国科技统计年鉴》（2012~2018年）相关资料整理。

2. 创新绩效

（1）规上工业企业新产品销售收入份额。长江经济带工业创新动能强劲，市场化创新绩效突出，对全国工业创新发展起到重要带动作用。如图5和表7所示，2011～2017年长江经济带规上工业企业新产品销售收入份额稳步增长，由2011年的14.296%上升到2017年的19.949%，显著高于长江经济带以外地区，年均增长5.71%，增速略低于长江经济带以外地区。长江经济带以外地区规上工业企业新产品销售收入份额由2011年的10.303%上升到2017年的14.537%，年均增长5.91%。全国规上工业企业新产品销售收入份额由2011年的11.949%上升到2017年的16.908%，年均增长5.96%。长江经济带与长江经济带以外地区规上工业企业新产品销售收入份额差距逐步扩大，从2011年的3.993个百分点快速上升到2017年的5.412个百分点。总体而言，长江经济带创新绩效对工业经济增长的支撑作用逐步增强。

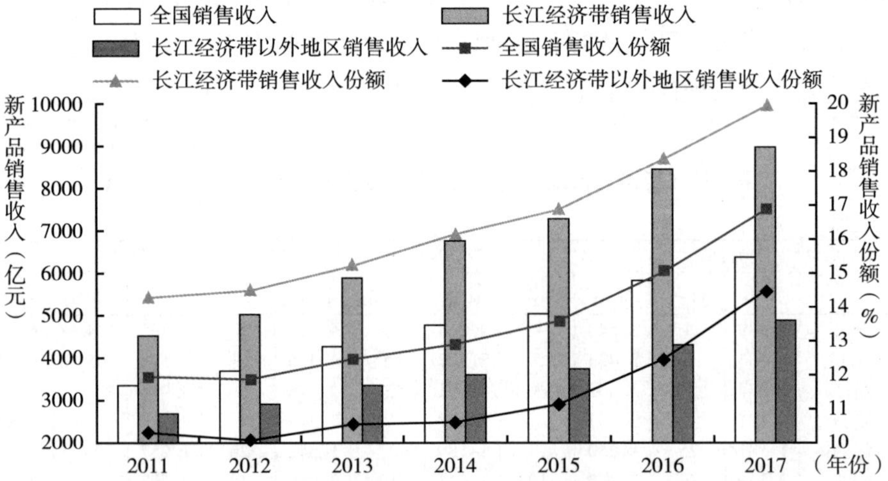

图5　2011～2017年全国及各地区规上工业企业新产品销售收入及份额

注：新产品销售收入份额＝新产品销售收入/主营业务收入×100%；新产品销售收入为各省区市新产品销售收入的算术平均值，下同。

资料来源：根据《中国统计年鉴》（2012～2018年）、《中国科技统计年鉴》（2012～2018年）相关资料整理。

表 7　全国及各地区规上工业企业新产品销售收入份额

单位：%

地区	2011 年	2013 年	2015 年	2017 年	平均增速
全国	11. 949	12. 483	13. 594	16. 908	5. 96
长江经济带	14. 296	15. 220	16. 882	19. 949	5. 71
长江经济带以外地区	10. 303	10. 556	11. 139	14. 537	5. 91
上游地区	11. 042	8. 888	10. 517	12. 297	1. 81
中游地区	10. 927	12. 541	13. 524	17. 228	7. 88
下游地区	16. 173	17. 835	19. 983	23. 207	6. 20

资料来源：根据《中国科技统计年鉴》（2012 ~2018 年）相关资料整理。

长江经济带规上工业企业新产品销售收入份额总体呈下游、中游、上游梯度递减的空间分异特征，地区间分异特征逐步增强。如图 6 所示，2011 ~2017 年上游地区规上工业企业新产品销售收入份额呈先降后升的变化趋势，由 2011 年的 11. 042% 上升到 2017 年的 12. 297%，年均增长仅 1. 81%，显著低于中下游地区。中游地区规上工业企业新产品销售收入份额增长较快，由 2011 年的 10. 927% 上升到 2017 年的 17. 228%，年均增长 7. 88%，是长江经济带工业新产品销售收入份额增长最快的区域。下游地区规上工业企业新产品销售收入由 2011 年的 16. 173% 上升到 2017 年的 23. 207%，年均增长 6. 20%。总体上，下游地区规上工业企业新产品收入份额最高，中游地区规上工业企业新产品收入份额增长最快。下游地区与中游地区、下游地区与上游地区工业创新绩效差距分别由 2011 年的 5. 25 个百分点和 5. 13 个百分点扩大为 2017 年的 5. 98 个百分点和 10. 91 个百分点。

长江经济带沿线 11 省市规上工业企业新产品销售收入份额的空间分异特征显著。上海、江苏、浙江、安徽、湖南、湖北、重庆 7 省市新产品销售收入平均份额居第一梯队，工业部门新产品销售收入份额在全国处于较高水平，创新对工业增长的驱动作用较强，是引领长江经济带创新绩效提升的主力军。江西、四川 2 省居第二梯队，工业部门新产品销

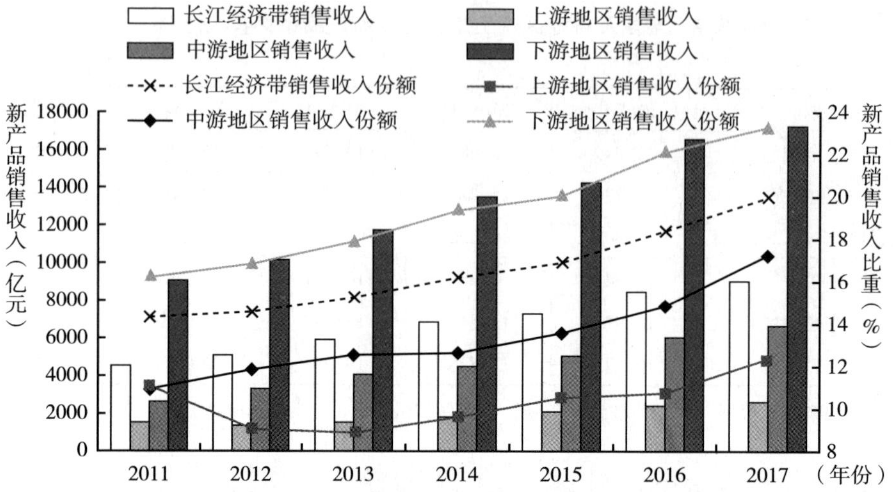

图6　2011～2017年长江经济带上中下游地区规上工业企业新产品销售收入及份额

资料来源：根据《中国统计年鉴》（2012～2018年）、《中国科技统计年鉴》（2012～2018年）相关资料整理。

售收入份额在全国处于中上游水平，云南、贵州2省居第三梯队，工业部门新产品销售收入份额在全国处于较低水平，创新对工业增长的驱动作用有待提高。

长江经济带省域规上工业企业新产品销售收入份额在全国的相对位置较为稳定，但省际规上工业企业新产品销售收入份额平均增速分异程度较大。江西、浙江规上工业企业新产品销售收入份额平均增速居长江经济带前两位，平均增速均为两位数。江西省规上工业企业新产品销售收入份额年均增速高达14.51%，显著高于长江经济带沿线其余省市，但工业新产品销售收入份额处于较低水平（见表8）。四川、云南、江苏、上海4省市工业新产品销售收入份额平均增长相对缓慢，重庆市和贵州省工业新产品销售收入份额呈负增长。其中，贵州省工业新产品销售收入份额呈“低水平、负增长”态势，年均下降7.10%，是长江经济带工业创新绩效的“洼地”。整体而言，长江经济带创新驱动工业增长的空间分异特征逐步增强。

表 8　长江经济带沿线 11 省市规上工业企业新产品销售收入份额

单位：%

省市	2011 年		2013 年		2015 年		2017 年		平均		平均增速
	份额	排名	份额	排名	份额	排名	份额	排名	份额	排名	
上海	22.659	2	22.264	2	21.863	2	26.558	2	23.598	2	2.68
江苏	13.867	9	14.904	8	16.633	8	19.181	9	16.295	8	5.56
浙江	18.153	5	24.095	1	29.802	1	32.163	1	26.016	1	10.00
安徽	12.751	10	13.238	9	15.058	9	20.513	7	15.165	9	8.25
江西	5.069	24	6.303	21	6.247	22	11.428	14	7.019	20	14.51
湖北	11.445	12	12.292	10	13.147	10	17.411	10	13.303	10	7.24
湖南	14.614	7	18.106	5	20.756	4	22.052	6	18.886	7	7.10
重庆	26.603	1	17.488	6	21.697	3	25.624	4	21.566	3	-0.62
四川	7.027	18	7.023	19	7.485	20	8.847	19	7.358	17	3.91
贵州	8.845	15	5.355	24	3.994	28	5.687	27	5.739	25	-7.10
云南	4.996	25	4.537	25	5.221	26	6.920	26	5.410	26	5.58

注：排名为全国排名。

资料来源：根据《中国科技统计年鉴》（2012～2018 年）相关资料整理。

（2）规上工业企业每亿元主营业务收入有效发明专利数。长江经济带创新驱动对工业增长的支撑作用较强。如表 9 和图 7 所示，2011～2017 年长江经济带规上工业企业每亿元主营业务收入有效发明专利数呈高速增长态势，由 2011 年的 0.239 件上升到 2017 年的 0.685 件，高于长江经济带以外地区，每亿元主营业务收入有效发明专利数年均增长 19.18%，低于长江经济带以外地区。长江经济带以外地区规上工业企业每亿元主营业务收入有效发明专利数由 2011 年的 0.166 件上升到 2017 年的 0.554 件，年均增长 22.25%。全国规上工业企业每亿元主营业务收入有效发明专利数由 2011 年的 0.193 件上升到 2017 年的 0.602 件，年均增长 20.88%。长江经济带与长江经济带以外地区的规上工业企业每亿元主营业务收入有效发明专利数差距逐步扩大，由 2011 年的 0.073 件稳步上升到 2017 年的 0.131 件。长江经济带成为引领全国创新、驱动工业发展的主力军，极大地推动了全国工业创新市场化绩效的提升。

表 9　全国及各地区规上工业企业每亿元主营业务收入有效发明专利数

单位：件，%

地区	2011 年	2013 年	2015 年	2017 年	平均增速
全国	0. 193	0. 279	0. 396	0. 602	20. 88
长江经济带	0. 239	0. 327	0. 466	0. 685	19. 18
长江经济带以外地区	0. 166	0. 251	0. 355	0. 554	22. 25
上游地区	0. 209	0. 286	0. 392	0. 596	19. 08
中游地区	0. 200	0. 229	0. 347	0. 490	16. 11
下游地区	0. 298	0. 441	0. 628	0. 918	20. 63

注：每亿元主营业务收入有效发明专利数 = 有效发明专利数/主营业务收入；有效发明专利数为各省区市有效发明专利数的算术平均值，下同。

资料来源：根据《中国科技统计年鉴》（2011 ~2018 年）相关资料整理。

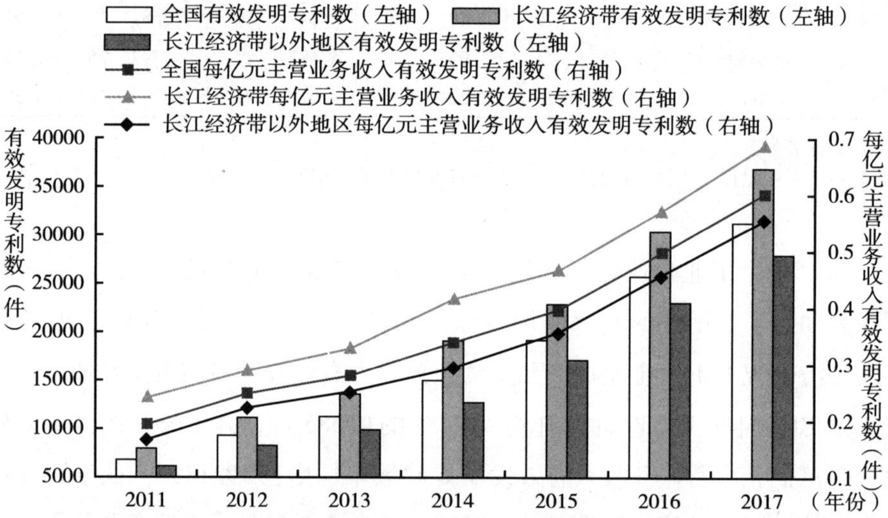

图 7　2011 ~2017 年全国及各地区规上工业企业有效发明专利数

注：每亿元主营业务收入有效发明专利数 = 有效发明专利数/主营业务收入。

资料来源：根据《中国统计年鉴》（2012 ~2018 年）、《中国科技统计年鉴》（2012 ~2018 年）相关资料整理。

长江经济带规上工业企业每亿元主营业务收入有效发明专利数分布不均，下游地区有效发明专利数最多，中游地区次之，上游地区最少。如图 8 所示，2011 ~2017 年长江经济带上中下游地区规上工业企业每亿元主营业务收入有效发明专利数均呈高速增长态势。上游地区规上工业企业每亿元主营业务收入有效发明专利数由2011年的0.209件上升到2017年的0.596件，年均增长19.08%。中游地区规上工业企业每亿元主营业务收入有效发明专利数由2011年的0.200件上升到2017年的0.490件，年均增长16.11%。下游地区规上工业企业每亿元主营业务收入有效发明专利数由2011年的0.298件快速上升到2017年的0.918件，年均增长20.63%。总体上，下游地区是长江经济带规上工业企业每亿元主营业务收入有效发明专利数最高的地区，同时也是增速最快的地区。

长江经济带沿线11省市规上工业企业每亿元主营业务收入有效发明专利数的空间分异特征显著。2011~2017年上海、江苏、浙江、安徽、湖南、四川6省市有效发明专利平均数位居第一梯队，规上工业企业每亿元主营业务收入有效发明专利数在全国处于较高水平，工业增长的创新动能强劲。湖北、重庆、贵州、云南4省市位居第二梯队，规上工业企业每亿元主营业务收入有效发明专利数在全国处于中游水平。江西位居第三梯队，规上工业企业每亿元主营业务收入有效发明专利数在全国处于较低水平。

长江经济带省域规上工业企业每亿元主营业务收入有效发明专利数差异

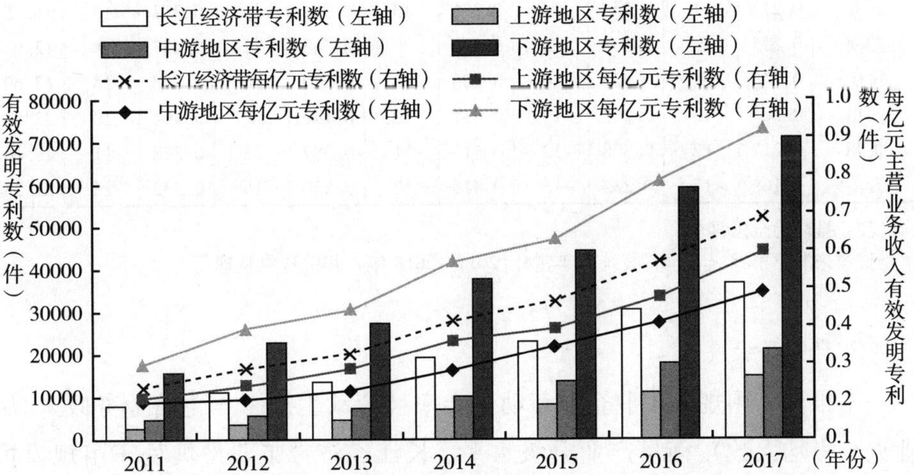

图8　2011~2017年长江经济带上中下游地区规上工业企业有效发明专利数及每亿元主营业务收入有效发明专利数

资料来源：根据《中国统计年鉴》（2012~2018年）、《中国科技统计年鉴》（2012~2018年）相关资料整理。

逐步扩大，平均增速空间差异特征显著。如表10所示，江西省居长江经济带规上工业企业每亿元主营业务收入有效发明专利数平均增速首位，高达30.45%，但每亿元有效发明专利数依然较少。安徽、四川、云南、江苏4省规上工业企业每亿元主营业务收入有效发明专利数平均增速均超过20%，上海、贵州、湖北、重庆、浙江、湖南6省市的平均增速则相对较低。整体而言，下游地区仍是引领长江经济带工业新动能培育的核心地区，中上游地区创新发展后发优势逐步凸显，工业新动能培育增速较快。

表10 2011～2017年长江经济带沿线11省市规上工业企业每亿元主营业务收入有效发明专利数

单位：件，%

省市	2011年		2013年		2015年		2017年		平均		平均增速
	专利数	排名	专利数	排名	专利数	排名	专利数	排名	专利数	排名	
上海	0.373	3	0.572	3	0.829	3	1.111	3	0.733	3	19.95
江苏	0.261	7	0.403	6	0.540	6	0.822	7	0.515	6	21.07
浙江	0.332	4	0.364	8	0.459	9	0.685	10	0.452	8	12.83
安徽	0.228	10	0.426	4	0.684	5	1.055	4	0.603	4	29.09
江西	0.056	27	0.091	27	0.134	27	0.276	22	0.130	26	30.45
湖北	0.218	11	0.249	14	0.386	13	0.552	14	0.351	13	16.75
湖南	0.325	5	0.348	9	0.522	8	0.643	11	0.447	9	12.04
重庆	0.245	9	0.335	10	0.303	16	0.529	16	0.348	14	13.69
四川	0.208	13	0.265	13	0.432	10	0.740	9	0.404	10	23.56
贵州	0.217	12	0.308	12	0.418	11	0.587	13	0.378	11	18.04
云南	0.166	15	0.235	15	0.415	12	0.530	15	0.332	15	21.35

注：排名为全国排名。

资料来源：根据《中国科技统计年鉴》（2011～2018年）相关资料整理。

3. 产业升级

本报告采用规上工业企业劳动生产率（劳动生产率=主营业务收入/从业人员平均人数）衡量产业升级水平。长江经济带工业发展处于由规模扩张阶段转向创新驱动质效提升的高质量发展阶段，极大地推动了全国工业生产效率的提升。如图9和表11所示，2011～2017年长江经济带规上工业企业劳动生产率稳步增长，由2011年的90.87万元/人上升到2017年的129.9

万元/人，2015 年首次超过长江经济带以外地区，工业劳动生产率年均增长 6.14%，略高于长江经济带以外地区。长江经济带以外地区规上工业企业劳动生产率由 2011 年的 92.53 万元/人上升到 2017 年的 123.97 万元/人，年

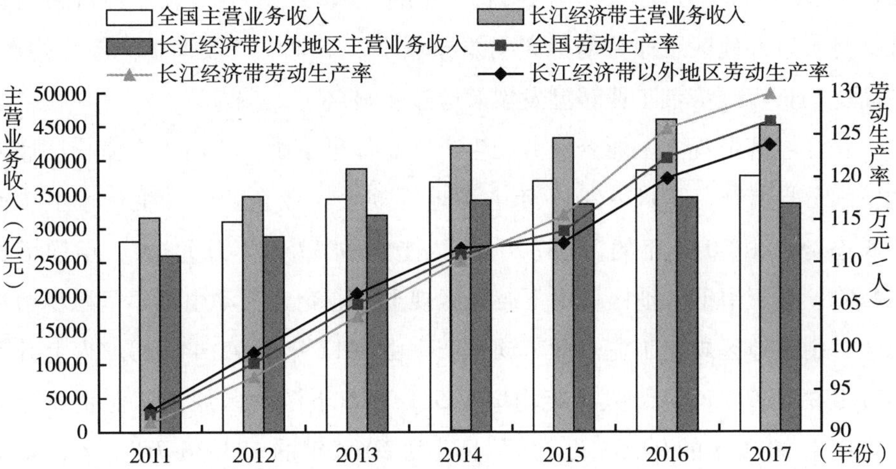

图 9　2011～2017 年全国及各地区规上工业企业主营业务收入及劳动生产率

注：劳动生产率 = 主营业务收入/从业人员平均人数；主营业务收入为各省区市主营业务收入的算术平均数，下同。

资料来源：根据《中国统计年鉴》（2012～2018 年）、《中国科技统计年鉴》（2012～2018 年）相关资料整理。

表 11　全国及各地区规上工业企业劳动生产率

单位：万元/人，%

地区	2011 年	2013 年	2015 年	2017 年	平均增速
全国	91.84	105.12	113.55	126.50	5.48
长江经济带	90.87	103.53	115.39	129.90	6.14
长江经济带以外地区	92.53	106.27	112.21	123.97	5.00
上游地区	76.87	89.83	106.49	125.07	8.45
中游地区	92.44	105.37	117.49	125.15	5.18
下游地区	94.53	107.04	117.31	133.36	5.90

注：由于缺少各地区规上工业企业增加值和总产值数据，用单位从业人员主营业务收入代替。

资料来源：根据《中国统计年鉴》（2011～2018 年）、《中国科技统计年鉴》（2011～2018 年）相关资料整理。

均增长5.00%。全国规上工业企业劳动生产率由2011年的91.84万元/人上升到2017年的126.5万元/人，年均增长5.48%。长江经济带与长江经济带以外地区的规上工业企业劳动生产率差距经历从落后到超越的转变，由2011年的-1.66万元/人上升到2017年的5.93万元/人。长江经济带与长江经济带以外地区工业劳动生产率差异较小，工业生产效率整体较为均衡，创新驱动长江经济带工业转型发展效应逐步显现。

长江经济带规上工业企业劳动生产率总体呈下游、中游、上游梯度递减的空间分异特征。2011~2017年上游地区规上工业企业劳动生产率呈快速增长态势，由2011年的76.87万元/人上升到125.07万元/人，年均增长8.45%，高于中下游地区。中下游地区规上工业企业劳动生产率呈稳步增长态势，中游地区规上工业企业劳动生产率由2011年的92.44万元/人上升到2017年的125.15万元/人，年均增长5.18%，下游地区规上工业企业劳动生产率由2011年的94.53万元/人上升到2017年的133.36万元/人，年均增长5.90%。总体上，下游地区创新驱动的先发优势和上游地区工业集聚的后发优势正逐步显现，中游地区规上工业企业劳动生产率提升后劲不足。

长江经济带沿线11省市规上工业企业劳动生产率的空间分异特征明显，在全国的排名相对较为稳定。2011~2017年上海、江苏2省市平均劳动生产率位居第一梯队，规上工业企业劳动生产率在全国处于较高水平，是长江经济带工业生产效率高地。安徽、江西、湖北、云南4省位居第二梯队，规上工业企业劳动生产率在全国处于中游水平。浙江、湖南、重庆、四川、贵州5省市位居第三梯队，规上工业企业劳动生产率在全国处于较低水平，其中，贵州是长江经济带工业劳动生产率平均值最低的地区。

长江经济带省域规上工业企业劳动生产率的空间差异呈缩小态势，上游地区工业生产效率提升的后发优势逐步显现。上游地区4省市规上工业企业劳动生产率均高于长江经济带其他地区。其中，贵州是长江经济带中唯一规上工业企业劳动生产率增速达到两位数的地区，达到11.56%，但规上工业企业劳动生产率处于较低水平（见表12）。下游地区除浙江外，其余3省市规上工业企业劳动生产率增速均高于6%，中游地区3省工业企业劳动生产率增速相对较低，均不足6%，是长江经济带工业企业劳动生产率提升最慢的地区。整体而言，工业基础扎实、生产技术先进的下游地区仍处于工业生产率的领先地位，中上游地区与下游地区的效率差距逐步缩小，但仍处于效率追赶阶段。

表12　长江经济带沿线11省市规上工业企业劳动生产率

单位：万元/人，%

省市	2011年		2013年		2015年		2017年		平均		平均增速
	劳动生产率	排名	劳动生产率	排名	劳动生产率	排名	劳动生产率	排名	劳动生产率	排名	
上海	127.35	5	132.99	7	146.22	6	183.60	2	145.99	7	6.29
江苏	98.03	12	114.94	12	129.21	9	144.46	9	122.50	9	6.68
浙江	76.95	27	85.86	26	89.64	28	98.07	27	87.80	26	4.13
安徽	94.52	15	105.12	15	114.95	14	139.31	10	113.04	15	6.68
江西	91.55	16	113.03	13	125.11	10	122.96	19	116.14	13	5.04
湖北	96.85	13	109.34	14	121.39	11	136.89	13	115.76	14	5.94
湖南	88.81	17	95.71	20	107.21	20	115.92	22	101.96	22	4.54
重庆	78.09	26	91.00	25	108.87	18	117.69	21	99.96	23	7.08
四川	78.55	25	91.55	24	108.75	19	130.69	16	102.25	21	8.86
贵州	59.45	30	75.08	29	96.66	25	114.63	24	86.59	27	11.56
云南	84.11	21	94.59	22	103.79	22	130.41	17	103.07	19	7.58

注：排名为全国排名。

资料来源：根据《中国统计年鉴》（2011～2018年）、《中国科技统计年鉴》（2011～2018年）相关资料整理。

（二）工业绿色发展概况

推动长江经济带工业绿色转型是践行“生态优先、绿色发展”理念的重要内容。本报告从资源消耗、环境污染、环境治理3个维度刻画长江经济带工业绿色发展总体概况。

1. 资源消耗

采用工业能源消耗强度（工业能源消耗强度＝工业能源消耗总量/工业增加值）衡量资源消耗水平。长江经济带工业能源利用较为充分，能源消耗强度控制良好。如表13和图10所示，2011～2017年长江经济带工业能源

表 13　全国及各地区工业能源消耗强度

单位：吨标准煤/万元，%

地区	2011 年	2013 年	2015 年	2017 年	平均增速
全国	0.592	0.508	0.506	0.455	-4.29
长江经济带	0.580	0.466	0.456	0.406	-5.77
长江经济带以外地区	0.600	0.537	0.542	0.493	-3.22
上游地区	0.783	0.589	0.583	0.494	-7.39
中游地区	0.665	0.460	0.451	0.433	-6.90
下游地区	0.467	0.420	0.411	0.362	-4.16

注：受限于数据可得性且必须具有可比性，本报告工业能源消耗包括原煤、型煤、汽油、柴油、燃料油、液化石油气、其他石油制品、天然气、热力、电力。

资料来源：根据测算结果整理。

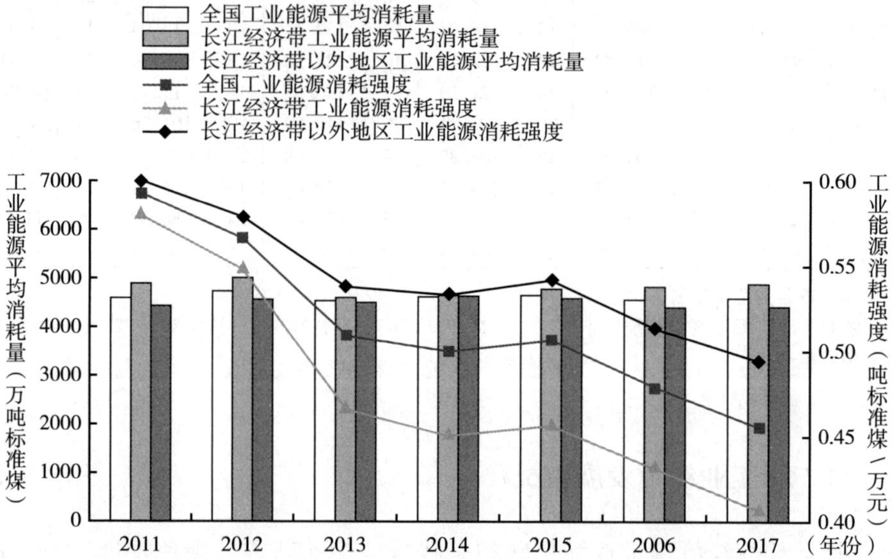

图 10　2011～2017 年全国及各地区工业能源平均消耗量及消耗强度

资料来源：根据《中国能源统计年鉴》（2012～2018 年）、《中国工业经济统计年鉴》（2012 年）、《中国工业统计年鉴》（2013～2017 年）、EPS 数据库等相关资料整理。

平均消耗量高于全国平均水平；工业能源消耗强度低于全国平均水平，且呈持续下降趋势，由 2011 年的 0.580 吨标准煤/万元下降到 2017 年的 0.406 吨标准煤/万元，年均下降 5.77%。长江经济带以外地区工业能源消耗强度呈稳步下降态势，由2011年的0.600吨标准煤/万元下降到2017年的0.493吨标准煤/万元，年均下降3.22%。全国平均工业能源消耗强度由2011年的0.592吨标准煤/万元稳步下降到2017年的0.455吨标准煤/万元，年均下降4.29%。长江经济带工业能源消耗强度下降速度快于全国平均水平，在全国工业能源节约集约利用中发挥了一定的主导作用。长江经济带上中下游地区工业能源消耗强度呈梯度递减格局，上游地区能源利用最为粗放，中游地区次之，下游地区最为集约。如图11所示，2011～2017年长江经济带上中下游地区工业能源消耗强度呈稳步下降趋势。其中，上游地区工业能源消耗强度由2011年的0.783吨标准煤/万元下降到2017年的0.494吨标准煤/万元，年均下降7.39%；中游地区工业能源消耗强度由2011年的0.665吨标准煤/万元下降到2017年的0.433吨标准煤/万元，年均下降6.90%；下游地区工业能源消耗强度由2011年的0.467吨标准煤/万元下降到2017年的0.362吨标准煤/万元，年均下降4.16%。上游和中游地区工业能源消耗强度下降速度较快，工业能源利用效率提升显著。

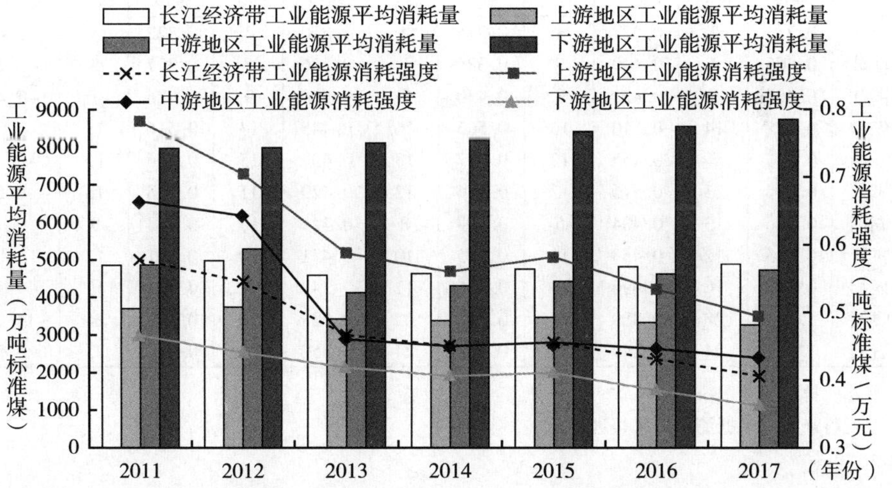

图11　2011～2017年长江经济带及上中下游地区工业能源平均消耗量及消耗强度

资料来源：根据《中国能源统计年鉴》（2012～2018年）、《中国工业经济统计年鉴》（2012年）、《中国工业统计年鉴》（2013～2017年）、EPS数据库等相关资料整理。

长江经济带沿线11省市工业能源利用效率差异显著。2011～2017年上海、江苏、浙江、湖南、江西5省市为工业能源利用第一梯队，工业能源消耗强度在全国处于较低水平。安徽、湖北、重庆、四川4省市为工业能源利用第二梯队，工业能源消耗强度在全国处于中等水平。贵州、云南2省为工业能源利用第三梯队，工业能源消耗强度在全国处于较高水平，亟须改进能源利用效率。

湖北、四川、贵州3省工业能源消耗强度下降速度较快。其中，贵州下降速度最快，年均下降高达14.26%（见表14）。上海、浙江、江西3省市工业能源消耗强度较低，但下降速度较慢。值得注意的是，江西工业能源利用效率改进成效不显著，从2011年的全国领先水平滑落到2017年的全国中等水平。

表14　长江经济带沿线11省市工业能源消耗强度

单位：吨标准煤/万元，%

省市	2011年		2013年		2015年		2017年		平均		年均增速
	强度	排名	强度	排名	强度	排名	强度	排名	强度	排名	
上海	0.333	2	0.347	4	0.344	4	0.270	4	0.322	4	-3.43
江苏	0.465	7	0.409	7	0.385	6	0.336	6	0.397	5	-5.27
浙江	0.464	6	0.421	8	0.430	9	0.400	9	0.426	7	-2.44
安徽	0.617	14	0.510	16	0.505	16	0.445	13	0.516	13	-5.30
江西	0.471	8	0.455	12	0.477	13	0.459	15	0.466	10	-0.43
湖北	0.835	23	0.516	17	0.476	12	0.429	11	0.575	18	-10.51
湖南	0.616	13	0.404	5	0.407	8	0.421	10	0.463	9	-6.15
重庆	0.615	12	0.453	11	0.475	10	0.451	14	0.501	12	-5.04
四川	0.626	16	0.496	15	0.476	11	0.343	7	0.471	11	-9.54
贵州	1.581	28	0.889	24	0.783	22	0.628	20	0.970	24	-14.26
云南	1.060	24	0.849	23	0.873	24	0.852	23	0.914	23	-3.58

注：排名为全国排名。

资料来源：根据测算结果整理。

2. 环境污染

（1）工业废水排放强度。长江经济带工业污染减排稳步推进，工业废水排放强度快速下降，但仍高于全国平均水平。如表15和图12所示，2011～2017

表 15 全国及各地区工业废水排放强度

单位：万吨/亿元，%

地区	2011 年	2013 年	2015 年	2017 年	年均增速
全国	9.957	7.844	7.251	4.758	-11.58
长江经济带	10.821	8.388	7.740	5.045	-11.94
长江经济带以外地区	9.386	7.474	6.901	4.535	-11.42
上游地区	9.588	7.003	7.671	4.520	-11.78
中游地区	12.360	9.105	7.964	5.391	-12.92
下游地区	10.616	8.610	7.660	5.080	-11.56

注：工业废水排放强度＝工业废水排放总量/工业增加值。

资料来源：根据测算结果整理。

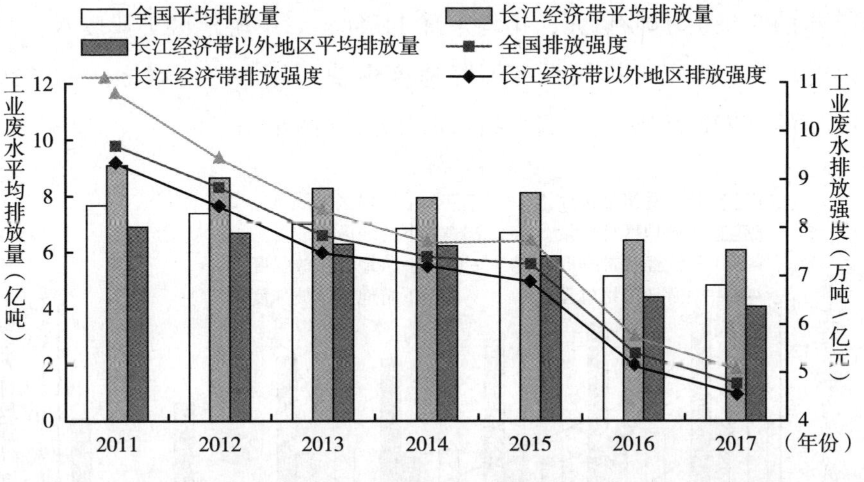

图 12 2011～2017 年全国及各地区工业废水平均排放量及排放强度

资料来源：根据《中国环境统计年鉴》（2012～2018 年）、《中国工业经济统计年鉴》（2012 年）、《中国工业统计年鉴》（2013～2017 年）、国泰安经济金融数据库相关资料整理。

年长江经济带工业废水排放强度由 2011 年的 10.821 万吨/亿元下降到 2017 年的 5.045 万吨/亿元，年均下降 11.94%，略高于长江经济带以外地区。长江经济带以外地区工业废水排放强度呈快速下降态势，由 2011 年的 9.386 万吨/亿元下降到 2017 年的 4.535 万吨/亿元，年均下降 11.42%。全国工业废水排放强度由 2011 年的 9.957 万吨/亿元下降到 2017 年的 4.758

万吨/亿元，年均下降 11.58%。2011～2017 年长江经济带工业废水排放量和排放强度均高于全国平均水平。其中，工业废水平均排放量高于全国 1.279 亿吨，工业废水平均排放强度高于全国 0.488 万吨/亿元。

长江经济带上中下游地区工业废水排放强度均快速下降，其中上游地区强度最低，下游地区次之，中游地区最高。如表 15 和图 13 所示，2011～2017 年长江经济带上中下游地区工业废水排放强度整体呈下降趋势。其中，上游地区工业废水排放强度由 2011 年的 9.588 万吨/亿元下降到 2017 年的 4.520 万吨/亿元，年均下降 11.78%；中游地区工业废水排放强度由 2011 年的 12.360 万吨/亿元下降到 2017 年的 5.391 万吨/亿元，年均下降 12.92%；下游地区工业废水排放强度由 2011 年的 10.616 万吨/亿元下降到 2017 年的 5.080 万吨/亿元，年均下降 11.56%。中游地区工业废水排放控制得较好，工业废水排放强度下降速度最快，与上游地区之间的差距从 2011 年的 2.772 万吨/亿元缩小到 0.871 万吨/亿元。

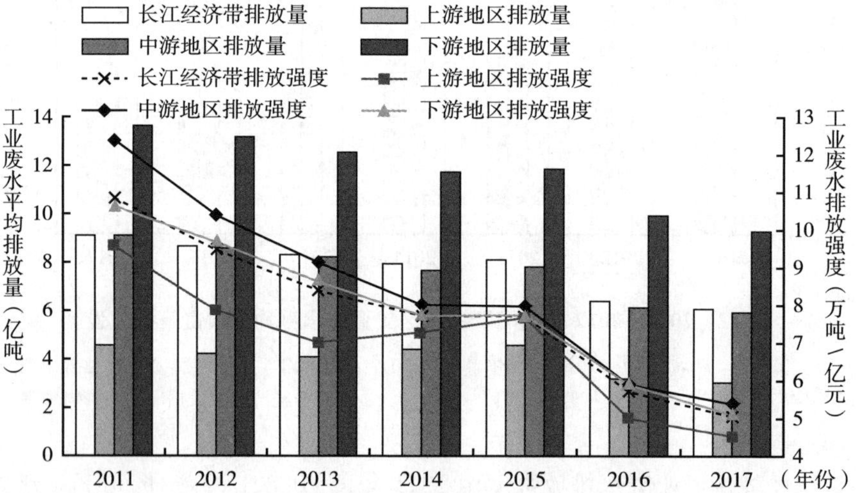

图 13　2011～2017 年长江经济带及各地区工业废水平均排放量及排放强度

资料来源：根据《中国环境统计年鉴》（2012～2018 年）、《中国工业经济统计年鉴》（2012 年）、《中国工业统计年鉴》（2013～2017 年）、国泰安经济金融数据库相关资料整理。

长江经济带沿线11省市工业废水排放强度差异显著。2011～2017年上海、重庆、四川3省市为第一梯队，工业废水排放强度多年在全国保持较低水平。江苏、安徽、湖北、湖南、贵州5省为第二梯队，工业废水排放强度在全国处于中等水平；浙江、江西、云南3省为第三梯队，工业废水排放强度在全国处于较高水平，是导致长江经济带工业废水排放强度高于全国平均水平的主要原因。湖南工业废水排放强度下降得最快，年均下降高达19.11%，江西工业废水排放强度下降得最慢，年均下降仅2.21%（见表16）。整体而言，除江西外，长江经济带其他省市工业废水排放强度都得到较大改善，控制成效显著。

表16　长江经济带沿线11省市工业废水排放强度

单位：万吨/亿元，%

省市	2011年		2013年		2015年		2017年		平均		年均增速
	强度	排名	强度	排名	强度	排名	强度	排名	强度	排名	
上海	6.191	4	6.277	8	6.554	9	3.129	5	5.642	5	-10.75
江苏	11.054	20	8.611	18	7.373	13	5.048	20	7.922	18	-12.25
浙江	12.412	24	9.999	23	8.558	19	6.264	24	9.220	22	-10.77
安徽	10.014	15	7.949	13	7.710	16	4.567	17	7.271	12	-12.27
江西	13.156	25	10.604	24	11.045	27	11.505	29	11.325	27	-2.21
湖北	12.232	23	8.070	14	7.008	10	3.599	9	7.380	14	-18.45
湖南	11.966	22	9.230	21	7.024	11	3.353	7	7.721	17	-19.11
重庆	7.239	7	6.372	9	6.392	7	3.496	8	5.798	7	-11.42
四川	8.473	11	5.602	5	6.490	8	4.021	13	5.931	8	-11.68
贵州	11.276	21	8.523	17	8.799	20	4.586	18	8.365	19	-13.92
云南	15.773	27	11.106	26	11.936	28	7.512	27	11.039	26	-11.63

注：排名为全国排名。

资料来源：根据测算结果整理。

（2）工业废气排放强度。长江经济带工业废气排放控制得较好，工业污染减排成效显著。如表17和图14所示，2011～2017年长江经济带工业废气排放强度下降幅度较大，由2011年的2.529标立方米/元下降到2017

年的1.155标立方米/元，年均下降12.24%，2016年长江经济带工业废气排放强度下降幅度高达27.17%，为近七年最高。2011～2017年长江经济带工业废气排放强度绝对水平低于长江经济带以外地区。长江经济带以外地区工业废气排放强度由2011年的3.160标立方米/元下降到2017年的1.402标立方米/元，年均下降12.67%；全国平均工业废气排放强度由2011年的2.909标立方米/元下降到2017年的1.294标立方米/元，年均下降12.63%。整体而言，长江经济带工业废气排放强度呈快速下降态势，在全国处领先地位。

表17　全国及各地区工业废气排放强度

单位：标立方米/元，%

地区	2011年	2013年	2015年	2017年	年均增速
全国	2.909	2.502	2.490	1.294	-12.63
长江经济带	2.529	2.201	2.131	1.155	-12.24
长江经济带以外地区	3.160	2.707	2.748	1.402	-12.67
上游地区	3.192	2.994	2.538	1.189	-15.18
中游地区	2.524	1.959	1.906	1.203	-11.62
下游地区	2.285	1.996	2.082	1.122	-11.18

注：工业废气排放强度=工业废气排放总量/工业增加值。
资料来源：根据测算结果整理。

长江经济带上中下游地区工业废气排放强度上游地区较高，中下游地区较低。2011～2017年长江经济带上中下游地区工业废气排放强度呈先缓慢下降，后快速下降趋势（见图15）。其中，上游地区工业废气排放强度由2011年的3.192标立方米/元下降到2017年的1.189标立方米/元，年均下降15.18%；中游地区工业废气排放强度由2011年的2.524标立方米/元下降到2017年的1.203标立方米/元，年均下降11.62%；下游地区工业废气排放强度由2011年的2.285标立方米/元下降到2017年的1.122标立方米/元，年均下降11.18%。上游地区工业废气排放改善成效明显，工业废气排放强度下降速度最快，与下游地区之间的差距从2011年的0.907标立方米/元缩小到2017年的0.067标立方米/元，二者水平几乎持平。整体而

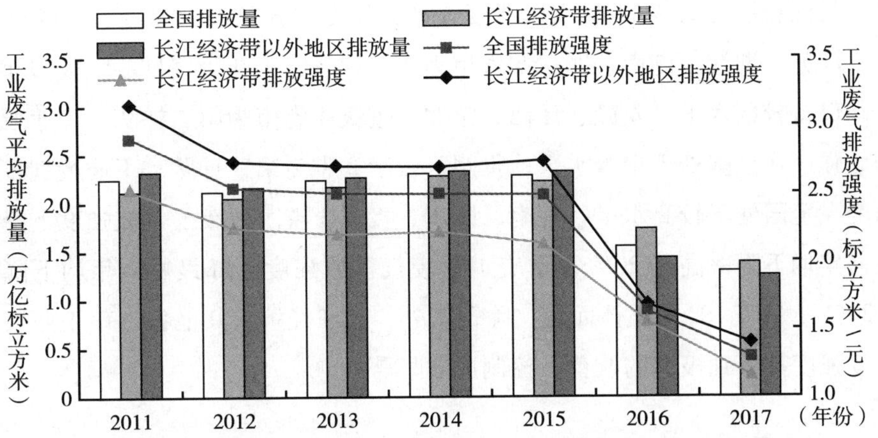

图14　2011～2017年全国及各地区工业废气平均排放量及排放强度

资料来源：根据《中国环境统计年鉴》（2012～2018年）、《中国工业经济统计年鉴》（2012年）、《中国工业统计年鉴》（2013～2017年）、国泰安经济金融数据库相关资料整理。

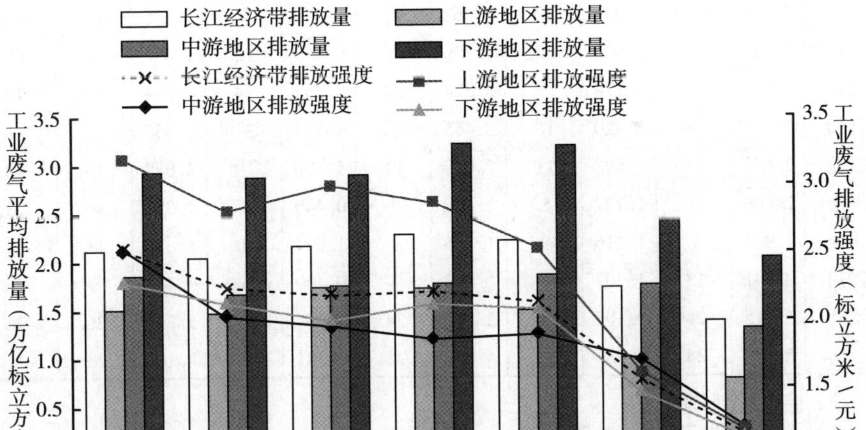

图15　2011～2017年长江经济带及上中下游地区工业废气平均排放量及排放强度

资料来源：根据《中国环境统计年鉴》（2012～2018年）、《中国工业经济统计年鉴》（2012年）、《中国工业统计年鉴》（2013～2017年）、国泰安经济金融数据库相关资料整理。

言，长江经济带上中下游地区工业废气排放强度均快速下降，地区间差距呈缩小趋势。

长江经济带沿线11省市工业废气排放强度差异显著。2011~2017年上海、江苏、浙江、湖南、四川5省市为第一梯队，工业废气排放强度多年在全国保持较低水平。安徽、江西、湖北、重庆4省市为第二梯队，工业废气排放强度在全国处于中等水平；贵州、云南2省为第三梯队，工业废气排放强度在全国处于较高水平。湖南、四川、贵州3省工业废气排放强度下降较快，年均下降率高于20%，重庆工业废气排放强度下降最慢，年均下降仅2.28%（见表18）。整体而言，除重庆外，长江经济带其他各省市工业废气排放强度都得到极大的改善，控制成效显著。

表18　长江经济带沿线11省市工业废气排放强度

单位：标立方米/元，%

省市	2011年		2013年		2015年		2017年		平均		年均增速
	强度	排名	强度	排名	强度	排名	强度	排名	强度	排名	
上海	1.901	6	1.844	10	1.787	10	1.120	14	1.711	9	-8.44
江苏	2.163	10	1.944	12	2.068	12	0.856	9	1.785	10	-14.32
浙江	1.688	4	1.501	4	1.559	6	0.953	12	1.437	6	-9.09
安徽	4.306	21	3.174	19	3.324	20	2.253	24	3.194	19	-10.23
江西	2.975	18	2.420	18	2.465	16	1.703	22	2.355	17	-8.88
湖北	2.675	14	1.898	11	2.050	11	1.590	19	2.078	16	-8.31
湖南	2.066	9	1.727	8	1.400	4	0.449	4	1.371	4	-22.46
重庆	1.945	7	1.816	9	1.786	9	1.694	20	1.812	11	-2.28
四川	2.441	13	1.707	6	1.498	5	0.409	3	1.485	8	-25.75
贵州	5.915	24	9.107	29	5.516	24	0.952	11	5.346	26	-26.25
云南	5.859	23	4.236	22	4.041	21	2.831	25	4.163	23	-11.42

注：排名为全国排名。

资料来源：根据测算结果整理。

（3）一般工业固体废物产生强度。2011~2017年长江经济带一般工业固体废物产生控制较好，改善成效显著，一般工业固体废物平均产生量和产生强度均低于全国平均水平。其中，一般工业固体废物平均产生量低于全国平均产生量2204.516万吨，一般工业固体废物平均产生强度低于全国平均产生量0.353万吨/亿元。如表19和图16所示，2011~2017年长江经济带一般工业固体废物产生强度下降幅度较大，由 2011 年的 1.053 万吨/亿元下降到 2017 年的 0.710 万吨/亿元，年均下降 6.36%，高于长江经济带以外地区；长江经济带以外地区一般工业固体废物产生强度由 2011 年的 1.615 万吨/亿元下降到 2017 年的 1.401 万吨/亿元，年均下降 2.34%；全国一般工业固体废物产生强度由 2011 年的 1.391 万吨/亿元下降到 2017 年的 1.098 万吨/亿元，年均下降 3.87%。整体而言，长江经济带一般工业固体废物产生强度呈稳步下降态势，下降速度快于全国平均水平。

表 19　全国及各地区一般工业固体废物产生强度

单位：万吨/亿元，%

地区	2011 年	2013 年	2015 年	2017 年	年均增速
全国	1.391	1.224	1.188	1.098	-3.87
长江经济带	1.053	0.905	0.802	0.710	-6.36
长江经济带以外地区	1.615	1.442	1.464	1.401	-2.34
上游地区	2.153	1.778	1.528	1.463	-6.24
中游地区	1.244	1.020	0.873	0.758	-7.93
下游地区	0.563	0.501	0.489	0.414	-4.99

注：一般工业固体废物产生强度 = 一般工业固体废物产生总量/工业增加值。

资料来源：根据测算结果整理。

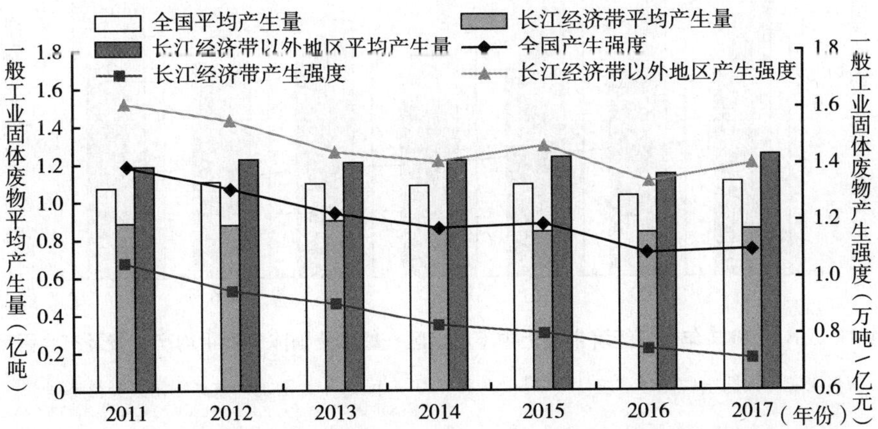

图 16　2011～2017 年全国及各地区一般工业固体废物平均产生量及产生强度

资料来源：根据《中国环境统计年鉴》（2012～2018 年）、中经网统计数据库相关资料整理。

长江经济带上中下游地区一般工业固体废物产生强度呈梯度递减格局，上游地区最高，中游地区次之，下游地区最低（见图17）。2011～2017年长江经济带上中下游地区一般工业固体废物产生强度均呈稳步下降趋势，但地区间差异较大，上游地区一般工业固体废物平均产生强度是下游地区平均产生强度的3.45倍。其中，上游地区一般工业固体废物产生强度由2011年的2.153万吨/亿元下降到2017年的1.463万吨/亿元，年均下降6.24%；中游地区一般工业固体废物产生强度由2011年的1.244万吨/亿元下降到2017年的0.758万吨/亿元，年均下降7.93%；下游地区一般工业固体废物产生强度由2011年的0.563万吨/亿元下降到2017年的0.414万吨/亿元，年均下降4.99%。中游地区一般工业固体废物产生改善成效比较明显，一般工业固体废物产生强度下降速度最快。整体而言，长江经济带上中下游地区一般工业固体废物产生强度均稳步下降，但地区间差距仍然较大。

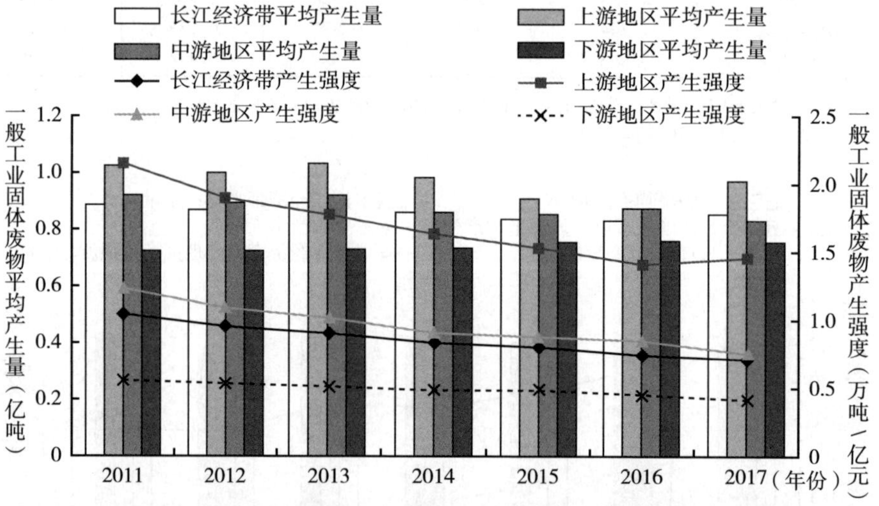

图17　2011～2017年长江经济带及上中下游地区一般工业固体废物平均产生量及产生强度

资料来源：根据《中国环境统计年鉴》（2012～2018年）、中经网统计数据库相关资料整理。

长江经济带沿线11省市一般工业固体废物产生强度差异显著。2011～2017年上海、江苏、浙江、湖北、湖南、重庆6省市为第一梯队，一般工业固体废物产生强度多年在全国保持较低水平；安徽、江西、四川3省为第二梯队，一般工业固体废物产生强度在全国处于中等水平；贵州、云南2省为第三梯队，一般工业固体废物产生强度在全国处于较高水平。湖南、重庆、贵州3省市一般工业固体废物产生强度下降较快，年均下降率高于10%，四川一般工业固体废物产生强度下降最慢，年均下降仅1.94%（见表20）。整体而言，长江经济带沿线11省市一般工业固体废物产生强度差异较大，均呈稳步下降趋势，整体控制较好。

表20　长江经济带沿线11省市一般工业固体废物产生强度

单位：万吨/亿元，%

省市	2011年		2013年		2015年		2017年		平均		年均增速
	强度	排名	强度	排名	强度	排名	强度	排名	强度	排名	
上海	0.339	4	0.284	4	0.261	5	0.194	3	0.267	5	-8.88
江苏	0.470	6	0.424	6	0.382	6	0.353	7	0.406	6	-4.66
浙江	0.303	2	0.263	3	0.261	4	0.230	5	0.264	4	-4.49
安徽	1.625	19	1.337	19	1.410	18	1.099	15	1.356	18	-6.31
江西	2.101	21	1.790	20	1.558	19	1.584	19	1.754	20	-4.60
湖北	0.890	10	0.777	11	0.672	10	0.621	10	0.732	10	-5.82
湖南	1.045	13	0.780	12	0.651	9	0.367	8	0.692	9	-16.00
重庆	0.703	8	0.602	7	0.509	8	0.295	6	0.530	7	-13.47
四川	1.336	17	1.210	17	1.116	16	1.188	18	1.195	16	-1.94
贵州	4.154	27	3.050	24	2.128	21	2.195	21	2.786	23	-10.09
云南	5.789	29	4.257	28	3.666	28	3.356	25	4.115	28	-8.69

注：排名为全国排名。

资料来源：根据测算结果整理。

3. 环境治理

采用工业污染治理投资强度（工业污染治理投资额×10^4/工业增加值）衡量环境治理水平。2011～2017年长江经济带工业污染治理投资强度相对较低，呈先加强后减弱趋势，且工业污染治理平均投资额及投资强度均低于全国平均水平。其中，工业污染治理平均投资额低于全国2.136亿元，工业污染治理投资强度低于全国5.180。如表21和图18所示，2011～2017年长江经济带工业污染治理投资强度呈先上升后下降趋势，投资强度最高的年份是2013年，高达27.474，最低的年份是2011年，为15.016。长江经济带以外地区工业污染治理投资强度呈倒“V”形趋势演变，投资强度最高的年份是2014年，高达43.763，最低的年份是2011年，为21.903。全国工业污染治理投资强度也呈倒“V”形趋势演变，投资强度最高的年份是2014年，为35.944，最低的年份是2011年，为19.161。整体而言，长江经济带工业污染治理投资强度相对较低，长期低于全国平均水平。

表21　全国及各地区工业污染治理投资强度

地区	2011年	2013年	2015年	2017年	年均增速(%)
全国	19.161	32.405	28.118	22.597	2.79
长江经济带	15.016	27.474	23.234	16.601	1.69
长江经济带以外地区	21.903	35.765	31.617	27.268	3.72
上游地区	25.531	30.142	21.088	11.338	-12.65
中游地区	11.605	23.755	19.296	11.217	-0.57
下游地区	12.586	28.131	25.940	20.938	8.85

注：排名为全国排名。

资料来源：根据测算结果整理。

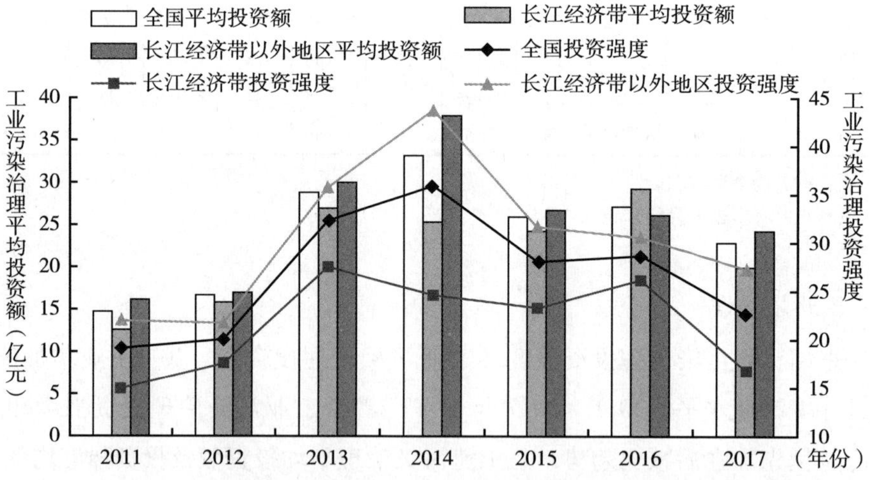

图18　2011~2017年全国及各地区工业污染治理平均投资额及投资强度

资料来源：根据《中国环境统计年鉴》（2012~2018年）、EPS统计数据库相关资料整理。

长江经济带上中下游地区工业污染治理投资强度差异显著，变化幅度较大。如表 21 和图 19 所示，2011～2017 年长江经济带上游地区工业污染治理投资强度由 2011 年的 25.531 上升到 2013 年的 30.142，再下降到 2017 年的 11.338，年均下降 12.65%，是拉低长江经济带工业污染治理投资强度的主要原因；中游地区工业污染治理投资强度由 2011 年的 11.605 上升到 2013 年的 23.755，再下降到 2017 年的 11.217，与 2011 年几乎持平，年均下降 0.57%；下游地区工业污染治理投资强度由 2011 年的 12.586 上升到 2016 年的 34.230，再下降到 2017 年的 20.938，年均上升 8.85%，是提升长江经济带工业污染治理投资强度的主要原因。整体而言，长江经济带上中下游地区工业污染治理投资强度均呈先上升后下降趋势，但由升转降的年份存在差异。

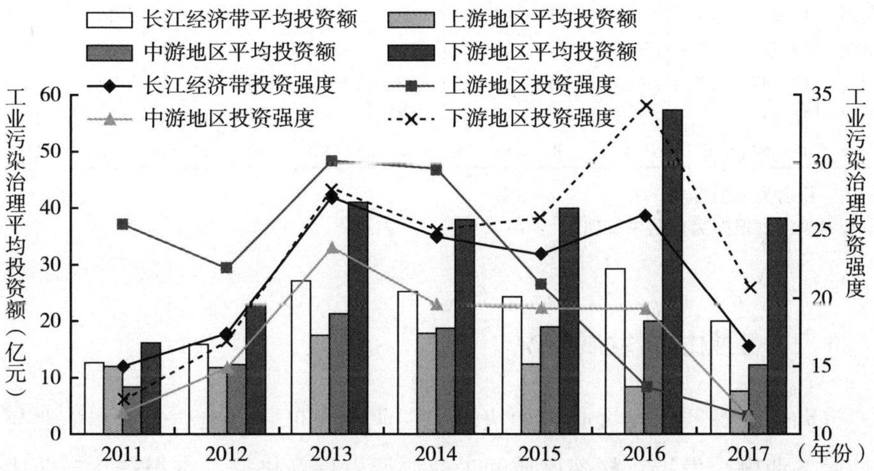

图 19　2011～2017 年长江经济带及上中下游地区工业污染治理平均投资额及投资强度

资料来源：根据《中国环境统计年鉴》（2012～2018 年）、EPS 统计数据库相关资料整理。

长江经济带沿线 11 省市工业污染治理投资强度差异巨大。2011～2017 年贵州、云南 2 省为工业污染治理投资强度第一梯队，在全国处于较高水平；上海、浙江、安徽 3 省市为工业污染治理投资强度第二梯队，在全国处于中等水平；江苏、江西、湖北、湖南、重庆、四川 6 省市为工业污染治理投资强度第三梯队，且多年在全国保持较低水平。在投资强度增速方面，上海、浙江、安徽、江西、湖北5省市增速为正，其他省市增速为负。其中增速最快的是上海，年均增速高达35%，下降最快的是贵州，年均下降25.31%（见表22）。整体而言，长江经济带大多数省市工业污染治理投资强度较低。

表22　长江经济带沿线11省市工业污染治理投资强度

省市	2011年		2013年		2015年		2017年		平均		年均增速（%）
	强度	排名	强度	排名	强度	排名	强度	排名	强度	排名	
上海	8.823	28	7.196	30	29.566	16	53.407	5	29.748	14	35.00
江苏	13.916	19	23.183	22	22.208	21	13.171	22	18.763	23	-0.91
浙江	12.148	23	35.229	14	34.036	14	18.948	16	27.340	16	7.69
安徽	13.140	21	46.281	10	19.369	25	23.722	13	25.464	17	10.35
江西	12.239	22	24.119	19	21.369	22	13.659	20	15.809	27	1.85
湖北	10.878	25	23.904	20	13.698	27	13.371	21	18.644	24	3.50
湖南	11.947	24	23.363	21	23.883	19	7.247	30	16.204	26	-7.99
重庆	10.529	27	15.026	27	10.775	29	9.215	29	9.849	30	-2.20
四川	17.547	17	16.271	25	10.713	30	10.965	28	13.727	28	-7.54
贵州	72.146	1	72.794	5	32.282	15	12.524	24	45.731	9	-25.31
云南	45.864	6	63.417	8	56.098	5	14.579	19	47.484	8	-17.39

注：排名为全国排名。

资料来源：根据测算结果整理。

（三）工业协同发展概况

推动工业高质量发展必须加快优化工业空间布局，推动先进制造业与生产性服务业融合发展，构建区域间工业协调发展新格局。本报告从产业协同和区域协同两个维度刻画长江经济带工业协同发展总体概况。

1. 产业协同

产业协同发展指产业间彼此相互作用、相互影响的过程，以及为实现共同目标彼此协作、相互促进所形成的良性互动发展态势，即耦合与协调。学术界关于产业协同的定量研究，大多通过对多个相互作用的产业建立耦合度模型来测度，表达式为：

$$C = n\left[(U_1 \cdot U_2 \cdots U_n)/\prod(U_i + U_j)\right]^{\frac{1}{n}} \tag{1}$$

其中，C 表示耦合度，U_1，U_2，…，U_n 分别表示第1，2，…，n 个产业的发展水平，$i \neq j$。

本报告选取高技术制造业与一般制造业（制造业中去掉高技术制造业的部分）的耦合协调水平来反映产业协同水平，利用耦合度模型构建高技术制造业与一般制造业协调发展系数，表达式为：

$$C_i^t = 2\sqrt{M_i^t \cdot S_i^t}/(M_i^t + S_i^t) \tag{2}$$

其中，C_i^t 表示高技术制造业与一般制造业耦合度水平，M_i^t 表示第 i 个省区市第 t 年的高技术制造业发展水平，S_i^t 表示第 i 个省区市第 t 年的一般制造业发展水平。$C_i^t \in [0, 1]$，C 值越接近于1 表明高技术制造业与一般制造业协调发展状态越好，当 $C_i^t = 1$ 时达到最佳耦合状态；反之，C 值越接近于0 表明高技术制造业与一般制造业协调发展状态越差，当 $C_i^t = 0$ 时处于无关状态。

考虑到高质量产业协同发展应该建立在高水平发展基础上，为避免低水平发展基础上的伪协调情况，必须纳入反映产业整体发展水平的指标，进一步构建产业耦合协调度模型，表达式为：

$$D_i^t = \sqrt{C_i^t \cdot T_i^t},\ T_i^t = \alpha M_i^t \cdot \beta S_i^t \tag{3}$$

其中，D_i^t 表示高技术制造业与一般制造业协调发展系数，T_i^t 表示第 i 个省区市第 t 年的高技术制造业与一般制造业整体发展水平，α、β 为待定系数，且满足 $\alpha + \beta = 1$，通常取 $\alpha = \beta = 0.5$。

本报告采用规模以上企业高技术制造业销售产值和一般制造业销售产值分别表征高技术制造业和一般制造业发展水平，研究时段为 2011 ~ 2017 年，数据来源为《中国工业经济统计年鉴》（2012 年）、《中国工业统计年鉴》（2013 ~ 2017 年）、中经网统计数据库。

测算结果显示，长江经济带工业结构相对合理，产业协同水平较高。

2011～2017年长江经济带高技术制造业与一般制造业协调发展系数高于全国平均水平，且呈上升趋势，从2011年的0.749提升到2017年的0.803（见表23）。长江经济带以外地区高技术制造业与一般制造业协调发展系数呈上升趋势，从2011年的0.681提升到2017年的0.731。全国高技术制造业与制造业协调发展系数也呈上升趋势，从2011年的0.706提升到2017年的0.758。

长江经济带上中下游高技术制造业与一般制造业协调发展水平不均衡，下游地区水平最高，上游地区水平居中，中游地区水平最低。上游地区高技术制造业与一般制造业协调发展系数从2011年的0.736提升为2017年的0.806，年均提升1.53%；中游地区高技术制造业与一般制造业协调发展系数从2011年的0.719提升为2017年的0.776，年均提升1.28%；下游地区高技术制造业与一般制造业协调发展系数从2011年的0.783提升为2017年的0.820，年均提升0.77%。整体而言，长江经济带上中下游地区高技术制造业与一般制造业协调发展系数均稳步提升，且差距呈缩小趋势。

表23　全国及各地区高技术制造业与一般制造业协调发展系数

地区	2011年	2013年	2015年	2017年	平均
全国	0.706	0.728	0.746	0.758	0.735
长江经济带	0.749	0.778	0.794	0.803	0.784
长江经济带以外地区	0.681	0.697	0.716	0.731	0.706
上游地区	0.736	0.778	0.797	0.806	0.784
中游地区	0.719	0.749	0.762	0.776	0.754
下游地区	0.783	0.799	0.815	0.820	0.806

资料来源：根据测算结果整理。

长江经济带沿线11省市差异显著。如表24所示，2011～2017年，重庆为第一梯队（见表24），且在全国处于领先地位，高技术制造业与一般制造业协调发展系数平均值高达0.906；上海、江苏、四川3省市为第二梯队，高技术制造业与一般制造业协调发展系数平均值处于（0.80，0.90］区间，在全国处于中上水平；浙江、安徽、江西、湖北、湖南、贵州6省为第三梯队，高技术制造业与一般制造业协调发展系数平均值处于（0.70，0.80］区间，在全国处于中下水平；云南为第四梯队，高技术制造业与一般制造业协调发展系数平均值仅0.64，在全国处于较低水平。2011～2017年浙江、安徽、江西、湖北、湖南、重庆、贵州、云南8省市高技术制造业与一般制造业协调发展系数整体呈上升趋势，贵州为增速最快省市，年均增速高达3.74%（见表25）；上海、江苏、四川3省市高技术制造业与一般制造业协调发展系数整体呈下降趋势，但下降幅度较小。

表24　2011～2017年全国30个省区市高技术制造业与一般制造业协调发展系数平均值分布

得分范围	省区市
(0.90,1.00]	广东、重庆
(0.80,0.90]	北京、上海、江苏、天津、四川
(0.70～0.80]	陕西、山西、福建、湖南、海南、贵州、浙江、吉林、江西、河南、辽宁、山东、湖北、广西、安徽
[0,0.70]	黑龙江、云南、河北、青海、甘肃、内蒙古、宁夏、新疆

注：全国30个省区市不包含西藏自治区和港澳台地区，下同。
资料来源：根据测算结果整理。

表25　长江经济带沿线11省市高技术制造业与一般制造业协调发展系数

省市	2011年		2013年		2015年		2017年		平均		年均增速（%）
	系数	排名	系数	排名	系数	排名	系数	排名	系数	排名	
上海	0.894	3	0.883	4	0.888	4	0.888	4	0.887	4	-0.11
江苏	0.874	5	0.867	5	0.867	5	0.862	6	0.868	5	-0.23
浙江	0.734	12	0.749	13	0.762	15	0.773	15	0.755	14	0.87
安徽	0.631	23	0.696	21	0.743	21	0.758	21	0.713	22	3.10
江西	0.727	15	0.745	14	0.749	19	0.761	19	0.748	16	0.76
湖北	0.703	17	0.730	18	0.748	20	0.759	20	0.737	20	1.29
湖南	0.727	14	0.772	11	0.790	11	0.807	10	0.776	11	1.76
重庆	0.893	4	0.905	2	0.908	2	0.913	2	0.906	2	0.37
四川	0.838	7	0.842	7	0.841	7	0.819	9	0.835	7	-0.38
贵州	0.642	21	0.741	15	0.791	10	0.800	12	0.756	13	3.74
云南	0.572	26	0.624	25	0.651	24	0.691	23	0.640	24	3.20

注：排名为全国排名。
资料来源：根据测算结果整理。

2. 区域协同

（1）省际工业协同发展水平

长江经济带省际工业结构相对合理，省际协同水平较高。2011～2017年长江经济带省际工业协同发展水平远高于全国平均水平，且保持稳定，省际工业协同系数①平均值为1.578（见表26）。长江经济带以外地区省际工业协同系数平均值为4.690，全国省际工业协同系数平均值为3.614，均大于长江经济带省际工业协同系数，表明长江经济带省际工业协同发展水平远高于全国平均水平。

长江经济带上中下游省际协同发展水平不均衡，下游地区水平最高，上游地区水平居中，中游地区水平最低。上游地区省际工业协同系数从2011年的1.565下降到2017年的1.475，年均下降0.98%；中游地区省际工业协同系数从2011年的2.067下降到2017年的1.976，年均下降0.75%；下游地区省际工业协同系数从2011年的1.282上升到2017年的1.466，年均提升2.26%。整体而言，长江经济带上中下游地区省际工业协同发展水平差距较大，但均保持相对稳定。

表26　全国及各地区省际工业协同系数

地区	2011年	2013年	2015年	2017年	平均
全国	3.359	3.324	3.750	4.007	3.614
长江经济带	1.599	1.592	1.540	1.608	1.578
长江经济带以外地区	4.377	4.224	4.904	5.259	4.690
上游地区	1.565	1.619	1.444	1.475	1.527
中游地区	2.067	1.932	1.918	1.976	1.957
下游地区	1.282	1.311	1.353	1.466	1.346

资料来源：根据《中国工业经济统计年鉴》（2012年）、《中国工业统计年鉴》（2013～2017年）、EPS数据库等提供的相关资料测算整理。

长江经济带沿线11省市省际工业协同发展水平差异显著。2011～2017年江苏、安徽、湖北、重庆、贵州5省市为第一梯队，在全国处于领先地

① 省际工业协同系数指本省区市与相邻省区市中工业增加值排名第一省区市的工业增加值之比，系数越小表示省际工业协同发展水平越高。

位，省际工业协同系数平均值处于［1.00，1.50］区间；上海、浙江、江西、云南4省市为第二梯队，省际工业协同系数平均值处于（1.51，2.00］区间，在全国处于中上水平；四川、湖南2省为第三梯队，省际工业协同系数平均值处于（2.00，3.00］区间，在全国处于中下水平（见表27）。2011～2017年上海、江苏、浙江、安徽、江西、重庆、云南7省市省际工业协同系数整体呈上升趋势，省际工业协同发展水平呈下降趋势，上海为下降速度最快省市；湖北、湖南、四川、贵州4省工业协同系数整体呈下降趋势，省际工业协同发展水平逐渐改善，湖北为改善成效最显著的省市（见表28）。

表27　2011～2017年全国30个省区市省际工业协同系数平均值分布

得分范围	省区市
［1.00,1.50］	江苏、安徽、山东、贵州、重庆、宁夏、山西、内蒙古、黑龙江、辽宁、陕西、甘肃、吉林、湖北、新疆
（1.50,2.00］	河北、河南、上海、浙江、福建、江西、云南、北京、天津
（2.00,3.00］	四川、湖南、广东、广西
（3.00,10.00］	青海、海南

资料来源：根据测算结果整理。

表28　长江经济带沿线11省市省际工业协同系数

省市	2011年		2013年		2015年		2017年		平均		年均增速
	系数	排名	系数	排名	系数	排名	系数	排名	系数	排名	（%）
上海	1.516	15	1.565	17	1.626	16	1.747	16	1.608	18	2.39
江苏	1.046	1	1.057	3	1.080	4	1.185	3	1.084	1	2.10
浙江	1.517	16	1.565	18	1.626	17	1.747	17	1.608	19	2.38
安徽	1.047	2	1.057	4	1.080	5	1.185	4	1.084	2	2.09
江西	1.679	21	1.676	21	1.757	22	1.812	20	1.728	21	1.28
湖北	1.634	19	1.516	14	1.372	12	1.413	11	1.468	14	-2.39
湖南	2.887	26	2.604	26	2.624	26	2.702	26	2.675	26	-1.10
重庆	1.112	6	1.099	7	1.045	2	1.128	2	1.097	5	0.24
四川	2.023	23	2.206	25	1.986	25	1.757	18	2.024	25	-2.32
贵州	1.168	7	1.158	8	1.009	1	1.026	1	1.092	4	-2.14
云南	1.956	22	2.014	24	1.736	20	1.988	23	1.896	22	0.27

注：排名为全国排名。

资料来源：根据《中国工业经济统计年鉴》（2012年）、《中国工业统计年鉴》（2013～2017年）、EPS数据库等提供的相关资料测算整理。

（2）城市工业协同发展水平。长江经济带城市工业结构相对合理，城市协同水平较高。2011～2017年长江经济带城市工业首位度①平均值为2.271（见表29）。长江经济带以外地区城市工业首位度平均值为2.688，全国城市工业首位度平均值为2.550，均大于长江经济带城市工业首位度，表明长江经济带城市协同水平高于全国平均水平。

长江经济带上中下游城市协同发展水平差异显著，变化趋势各异。上游地区城市工业首位度呈先上升后下降趋势，从2011年的1.853上升到2014年的4.930，再下降到2017年的2.732，年均上升6.68%；中游地区城市工业首位度呈先下降后上升趋势，从2011年的2.039下降到2013年的1.668，再上升为2017年的3.101，年均上升7.24%；下游地区城市工业首位度呈持续下降趋势，从2011年的1.832下降为2017年的1.419，年均下降4.17%。整体而言，长江经济带上中下游地区城市工业首位度差距较大，中上游地区呈恶化态势，下游地区呈改善态势。

表29　全国及各地区城市工业首位度

地区	2011年	2013年	2015年	2017年	平均
全国	2.275	2.516	2.597	2.201	2.550
长江经济带	1.896	1.952	2.656	2.355	2.271
长江经济带以外地区	2.494	2.779	2.546	2.110	2.688
上游地区	1.853	2.364	4.125	2.732	2.999
中游地区	2.039	1.668	2.176	3.101	2.177
下游地区	1.832	1.753	1.547	1.419	1.614

资料来源：根据《中国城市统计年鉴》（2012～2018年）、中经网统计数据库提供的相关资料测算整理。

长江经济带沿线11省市城市工业协同发展水平差异显著。2011～2017年江苏、浙江2省为第一梯队，在全国处于领先地位，城市工业首位度处于［1.00，1.50］区间；上海、安徽、江西、湖北、重庆5省市为第二梯队，城

① 城市工业首位度指本省区市下辖各地级市中工业增加值排名第一城市与排名第二城市的工业增加值之比，比值越小表示城市工业协同发展水平越高。

市工业首位度处于（1.51，2.00］区间，在全国处于中上水平；贵州、湖南2省为第三梯队，城市工业首位度处于（2.00，3.00］区间，在全国处于中下水平；云南、四川2省为第四梯队，城市工业首位度大于3.00，在全国处于较低水平（见表30）。2011～2017年江西、湖北、湖南、重庆、四川、贵州6省市城市工业首位度整体呈上升趋势，城市工业协同发展水平呈下降趋势，江西为城市工业协同发展水平下降速度最快的省市；上海、江苏、浙江、安徽、云南5省市城市工业首位度呈下降趋势，城市工业协同发展水平逐渐改善，安徽为改善成效最显著的省市（见表31）。

表30　2011～2017年全国30个省区市城市工业首位度平均值分布

得分范围	省区市
[1.00,1.50]	山东、内蒙古、广西、江苏、广东、青海、北京、浙江
(1.50,2.00]	山西、福建、海南、新疆、河南、重庆、辽宁、甘肃、安徽、上海、江西、宁夏、湖北
(2.00,3.00]	陕西、河北、贵州、湖南
(3.00,10.00]	云南、四川、天津、黑龙江、吉林

资料来源：根据测算结果整理。

表31　长江经济带沿线11省市城市工业首位度

省市	2011年		2013年		2015年		2017年		平均		年均增速(%)
	工业首位度	排名	工业首位度	排名	工业首位度	排名	工业首位度	排名	工业首位度	排名	
上海	2.278	23	1.912	18	1.856	20	1.698	16	1.916	18	-4.78
江苏	1.023	1	1.725	16	1.214	6	1.019	1	1.236	4	-0.07
浙江	1.389	10	1.408	9	1.570	16	1.135	6	1.446	8	-3.31
安徽	2.640	26	1.968	20	1.547	15	1.825	18	1.858	17	-5.97
江西	1.454	13	1.311	7	1.917	22	3.125	25	1.921	19	13.60
湖北	2.070	21	1.330	8	1.689	18	3.181	26	1.953	21	7.42
湖南	2.595	25	2.362	25	2.922	25	2.996	24	2.658	25	2.42
重庆	1.517	15	1.750	17	1.823	19	1.815	17	1.703	14	3.03
四川	2.701	27	3.550	27	3.310	27	5.193	29	4.165	27	11.51
贵州	1.323	8	2.104	23	2.764	24	2.435	23	2.600	24	10.70
云南	1.871	20	2.053	22	8.603	29	1.484	14	3.529	26	-3.79

注：排名为全国排名。

资料来源：根据《中国城市统计年鉴》（2012～2018年）、中经网统计数据库提供的相关资料测算整理。

（四）工业开放发展概况

推动长江经济带工业开放发展，更好地利用国际国内两个市场、两种资源，加快构建长江经济带对外开放新格局。本报告从对外贸易、外资利用两个维度刻画长江经济带工业开放发展总体概况。

1. 对外贸易

采用高技术产品进出口贸易份额（高技术产品进出口总额/进出口总额）衡量对外贸易水平。长江经济带作为全国主要开放型经济高地，高技术制造业发展极大地提升了工业开放发展质量。如图 20 和表 32 所示，2011～2017 年长江经济带高技术产品进出口贸易份额呈波动上升态势，由 2011 年的 31.13% 波动上升到 2017 年的 32.01%，高于长江经济带以外地区，累计提高 0.88 个百分点。长江经济带以外地区高技术产品进出口贸易份额由 2011 年的 25.46% 稳步上升到 2017 年的 29.54%，累计提高 4.08 个百分点。全国高技术产品进出口贸易份额由 2011 年的 27.80% 上升到 2017 年的 30.62%，累计提高 2.82 个百分点。高技术产品对外贸易快速发展推动形成长江经济带工业开放发展的新格局。

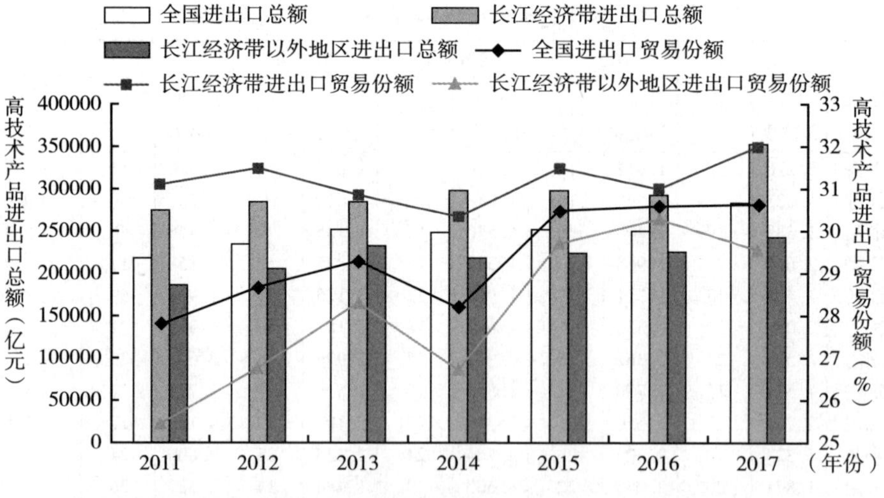

图 20　2011～2017 年全国及各地区高技术产业进出口总额及贸易份额

资料来源：根据《中国科技统计年鉴》（2012～2018 年）、《中国贸易外经统计年鉴》（2012～2018 年）相关资料整理。

表 32　全国及各地区高技术产品进出口贸易份额

单位：%，个百分点

地区	2011 年	2013 年	2015 年	2017 年	累计提高
全国	27. 80	29. 32	30. 47	30. 62	2. 82
长江经济带	31. 13	30. 85	31. 47	32. 01	0. 88
长江经济带以外地区	25. 46	28. 32	29. 74	29. 54	4. 08
上游地区	33. 44	43. 65	43. 99	58. 07	24. 63
中游地区	18. 16	16. 54	23. 95	24. 50	6. 34
下游地区	31. 78	30. 32	30. 65	29. 76	-2. 02

资料来源：根据《中国科技统计年鉴》（2012～2018 年）、《中国贸易外经统计年鉴》（2012～2018 年）相关资料整理。

长江经济带上中下游地区高技术产品进出口贸易份额不均衡，上游地区最高，下游地区次之，中游地区最低，上游地区已成为长江经济带工业高质量开放发展的高地。如表 32 和图 21 所示，2011～2017 年上游地区高技术产品进出口贸易份额呈高速增长态势，由 2011 年的 33. 44% 上升到 2017 年的 58. 07%，累计提高 24. 63 个百分点，显著高于中下游地区。中游地区高技术产品进出口贸易份额呈稳步增长态势，由 2011 年的 18. 16% 上升到 2017 年的 24. 50%，累计提高 6. 34 个百分点。下游地区高技术产品进出口贸易份额小幅下降，由 2011 年的 31. 78% 下降到 2017 年的 29. 76%，累计下降 2. 02 个百分点。总体来看，上游地区内陆开放高地建设成效明显，对全国工业开放发展起到重要的推动作用。

长江经济带沿线 11 省市高技术产品进出口贸易份额空间分异特征显著。上海、江苏、湖北、重庆、四川 5 省市位居第一梯队，高技术产品进出口贸易份额在全国处于较高水平。其中，四川是长江经济带高技术产品进出口份额最高的地区。安徽、江西、湖南、贵州 4 省位居第二梯队，高技术产品进出口贸易份额在全国处于中游水平。浙江、云南 2 省位居第三梯队，高技术产品进出口贸易份额在全国处于较低水平，是长江经济带高技术产品进出口贸易“洼地”。

长江经济带省域高技术产品进出口贸易份额增速分异特征明显。贵州、

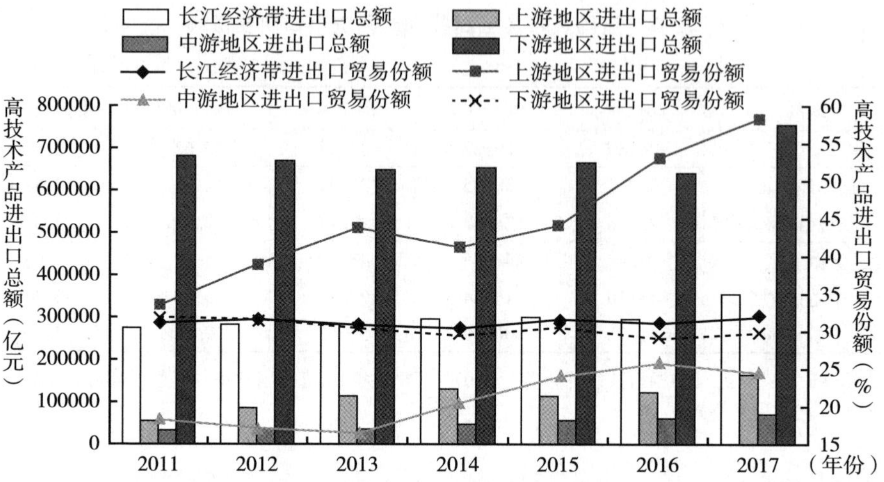

图 21　2011 ~ 2017 年长江经济带及上中下游地区高技术产业进出口总额及贸易份额

资料来源：根据《中国科技统计年鉴》（2012 ~ 2018 年）、《中国贸易外经统计年鉴》（2012 ~ 2018 年）相关资料整理。

云南、安徽、重庆 4 省市位居长江经济带高技术产品进出口贸易份额平均增速前四，均为两位数（见表 33）。其中，贵州和云南的年均增速分别高达 50.31% 和 24.05%，显著高于长江经济带其他地区。2017 年，贵州高技术产品进出口贸易份额快速上升到 47.63%，云南高技术产品进出口份额仍处于较低水平。重庆和四川高技术产品进出口贸易份额较高，上海、江苏、浙江 3 省市高技术产品进出口贸易份额较为稳定。江西和浙江是长江经济带开放发展质量的“洼地”，高技术产品进出口贸易份额处于“低水平、负增长”的不利境地。

表 33　长江经济带沿线 11 省市高技术产品进出口贸易份额

单位：%

省市	2011 年		2013 年		2015 年		2017 年		平均		平均增速
	份额	排名	份额	排名	份额	排名	份额	排名	份额	排名	
上海	38.94	4	38.05	8	37.69	9	35.52	11	37.52	8	-1.52
江苏	40.87	2	40.12	6	40.67	7	39.60	8	39.93	6	-0.53

续表

省市	2011年		2013年		2015年		2017年		平均		平均增速
	份额	排名	份额	排名	份额	排名	份额	排名	份额	排名	
浙江	8.15	21	6.54	24	7.03	25	7.64	24	7.28	24	-1.07
安徽	8.66	20	12.37	16	21.35	12	25.93	12	16.65	14	20.06
江西	18.21	10	13.65	13	19.69	15	17.05	14	17.65	11	-1.09
湖北	22.88	9	23.16	10	29.78	10	38.22	10	28.91	10	8.93
湖南	9.71	18	11.19	18	21.04	13	16.01	16	13.96	16	8.69
重庆	33.73	7	52.86	2	54.11	3	61.88	4	50.61	4	10.64
四川	46.53	1	50.92	4	52.37	4	71.99	2	55.51	3	7.54
贵州	4.13	25	2.69	28	19.71	14	47.63	6	14.96	15	50.31
云南	2.87	28	13.50	14	7.83	23	10.46	23	8.26	22	24.05

资料来源：根据《中国科技统计年鉴》（2012～2018年）、《中国贸易外经统计年鉴》（2012～2018年）相关资料整理。

2. 外资利用

采用外商投资份额（规上工业企业中外商和港澳台投资企业资产所占的比重）衡量外资利用水平。提高外资利用水平是构建长江经济带对外开放新格局的重要内容，也是统筹国内国际两个市场的实现路径，能够推动实现工业高质量开放发展。2011～2017年长江经济带外商投资份额呈波动变化态势，由2011年的27.00%下降到2017年的22.15%，显著高于长江经济带以外地区，外商投资份额累计下降4.85个百分点，略高于长江经济带以外地区（见表34）。长江经济带以外地区外商投资份额持续下降，由2011年的21.87%快速下降到2017年的17.33%，累计下降4.54个百分点。全国外商投资份额由2011年的23.98%下降到2017年的19.27%，累计下降4.71个百分点。长江经济带是全国外商投资集聚的主要区域，虽然投资份额持续下降，但外资利用规模持续上升，外资利用对工业发展的推动作用较为稳定。

长江经济带外商投资份额总体呈下游、中游、上游梯度递减的空间分异特征，地区间外商投资份额的差异逐步缩小。2011～2017年上游地区外商投资份额变化不大，由2011年的9.48%平缓上升到2017年的9.53%，累

表 34　全国及各地区外商投资份额

单位：%，个百分点

地区	2011 年	2013 年	2015 年	2017 年	累计增长
全国	23.98	21.83	19.69	19.27	-4.71
长江经济带	27.00	24.52	22.07	22.15	-4.85
长江经济带以外地区	21.87	19.99	18.08	17.33	-4.54
上游地区	9.48	10.02	8.78	9.53	0.05
中游地区	15.28	13.38	13.00	13.77	-1.51
下游地区	35.60	32.86	29.94	29.62	-5.98

资料来源：根据《中国统计年鉴》（2011～2018 年）相关资料整理。

计增长 0.05 个百分点。中游地区外商投资份额呈平缓下降态势，由 2011 年的 15.28% 下降到 2017 年的 13.77%，累计下降 1.51 个百分点。下游地区外商投资份额由 2011 年的 35.6% 下降到 2017 年的 29.62%，累计下降 5.98 个百分点，显著高于中上游地区，但外商投资份额仍显著高于中上游地区。总体来看，下游地区仍是外商投资的主要区域，优越的区位条件和成熟的市场条件让下游地区更接近国际市场，利用国外资源更具优势。

长江经济带沿线 11 省市外商投资份额空间分异特征显著。2011～2017 年上海、江苏、浙江、重庆 4 省市居第一梯队，外商投资份额在全国处于较高水平，上海是长江经济带外资利用水平最高的区域。安徽、江西、湖北、四川 4 省居第二梯队，外商投资份额在全国处于中游水平。湖南、贵州、云南 3 省居第三梯队，外商投资份额在全国处于较低水平。

长江经济带省域外商投资份额在全国的相对位置较为稳定，外商投资总量呈上升趋势，但外商投资份额呈稳步下降态势。其中，外商投资总量较低地区投资份额较为稳定，外商投资总量较高地区投资份额下降幅度较大。上海、江苏、浙江 3 省市是长江经济带外商投资总量最高的地区，外商投资份额累计降幅均超过 5 个百分点，显著高于长江经济带其他地区。江西作为中下游地区外商投资总量相对较低的省市，外商投资份额也呈稳步下降态势，累计下降4.09个百分点（见表35）。上游地区4省市外商投资份额变化幅度均不超过2个百分点。整体而言，健全的市场体制和开放的环境使得下游地区成为长江经济带主要的外资集聚区，外资利用对中上游地区内陆开放高地建设的推动作用有待进一步提升。

表35　长江经济带沿线11省市外商投资份额

单位：%，个百分点

省市	2011年		2013年		2015年		2017年		平均		累计增长
	份额	排名	份额	排名	份额	排名	份额	排名	份额	排名	
上海	50.13	1	49.55	1	44.84	1	44.30	1	47.17	1	-5.83
江苏	41.53	4	37.62	4	34.80	4	34.42	3	36.76	4	-7.11
浙江	27.53	7	25.83	7	22.97	7	22.48	7	24.60	7	-5.05
安徽	11.02	17	9.90	18	10.41	18	10.35	20	10.34	13	-0.67
江西	18.44	13	16.33	12	15.62	12	14.35	13	16.08	18	-4.09
湖北	19.28	12	15.50	13	14.61	13	16.55	12	16.35	12	-2.73
湖南	7.21	22	7.89	22	8.47	22	9.47	21	8.24	22	2.26
重庆	19.91	9	23.69	8	17.08	11	18.38	10	19.31	10	-1.53
四川	9.09	19	9.18	20	9.14	21	10.48	18	9.69	20	1.39
贵州	3.98	27	3.47	27	2.81	28	3.07	29	3.29	28	-0.91
云南	5.08	25	4.38	25	4.26	27	3.72	26	4.34	26	-1.36

资料来源：根据《中国统计年鉴》（2011～2018年）相关资料整理。

三　长江经济带工业发展质量的定量研判

（一）研究方法

1. 评价指标体系构建

当前，学术界尚无衡量工业高质量发展水平的统一指标体系。2018年4月26日，习近平总书记在深入推动长江经济带发展座谈会上强调，新形势下推动长江经济带发展必须坚持新发展理念，使长江经济带成为引领我国经济高质量发展的生力军。工业高质量发展是推动经济高质量发展的关键基础和根本保证，必须以新发展理念为导向推动。基于工业高质量发展要求和数据可得性原则，从创新驱动、绿色转型、协同发展、开放发展4个维度，选取创新投入等13个三级指标，规上工业企业R&D人员折合全时当量等36个四级指标对长江经济带工业高质量发展进行综合研判。指标体系见表36。

创新驱动是推动工业高质量发展的强劲动力，将长江经济带建设成我国创新驱动的主要策源地，必须充分发挥创新驱动在长江经济带工业高质量发展中的引领作用，加快培育工业发展的新动能。参考学术界和政府部门关于工业创新驱动评价的相关成果，从创新投入、创新绩效、产业升级、两化融合四个维度来衡量工业创新驱动能力。其中，创新投入采用规上工业企业R&D经费内部支出、规上工业企业R&D人员投入比重等指标衡量；创新绩效采用规上工业企业每亿元主营业务收入有效发明专利数、规上工业企业新产品销售收入份额等指标衡量；产业升级采用规上工业企业不变价格劳动生产率、高技术制造业新产品销售收入份额等指标衡量；两化融合采用企业年末电子商务平均销售额等指标衡量。

绿色转型是工业高质量发展的重要支撑，是将长江经济带打造为生态文明建设先行示范带的重要抓手，也是实现长江经济带“生态优先、绿色发展”的重要环节。参考学术界和政府部门关于工业绿色转型评价的相关成果，从工业生产的投入、产出、治理三个维度，选取环境污染、环境治理、资源消耗来衡量工业绿色转型成效。其中，环境污染选取工业“三废”的亿元工业增加值排放（产出）量衡量；环境治理采用一般工业固体废物处置率、亿元工业增加值污染治理项目完成投资衡量；资源消耗采用万元工业增加值能耗和水耗衡量。

协同发展是工业高质量发展行稳致远的重要保障。必须从工业发展全局出发，充分考虑工业发展的产业结构、企业结构、区际关系。参考学术界关于工业协同发展评价的相关成果，从产业协同、区域协同、企业协同三个维

表 36　工业高质量发展综合评价指标体系

一级指标	二级指标	三级指标	四级指标	指标权重	指标属性
工业高质量发展指数	创新驱动(0.2595)	创新投入	A11 规上工业企业 R&D 人员折合全时当量(人年)	0.0712	正向
			A12 规上工业企业平均 R&D 人员/平均用工人数(%)	0.0662	
			A13 规上工业企业 R&D 经费内部支出(万元)	0.0714	
			A14 规上工业企业 R&D 经费内部支出/主营业务收入(%)	0.0652	
			A15 规上工业企业中有 R&D 活动的企业数/规上工业企业总数(%)	0.0656	
			A16 规上工业企业新产品开发经费支出(万元)	0.0714	
		创新绩效	A21 规上工业企业新产品销售收入/主营业务收入(%)	0.0647	正向
			A22 规上工业企业平均新产品销售收入(万元/家)	0.0648	
			A23 规上工业企业平均拥有有效发明专利数(件/家)	0.0676	
			A24 规上工业企业每亿元主营业务收入有效发明专利数(件)	0.0666	
		产业升级	A31 高技术制造业新产品销售收入/主营业务收入(%)	0.0670	正向
			A32 规上工业企业不变价格劳动生产率(万元/人)	0.0637	
			A33 规上工业企业全要素生产率(—)	0.0627	
		两化融合	A41 企业年末平均在用计算机数(台/家)	0.0659	正向
			A42 企业年末电子商务平均销售额(万元/个)	0.0661	
	绿色转型(0.2425)	环境污染	B11 亿元工业增加值废水排放量(万吨)	0.1405	负向
			B12 亿元工业增加值废气排放量(亿标立方米)	0.1400	
			B13 亿元工业增加值一般工业固体废物产生量(万吨)	0.1403	
		环境治理	B21 一般工业固体废物处置率(%)	0.1503	正向
			B22 亿元工业增加值污染治理项目完成投资(%)	0.1483	
		资源消耗	B31 万元工业增加值能耗(吨标准煤)	0.1406	负向
			B32 万元工业增加值水耗(立方米)	0.1399	

续表

一级指标	二级指标	三级指标	四级指标	指标权重	指标属性
工业高质量发展指数	协同发展(0.2447)	产业协同	C11 工业与生产性服务业协调发展系数(—)	0.1674	正向
			C12 高技术制造业与一般制造业协调发展系数(—)	0.1671	
		区域协同	C21 省际工业协同系数(—)	0.1665	负向
			C22 城市工业增加值首位度(%)	0.1654	
		企业协同	C31 规上大中小工业企业协调发展系数(—)	0.1662	正向
			C32 规上国有企业与私营企业协调发展系数(—)	0.1675	
	开放发展(0.2533)	贸易质量	D11 高技术产品进出口贸易额/进出口贸易总额(%)	0.1238	正向
			D12 高技术产品进口贸易额/进口贸易总额(%)	0.1239	
			D13 高技术产品出口贸易额/出口贸易总额(%)	0.1231	
		外资利用	D21 规上工业企业中外商和港澳台投资企业资产比重(%)	0.1222	正向
			D22 外商投资企业投资总额(亿元)	0.1327	
		企业开放	D31 规上工业企业新产品出口销售收入/出口贸易总额(%)	0.1213	正向
			D32 规上工业企业平均新产品出口销售收入(万元/家)	0.1263	
			D33 规上工业企业新产品出口销售收入/主营业务收入(%)	0.1267	

注：指标属性中正向表示对应指标对工业高质量发展具有促进作用，指标数值越大，工业高质量发展水平越高；负向表示对应指标对工业高质量发展具有阻碍作用，指标数值越大，工业高质量发展水平越低。单位中“—”表示对应指标无单位，为水平值。指标权重是基于熵权法确定的。

度评价工业协同发展水平。其中，产业协同采用工业与生产性服务业协调发展系数、高技术制造业与一般制造业协调发展系数衡量；区域协同采用省际工业协同系数、城市工业增加值首位度衡量；企业协同采用规上大中小工业企业协调发展系数、规上国有企业与私营企业协调发展系数衡量。

开放发展是引领长江经济带构建开放型经济新体制、形成全方位开放新格局的重要内容，加快建设中上游内陆开放型经济高地、提升下游沿海地区开放发展质量是实现"陆海统筹、双向开放"战略目标的必然方向。参考学术界关于工业开放发展评价的相关研究成果，从贸易质量、外资利用、企业开放三个维度评价工业开放发展水平。其中，贸易质量采用高技术产品进出口份额、进口份额、出口份额衡量；外资利用采用外商投资企业投资总额、规上工业企业中外商和港澳台投资企业资产比重衡量；企业开放采用规上工业企业新产品出口销售收入占出口贸易总额的比重、平均新产品出口销售收入、新产品出口销售收入占主营业务收入的比重等指标衡量。

2. 评价方法

学术界关于指标赋权的方法包括主观赋权法和客观赋权法，其中，主观赋权法根据主观判断确定指标权重，判断依据与原始数据无关，如层次分析法、综合指数法、专家打分法等；客观赋权法根据原始数据变异程度或相关性确定指标权重，如熵权法、因子分析法等。客观赋权法相比主观赋权法更具科学性、客观性、准确性。根据指标权重综合评价研究对象，常用方法包括加权平均法、Topsis 法。本报告采用熵权法 - Topsis 评价模型作为评价工业发展质量的工具。其中，熵权法用于确定基础指标权重，Topsis 法用于评价研究对象。

熵权法是信息论中用于度量信息量的一种客观赋权法，信息量越大，不确定性越小，信息熵越低；反之，不确定性越大，信息熵越高。因此，信息熵也是系统事件随机性及无序程度的度量，可以判断某个指标的离散程度。在多指标综合评价中，所获信息量是评价精度和可靠性的决定因素之一。信息熵越低，该指标提供的信息量越大，对综合评价结果的影响越大，权重也越高。Topsis 法是基于无量纲化的原始数据矩阵，找出有限方案中的最优方案和最劣方案，然后计算评价对象与最优方案的相对接近程度或与最劣方案的相对远离程度，以此作为评价工业发展质量相对优劣的依据。为保证评价结果的跨期可比性，需满足各指标在所有年份权重相等的前提假设，按照指标分类将 2011 ~2017 年全国 30 个省区市的面板数据转化为截面数据，通过设置统一参考对象实现评价结果跨期可比。熵权法 - Topsis 评价模型计算步骤如下。

步骤一：基于熵权法确定基础指标权重。

①对基础指标无量纲化处理，将所有指标转化为正向指标，得到矩阵 $X = (X_{ijt})_{n \times m}$。

$$\text{正向指标}: X_{ijt}^{+} = \frac{X_{ijt} - \min\{X_j\}}{\max\{X_j\} - \min\{X_j\}}$$

$$(i = 1,2,\cdots,30;\ j = 1,2,\cdots,29;\ t = 1,2,\cdots,7) \tag{4}$$

$$\text{负向指标}: X_{ijt}^{-} = \frac{\max\{X_j\} - X_{ijt}}{\max\{X_j\} - \min\{X_j\}}$$

$$(i = 1,2,\cdots,30;\ j = 1,2,\cdots,7;\ t = 1,2,\cdots,7) \tag{5}$$

②计算第 i 个省区市第 j 项指标在第 t 年的比重，得到比重矩阵 $P = (p_{ijt})_{n \times m}$。

$$\text{其中}, p_{ijt} = \frac{X_{ijt}}{\sum_{t=1}^{k} \sum_{i=1}^{n} X_{ijt}} \tag{6}$$

③计算第 j 项指标的信息熵值和信息熵权。

$$e_j = -\frac{1}{\ln n} \sum_{i=1}^{n} (p_{ij} \ln p_{ij}) \qquad (n = 7 \times 30) \tag{7}$$

$$u_j = \frac{1 - e_j}{n - \sum_{j=1}^{n} e_j} \tag{8}$$

其中，$e_j (0 \leqslant e_j \leqslant 1)$ 为第 j 项指标的信息熵值，$\frac{1}{\ln n}$ 为信息熵系数，u_j 为信息熵权。

步骤二：基于 Topsis 法评价工业发展质量。

①计算权重规范化矩阵 $S = (S_{ij})_{m \times n}$，选择 $S = (S_{ij})_{m \times n}$ 各列的最大值、最小值构成最优向量、最劣向量。

$$S_{ijt} = u_j \cdot X_{ijt} \tag{9}$$

$$S^+ = (S_{\max 1}, S_{\max 2}, \cdots, S_{\max m});\ S^- = (S_{\min 1}, S_{\min 2}, \cdots, S_{\min m}) \tag{10}$$

其中，权重规范化矩阵的元素为第 i 个省区市第 j 项指标在第 t 年的工业发展质量。

②计算第 i 个省区市与最优方案、最劣方案的欧式距离。

$$D_i^+ = \sqrt{\sum_{j=1}^{m}(S_{\max j} - S_{ijt})^2};\ D_i^- = \sqrt{\sum_{j=1}^{m}(S_{\min j} - S_{ijt})^2} \tag{11}$$

③计算第 i 个省区市与最优方案的接近程度 C_i^+（C_i^+ 越大评价结果越好）或与最劣方案的远离程度 C_i^-（C_i^- 越小评价结果越好）。

$$C_i^+ = D_i^- / (D_i^+ + D_i^-);\quad C_i^- = D_i^+ / (D_i^+ + D_i^-) \tag{12}$$

此外，本报告采用 K-means 聚类分析法对长江经济带沿线 11 省市工业发展质量的空间布局进行分析。K-means 聚类分析法以 k 为参数，把 n 个对象分成 k 个簇，使簇内具有较高相似度，K-means 聚类分析法处理过程如下：首先，初始对象选择是随机的，分别作为 k 个簇的中心（即平均值）；其次，将剩余对象分配给最近的簇；最后，重新测算每个簇的中心。不断重复以上过程，直至准则函数收敛，准则函数为数据集内所有数据的误差平方和。

3. 研究时期和数据来源

发展长江经济带自 2013 年上升为国家重大战略，逐步进入全面实施推进的发展阶段，为把握长江经济带工业发展质量在不同时期的演变过程，本报告选择以 2011 年为研究起点，时间跨度为 2011 ~ 2017 年，选取基础指标数据均来源于《中国统计年鉴》（2012 ~ 2018 年）、《中国科技统计年鉴》（2012 ~ 2018 年）、《中国高技术产业统计年鉴》（2012 ~ 2017 年）、《中国能源统计年鉴》（2012 ~ 2018 年）、《中国环境统计年鉴》（2012 ~ 2017 年）、《中国城市

（镇）生活与价格年鉴》（2012 年）、《中国价格统计年鉴》（2013～2018 年）以及 EPS 数据库、中经网统计数据库等，缺省年份数据通过插值补齐。

涉及价值的基础指标采用相应定基价格指数折算为以 2011 年为基期的不变价格水平，其中，规上工业企业 R&D 经费内部支出、规上工业企业新产品开发经费支出采用组合价格指数折算，R&D 经费内部支出由劳务费、原材料和固定资产支出构成，因此组合价格指数采用居民消费价格指数、固定资产投资价格指数和工业生产者购进价格指数按 40%、30%、30% 的比重加总得到；工业增加值、规上工业企业主营业务收入、规上工业企业新产品销售收入、规上工业企业新产品出口销售收入采用工业品出厂价格指数折算；规上工业企业固定资产投资净值、外商投资企业投资总额采用固定资产投资价格指数折算。

本报告侧重研究长江经济带工业高质量发展水平，为科学评价长江经济带工业发展质量在全国的相对位置，将长江经济带以外地区纳入分析框架，采用长江经济带沿线 11 省市和上中下游地区两个空间尺度系统研判长江经济带工业发展质量的演变特征和空间差异，研究对象为全国 30 个省区市，港澳台和西藏地区数据缺失不予考虑，本报告中未展示长江经济带以外地区的工业发展质量。

（二）评价结果与分析

如果直接对所有四级指标统一赋权，则二级指标权重取决于所属四级指标个数，为避免因基础指标个数不同导致上层指标权重的不可比，本报告首先分别计算各维度所属四级指标权重，再根据评价结果计算上层指标权重。

1. 长江经济带工业发展质量的演变特征和空间差异分析

总体比较而言，长江经济带工业发展质量高于全国平均水平和长江经济带以外地区，成为引领全国工业发展质量提升的主力军。如表 37 所示，2011～2017 年长江经济带工业发展质量呈稳步上升态势，由 2011 年的 0.227 上升到 2017 年的 0.343，年均增长 7.12%。长江经济带以外地区工业发展质量呈波动上升态势，由2011年的0.205上升到2017年的0.318，年均增长7.59%。2014年，长江经济带以外地区工业发展质量短暂超过长江经济带后，2015年经历小幅下降，2016年强势反弹，工业发展质量缺乏稳定性。长江经济带工业发展质量极大推动全国工业发展质量快速提升。

表37 2011~2017年全国及各地区工业发展质量

地区	2011年	2012年	2013年	2014年	2015年	2016年	2017年
全国	0.213	0.230	0.266	0.285	0.284	0.316	0.327
长江经济带以外地区	0.205	0.222	0.263	0.287	0.274	0.310	0.318
长江经济带	0.227	0.244	0.271	0.282	0.302	0.327	0.343
上游地区	0.231	0.247	0.276	0.275	0.291	0.309	0.338
中游地区	0.161	0.171	0.195	0.205	0.227	0.232	0.236
下游地区	0.271	0.295	0.322	0.347	0.369	0.417	0.430

资料来源：根据测算结果整理。

就地区间比较而言，长江经济带工业发展质量呈现下游、上游、中游梯度递减的空间格局，区域分异特征逐步凸显。2011~2017年下游地区工业发展质量呈现快速提升态势，由2011年的0.271快速上升到2017年的0.430，年均增长8.00%；中上游地区工业发展质量提升则相对缓慢，与下游地区工业发展质量差距逐步扩大。其中，中游地区工业发展质量由2011年的0.161稳步上升到2017年的0.236，年均增长6.58%，上游地区工业发展质量由2011年的0.231稳步上升到2017年的0.338，年均增长6.55%，下游地区与上游地区和中游地区工业发展质量差距分别从0.040和0.110快速上升到0.092和0.194。下游地区依托雄厚资金、先进技术和开放环境等优势，引领长江经济带工业高质量发展。

长江经济带沿线11省市工业高质量发展水平差异显著。如表38所示，2011~2017年上海始终处于长江经济带工业发展质量的第一梯队，中游地区和上游地区多处于长江经济带工业发展质量的第三梯队和第四梯队，处于工业发展质量提升的追赶阶段。2011~2017年安徽是长江经济带工业高质量发展水平提升最快的省市，年均增速高达 13.58%；江西是工业高质量发展水平提升最慢的省市，年均增速仅 2.71%（见表 39）。

表 38　长江经济带 11 省市工业发展质量聚类分析结果

梯队	2011 年	2014 年	2017 年
第一梯队	上海	上海、江苏	上海
第二梯队	江苏、重庆	浙江、重庆、四川	江苏、浙江、重庆
第三梯队	浙江、湖北、四川、贵州	安徽、湖北、湖南、贵州、云南	安徽、湖北、湖南、四川、贵州、云南
第四梯队	安徽、江西、湖南、云南	江西	江西

注：根据 K－mean 聚类分析法测算结果，进行梯队划分，下同。
资料来源：根据测算结果整理。

表 39　长江经济带沿线 11 省市工业发展质量及排名

省市	2011 年		2013 年		2015 年		2017 年		平均		年均增速（%）
	发展质量	排名	发展质量	排名	发展质量	排名	发展质量	排名	发展质量	排名	
上海	0.367	2	0.390	3	0.471	2	0.544	2	0.449	2	6.78
江苏	0.334	4	0.394	2	0.435	4	0.485	3	0.415	3	6.41
浙江	0.241	11	0.298	11	0.341	8	0.382	9	0.317	10	7.98
安徽	0.143	25	0.206	23	0.229	23	0.307	16	0.219	23	13.58
江西	0.138	26	0.155	28	0.157	28	0.162	28	0.151	28	2.71
湖北	0.191	18	0.237	18	0.270	14	0.314	15	0.254	17	8.64
湖南	0.156	22	0.194	25	0.253	16	0.232	26	0.207	25	6.84
重庆	0.316	6	0.338	7	0.386	6	0.439	6	0.359	6	5.63
四川	0.236	12	0.291	13	0.307	11	0.350	12	0.297	11	6.79
贵州	0.211	13	0.247	17	0.242	20	0.300	17	0.245	18	6.04
云南	0.160	20	0.229	21	0.230	22	0.261	21	0.223	20	8.50

注：排名为全国排名。
资料来源：根据测算结果整理。

2. 长江经济带工业创新驱动能力的演变特征和空间差异分析

总体比较而言，长江经济带工业创新驱动能力高于全国平均水平和长江经济带以外地区，反映出长江经济带作为全国工业创新驱动的策源地和引领带的战略地位。如表 40 所示，2011～2017 年长江经济带工业创新驱动能力增长较快，由 2011 年的 0.163 上升到 2017 年的 0.316，年均增长 11.66%，略高于长江经济带以外地区；长江经济带以外地区工业创新驱动能力由 2011 年的 0.141 上升到 2017 年的 0.265，年均增长 11.09%。随着传统制造业的转型升级和战略性新兴产业的快速发展，工业部门新旧动能转换推动长江经济带与长江经济带以外地区工业创新驱动能力差距逐步扩大，从 2011 年的 0.022 逐步上升到 2017 年的 0.051。

表 40　2011～2017 年全国及各地区工业创新驱动能力

地区	2011 年	2012 年	2013 年	2014 年	2015 年	2016 年	2017 年
全国	0.149	0.167	0.186	0.209	0.234	0.260	0.283
长江经济带以外地区	0.141	0.159	0.178	0.195	0.221	0.244	0.265
长江经济带	0.163	0.182	0.201	0.232	0.257	0.286	0.316
上游地区	0.117	0.120	0.132	0.162	0.185	0.205	0.235
中游地区	0.121	0.140	0.160	0.176	0.202	0.227	0.253
下游地区	0.241	0.275	0.301	0.344	0.370	0.412	0.444

资料来源：根据测算结果整理。

地区间比较而言，长江经济带工业创新驱动能力呈下游、中游、上游梯度递减的空间格局，区域分异特征逐步凸显。2011～2017 年下游地区工业创新驱动能力呈现稳步增长态势，由 2011 年的 0.241 上升到 2017 年的 0.444，年均增长 10.72%。中游地区和上游地区工业创新驱动能力均呈现较快增长态势，中游地区工业创新驱动能力由 2011 年的 0.121 上升到 2017 年的 0.253，年均增长 13.08%，上游地区工业创新驱动能力由 2011 年的 0.117 上升到 2017 年的 0.235，年均增长 12.33%。中上游地区经济水平、产业基础、创新禀赋等方面短板明显，制约了工业整体创新驱动能力的提升空间，导致其与下游地区工业创新驱动能力差距逐步扩大，分别由 2011 年的 0.120 和 0.124 稳步上升到 2017 年的 0.191 和

0.209。

长江经济带沿线11省市工业创新驱动能力差异显著。如表41所示，2011～2017年上海、江苏始终处于长江经济带工业创新驱动能力的第一梯队，浙江始终处于第二梯队，长三角地区是引领长江经济带工业发展的创新高地，安徽作为下游地区处于工业创新驱动的第三梯队，通过承接长三角地区产业转移逐步融入长三角区域。中游地区和上游地区多处于长江经济带工业创新驱动的第三梯队和第四梯队。2011～2017年安徽是长江经济带工业创新驱动能力提升最快的省市，年均增速高达16.65%；重庆是工业创新驱动能力提升最慢的省市，年均增速仅8.89%（见表42）。

表41　长江经济带沿线11省市工业创新驱动能力聚类分析结果

梯队	2011年	2014年	2017年
第一梯队	上海、江苏	上海、江苏	上海、江苏
第二梯队	浙江、重庆	浙江	浙江
第三梯队	安徽、湖北、湖南	安徽、湖北、湖南、重庆	安徽、湖北、湖南、重庆
第四梯队	江西、四川、贵州、云南	江西、四川、贵州、云南	江西、四川、贵州、云南

资料来源：根据测算结果整理。

表42　长江经济带沿线11省市工业创新驱动能力及排名

省市	2011年		2013年		2015年		2017年		平均		年均增速（%）
	能力	排名	能力	排名	能力	排名	能力	排名	能力	排名	
上海	0.302	4	0.331	4	0.447	3	0.530	3	0.408	4	9.83
江苏	0.311	3	0.398	3	0.446	4	0.523	4	0.422	3	9.05
浙江	0.226	6	0.298	6	0.353	6	0.406	6	0.322	6	10.26
安徽	0.125	13	0.178	10	0.232	11	0.315	8	0.212	10	16.65
江西	0.083	29	0.125	21	0.159	20	0.200	18	0.142	21	15.79
湖北	0.140	9	0.174	11	0.214	12	0.282	11	0.200	12	12.38
湖南	0.138	10	0.181	9	0.233	10	0.277	12	0.206	11	12.31
重庆	0.189	8	0.190	8	0.244	9	0.315	9	0.229	8	8.89

续表

省市	2011 年		2013 年		2015 年		2017 年		平均		年均增速（%）
	能力	排名	能力	排名	能力	排名	能力	排名	能力	排名	
四川	0.103	18	0.134	18	0.169	18	0.239	14	0.159	16	15.06
贵州	0.088	24	0.099	29	0.144	27	0.188	23	0.129	27	13.49
云南	0.089	22	0.107	27	0.184	16	0.197	19	0.143	19	14.16

注：排名为全国排名。
资料来源：根据测算结果整理。

3. 长江经济带工业绿色转型绩效的演变特征和空间差异分析

总体比较而言，长江经济带工业绿色转型绩效低于全国平均水平和长江经济带以外地区，2011～2017 年长江经济带工业绿色转型绩效呈现波动增长态势，由 2011 年的 0.266 上升到 2017 年的 0.292（见表 43），年均增长 1.57%；长江经济带以外地区工业绿色转型绩效呈波动增长态势，由 2011 年的 0.293 上升到 2017 年的 0.330，年均增长 2.00%，略高于长江经济带。

表 43　2011～2017 年全国及各地区工业绿色转型绩效

地区	2011 年	2012 年	2013 年	2014 年	2015 年	2016 年	2017 年
全国	0.283	0.289	0.316	0.331	0.301	0.324	0.316
长江经济带以外地区	0.293	0.297	0.331	0.355	0.309	0.340	0.330
长江经济带	0.266	0.275	0.291	0.290	0.287	0.296	0.292
上游地区	0.293	0.301	0.319	0.315	0.303	0.302	0.311
中游地区	0.250	0.261	0.278	0.280	0.285	0.276	0.268
下游地区	0.251	0.260	0.274	0.272	0.273	0.304	0.290

资料来源：根据测算结果整理。

就地区间比较而言，长江经济带工业绿色转型绩效呈上游、下游、中游梯度递减的空间格局。2011～2017 年下游地区工业绿色转型绩效波动上升，从 2011 年的 0.251 上升到 2017 年的 0.290，年均增长 2.44%；中游地区工业绿色转型绩效增长相对较慢，从 2011 年的 0.250 上升到 2017 年的 0.268，年均增长 1.17%；上游地区工业绿色绩效呈波动上升态势，从 2011 年的 0.293 上升到 2017 年的 0.311，年均增长 1.00%。下游地区依托资金技术优势推动工业转型和环境治理，进一步提升资源集约利用水平，上游地区环境治理投资力度较大，产业生态化成效显著，中游地区处于依托要素集聚的工业化和城镇化快速发展阶段，工业绿色转型发展压力较大。

长江经济带沿线 11 省市工业绿色转型绩效差异显著。如表 44 所示，2011 ~ 2017 年长江经济带沿线 11 省市工业绿色转型绩效空间格局演变进程较快，下游地区向工业绿色转型绩效更高梯度跃迁，其中，上海从 2011 年的第四梯队上升到 2017 年的第一梯队，绿色转型速度较快，浙江于 2014 年从第三梯队上升到第二梯队，江苏和安徽于 2017 年从第四梯队上升到第三梯队。上游地区绿色转型绩效较高，多处于第一梯队和第二梯队，中游地区处于工业绿色转型绩效的第三梯队和第四梯队。2011 ~ 2017 年上海是长江经济带工业绿色转型绩效最显著的省市，年均增速高达 4.25%（见表 45），主要得益于上海在工业环境治理方面的大力投入，工业污染治理投资强度年均增速高达 35%，一般工业固体废物处置率增速高达 15.87%，两项指标提升幅度均远高于其他省市。四川、贵州绿色转型绩效呈下降趋势，是长江经济带工业绿色转型相对较慢省市，主要归因于在工业环境治理方面的投入不足，与上海相反，工业污染治理投资强度和一般工业固体废物处置率两项指标均远落后于其他省市。整体而言，长江经济带各省市工业绿色转型发展在全国排名相对靠后，工业绿色转型成效有待进一步提高，应该加快实现产业生态化、生态产业化的目标。

表 44　长江经济带沿线 11 省市工业绿色转型绩效聚类分析结果

梯队	2011 年	2014 年	2017 年
第一梯队	贵州	四川、云南	上海、贵州、云南
第二梯队	四川、云南、	浙江、湖北、湖南、贵州	浙江、重庆、四川
第三梯队	浙江、湖南、重庆	上海、重庆	江苏、安徽、湖北、湖南
第四梯队	上海、江苏、安徽、江西、湖北	江苏、安徽、江西	江西

资料来源：根据测算结果整理。

表 45　长江经济带沿线 11 省市工业绿色转型绩效及排名

省市	2011 年		2013 年		2015 年		2017 年		平均		年均增速（%）
	绩效	排名	绩效	排名	绩效	排名	绩效	排名	绩效	排名	
上海	0.254	24	0.254	28	0.278	23	0.326	10	0.284	23	4.25
江苏	0.248	26	0.264	27	0.267	26	0.274	26	0.264	28	1.68
浙江	0.262	21	0.290	18	0.293	19	0.287	22	0.286	21	1.53
安徽	0.241	28	0.290	17	0.254	27	0.272	28	0.265	27	2.04
江西	0.232	29	0.253	29	0.249	29	0.252	29	0.245	30	1.39
湖北	0.244	27	0.287	22	0.294	18	0.278	25	0.280	24	2.20
湖南	0.273	16	0.296	16	0.311	12	0.274	27	0.288	20	0.06
重庆	0.263	20	0.274	25	0.275	25	0.300	17	0.277	25	2.22
四川	0.303	9	0.330	9	0.315	10	0.302	16	0.319	10	-0.06
贵州	0.318	8	0.326	10	0.291	20	0.315	13	0.305	12	-0.16
云南	0.286	11	0.345	8	0.332	5	0.328	9	0.325	8	2.31

注：排名为全国排名。

资料来源：根据测算结果整理。

4. 长江经济带工业协同发展水平的演变特征和空间差异分析

总体比较而言，长江经济带工业协同发展水平显著高于全国平均水平和长江经济带以外地区水平，逐步发挥长江经济带作为我国区域协调发展示范带的战略作用。如表 46 所示，2011～2017 年长江经济带工业协同发展水平呈现波动上升态势，由 2011 年的 0.723 稳步上升到 2017 年的 0.753，年均增长 0.68%。其中，产业转移引起的区域间和区域内分工调整导致了长江经济带工业协同发展水平在 2014 年和 2017 年出现短暂波动。长江经济带以外地区工业协同发展水平呈现上升态势，从 2011 年的 0.682 上升到 2017 年的 0.732，年均增长 1.19%，增速略高于长江经济带。由此可见，长江经济带处于由集聚发展向产业协同、区域协同的调整阶段转变，工业协同发展的示范效应逐步显现。

地区间比较而言，长江经济带工业协同发展水平呈上游、下游、中游梯度递减的空间格局，处于区域内和区域间分工调整的发展阶段。2011～2017 年下游地区工业协同发展水平呈现平缓上升态势，由 2011 年的 0.704 上升

表 46　2011～2017 年全国及各地区工业协同发展水平

地区	2011 年	2012 年	2013 年	2014 年	2015 年	2016 年	2017 年
全国	0.697	0.706	0.727	0.722	0.734	0.740	0.739
长江经济带以外地区	0.682	0.692	0.710	0.707	0.723	0.728	0.732
长江经济带	0.723	0.732	0.758	0.749	0.751	0.760	0.753
上游地区	0.761	0.781	0.810	0.795	0.803	0.825	0.816
中游地区	0.696	0.697	0.715	0.702	0.699	0.695	0.681
下游地区	0.704	0.709	0.738	0.737	0.739	0.745	0.743

资料来源：根据测算结果整理。

到 2017 年的 0.743，年均增长 0.90%；中游地区工业协同发展水平呈现先上升后下降态势，由 2011 年的 0.696 上升到 2013 年的 0.715，然后下降到 2017 年的 0.681，年均下降 0.36%；上游地区工业协同发展水平呈上升态势，由 2011 年的 0.761 上升到 2017 年的 0.816，年均增长 1.17%。中游地区作为承接长江经济带产业转移的核心区域，处于区域分工和产业分工的调整阶段。

长江经济带沿线 11 省市工业协同发展水平保持稳定，省市间差异显著。如表 47 所示，2011 ～ 2017 年上海、重庆始终处于工业协同发展第一梯队，工业布局优化、现代产业体系健全推动上海和重庆工业协同发展水平提升；湖北、四川、贵州、云南基本处于长江经济带工业协同发展第二梯队，安徽于 2017 年从第三梯队进入第二梯队；第三梯队和第四梯队变化较大，其中，浙江、江苏、江西、湖南始终在第三梯队和第四梯队之间徘徊，工业不均衡分布和现代服务业发展滞后导致其工业协同发展处于较低水平。2011 ～ 2017 年四川是长江经济带工业协同发展水平提升最快的省市，年均增速高达 1.98%（见表 48），主要得益于省际工业协同水平得到较大幅度提升；江西、湖南工业协同发展水平呈下降趋势，年均增速为负，是长江经济带工业协同发展水平提升相对较慢的省市，主要归因于城市工业首位度和企业协同水平两项指标下降较快。

表 47　长江经济带沿线 11 省市工业协同发展水平聚类分析结果

梯队	2011 年	2014 年	2017 年
第一梯队	上海、重庆	上海、重庆	上海、重庆
第二梯队	湖北、四川、贵州、云南	湖北、四川、贵州	安徽、湖北、四川、贵州、云南
第三梯队	浙江、安徽、江西、湖南	安徽、云南	江苏、浙江
第四梯队	江苏	江苏、浙江、江西、湖南	江西、湖南

资料来源：根据测算结果整理。

表 48　长江经济带沿线 11 省市工业协同发展水平及排名

省市	2011 年		2013 年		2015 年		2017 年		平均		年均增速（%）
	水平	排名	水平	排名	水平	排名	水平	排名	水平	排名	
上海	0.823	2	0.862	2	0.871	2	0.858	4	0.855	2	0.70
江苏	0.630	27	0.691	22	0.690	19	0.685	22	0.672	23	1.40
浙江	0.673	19	0.676	25	0.671	23	0.690	20	0.677	20	0.42
安徽	0.690	14	0.723	14	0.724	14	0.739	14	0.720	14	1.15
江西	0.689	15	0.700	17	0.657	27	0.610	29	0.663	26	-2.01
湖北	0.737	7	0.765	8	0.777	10	0.790	10	0.766	9	1.16
湖南	0.663	22	0.680	24	0.664	26	0.642	28	0.665	24	-0.54
重庆	0.858	1	0.897	1	0.885	1	0.873	2	0.877	1	0.29
四川	0.721	11	0.779	6	0.806	8	0.811	7	0.774	8	1.98
贵州	0.754	6	0.817	3	0.787	9	0.796	8	0.795	5	0.91
云南	0.712	12	0.745	11	0.733	12	0.784	12	0.749	12	1.62

注：排名为全国排名。
资料来源：根据测算结果整理。

5. 长江经济带工业开放发展水平的演变特征和空间差异分析

总体比较而言，长江经济带工业开放发展水平显著高于全国平均水平和长江经济带以外地区，已成为引领我国构建全面对外开放新格局的重要支撑带。如表 49 所示，2011 ~2017 年长江经济带工业开放发展水平基本呈稳步上升态势，由 2011 年的 0.186 上升到 2017 年的 0.270，年均增长 6.41%；长江经济带以外地区工业开放发展水平增长相对缓慢，由 2011 年的 0.151 上升到 2017 年的 0.206，年均增长 5.31%。依托长三角地区的对外开放优势和内陆开放高地培育，加快形成利用国内国外两种资源、两个市场的区域合力。中欧班列、自贸区建设、贸易新通道建设等举措形成了长江经济带工业开放的战略支撑，与长江经济带以外地区工业开放发展水平差距由2011年的0.035上升到2017年的0.064。

表49　2011～2017年全国及各地区工业开放发展水平

地区	2011年	2012年	2013年	2014年	2015年	2016年	2017年
全国	0.164	0.167	0.171	0.176	0.194	0.209	0.230
长江经济带以外地区	0.151	0.157	0.163	0.163	0.172	0.188	0.206
长江经济带	0.186	0.184	0.185	0.199	0.233	0.245	0.270
上游地区	0.147	0.141	0.154	0.150	0.201	0.205	0.255
中游地区	0.130	0.124	0.121	0.146	0.169	0.171	0.167
下游地区	0.268	0.273	0.266	0.287	0.313	0.342	0.362

资料来源：根据测算结果整理。

地区间比较而言，长江经济带工业开放发展水平呈下游、上游、中游梯度递减的空间格局，地区分异特征逐步凸显。其中，下游地区由2011年的0.268上升到2017年的0.362，年均增长5.14%；上游地区由2011年的0.147增长到2017年的0.255，年均增长9.62%；中游地区工业开放发展增长速度相对较慢，由2011年的0.130稳步增长到2017年的0.167，年均增长4.26%。长江经济带已形成下游地区以上海为核心的沿海开放高地和上游地区以重庆为核心的内陆开放高地的新格局，中游地区工业开放水平相对滞后，制约了长江经济带工业整体开放水平的提升。

长江经济带沿线11省市工业开放发展水平分化明显。如表50所示，2011～2017年江苏始终处于长江经济带开放发展第一梯队，上海、重庆分别于2014年和2017年从长江经济带开放发展水平第二梯队和第三梯队进入第一梯队，形成以长三角为沿海开放高地和以重庆为内陆开放高地引领长江经济带建设对外开放的新格局。浙江、四川于2014年从第三梯队进入第二梯队，工业开放发展水平不断提升；中上游地区工业开放发展水平逐步提升，2017年除云南仍处于第四梯队，工业开放发展相对滞后，其余省市均进入工业开放发展第三梯队。2011 ~ 2017年贵州是长江经济带工业开放发展水平提升最快的省市，年均增速高达22.25%；江西是工业开放发展水平提升最慢的省市，年均增速仅1.77%（见表51）。整体而言，长江经济带沿线11省市中沿海省市的开放发展水平较高，但进一步提升的动力较弱。内陆省市开放发展水平较低，但具备进一步提升的潜力。

表50　长江经济带沿线11省市工业开放发展水平聚类分析结果

梯队	2011年	2014年	2017年
第一梯队	江苏	上海、江苏	上海、江苏、重庆
第二梯队	上海	浙江、重庆、四川	浙江、四川
第三梯队	浙江、重庆、四川	安徽、江西、湖北、湖南	安徽、江西、湖北、湖南、贵州
第四梯队	安徽、江西、湖北、湖南 贵州、云南	贵州、云南	云南

资料来源：根据测算结果整理。

表51　长江经济带沿线11省市工业开放发展水平及排名

省市	2011年		2013年		2015年		2017年		平均		年均增速（%）
	水平	排名	水平	排名	水平	排名	水平	排名	水平	排名	
上海	0.339	3	0.331	5	0.386	4	0.442	4	0.375	3	4.52
江苏	0.392	2	0.386	3	0.436	3	0.487	2	0.428	2	3.68
浙江	0.236	8	0.244	8	0.277	8	0.308	9	0.266	7	4.54
安徽	0.105	20	0.101	20	0.155	15	0.213	15	0.137	18	12.51
江西	0.126	17	0.108	18	0.144	18	0.140	21	0.132	19	1.77
湖北	0.146	15	0.143	15	0.166	14	0.214	14	0.170	13	6.58
湖南	0.118	18	0.112	17	0.196	13	0.147	20	0.138	17	3.73
重庆	0.262	6	0.259	6	0.368	5	0.419	5	0.305	6	8.14
四川	0.226	9	0.245	7	0.252	9	0.315	7	0.260	8	5.69
贵州	0.068	25	0.042	28	0.143	19	0.227	13	0.104	20	22.25
云南	0.030	29	0.068	24	0.042	28	0.061	28	0.047	28	12.56

注：排名为全国排名。

资料来源：根据测算结果整理。

四　长江经济带工业高质量发展面临的主要瓶颈

（一）创新对工业增长的驱动作用有待增强

1. 长江经济带创新投入支撑作用较弱

区域间研发投入分化现象严重，研发投入总量和强度不高，难以支撑工业创新能力的提升，导致长江经济带中上游地区工业陷入创新空洞化的不利境地。投入总量方面，2017 年下游地区规上工业企业 R&D 人员投入和 R&D 经费内部支出占全国的比重分别为 32.66% 和 31.97%，远高于上游地区（6.84% 和 6.16%）和中游地区（8.89% 和 8.54%）。江西、贵州、云南 3 省工业企业 R&D 投入占全国的比重均不足 2%，是长江经济带工业企业 R&D 投入"洼地"。投入强度方面，除重庆外，中上游地区沿线 6 省市工业企业 R&D 强度（规上工业企业 R&D 经费内部支出/工业增加值）[①] 均低于全国平均水平，湖北、湖南、江西、重庆、四川、贵州、云南工业企业 R&D 强度分别为 3.59%、3.89%、2.85%、2.60%、1.52%、2.17%，低于 3.98% 的同期全国平均水平，除下游地区的上海、浙江、江苏外，其余 8 省市工业企业 R&D 强度均低于同期长江经济带工业企业 R&D 水平。

2. 长江经济带工业创新绩效较低

工业研发投入导向特征明显，低成本规模扩张导致研发效率较低，实质性研发成果较少。2017 年除上海、江苏、安徽外，长江经济带其余 8 省市规上工业企业研发产出强度（规上工业企业有效发明专利数/工业增加值）均低于全国平均水平，浙江、江西、湖北、湖南、重庆、四川、贵州、云南工业研发产出强度分别为 2.52 件/亿元、1.39 件/亿元、1.96 件/亿元、2.25 件/亿元、1.89 件/亿元、2.82 件/亿元、1.60 件/亿元、1.59 件/亿

① 此测算方法与本报告中采用的规上工业企业 R&D 经费内部支出强度的量化方式有所差异。

元，低于3.10件/亿元的同期全国平均水平。长江经济带工业研发成果区域差异较大，最高的上海是最低的江西的3.72倍。工业研发成果较少、创新能力区域分化导致了长江经济带工业总体创新绩效较低。

3. 长江经济带工业科技含量较低

工业生产长期实行“低成本扩张战略”导致工业品科技含量不高、附加值较低，部分高技术产品停留在劳动密集型的加工装配环节，缺乏关键共性研发技术。长江经济带优势产业集群集中于纺织、服装、化工、电子、小商品等产业链中下游劳动密集型环节，普遍缺乏竞争优势。发达国家再工业化和发展中国家承接劳动密集型产业对我国工业转型发展产生了双向挤压效应，制约了长江经济带工业产业链上下游延伸和集成创新能力提升。2017年除江苏、重庆、四川外，长江经济带沿线其余8省市高技术产品销售比重较低，上海、浙江、安徽、江西、湖北、湖南、贵州、云南高技术产品销售比重分别为11.68%、16.16%、16.11%、17.44%、12.61%、15.38%、27.88%、11.11%，低于27.95%的同期全国平均水平。长江经济带工业研发能力不强，对工业增长的驱动作用有待增强。

（二）工业污染治理难度较大

1. 长江经济带重化工企业比重较高

长江经济带重化工企业在全国所占的比重较高，特别是中下游地区省市更是我国重化工业的重要集聚区。重化工业属于工业增加值和工业污染物产生量均较大的产业，由于经济长期依赖重化工业，长江经济带沿线环境负荷不断加大，环境风险增加，环境污染历史欠账较多，环境污染治理紧迫性较强。

2. 工业污染治理成本较高

长江经济带沿线11省市工业发展水平差异较大，工业布局相对分散，同一产业集聚水平不高，导致工业污染治理成本较高。又由于工业污染治理是一项长期任务，往往需要长期大力投入才能见效，短期治理成效并不显著，地方政府的治污动机不强。

3. 工业污染治理投资强度不高

除上游地区的贵州、云南外，其他省市工业污染治理投资强度均处于全国中下游水平，严重阻碍了工业绿色转型的实践进展。

（三）区域工业协同度较低

1. 省际工业协同发展水平较低

长江经济带相邻省市工业实力差距较大，特别是中上游地区工业发展不平衡问题特别突出，将进一步加剧要素极化过程，阻碍产业在省市间转移，影响长江经济带上中下游协同发展进程。

2. 省内工业发展“一市独大”问题普遍

除江苏、浙江外，长江经济带沿线其他省市城市工业首位度均较高。其中，长沙、成都、贵阳、昆明 4 城市工业产值均超过所在省市排名第二城市的 2 倍以上，上海浦东新区、南昌、武汉 3 城市（区）工业产值也接近所在省市排名第二城市（区）的 2 倍。区域工业协同度较低直接降低了长江经济带协同发展水平，阻碍区际经济有机融合、高效运行。

3. 生产性服务业发展水平滞后于工业发展水平

除上海、云南外，其他省市生产性服务业发展都滞后于工业发展水平。其中，江苏、浙江、安徽、江西、湖北、湖南 6 省工业与生产性服务业协调发展系数在全国处较低水平，严重拉低长江经济带工业协同发展水平。

（四）全面对外开放新格局尚未形成

1. 内陆开放高地建设较为滞后

2017 年除江苏、浙江、重庆外，长江经济带沿线其他 8 省市工业出口销售收入比重（规上工业企业新产品出口销售收入/新产品出口销售收入）均低于全国平均水平，上海、安徽、江西、湖北、湖南、四川、贵州、云南工业出口销售收入比重分别为 12.95%、9.26%、8.64%、4.77%、4.41%、4.73%、5.90%、4.51%，低于 18.24% 的同期全国平均水平。其中，中游地区 3 省工业出口销售收入比重仅为 5.36%，远低于下游地区的 17.46% 和上游地区的14.86%，是长江经济带工业开放发展的“洼地”。长江经济带多数省市工业开放程度较低，难以推动工业品“走出去”，制约内陆开放高地的建设。

2. 工业外资利用水平较低

推动长江经济带工业全面开放发展，不仅要推动本地工业品“走出去”，还要充分利用国际资源，加快外资利用“走进来”。2017 年，除上海、江苏、浙江外，长江经济带沿线其他 8 省市工业外资投入比重（规上工业外商投资企业投资额/固定资产总额）均较低，安徽、江西、湖北、湖南、重庆、四川、贵州、云南工业外资投入比重分别为 1.68%、1.43%、2.96%、1.22%、1.68%、2.10%、0.22%、0.35%，低于3.33%的同期全国平均水平，下游地区工业外资投入比重为 36.39%，远高于中游地区的5.61%和上游地区的4.34%。中上游地区远离国际市场，区位条件和市场规模的短板导致工业外资利用水平较低，制约全面开放程度的提升。

3. 工业出口附加值较低

长江经济带工业出口多是纺织、化工、电子、小商品等低端产品，容易受到国际大宗商品价格波动和国家出口补贴政策的影响。长江经济带高技术产品出口比重（高技术产品进出口总额/进出口总额）存在中部塌陷问题，中游地区高技术产品出口比重低于上游地区和下游地区，低成本扩张战略推动本地劳动密集型产业发展，导致工业出口品缺乏竞争力，从而导致低质量的对外开放。

五　推动长江经济带工业高质量发展的政策建议

（一）加快促进创新驱动工业转型升级

1. 增强工业创新能力

完善区域创新体系，加强上中下游地区合作，促进创新资源流动和成果交流。依托区域创新载体，统筹协调创新主体，建立以公共服务平台和制造业工程数据中心为重要支撑、以市场为导向的共同参与、利益共享、风险分担的协同创新网络。其中，公共服务平台提供技术研发、检验检测、技术评价、技术交易、人才培训等专业化服务，促进科技成果转化和推广应用；工程数据中心为企业提供创新知识和工程数据的开放共享服务。进一步发挥国家高技术产业基地的集聚优势与引领作用，发挥长三角地区对长江经济带创新发展的龙头带动作用。

2. 完善科技成果转移转化机制

建立完善科技成果信息发布和共享平台，健全以技术交易市场为核心的技术转移和产业化服务体系。在中上游工业基础较好的地区，建立长江经济带技术转移中心和知识产权交易中心。完善科技成果转化协同推进机制，促进创新成果与市场对接，引导政产学研用按市场规律加强合作，鼓励企业和社会资本建立一批从事技术集成、熟化和工程化的中试基地。完善科技成果转化激励机制，推动事业单位科技成果使用、处置和收益管理改革，健全科技成果科学评估和市场定价机制。

3. 加快工业转型升级

大力发展战略性新兴产业，结合《中国制造 2025》，按照《长江经济带创新驱动产业转型升级方案》关于沿线 11 省市战略性新兴产业发展重点，加快发展高端装备制造、新一代信息技术、节能环保、现代生物、新材料、新能源汽车等产业，着力提升技术研发水平，加快推动产业转型升级和结构调整。加快改造提升传统产业，按照《长江经济带创新驱动产业转型升级方案》关于沿线 11 省市改造提升传统产业发展重点，加快钢铁、有色金属、石化、纺织等领域的技术改造，提高传统产业竞争力，提升重点行业清洁生产水平，淘汰落后产能。发展“互联网 +”协同制造新模式，在重点领域推进智能制造、大规模个性化定制、网络化协同制造和服务型制造，提升资源使用效率。

（二）加大力度推动产业绿色化

1. 降低工业水耗强度

在长江经济带全域大力推动工业集约节约用水，提高用水效率。引导工业企业改进生产工艺，推进水资源循环利用。如普及干法工艺替代湿法工艺，采用气冷技术替代水冷技术，构建水资源循环利用的闭合工艺链条等。

2. 鼓励发展绿色制造产业

鼓励长江经济带各地区发展节能环保、新能源装备、新能源汽车等绿色制造产业，培育绿色制造新动能，推动长江经济带工业绿色化转型升级。通过供给侧结构性改革推进传统高耗能、高污染产业有序退出或技术改造，降低工业污染排放，减轻工业污染治理负荷。

3. 加大工业污染治理投入

着力推动长江经济带中下游地区加大工业污染治理投资强度，引入先进治污装置，提高工业废水、工业废气、一般工业固体废物治理水平。加快进度推进沿江重化工产业集聚发展，降低治污成本。引导长江经济带上游地区完善和严格执行产业准入负面清单，防止输入型工业污染发生。

（三）引导地区间工业协同发展

1. 引导地区间工业有序竞争

发挥不同省市产业基础优势，推动资本、人力资源、信息等要素省际自由流动和交流合作，构建服务于区域特色优势产业发展的高水平创新链。围绕电子信息、高端装备、汽车、家电、纺织服装等产业，联合打造长江经济带世界级制造业集群和产业联盟，推动省际工业合作。

2. 优化工业空间布局

加强长江三角洲城市群、长江中游城市群、成渝城市群产业辐射带动作用，引导城市群有序开发、产业有序转移、工业合理布局。发挥三大城市群以外地级城市支撑作用，培育发展优势产业，引导城市间协作互补。从省域和城市两个尺度提升工业协同发展水平，推动长江经济带发展成为东中西互动合作、大中小城市有序竞争的协调发展带。

3. 大力发展生产性服务业

完善长江经济带综合立体交通走廊结构，提高综合立体交通运输效率，提升不同交通体系间的衔接质量，降低物流成本。全面评估长江经济带中下游地区工业发展水平，根据工业发展阶段和发展重点，提高仓储和邮政业，信息传输、软件和信息技术服务业，金融业，租赁和商务服务业，科学研究和技术服务业等生产性服务业发展水平。

（四）提高制造业国际化发展水平

1. 提高外资利用水平

加快形成外资引进服务长江经济带工业高质量发展的新局面。进一步放开一般制造业，引导外资进入信息技术、高端装备、新材料、生物医药等高端制造领域，完善外商投资负面清单管理模式，打造国际化、法治化的营商环境，建立与国际投资、贸易通行规则相衔接的基本制度框架，充分发挥上海对外开放的辐射效应、枢纽功能和示范引领作用，结合中上游地区发展实情有选择地推广上海外资利用可复制经验。完善中上游地区外资引进优惠政策，国家层面应从财税政策、人力资源和社会保障政策、土地政策等方面加大中上游地区外资企业支持力度，加快中上游地区外资企业集聚。鼓励长三角地区外资企业在中上游地区建立分支机构，同时在中上游地区建立促进外商投资产业转移的区际协调机制，协调制定包括促进加工贸易梯度转移和转型升级的各项政策措施，积极承接长三角地区外商投资产业转移。

2. 深化产业国际合作

加快制造业企业走出去，支持发展一批跨国公司，通过全球资源利用、业务流程再造、资本市场运作等方式提升国际竞争力。积极参与和推动国际产业合作，推进与周边国家互联互通基础设施建设，深化产业合作。鼓励长江经济带沿线有条件的省市建设一批境外制造业合作园区。加强政策引导，推动产业合作由加工制造环节向联合研发、市场营销、品牌培育等高端环节延伸，创新加工贸易模式，延长加工贸易国内增值链条，推动加工贸易转型升级。支持有条件的企业在境外开展并购和股权投资，建立研发中心、全球营销及服务机构等多种形式的技术合作；鼓励境外企业和科研机构在长三角地区设立全球性研发机构。

3. 加强上中下游互动合作

加强与“一带一路”沿线国家海关的合作，提高贸易便利化水平。加快沿江地区综合保税区建设，全面实施区域通关一体化。加快电子口岸建设，推动口岸信息系统互联共享，实施全流域关检直通的“一站式”作业。依托沿江自由贸易试验区加快内陆开放型经济高地建设，发挥长三角地区对外开放引领作用，提升江苏、浙江对海上丝绸之路的支撑能力。打造重庆西部地区开放重要支撑和成都、武汉、长沙、南昌、合肥、贵阳等中心城市内陆开放型经济高地建设。完善中欧铁路通道协调机制，建立中欧班列铁路运输、口岸通关协调机制，增强对中亚、欧洲等地区进出口货物的吸引能力，着力解决双向运输不平衡问题。打造对外开放的沿江经济走廊，构建沿江地区高水平对外开放平台。形成与国际投资、贸易通行规则相衔接的制度体系，全面提升长江经济带开放型经济水平。

参考文献

曹正勇：《数字经济背景下促进我国工业高质量发展的新制造模式研究》，《理论探讨》2018 年第 2 期，第 99 ~ 104 页。

钞小静、薛志欣：《新时代中国经济高质量发展的理论逻辑与实践机制》，《西北大学学报》（哲学社会科学版）2018 年第 6 期，第 12 ~ 22 页。

陈瑾、何宁：《高质量发展下中国制造业升级路径与对策——以装备制造业为例》，《企业经济》2018 年第 10 期，第 44 ~ 52 页。

程启智、马建东：《中国西部地区经济发展质量评价：2006 ~ 2017 年》，《云南财经大学学报》2019 年第 4 期，第 50 ~ 58 页。

郭克莎：《工业增长质量》，经济管理出版社，1998。

贺晓宇、沈坤荣：《现代化经济体系、全要素生产率与高质量发展》，《上海经济研究》2018 年第 6 期，第 25 ~ 34 页。

贺正楚、曹德、吴艳：《中国制造业发展质量与国际竞争力的互动路径》，《当代财经》2018 年第 11 期，第 88 ~ 99 页。

黄成、邓明亮：《长江经济带化学工业集聚特征的实证研究》，《长江大学学报》（社会科学版）2019 年第 2 期，第 45 ~ 51 页。

李玲、陶锋、杨亚平：《中国工业增长质量的区域差异研究——基于绿色全要素生产率的收敛分析》，《经济经纬》2013 年第 4 期，第 10 ~ 15 页。

廖直东、代法涛、荣幸：《高质量发展的创新驱动路径——基于工业创新产出变化及其驱动效应的 LMDI 分解》，《产经评论》2019 年第 3 期，第 131 ~ 143 页。

罗良文、赵凡：《工业布局优化与长江经济带高质量发展：基于区域间产业转移视角》，《改革》2019 年第 2 期，第 27 ~ 36 页。

罗良文、赵凡：《工业布局优化与长江经济带高质量发展：基于区域间产业转移视角》，《改革》2019 年第 2 期，第 27 ~ 36 页。

罗文、徐光瑞：《中国工业发展质量研究》，《中国软科学》2013 年第 1 期，第 50 ~ 60 页。

任保平、李禹墨：《新时代我国高质量发展评判体系的构建及其转型路径》，《陕西师范大学学报》（哲学社会科学版）2018 年第 3 期，第 105 ~ 113 页。

任保平、文丰安：《新时代中国高质量发展的判断标准、决定因素与实现途径》，《改革》2018 年第 4 期，第 5 ~ 16 页。

任保平主编《中国经济增长质量发展报告（2018）：新时代背景下的中国经济增长质量》，中国经济出版社，2018。

师博、张冰瑶：《全国地级以上城市经济高质量发展测度与分析》，《社会科学研究》2019 年第 3 期，第 19 ~ 27 页。

田艳平、徐玮、顾贾能：《影响工业高质量增长的制度性因素——基于中国式分权的研究》，《学习与实践》2018 年第 5 期，第 40 ~ 50 页。

汪建等：《多国制造业质量发展指数及其变化规律实证研究》，《科技进步与对策》2015 年第 18 期，第 43 ~ 50 页。

王鹏主编《2017 ~ 2018 中国工业发展质量蓝皮书》，人民出版社，2018。

王彤主编《中国区域经济高质量发展研究报告（2018）》，经济管理出版社，2019。

吴传清、黄磊：《长江经济带工业绿色发展绩效评估及其协同效应研究》，《中国地质大学学报》（社会科学版）2018 年第 3 期，第 46 ~ 55 页。

吴传清主编《长江经济带产业发展报告（2018）》，社会科学文献出版社，2018。

夏春玉：《中国高质量发展——基于新发展理念的指数评价与比较分析》，东北财经大学出版社，2018.

徐光瑞：《中国工业发展质量的现状与对策》，《经济纵横》2014 年第 11 期，第 9 ~ 14 页。

于卫宁：《中国地区工业增长质量综合评价和特征分析》，《调研世界》2016 年第 5 期，第 47 ~ 50 页。

曾繁清、叶德珠：《金融体系与产业结构的耦合协调度分析——基于新结构经济学视角》，《经济评论》2017 年第 3 期，第 134 ~ 147 页。

张虎、周楠：《制造业与服务业协调发展及影响因素分析》，《统计与决策》2019 年第 11 期，第 86 ~ 90 页。

张同斌、马丽园、高铁梅：《中国工业企业增长质量的分布特征变动与差异分解研究》，《数量经济技术经济研究》2016 年第 8 期，第 13 ~ 29 页。

朱子云：《中国经济增长质量的变动趋势与提升动能分析》，《数量经济技术经济研究》2019 年第 5 期，第 23 ~ 43 页。

专题研究报告

Specialized Research Reports

B.2 长江经济带产业结构合理化、高度化、高效化研究报告*

吴传清　周西一敏**

摘　要：　推动产业结构合理化、高度化、高效化发展是实现产业结构优化升级的重要路径。本报告采用泰尔指数法、加权法、超效率 SBM 模型，分别测度 2011 ~ 2017 年长江经济带沿线 11 省市产业结构合理化、高度化、高效化水平；构建产业结构"三化"综合指数，评估长江经济带产业结构的动态演化特征；运用固定效应模型检验长江经济带产业结构合理化、高度化、高效化的影响因素。研究结果表明：2011 ~ 2017 年长

---

* 基金项目：国家社会科学基金一般项目"推动长江经济带制造业高质量发展研究"（项目编号：19BJL061）。

** 吴传清，武汉大学经济与管理学院、中国发展战略与规划研究院教授，博士生导师，从事区域经济学研究；周西一敏，武汉大学经济与管理学院区域经济学专业硕士研究生，从事区域经济学研究。

江经济带产业结构合理化、高度化、高效化水平整体呈上升趋势，上中下游地区之间存在较大差异；长江经济带产业结构合理化水平高于全国平均水平，高度化、高效化水平与全国平均水平存在差距；经济发展水平、教育与科技投入、对外开放度对产业结构合理化、高度化、高效化水平具有显著促进作用；进一步推动长江经济带产业结构升级，必须推动产业融合，加大科技投入，提升对外开放质量。

关键词： 长江经济带　产业结构　合理化　高度化　高效化

产业结构是考察产业发展状况的重要维度，学术界通常采用产业结构合理化、高度化、高效化三项指标研判产业结构的优劣与演化趋势。产业结构合理化即指产业间的协调程度和资源有效利用程度，是衡量要素投入结构与产出结构耦合程度的重要指标。产业结构高度化即指产业由简单到复杂、由低级到高级的演进过程，表现为产品逐渐由初级产品转换为最终产品，要素由低端劳动密集型转换为高端技术密集型、资本密集型。产业结构高效化即指低效率产业比重不断降低、高效率产业比重不断提高，反映资源配置优化所带来的结构性效益。

2016 年 3 月，国家发改委、科技部、工信部联合颁布的《长江经济带创新驱动产业转型升级方案》对长江经济带产业结构合理化、高度化、高效化发展提出了明确要求，为长江经济带产业结构优化升级指明了方向。科学测度了长江经济带产业结构合理化、高度化、高效化发展水平，研判了其影响因素，具有重要的实践价值。

一　长江经济带沿线11省市产业结构合理化评价

（一）评价方法与数据来源

1. 评价方法

学术界通常采用结构偏离度衡量产业结构合理化水平。计算公式为：

$$E = \sum_{i=1}^{n} \left| \frac{Y_i/L_i}{Y/L} - 1 \right| = \sum_{i=1}^{n} \left| \frac{Y_i/Y}{L_i/L} - 1 \right| \quad (1)$$

其中，E 表示产业结构偏离度，Y_i（$i=1$，2，3）分别表示第一、第二、第三产业的产值，L_i（$i=1$，2，3）分别表示第一、第二、第三产业的就业人数，n 表示产业部门数，i 表示三次产业。为了将产业的相对重要性纳入分析框架，同时简化计算绝对值的步骤，本报告引入泰尔指数对公式（1）进行改进。改进后的计算公式为：

$$TL = \sum_{i=1}^{n} \left(\frac{Y_i}{Y}\right) \ln\left(\frac{Y_i/Y}{L_i/L}\right) \quad (2)$$

当 $TL=0$ 时，产业结构达到均衡状态，测度结果数值越小，产业结构与均衡状态之间的偏离度越小，产业结构合理化水平越高。通过分别测度全国、长江经济带、长江经济带以外地区、长江经济带上中下游地区和长江经济带沿线 11 省市的产业结构合理化水平，研判长江经济带产业结构合理化水平的动态演变特征。

2. 指标选取与数据来源

选取 2011 ~2017 年全国 31 个省区市（不含港澳台地区）地区生产总值、三次产业增加值、三次产业就业人数测算产业结构合理化水平。考虑到各省区市价格水平存在差异，分别采用各省区市 GDP 指数将各区市地区生产总值平减为以 2011 年为基期的实际值，以此消除价格因素影响。相关数据来源于《中国统计年鉴》（2012 ~2018 年）以及各省区市统计年鉴（2012 ~2018 年）。

（二）评价结果与分析

采用公式（2）测算 2011 ~2017 年全国及各地区、长江经济带沿线 11 省市产业结构合理化水平，结果见表 1、表 2。

2011 ~2017 年，全国、长江经济带、长江经济带以外地区、长江经济带上中下游地区产业结构合理化水平呈逐步优化趋势。研究期内，全国产业结构合理化水平测度值由 0.233 优化至 0.168，优化幅度为 27.9%（优化幅度指当期与基期合理化水平差值占基期合理化水平的比例，下同）；长江经济带产业结构合理化水平测度值由0.222优化至0.163，优化幅度为26.6%；长江经济带以外地区产业结构合理化水平测度值由0.218优化至0.196，优化幅度为10.1%。长江经济带产业结构合理化水平高于全国、长江经济带以外地区，其优化幅度小于全国，远大于长江经济带以外地区。

从长江经济带上中下游地区来看，研究期内上中下游地区产业结构合理化水平不断优化。下游地区产业结构合理化水平最高，中游地区次之，上游地区相对居后。上游地区与下游地区产业结构合理化水平差距较大，2017年下游地区产业结构合理化水平测度值为0.075，约为上游地区测度值的28%，表明下游地区产业结构与均衡状态之间的偏离度较小，合理化水平相对较高。2011～2017年上中下游地区产业结构合理化水平极差值由0.245降至0.191，降低了22%，表明上中下游地区产业结构合理化水平虽存在较大差异，但该差异在研究期内呈缩小趋势。

表1　2011～2017年全国及各地区产业结构合理化水平评价结果

地区	2011年	2012年	2013年	2014年	2015年	2016年	2017年
全国	0.233	0.220	0.200	0.188	0.179	0.174	0.168
长江经济带	0.222	0.207	0.196	0.183	0.176	0.170	0.163
长江经济带以外地区	0.218	0.224	0.208	0.204	0.200	0.200	0.196
长江经济带上游地区	0.359	0.336	0.319	0.303	0.292	0.279	0.266
长江经济带中游地区	0.238	0.227	0.215	0.202	0.195	0.190	0.184
长江经济带下游地区	0.114	0.104	0.095	0.086	0.082	0.078	0.075

资料来源：根据测算结果整理。

表2　2011～2017年长江经济带沿线11省市产业结构合理化水平评价结果

省市	2011年		2012年		2013年		2014年		2015年		2016年		2017年		均值
	水平	排名	水平	排名	水平	排名	水平	排名	水平	排名	水平	排名	水平	排名	
上海	0.017	1	0.023	1	0.023	1	0.022	1	0.026	1	0.029	1	0.033	2	0.025
江苏	0.089	5	0.083	5	0.077	5	0.071	5	0.064	4	0.058	4	0.052	4	0.071
浙江	0.055	3	0.051	3	0.045	3	0.043	3	0.039	3	0.033	2	0.029	1	0.042
安徽	0.242	15	0.215	13	0.193	13	0.178	12	0.172	12	0.168	12	0.164	12	0.190

续表

省市	2011年		2012年		2013年		2014年		2015年		2016年		2017年		均值
	水平	排名	水平	排名	水平	排名	水平	排名	水平	排名	水平	排名	水平	排名	
江西	0.179	10	0.163	10	0.150	10	0.142	10	0.136	9	0.133	9	0.127	9	0.147
湖北	0.308	19	0.296	19	0.280	19	0.248	18	0.233	18	0.221	18	0.211	16	0.257
湖南	0.224	13	0.218	14	0.211	15	0.212	15	0.212	15	0.213	17	0.212	17	0.215
重庆	0.311	20	0.282	17	0.258	17	0.241	17	0.224	17	0.213	16	0.217	18	0.249
四川	0.240	14	0.228	15	0.218	16	0.208	14	0.200	13	0.192	13	0.186	14	0.210
贵州	0.640	31	0.601	30	0.557	30	0.514	30	0.480	30	0.435	28	0.403	28	0.519
云南	0.463	27	0.426	26	0.417	26	0.400	27	0.402	26	0.391	26	0.368	26	0.410
极差值	0.623	—	0.578	—	0.534	—	0.492	—	0.454	—	0.406	—	0.374	—	—

注：排名为全国排名。

资料来源：根据测算结果整理。

从省际来看，研究期内长江经济带沿线11省市产业结构合理化水平差距较大，研究期内上海市产业结构合理化水平均值为0.025，云南省产业结构合理化水平均值为0.410，前者仅约占后者的6%，表明上海市产业结构合理化水平与均衡状态之间的偏离度远远小于云南省。长江经济带沿线11省市产业结构合理化水平极差值由0.623降至0.374，降低了40%。可见，长江经济带产业结构合理化水平的省际差异虽大，但呈大幅缩小趋势。从各省市波动趋势来看，除上海市外，其他省市产业结构合理化水平均得到有效优化。其中，浙江省合理化水平优化幅度最高，达47%。从全国排名来看，上海市、江苏省、浙江省产业结构合理化水平较高，贵州省、云南省相对居后。长江经济带有9省市在全国排名稳定在前20名，居全国领先水平。

二　长江经济带沿线11省市产业结构高度化评价

（一）评价方法与数据来源

1. 评价方法

本报告采用产值比例与劳动生产率的乘积作为产业结构高度化的度量指标。计算公式为：

$$y_{it} = \sum_{n=1}^{N} r_{int} L_{int} \quad (3)$$

其中，i、n、t 分别表示省区市、产业部门、年份，y_{it} 为第 t 年 i 省区市产业结构高度化水平测度值，r_{int} 为第 t 年 i 省区市第 n 产业的增加值占总体产业的比例，L_{int} 为第 t 年 i 省区市第 n 产业的劳动生产率，N 为产业总数。通过分别测度全国、长江经济带、长江经济带以外地区、长江经济带上中下游地区和长江经济带沿线 11 省市的产业结构高度化水平，考察长江经济带产业结构高度化水平的动态演变规律。

2. 指标选取与数据来源

选取 2011～2017 年全国 31 个省区市（不含港澳台地区）地区生产总值、三次产业增加值、三次产业就业人数测算产业结构高度化水平，相关数据来源于《中国统计年鉴》（2012～2018 年）以及各省区市统计年鉴（2012～2018 年）。考虑到各省区市价格水平存在差异，分别利用各省区市的 GDP 指数将各省区市地区生产总值平减为以 2011 年为基期的实际值，以此消除价格因素影响。

（二）评价结果与分析

利用公式（3）测算 2011～2017 年全国及各地区、长江经济带沿线 11 省市产业结构高度化水平，结果如表 3、表 4 所示。

表 3　2011～2017 年全国及各地区产业结构高度化水平评价结果

地区	2011 年	2012 年	2013 年	2014 年	2015 年	2016 年	2017 年
全国	9.25	9.90	10.39	10.96	11.67	12.41	13.23
长江经济带	8.41	9.06	9.73	10.32	11.12	11.91	12.78
长江经济带以外地区	9.58	10.47	10.99	11.67	12.43	13.23	14.07
长江经济带上游地区	7.18	7.79	8.38	8.87	9.52	10.11	10.82
长江经济带中游地区	7.36	8.01	8.63	9.29	10.11	10.96	11.91
长江经济带下游地区	9.96	10.67	11.41	11.98	12.87	13.76	14.67

资料来源：根据测算结果整理。

表 4　2011～2017 年长江经济带沿线 11 省市产业结构高度化水平评价结果

省市	2011 年		2012 年		2013 年		2014 年		2015 年		2016 年		2017 年	
	水平	排名	水平	排名	水平	排名	水平	排名	水平	排名	水平	排名	水平	排名
上海	17.78	2	19.06	2	20.13	2	18.02	5	19.47	4	20.88	4	22.43	4
江苏	11.75	9	12.83	10	13.95	9	15.02	7	16.17	7	17.32	7	18.40	7
浙江	9.58	14	10.25	16	10.92	16	11.70	16	12.47	16	13.20	16	14.02	16
安徽	5.60	31	5.92	30	6.22	30	6.59	30	7.05	30	7.58	30	8.14	30
江西	6.22	29	6.69	29	7.12	28	7.69	27	8.28	27	8.93	27	9.60	26
湖北	8.75	18	9.57	18	10.33	18	10.84	18	11.72	18	12.57	18	13.48	18
湖南	7.09	24	7.78	24	8.45	23	9.26	21	10.23	21	11.26	20	12.55	19
重庆	10.19	13	10.80	14	11.39	15	12.27	15	13.30	14	14.50	12	16.12	12
四川	6.51	26	7.20	26	7.78	25	8.30	25	8.85	25	9.42	24	10.07	24
贵州	7.54	21	7.98	22	8.31	24	8.51	24	8.85	24	9.08	26	9.42	27
云南	6.39	27	6.86	27	7.61	26	7.98	26	8.80	26	9.23	25	9.88	25

注：排名为全国排名。

资料来源：根据测算结果整理。

2011～2017 年，全国、长江经济带、长江经济带以外地区以及长江经济带上中下游地区产业结构高度化水平均呈逐步上升趋势。整体来看，长江经济带产业结构高度化水平低于全国平均水平，且低于长江经济带以外地区，存在较大提升空间；长江经济带产业结构高度化水平测度值由 8.41 升至 12.78，上升了 52%。

从长江经济带上中下游地区来看，研究期内下游、中游、上游地区产业结构高度化水平呈现依次递减格局。下游地区产业结构高度化水平远高于中游和上游地区，且高于全国平均水平。总体而言，长江经济带产业结构高度化水平的空间分异程度较高，下游地区居全国领先水平，中游地区和上游地区与全国平均水平尚存在较大差距。

从省际来看，研究期内长江经济带沿线 11 省市产业结构高度化水平不断提升。其中，江苏省是下游地区产业结构高度化水平提升最快的省市，测度值由 11.75 升至 18.40，上升了约 57%；湖南省是中游地区产业结构高度化水平提升最快的省市，测度值由 7.09 升至 12.55，上升了 77%；重庆市是上游地区产业结构高度化水平提升最快的省市，测度值由 10.19 升至 16.12，上升了 58%。从全国排名来看，长江经济带沿线 11 省市产业结构高度化水平在全国排名总体靠后，仅下游地区的上海市、江苏省排名稳居前 10 名，其余省市排名基本集中在中后段。可见，长江经济带沿线 11 省市产业结构高度化水平虽提升较快，但仍与全国其他省市存在差距，有待进一步提升。

三　长江经济带沿线11省市产业结构高效化评价

（一）评价方法与数据来源

1. 评价方法

本报告采用基于非期望产出的超效率 SBM 模型测度长江经济带沿线 11 省市全要素生产率，借此评估产业结构高效化水平，分析其变动趋势。传统 SBM 模型存在多个有效决策单元效率值同时为 1 的缺陷，无法比较同时处于前沿面的有效决策单元。采用超效率 SBM 模型测算的效率值不限于 1，能有效地提升测算结果的可比较性。

$$\rho_l^* = \min\rho' = \left(\frac{1}{n}\sum_{n=1}^{N}\frac{x_n^l - s_n^x}{x_n^j}\right)\Big/\left[\frac{1}{M+1}\left(\sum_{m=1}^{M}\frac{y_m^l + s_m^y}{y_m^l} + \sum_{i=1}^{I}\frac{b_i^l + s_i^b}{b_i^j}\right)\right] \tag{4}$$

$$\text{s. t.} \sum_{k=1}^{K} z_k y_m^k - s_m^y = y_m^l, \quad i = 1,2,\cdots,M \tag{5}$$

$$\sum_{k=1}^{K} z_k b_i^k + s_i^b = b_i^l, \quad i = 1,2,\cdots,I \tag{6}$$

$$\sum_{k=1}^{K} z_k x_n^k + s_n^x = x_n^l, \quad n = 1,2,\cdots,N \tag{7}$$

$$z_k \geqslant 0, s_m^y \geqslant 0, s_i^b \geqslant 0, s_n^x \geqslant 0,\ k = 1,2,\cdots,K(k \neq l) \tag{8}$$

公式（4）为效率值 ρ_l^* 的计算公式，公式（5）~公式（8）表示约束条件。模型表示 k（$k=1, 2, \cdots, K$）个决策单元利用 n（$n=1, 2, \cdots, N$）

种投入 x_n^k，得到 m（$m=1, 2, \cdots, M$）种期望产出 y_m^k，以及 i（$i=1, 2, \cdots, I$）种非期望产出 b_i^k，z_k 为决策单元权数，s 表示投入与产出的松弛变量。

2. 指标选取与数据来源

选取 2011 ~ 2017 年全国 30 个省区市（不含港澳台地区和西藏自治区）作为研究样本，投入指标包括非能源投入和能源投入。其中，非能源投入包括劳动力投入和资本投入，劳动力投入以年末城镇单位就业人数表示，资本投入以资本存量表示；能源投入以能源消费总量表示。产出指标中，期望产出采用各省区市地区生产总值表示，并采用 GDP 指数平减为以 2011 年为基期的实际值；非期望产出包括工业固体废弃物产生量、工业废水排放量、二氧化硫排放量。

上述指标中，年末城镇单位就业人数、各省区市地区生产总值数据来源于《中国统计年鉴》（2012 ~ 2018 年）；能源消费总量数据来源于《中国能源统计年鉴》（2012 ~ 2018 年）及各省区市统计年鉴（2012 ~ 2018 年）；工业固体废弃物产生量、工业废水排放量、二氧化硫排放量数据来源于《中国环境统计年鉴》（2012 ~ 2018 年）。

（二）评价结果与分析

测算 2011 ~ 2017 年全国及各地区、长江经济带沿线 11 省市产业结构高效化水平，结果如表 5、表 6 所示。

表 5　2011 ~ 2017 年全国及各地区产业结构高效化水平评价结果

地区	2011 年	2012 年	2013 年	2014 年	2015 年	2016 年	2017 年
全国	0. 794	0. 795	0. 806	0. 808	0. 806	0. 806	0. 813
长江经济带	0. 767	0. 772	0. 800	0. 801	0. 803	0. 804	0. 805
长江经济带以外地区	0. 810	0. 808	0. 810	0. 812	0. 808	0. 808	0. 817
长江经济带上游地区	0. 669	0. 676	0. 670	0. 668	0. 668	0. 656	0. 647
长江经济带中游地区	0. 707	0. 715	0. 801	0. 810	0. 827	0. 844	0. 849
长江经济带下游地区	0. 910	0. 911	0. 929	0. 928	0. 919	0. 922	0. 930

资料来源：根据测算结果整理。

表 6　2011 ~ 2017 年长江经济带沿线 11 省市产业结构高效化水平评价结果

省市	2011 年		2012 年		2013 年		2014 年		2015 年		2016 年		2017 年	
	水平	排名	水平	排名	水平	排名	水平	排名	水平	排名	水平	排名	水平	排名
上海	1.023	6	1.012	6	1.021	6	1.022	6	1.024	6	1.028	4	1.086	3
江苏	1.073	3	1.081	3	1.027	5	1.031	5	1.034	5	1.027	5	1.033	5
浙江	0.836	9	0.837	9	0.930	10	0.915	10	0.906	10	0.931	9	0.908	11
安徽	0.709	15	0.715	17	0.738	13	0.743	14	0.713	17	0.701	18	0.693	19
江西	0.676	24	0.678	24	0.689	22	0.715	16	0.769	13	0.818	12	0.852	12
湖北	0.711	13	0.727	13	0.713	16	0.715	15	0.713	16	0.715	16	0.696	18
湖南	0.733	12	0.741	12	1.000	7	1.000	7	1.000	7	1.000	7	1.000	7
重庆	0.692	21	0.715	16	0.708	19	0.715	17	0.721	15	0.698	19	0.702	17
四川	0.707	16	0.721	15	0.705	20	0.692	21	0.692	18	0.679	21	0.659	24
贵州	0.645	29	0.637	29	0.638	28	0.632	30	0.630	29	0.635	28	0.618	29
云南	0.630	30	0.630	30	0.630	30	0.632	29	0.627	30	0.613	30	0.609	30

注：排名为全国（不含西藏）排名。

资料来源：根据测算结果整理。

2011 ~2017 年，长江经济带产业结构高效化水平呈逐渐上升趋势，长江经济带以外地区及全国产业结构高效化水平均呈波动上升趋势，各地区产业结构高效化水平均有所改善。

从长江经济带上中下游地区来看，研究期内上中下游地区产业结构高效化水平存在较大的地区差异。下游地区产业结构高效化水平最高，中游地区次之，上游地区居后。其中，上游地区产业结构高效化水平总体呈先升后降趋势，中游地区产业结构高效化水平呈逐步上升趋势，下游地区产业结构高效化水平呈先升后降再升的趋势。

从省际来看，研究期内长江经济带沿线 11 省市产业结构高效化水平存在较大的差异，波动趋势不一。2017 年全国排名最高的上海市产业结构高效化水平测度值高达 1.086，远超上游省市中排名最高的重庆市。研究期内，长江经济带沿线 11 省市产业结构高效化水平极差值由 0.443 上升至 0.477，表明省际差异呈现扩大趋势。在波动趋势上，江西省呈现快速提升趋势，产业结构高效化水平上升 26%，全国排名由第 24 位上升至第 12 位；

安徽省产业结构高效化水平呈先上升后下降趋势，全国排名由第 15 位降至第 19 位。

四　长江经济带产业结构“三化”影响因素分析

为探究影响长江经济带产业结构“三化”（即合理化、高度化、高效化）的主要因素，本报告利用长江经济带产业结构合理化、高度化、高效化测度结果构建长江经济带产业结构“三化”综合指数（Industry Structure Index，ISI），进而通过构建面板数据模型检验其影响因素。

（一）长江经济带产业结构“三化”综合指数测度与分析

将产业结构合理化、高度化、高效化测度结果做标准化处理，由于产业结构合理化为负向指标（即指标数值越小越优），而产业结构高度化、高效化为正向指标（即指标数值越大越优），因此采用不同的标准化算法。计算公式如下：

$$x'_{ij}(t) = \frac{x_{ij}(t) - \min[x_j(t)]}{\max[x_j(t)] - \min[x_j(t)]} \tag{9}$$

$$x'_{ij}(t) = \frac{\max[x_j(t)] - x_{it}(t)}{\max[x_j(t)] - \min[x_j(t)]} \tag{10}$$

其中，x_{ij}（t）表示第 t 年第 i 个省区市第 j 个指标，$x_{ij}'(t)$ 表示标准化后的指标，max ［$x_j(t)$］表示第 t 年第 j 个指标的最大值，min ［$x_j(t)$］表示第 t 年第 j 个指标的最小值。产业结构合理化测度结果采用公式（9）进行标准化处理，产业结构高度化、高效化测度结果采用公式（10）进行标准化处理。在标准化处理的数据基础上，采用等权重加权法将三者合成为产业结构“三化”综合指数，2011 ~2017 年长江经济带沿线 11 省市产业结构“三化”综合指数及排名见表 7。

表7　2011～2017年长江经济带沿线11省市产业结构“三化”综合指数及排名

省市	2011年		2012年		2013年		2014年		2015年		2016年		2017年	
	指数	排名	指数	排名	指数	排名	指数	排名	指数	排名	指数	排名	指数	排名
上海	0.802	2	0.801	3	0.833	3	0.784	3	0.757	3	0.750	3	0.775	3
江苏	0.688	4	0.713	5	0.700	5	0.712	5	0.692	4	0.687	4	0.684	4
浙江	0.516	7	0.527	8	0.599	7	0.594	7	0.575	7	0.592	7	0.575	7
安徽	0.264	25	0.302	23	0.320	22	0.323	21	0.301	21	0.302	20	0.294	20
江西	0.288	21	0.314	22	0.326	20	0.343	18	0.374	13	0.409	12	0.427	12
湖北	0.286	22	0.335	19	0.336	19	0.343	19	0.336	19	0.342	18	0.329	18
湖南	0.315	15	0.349	17	0.518	9	0.517	9	0.499	9	0.499	9	0.492	10
重庆	0.297	20	0.355	14	0.363	17	0.371	15	0.368	15	0.362	15	0.359	14
四川	0.280	23	0.322	21	0.315	23	0.305	23	0.299	22	0.297	23	0.283	22
贵州	0.044	30	0.114	30	0.118	30	0.109	30	0.101	30	0.120	30	0.110	30
云南	0.108	29	0.169	29	0.168	29	0.160	29	0.143	29	0.135	29	0.134	28

注：排名为全国排名。

资料来源：根据测算结果整理。

2011年长江经济带沿线有5省市产业结构“三化”综合指数排名居全国前20位（含），2017年有8省市居全国前20位（含）。研究期内上海市、江苏省、浙江省的全国排名稳定在前10位，其余省市的全国排名则主要分布在20位左右。可见，研究期内长江经济带沿线11省市产业结构“三化”综合指数的全国排名整体较高，部分省市已达到全国领先水平。

从长江经济带上中下游地区来看，研究期内下游地区产业结构“三化”综合指数最高，中游地区次之，上游地区居后。上中下游地区产业结构“三化”综合指数年平均值分别为0.225、0.380、0.588。其中，下游地区产业结构“三化”综合指数年平均值是上游地区的2.6倍，表明上中下游地区产业结构“三化”综合指数存在显著的地区差异。

从省际来看，研究期内长江经济带沿线11省市产业结构“三化”综合指数整体呈波动上升趋势。其中，贵州省产业结构“三化”综合指数由0.044升至0.110，上升了150%。长江经济带沿线11省市省际差异显著且呈现逐步缩小趋势。其中，上海市产业结构“三化”综合指数年平均值为

0.786，贵州省产业结构“三化”综合指数年平均值为0.102，前者为后者的7.7倍。2011年长江经济带沿线11省市产业结构“三化”综合指数极差值为0.758，2017年极差值降至0.665，省际差距呈现缩小趋势。

（二）长江经济带产业结构“三化”的影响因素分析

1. 理论分析与研究假设

参考学术界相关研究成果，长江经济带产业结构“三化”的影响因素主要包括以下几种。

（1）经济发展水平。经济发展水平的提高，伴随着市场要素合理化流动、要素配置效率的提高，进而促进产业结构合理化水平的提高；经济发展水平的提高，伴随着资本要素的积累以及生产技术水平的提升，产业结构也逐步由劳动密集型产业进化成技术密集型和资本密集型产业，能促进产业结构高度化水平的提升；经济发展水平的提高，能够推动节能减排技术发展，合理优化能源结构，提升环境治理质量和资源利用效率，促使产业结构高效化。基于此，提出假设1。

假设1：经济发展水平的提高能够提升长江经济带产业结构“三化”水平。

（2）教育投入。教育与科技投入能够促进生产技术进步，促进知识密集型、技术密集型等高端产业替代低端产业，进而提升产业结构高度化水平；政府通过教育与科技投入促进绿色创新技术的研发，提升企业生产效率，进而提升产业结构高效化水平。基于此，提出假设2。

假设2：教育与科技投入的增加能够提升长江经济带产业结构“三化”水平。

（3）对外开放度。对外开放度的提高伴随技术外溢与资本投入，能够有效促进技术密集型与资本密集型产业逐步替代低端产业，进而提升产业结构高度化水平；对外开放度的提升能够使高端企业通过引进先进技术提高技术水平，产生的技术外溢效应能有效提升产业结构高效化水平。基于此，提出假设3。

假设3：对外开放度的提高能够提升长江经济带产业结构“三化”水平。

2. 指标选取与数据来源

选取2011～2017年长江经济带沿线11省市相关数据进行实证检验。采用人均地区生产总值（*PGDP*）表示经济发展水平，并取自然对数（ln*PGDP*）。选取实际利用外商直接投资额（*Fdi*）表示对外开放度，并用人民币兑美元年均汇率进行换算。选取教育支出（*Edu*）表示教育投入。选取各地区规模以上工业企业R&D经费内部支出表示科技投入。由于长江经济带产业结构“三化”综合指数测算值较小，各原始数据量纲不统一，本报告选择实际利用外商直接投资额、教育支出、规模以上工业企业R&D经费内部支出占地区生产总值的比例等指标。

上述各指标中，地区生产总值、人均地区生产总值、教育支出、人民币兑美元年均汇率等数据来源于《中国统计年鉴》(2012～2018年)，规模以上工业企业R&D经费内部支出数据来源于《中国科技统计年鉴》(2012～2018年)，实际利用外商直接投资额数据来源于各省区市统计年鉴（2012～2018年）。

3. 实证结果与分析

2011～2017年长江经济带产业结构“三化”综合指数及其影响因素的描述性统计结果见表8。

表8　2011～2017年长江经济带产业结构“三化”综合指数及其影响因素描述性统计结果

变量	均值	标准差	最小值	最大值
产业结构“三化”综合指数(*ISI*)	0.399	0.207	0.044	0.833
经济发展水平(ln*PGDP*)	10.704	0.472	9.706	11.749
教育投入(*Edu*)	3.876	1.378	2.226	7.359
科技投入(*Tec*)	4.348	7.469	0.058	46.187
对外开放度(*Fdi*)	0.024	0.012	0.002	0.048

注：样本量为77个。

资料来源：根据测算结果整理。

通过检验个体效应获得F统计量的概率为0.000，表明固定效应模型优于混合OLS模型。通过LM检验时间效应的结果显示，P值为0.000，表明随机效应非常显著，可见随机效应模型也优于混合 OLS 模型。通过 Hausman 检验获得的 P 值为 0.000，拒绝原假设，表明固定效应模型优于随机效应模型，因此选择固定效应模型进行影响因素分析。采用 STATA15.0 测得的影响因素检验结果如表 9 所示。

表 9　2011～2017 年江经济带产业结构“三化”影响因素实证结果

变量	相关系数	标准差	T 统计量	P 值	95% 置信区间	
经济发展水平(ln*PGDP*)	0.084	0.021	4.040	0.000	0.043	0.126
教育投入(*Edu*)	0.028	0.014	1.960	0.054	-0.001	0.057
科技投入(*Tec*)	0.001	0.001	1.670	0.099	0.000	0.002
对外开放度(*Fdi*)	2.133	0.785	2.720	0.009	0.564	3.701

资料来源：根据测算结果整理。

实证检验结果表明，经济发展水平、教育投入、科技投入、对外开放度对长江经济带产业结构“三化”综合指数均具有显著的促进作用，分别在 1%、10%、10%、1% 的置信水平下显著。该结果验证假设 1、假设 2、假设 3 成立。从影响因素的回归系数来看，长江经济带经济发展水平能够有效提升产业结构“三化”水平；教育投入和科技投入的回归系数分别为 0.028 和 0.001，表明教育投入相比科技投入更能有效地促进产业结构“三化”综合指数的提升，目前长江经济带科技投入仍有提升空间；对外开放度对产业结构“三化”综合指数的回归系数较大，为 2.133，表明对外开放度对产业结构“三化”水平具有显著的提升作用。

五　研究结论与政策启示

（一）研究结论

（1）从全国来看，长江经济带产业结构合理化、高度化、高效化水平均呈上升趋势且上升空间较大。长江经济带产业结构合理化水平高于全国平均水平，其优化幅度略低于全国；产业结构高度化、高效化水平仍与全国平均水平存在一定差距，其提升速度快于全国。长江经济带产业结构“三化”综合指数整体较高。

（2）从上中下游地区来看，长江经济带产业结构合理化、高度化、高效化水平呈上升趋势且存在显著的地区差异。其中，下游地区合理化、高度化、高效化水平最高，中游地区次之，上游地区居后。长江经济带上中下游地区产业结构“三化”综合指数存在显著的地区差异。其中，下游地区产业结构“三化”综合指数最高，中游地区次之，上游地区居后。

（3）从省际来看，长江经济带产业结构合理化、高度化、高效化水平呈上升趋势且存在显著的省际差异。其中，上海市、江苏省、浙江省产业结构合理化、高度化、高效化水平与贵州省、云南省存在较大差异。长江经济带产业结构“三化”综合指数存在显著的省际差异，该差异呈逐步缩小趋势。

（4）经济发展水平、教育投入、科技投入、对外开放度是影响长江经济带产业结构合理化、高度化、高效化水平提升的重要因素。其中，经济发展水平、对外开放度对产业结构“三化”的促进作用最为显著，教育投入相比科技投入更能有效地促进产业结构“三化”综合指数提升，科技投入对产业结构“三化”的促进作用相对较小。

（二）政策启示

（1）推动长江经济带产业融合发展。通过产业融合提升产业间耦合程度，加快产业间联动，提高产业融合速度，推动长江经济带产业结构合理化水平持续提升，实现信息化推动新型工业化、城镇化、农业现代化同步发展。同时，新一代信息技术与传统产业融合发展能够有效催生一批高端产业，提升长江经济带产业结构高度化、高效化水平。依托完善的产业门类和体系，将长江经济带建设成产业融合发展示范带，发挥信息技术创新与产业融合的交互作用，优化物质资本、人力资本、信息资源的配置效率与融合方式，催生出新型生产模式和经营模式。

（2）加大长江经济带科技投入。科技投入对长江经济带产业结构“三化”水平提升具有重要作用，存在较大提升空间。政府应进一步加大科技投入，鼓励企业研发或引进先进的生产技术，提高企业生产能力和资源利用效率，促进企业由生产低附加值的初级产品逐步转向生产高附加值产品。采取有效的激励措施，对新兴产业的创新研发给予一定的补贴，支持关键技术攻关及高新技术成果转化，鼓励企业开展研究开发活动，提升企业自主创新能力，发挥企业创新主体作用。

（3）提升长江经济带对外开放质量。政府应通过相应制度提升对外开放质量，引导外商投资方向，提高高新技术产业投资比例，促进原有产业结构优化升级，催生新兴高端产业落地，提升长江经济带产业结构高度化水平。通过提升对外开放质量，引进知识密集型、技术密集型产业，促进技术外溢效应发挥良性作用，鼓励企业技术创新，培养高素质综合型人才，提升产业结构高效化水平。

参考文献

陈曦、穆怀中：《中国产业结构合理化及其与经济增长关系研究》，《经济研究参考》2014 年第 46 期，第 20 ~ 29 页。

干春晖、郑若谷、余典范：《中国产业结构变迁对经济增长和波动的影响》，《经济研究》2011 年第 5 期，第 4 ~ 16 页。

郭平、肖阳阳：《我国产业结构变迁对收入分配的影响研究——基于产业结构合理化和高级化视角》，《商业经济研究》2015 年第 13 期，第 111 ~ 113 页。

何天祥、朱翔、王月红：《中部城市群产业结构高度化的比较》，《经济地理》2012 年第 5 期，第 54 ~ 58 页。

靖学青：《区域产业转移与产业结构高度化——基于长江经济带的实证研究》，《江西社会科学》2017 年第 10 期，第 78 ~ 85 页。

孔凡超、林春艳、孟祥艳：《中国产业结构高度化的时空差距及其分布动态演进》，《云南财经大学学报》2017 年第 5 期，第 97 ~ 106 页。

雷国胜、蔡芳：《土地财政对产业结构合理化、高度化影响的实证研究》，《工业技术经济》2019 年第 2 期，第 153 ~ 160 页。

李方一等：《出口增加值对中国区域产业结构高度化的影响》，《地理科学》2017年第1期，第37～45页。

林春艳、孔凡超：《中国产业结构高度化的空间关联效应分析——基于社会网络分析方法》，《经济学家》2016年第11期，第45～53页。

刘秉镰、杜传忠：《区域产业经济概论》，经济科学出版社，2010，第23～27页。

刘秉镰、李兰冰：《区域产业结构优化升级研究》，经济科学出版社，2015，第59～66页。

刘嘉毅、陈玉萍：《产业结构合理化、高级化与城市空间扩展》，《华东经济管理》2018年第4期，第32～38页。

齐亚伟、刘丹：《信息产业发展促进区域产业结构合理化的灰色关联分析》，《经济经纬》2014年第4期，第74～79页。

杨艳琳、赵荣钧：《我国产业结构合理化综合测评体系研究》，《工业技术经济》2017年第8期，第74～82页。

张辉：《我国产业结构高度化下的产业驱动机制》，《经济学动态》2015年第12期，第12～21页。

B.3 长江经济带工业同构性研究报告*

吴传清　李姝凡**

摘　要： 长江经济带工业同构性问题突出，研究长江经济带工业同构性问题对促进长江经济带高质量发展具有重要意义。本报告测算长江经济带工业结构相似系数，结果显示长江经济带工业同构现象普遍存在且有深化趋势；长江经济带中下游地区较上游地区工业同构现象更明显，但存在内部分异性。采用偏离－份额分析法评价工业同构合意性，研究结果表明：长江经济带工业同构合意，但存在转变为非合意的风险。为进一步推动长江经济带工业经济高质量发展，应建立市场化条件下的区域分工机制，发挥市场在资源配置中的决定性作用，建立服务型政府；实施比较优势发展策略，开展流域内合作；推动上中下游地区产业有序转移与科学承接。

关键词： 长江经济带　工业同构　同构合意性

2017年7月，环境保护部、国家发改委、水利部联合印发的《长江经济带生态环境保护规划》指出，长江经济带沿江工业发展各自为政，上中下游

---

* 基金项目：国家社会科学基金一般项目“推动长江经济带制造业高质量发展研究”（项目编号：19BJL061）。

** 吴传清，武汉大学经济与管理学院、中国发展战略与规划研究院教授，博士生导师，从事区域经济学研究；李姝凡，武汉大学经济与管理学院区域经济学专业硕士研究生，从事区域经济学研究。

产业同构现象突出。2018 年 4 月 26 日，习近平总书记在深入推动长江经济带发展座谈会上强调，长江经济带发展过程中无序低效竞争、产业同构等问题仍然非常突出。因此，研究长江经济带工业同构现象具有重要的实践意义。

一　长江经济带工业同构性评价

（一）评价方法和数据来源

1. 评价方法

工业同构是指不同区域之间工业部门比例关系的相似程度。学术界评价产业同构性的方法多样，本报告选取目前应用最广泛的结构相似系数法（见附表 1）。根据测算原理，结构相似系数为研究对象两两比较结果，采用四步法进行评价。

第一步，测算长江经济带沿线 11 省市两两间工业结构相似系数值，再取其平均值作为该省市工业结构相似系数值。

第二步，对长江经济带沿线 11 省市按上中下游分类，分别测算上中下游地区内部省市两两间工业结构相似系数值，再分别取其平均值作为上中下游地区的工业结构相似系数值。

第三步，测算长江经济带沿线 11 省市两两间工业结构相似系数平均值，作为长江经济带整体工业结构相似系数值。

第四步，按照相同的方法进一步测算长江经济带采矿业，制造业，电力、热力、燃气及水生产和供应业的工业结构相似系数值。

2. 数据来源

本报告的研究对象为长江经济带沿线 11 省市工业及工业各细分行业（含采矿业，制造业，电力、热力、燃气及水生产和供应业）。研究时段为 2012 ~ 2016 年。相关研究数据来源于《中国工业统计年鉴》（2013 ~ 2017 年）。其中，“采掘业”大类名称自 2013 年起更名为“采矿业”。

（二）评价结果与分析

1. 长江经济带工业同构性评价结果与分析

（1）长江经济带沿线11省市工业结构相似系数值普遍较高。2012年、2013年长江经济带工业结构相似系数值在0.99以上的省市均为7个。2014～2016年长江经济带工业结构相似系值在0.99以上的省市均为9个（见表1）。2016年工业结构相似系数值按从高到低排序依次是四川省、安徽省、湖南省、重庆市、湖北省、浙江省、上海市、江西省、江苏省、云南省、贵州省，除云南省、贵州省以外，其他省市工业结构相似系数值都大于0.99，表明经济相对发达地区产业门类齐全，工业同构现象更明显。

表1　2012～2016年长江经济带沿线11省市工业结构相似系数值

省市/指标	2012年	2013年	2014年	2015年	2016年
上海	0.9894	0.9899	0.9918	0.9942	0.9948
江苏	0.9889	0.9899	0.9917	0.9939	0.9944
浙江	0.9901	0.9911	0.9926	0.9946	0.9950
安徽	0.9930	0.9935	0.9942	0.9958	0.9959
江西	0.9916	0.9923	0.9936	0.9955	0.9946
湖北	0.9920	0.9921	0.9934	0.9953	0.9955
湖南	0.9924	0.9930	0.9940	0.9956	0.9957
重庆	0.9917	0.9924	0.9935	0.9955	0.9956
四川	0.9922	0.9934	0.9938	0.9958	0.9960
贵州	0.9394	0.9454	0.9544	0.9720	0.9737
云南	0.9893	0.9871	0.9875	0.9879	0.9886
均值	0.9864	0.9873	0.9891	0.9924	0.9927
均值≥0.99的省市个数	7	7	9	9	9

资料来源：根据《中国工业统计年鉴》（2013～2017年）提供的相关数据计算整理。

（2）长江经济带沿线11省市工业结构相似系数值呈现上升趋势，工业同构程度不断加深。2012～2016年长江经济带工业结构相似系数值上升速度先快后慢。如图1所示，长江经济带中游地区工业结构相似系数值最大，下游地区次之，上游地区最小，相对而言，中下游地区工业同构问题较为突出。

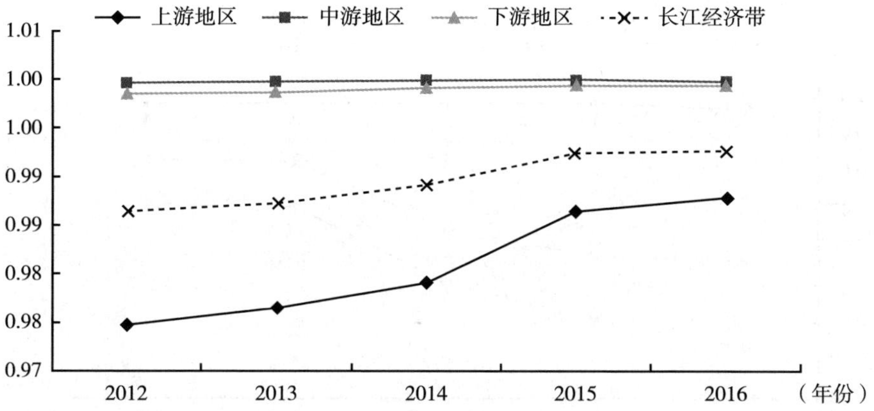

图1　2012～2016年长江经济带工业结构相似系数值变化

资料来源：根据《中国工业统计年鉴》（2013～2017年）提供的相关统计数据计算整理。

（3）长江经济带上游地区的工业同构问题日趋明显。如表2和图2所示，2016年长江经济带上游地区工业结构相似系数从大到小排序依次是重庆－四川、四川－云南、贵州－云南、重庆－云南、四川－贵州、重庆－贵州。重庆市和四川省工业结构相似度相对较高。从变化趋势看，上游地区4省市工业结构相似系数大致呈上升趋势，且差距缩小，表明上游地区的工业同构问题日趋明显。

表2　2012～2016年长江经济带上游地区工业结构相似系数值

省市	2012年	2013年	2014年	2015年	2016年
重庆－四川	0.99674	0.99847	0.99816	0.99805	0.99832
重庆－贵州	0.93365	0.94081	0.95071	0.97067	0.97156
重庆－云南	0.99047	0.98780	0.98835	0.98792	0.98831
四川－贵州	0.95706	0.95757	0.96556	0.98303	0.98365
四川－云南	0.99682	0.99398	0.99135	0.99453	0.99418
贵州－云南	0.97376	0.98075	0.98031	0.98463	0.99087

资料来源：根据《中国工业统计年鉴》（2013～2017年）提供的相关数据计算整理。

（4）长江经济带中游地区工业同构相似度偏高，且呈趋同态势。如表3和图3所示，2012～2016年江西－湖北、江西－湖南、湖北－湖南

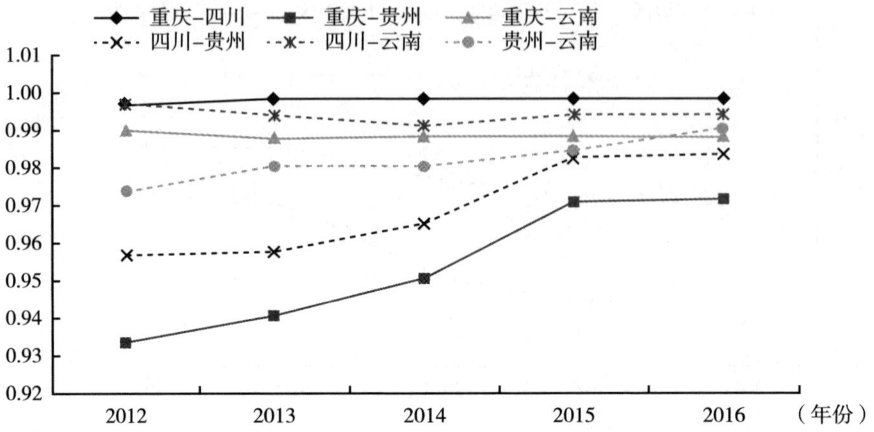

图 2　2012～2016 年长江经济带上游地区工业结构相似系数值变化

资料来源：根据《中国工业统计年鉴》（2013～2017 年）提供的相关数据计算整理。

工业结构相似系数均为 0.999 以上，波动区间为［0.9994，0.99999］，相差甚微。从变化趋势看，江西－湖北、江西－湖南工业结构相似系数呈先升后降趋势，湖北－湖南工业结构相似系数呈上升趋势。其中，江西－湖南、江西－湖北工业结构相似系数在 2015 年后微降，湖北－湖南工业结构相似系数在 2015 年后缓升。

表 3　2012～2016 年长江经济带中游地区工业结构相似系数值

省市	2012 年	2013 年	2014 年	2015 年	2016 年
江西－湖北	0.99987	0.99998	0.99998	0.99998	0.99963
江西－湖南	0.99956	0.99969	0.99985	0.99999	0.99967
湖北－湖南	0.99940	0.99955	0.99974	0.99994	0.99995

资料来源：根据《中国工业统计年鉴》（2013～2017 年）提供的相关数据计算整理。

（5）长江经济带下游地区工业结构相似系数较高。如表 4 和图 4 所示，2016 年长江经济带下游地区工业结构相似系数值最高的地区为上海－江苏，其次是上海－浙江，表明江苏省和上海市工业同构较为明显。从变化趋势看，2012～2016 年除上海－浙江、江苏－浙江工业结构相似系数值呈下降

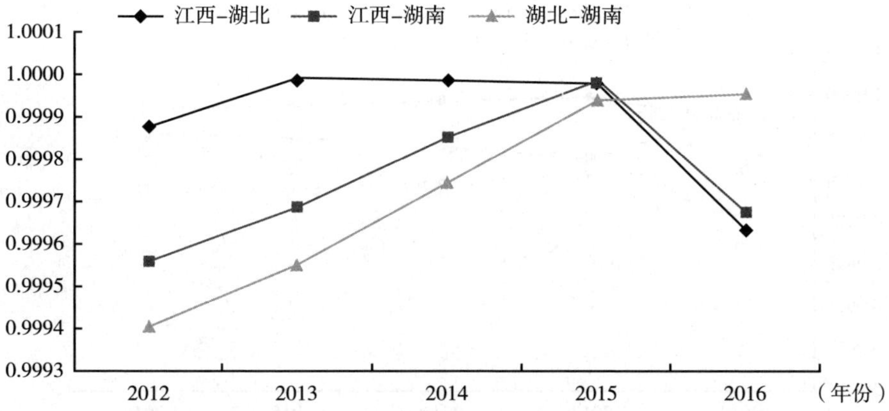

图 3　2012～2016 年长江经济带中游地区工业结构相似系数值变化

资料来源：根据《中国工业统计年鉴》（2013～2017 年）提供的相关数据计算整理。

趋势以外，其他四组对比关系中的工业结构相似系数值基本呈上升趋势。特别是近几年安徽省工业结构与上海市、江苏省、浙江省呈现较强的趋同态势。

表 4　2012～2016 年长江经济带下游地区工业结构相似系数值

省市	2012 年	2013 年	2014 年	2015 年	2016 年
上海－江苏	0.99972	0.99997	0.99993	0.99987	0.99984
上海－浙江	0.99981	0.99925	0.99940	0.99950	0.99955
上海－安徽	0.99763	0.99743	0.99886	0.99929	0.99933
江苏－浙江	0.99913	0.99904	0.99899	0.99889	0.99899
江苏－安徽	0.99702	0.99747	0.99888	0.99921	0.99943
安徽－浙江	0.99821	0.99858	0.99888	0.99909	0.99877

资料来源：根据《中国工业统计年鉴》（2013～2017 年）提供的相关数据计算整理。

2. 长江经济带工业各细分行业同构性评价结果与分析

（1）长江经济带沿线 11 省市采矿业同构性水平差异较大。2016 年长江经济带沿线 11 省市采矿业结构相似系数值按从大到小排序，前六名的省市依次为安徽省、湖南省、重庆市、江苏省、云南省、四川省（见表 5），

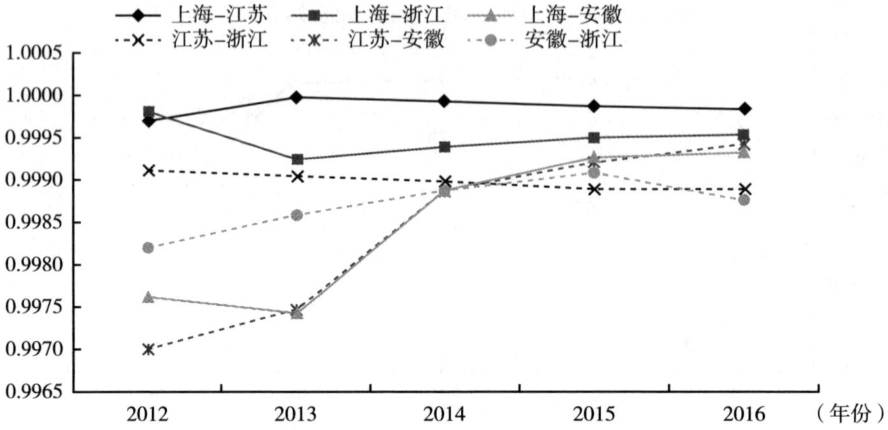

图4　2012～2016年长江经济带下游工业结构相似系数值变化

资料来源：根据《中国工业统计年鉴》（2013～2017年）提供的相关数据计算整理。

2012～2015年上述6省市同样位居前列。2012～2016年云南省、安徽省采矿业结构相似系数值数次居前两位，表明云南省、安徽省采矿业同构较长江经济带其他省市更为突出。

表5　2012～2016年长江经济带沿线11省市采矿业结构相似系数值

省市	2012年	2013年	2014年	2015年	2016年
上海	0.0675	0.0465	0.0755	0.0779	0.0835
江苏	0.7329	0.7183	0.7172	0.6966	0.6843
浙江	0.3994	0.4051	0.4448	0.5008	0.5273
安徽	0.7742	0.7672	0.7620	0.7555	0.7056
江西	0.5771	0.5766	0.5988	0.6003	0.5632
湖北	0.4636	0.5177	0.5503	0.5633	0.5573
湖南	0.7185	0.7175	0.7066	0.7101	0.6981
重庆	0.6661	0.6544	0.6347	0.6584	0.6859
四川	0.7371	0.7173	0.7071	0.6858	0.6685
贵州	0.6224	0.6030	0.5762	0.5614	0.5455
云南	0.7922	0.7737	0.7501	0.7285	0.6777

资料来源：根据《中国工业统计年鉴》（2013～2017年）提供的相关数据计算整理。

（2）长江经济带沿线 11 省市制造业结构相似系数差异较大。2016 年长江经济带沿线 11 省市制造业结构相似系数值按从大到小排序，前五名的省市依次为湖南省、安徽省、四川省、湖北省、江苏省（见表 6），2012 ~ 2015 年上述 5 省市同样位居前列，表明这 5 省制造业同构较其他省市明显。

表 6　2012 ~ 2016 年长江经济带沿线 11 省市制造业结构相似系数值

省市	2012 年	2013 年	2014 年	2015 年	2016 年
上海	0. 6493	0. 6639	0. 6727	0. 6765	0. 6877
江苏	0. 7318	0. 7409	0. 7464	0. 7487	0. 7575
浙江	0. 6966	0. 6936	0. 7045	0. 7077	0. 7211
安徽	0. 7566	0. 7639	0. 7795	0. 7827	0. 7917
江西	0. 6945	0. 6955	0. 7051	0. 7129	0. 7377
湖北	0. 7511	0. 7560	0. 7590	0. 7601	0. 7705
湖南	0. 7409	0. 7666	0. 7746	0. 7772	0. 7958
重庆	0. 6588	0. 6505	0. 6477	0. 6534	0. 6651
四川	0. 7458	0. 7462	0. 7532	0. 7621	0. 7787
贵州	0. 6448	0. 6470	0. 6501	0. 6587	0. 6614
云南	0. 5180	0. 5216	0. 5117	0. 4846	0. 5111

资料来源：根据《中国工业统计年鉴》（2013 ~ 2017 年）提供的相关数据计算整理。

（3）长江经济带沿线 11 省市电力、热力、燃气及水生产和供应业结构相似系数差异较大。2016 年长江经济带沿线 11 省市电力、热力、燃气及水生产和供应业结构相似系数值按从大到小排序，前五名的省市依次为江苏省、湖南省、安徽省、浙江省、湖北省（见表 7），2012 ~ 2015 年上述 5 省大部分位居前列，表明这 5 省电力、热力、燃气及水的生产和供应业同构较其他省市突出。

表 7　2012 ~ 2016 年长江经济带沿线 11 省市电力、热力、燃气及水生产和供应业结构相似系数值

省市	2012 年	2013 年	2014 年	2015 年	2016 年
上海	0. 998555	0. 997438	0. 984456	0. 980414	0. 982611
江苏	0. 998969	0. 998988	0. 997380	0. 995470	0. 990628

续表

省市	2012 年	2013 年	2014 年	2015 年	2016 年
浙江	0. 998735	0. 999000	0. 997438	0. 995279	0. 990150
安徽	0. 998437	0. 998233	0. 996539	0. 994289	0. 990171
江西	0. 998632	0. 998622	0. 997173	0. 995306	0. 962097
湖北	0. 998539	0. 998958	0. 997060	0. 995206	0. 990015
湖南	0. 998832	0. 998946	0. 997023	0. 994734	0. 990247
重庆	0. 993681	0. 994896	0. 996088	0. 989432	0. 985036
四川	0. 997344	0. 998289	0. 993383	0. 986982	0. 985355
贵州	0. 997757	0. 997279	0. 993746	0. 990733	0. 982304
云南	0. 998152	0. 997632	0. 993518	0. 990938	0. 983162

资料来源：根据《中国工业统计年鉴》（2013～2017 年）提供的相关数据计算整理。

（4）长江经济带上游地区采矿业同构较中下游地区更为显著。如表 8 所示，2012～2016 年长江经济带上游地区采矿业结构相似系数值变化区间为（0. 71，0. 99），中游地区采矿业结构相似系数值变化区间为（0. 46，0. 92），下游地区采矿业结构相似系数值变化区间为［0，0. 89）。与中下游地区相比，上游地区采矿业结构相似系数值更接近 1，且组间距更小，表明长江经济带上游地区采矿业同构现象较中下游地区更为明显，原因可能是上游地区矿产资源丰富，采矿业集聚性强。上游地区中，重庆－贵州采矿业结构相似系数值最高，呈逐年下降趋势。中游地区中，江西－湖南采矿业结构相似系数值最高，呈先升后降的趋势。下游地区中，江苏－安徽、江苏－浙江采矿业结构相似系数值较高，上海－浙江、上海－安徽采矿业结构相似系数值均为 0，上海－江苏采矿业结构相似系数值的波动区间为（0. 09，0. 24），原因可能是 2012～2016 年上海市煤炭开采和洗选业、黑色金属矿采选业、有色金属矿采选业、非金属矿采选业、开采辅助活动销售产值均为 0，而 2012～2016 年浙江省、安徽省石油和天然气开采业销售产值为 0，表明 2012～2016 年浙江省、安徽省未发展石油和天然气开采业，仅上海市与江苏省发展石油和天然气开采业。

表 8　2012 ~ 2016 年长江经济带上中下游地区采矿业结构相似系数值

地区	省市	2012 年	2013 年	2014 年	2015 年	2016 年
上游地区	重庆 - 四川	0. 8867	0. 8320	0. 7971	0. 8171	0. 8381
	重庆 - 贵州	0. 9887	0. 9854	0. 9835	0. 9547	0. 8770
	重庆 - 云南	0. 9117	0. 9130	0. 7777	0. 7916	0. 7148
	四川 - 贵州	0. 8611	0. 8017	0. 7581	0. 7314	0. 7405
	四川 - 云南	0. 9362	0. 9304	0. 8609	0. 8149	0. 7931
	贵州 - 云南	0. 9062	0. 9140	0. 7787	0. 8136	0. 8018
中游地区	江西 - 湖北	0. 6185	0. 6628	0. 6830	0. 6953	0. 6924
	江西 - 湖南	0. 8357	0. 8416	0. 8839	0. 9105	0. 8996
	湖北 - 湖南	0. 4670	0. 5454	0. 5872	0. 6623	0. 6800
下游地区	上海 - 江苏	0. 2333	0. 2246	0. 2246	0. 1189	0. 0967
	上海 - 浙江	0	0	0	0	0
	上海 - 安徽	0	0	0	0	0
	江苏 - 浙江	0. 5814	0. 6276	0. 6880	0. 8009	0. 8410
	江苏 - 安徽	0. 8894	0. 8448	0. 8377	0. 7893	0. 7174
	浙江 - 安徽	0. 2543	0. 2434	0. 3142	0. 3685	0. 3220

资料来源：根据《中国工业统计年鉴》（2013 ~ 2017 年）提供的相关数据计算整理。

（5）长江经济带中下游地区制造业同构较上游地区更为显著。如表 9 所示，2012 ~ 2016 年长江经济带上游地区制造业结构相似系数值变化区间为（0. 31，0. 87），中游地区制造业结构相似系数值变化区间为（0. 68，0. 89），下游地区制造业结构相似系数值变化区间为（0. 67，0. 90），表明长江经济带中下游地区制造业同构较上游地区更为明显，原因可能是中下游地区人力资源数量大、素质高，具有人力要素优势，同时兼具资本、科技、市场等要素优势。上游地区中，四川 - 贵州、重庆 - 四川的制造业结构相似系数值较大；中游地区中，2012 ~ 2016 年江西 - 湖南制造业结构相似系数值均位列第一；下游地区中，2012 ~ 2016 年江苏 - 浙江制造业结构相似系数值均为第一。

表 9　2012 ~ 2016 年长江经济带上中下游地区制造业结构相似系数

地区	省市	2012 年	2013 年	2014 年	2015 年	2016 年
上游地区	重庆 - 四川	0. 7404	0. 7743	0. 7830	0. 7677	0. 7599
	重庆 - 贵州	0. 5093	0. 4881	0. 4824	0. 5125	0. 5102
	重庆 - 云南	0. 3738	0. 3576	0. 3369	0. 3174	0. 3430
	四川 - 贵州	0. 7667	0. 7584	0. 7706	0. 8374	0. 8658
	四川 - 云南	0. 3979	0. 4045	0. 3960	0. 3760	0. 4261
	贵州 - 云南	0. 6337	0. 6316	0. 5960	0. 5434	0. 5458
中游地区	江西 - 湖北	0. 6886	0. 6922	0. 7052	0. 7192	0. 7371
	江西 - 湖南	0. 8324	0. 8533	0. 8587	0. 8709	0. 8820
	湖北 - 湖南	0. 7840	0. 8124	0. 8301	0. 8346	0. 8424
下游地区	上海 - 江苏	0. 8572	0. 8458	0. 8376	0. 8339	0. 8116
	上海 - 浙江	0. 6976	0. 6859	0. 7021	0. 7103	0. 7358
	上海 - 安徽	0. 6723	0. 6896	0. 7156	0. 7269	0. 7366
	江苏 - 浙江	0. 8616	0. 8787	0. 8874	0. 8885	0. 8990
	江苏 - 安徽	0. 8140	0. 8392	0. 8645	0. 8732	0. 8790
	浙江 - 安徽	0. 8370	0. 8403	0. 8513	0. 8634	0. 8723

资料来源：根据《中国工业统计年鉴》（2013 ~ 2017 年）提供的相关数据计算整理。

（6）长江经济带下游地区电力、热力、燃气和水生产及供应业同构现象较上中游地区更为显著。如表 10 所示，2012 ~ 2016 年长江经济带上中下游地区电力、热力、燃气和水生产及供应业结构相似系数值变化区间分别为（0. 96，1）、（0. 95，1）、（0. 97，1）。

表 10　2012 ~ 2016 年长江经济带上中下游地区电力、热力、燃气及水生产及供应业结构相似系数

地区	省市	2012 年	2013 年	2014 年	2015 年	2016 年
上游地区	重庆 - 四川	0. 99889	0. 99851	0. 99910	0. 99980	0. 99988
	重庆 - 贵州	0. 98979	0. 99024	0. 99157	0. 97922	0. 96968
	重庆 - 云南	0. 99075	0. 99095	0. 99117	0. 97966	0. 97101
	四川 - 贵州	0. 99486	0. 99580	0. 98600	0. 97512	0. 96968
	四川 - 云南	0. 99565	0. 99635	0. 98563	0. 97558	0. 97105
	贵州 - 云南	0. 99984	0. 99941	0. 99934	0. 99973	0. 99998
中游地区	江西 - 湖北	0. 99985	0. 99985	0. 99995	0. 99993	0. 95618
	江西 - 湖南	0. 99975	0. 99977	0. 99998	0. 99991	0. 96153
	湖北 - 湖南	0. 99940	0. 99992	0. 99991	0. 99984	0. 99947

续表

地区	省市	2012 年	2013 年	2014 年	2015 年	2016 年
下游地区	上海－江苏	0.99974	0.99890	0.98653	0.98123	0.98270
	上海－浙江	0.99881	0.99832	0.98752	0.98001	0.98107
	上海－安徽	0.99828	0.99585	0.98134	0.97583	0.98141
	江苏－浙江	0.99965	0.99992	0.99998	0.99997	0.99995
	江苏－安徽	0.99935	0.99903	0.99956	0.99963	0.99998
	浙江－安徽	0.99984	0.99941	0.999337	0.99973	0.99998

资料来源：根据《中国工业统计年鉴》（2013～2017 年）提供的相关数据计算整理。

二　长江经济带工业同构合意性评价

（一）评价方法和数据来源

工业同构不同于重复建设，具有合意性与非合意性问题。关于产业同构合意与非合意的内涵，综合学术界相关研究成果，可做如下总结。一是从产业结构趋同形成的原因定义，合意性趋同是指在市场机制作用下形成的区域产业结构趋同，而非合意性趋同是指政府发挥主导作用下造成的产业结构趋同（李燕华等，2008）。二是从产业结构趋同产生的影响定义，合意性趋同主要是指围绕专业化部门的区域经济综合发展倾向，非合意性趋同是指与区域专业化分工相背离的倾向（陈耀，1998），没有阻碍区域经济发展的产业同构就属于合意性趋同，反之即非合意性趋同（赵峰等，2011）。

学术界关于产业同构合意性与非合意性的判别方法主要分为两类：一是侧重分析影响产业聚集和专业化分工的因素，定性研判产业同构的合意性（李晅煜等，2012），地理空间上的毗邻、资源禀赋条件的相似性等导致的产业结构趋同是合理的（孙根紧，2013）；二是侧重分析产业同构导致的结果，考察产业发展绩效随产业同构程度的变化趋势来判断产业同构是否合意（李晅煜等，2012），大多采用偏离－份额分析法分析产业结构与经济增长的关系（赵峰等，2011；覃成林等，2018）。

1. 评价方法

本报告采用偏离－份额分析法从工业同构产生的影响角度判断长江经济带工业同构的合意性。

偏离－份额分析法是以一定时期内长江经济带工业行业大类生产总值的增长比例为基准，分别计算长江经济带沿线 11 省市按照长江经济带平均增长率可能形成的假定份额，进而将这一份额与各省市的实际增长额进行比较，分析各省市工业行业总产值增长相对于长江经济带平均水平的偏离情况。具体计算公式为：

$$RS = \sum_{i=1}^{n} P_{bi} R \tag{1}$$

$$PS = \sum_{i=1}^{n} P_{bi} (R_i - R) \tag{2}$$

$$DS = \sum_{i=1}^{n} (r_i - R_i) \tag{3}$$

公式（1）～公式（3）中，P_{bi}表示某省市第 i 个工业行业的基期产值，R 表示长江经济带生产总值的增长率，R_i表示长江经济带第 i 个工业行业的增长率，r_i表示该省市第 i 个产业的实际增长率。由以上公式可知 $G = RS + PS + DS$，其中 RS 是假定各省市产业均按长江经济带经济增长率 R 增长所应实现的增长份额，代表区位条件的贡献增量；PS 为各省市按照长江经济带第 i 个行业增长率计算的增长额与按照长江经济带经济增长率所实现的增长额之差，它反映该省市相对于长江经济带工业结构的优劣程度，代表该省市工业结构为该省市经济增长贡献的增量；DS 是各省市第 i 个产业按实际增长率所实现的经济增长额与按长江经济带同一工业行业增长率所实现的经济增长额之差，代表工业产业竞争能力的贡献增量。

2. 数据来源

工业及工业各细分行业（含采矿业，制造业，电力、热力、燃气及水生产和供应业）数据来源于《中国工业统计年鉴》（2013～2017 年）。工业及工业各细分行业（含采矿业，制造业，电力、热力、燃气及水生产和供应业）总产值按当年价格计算。

（二）评价结果

按照偏离－份额分析法测算2012～2016年长江经济带工业产值增长份额（见表11）。2012～2016年长江经济带沿线11省市结构性因素贡献经济增量之和为0.04亿元，表明工业同构现象对长江经济带经济发展没有产生不利影响，因此工业同构是合意的。安徽省、江西省、湖北省、湖南省、重庆市、四川省、贵州省工业实际增长额大于假定的地区份额，总偏离量分别为4107.89亿元、5173.04亿元、3872.19亿元、1630.54亿元、6364.98亿元、1683.57亿元、3299.01亿元。其中，由于工业结构而产生的增量分别是－437.10亿元、5.37亿元、－72.41亿元、－295.74亿元、3.77亿元、－862.83亿元、－671.84亿元。其他4省市的工业实际增长额小于假定的地区份额，表明长江经济带部分地区工业带动经济增长方面仍有提升空间。

（1）区位增量*RS*全部为正值，表明长江经济带沿线11省市区位条件为其工业发展产生了正的效用，区位优势得到了充分发挥，凸显出长江作为黄金水道的重要价值，也表明了长江经济带发展战略的重要意义。

（2）工业结构增量*PS*为正值的省市分别是上海市、江苏省、浙江省、江西省、重庆市，表明这些省市工业结构变化对经济做出了贡献。江苏省结构增量最大，表明江苏省较其他省市来说，工业结构对工业产出的作用更大。

（3）地区竞争力增量*DS*除了上海市、江苏省、浙江省、云南省以外均为正值，表明2012～2016年苏浙沪的竞争力在长江经济带没有得到充分发挥，下游地区在提升长江经济带工业发展方面的作用还留有提升余地，由于测算结果中苏浙沪DS为负值，说明苏浙沪可能存在恶性竞争，对长江经济带工业经济发展产生了负面影响。除苏浙沪和云南省外的其他地区竞争力增量为正值，表明地区竞争力得到了相对充分的发挥，对长江经济带工业经济发展产生了正面影响。

表 11　2012 ~ 2016 年长江经济带沿线 11 省市工业产值增长份额

单位：亿元

省市	RS	PS	DS	G	G - RS
上海	10640.97	398.18	-11541.90	-502.79	-11143.76
江苏	40024.00	1988.13	-4897.51	37114.62	-2909.38
浙江	19426.34	373.61	-10787.20	9012.70	-10413.64
安徽	9637.72	-437.10	4544.99	13745.61	4107.89
江西	6998.68	5.37	5167.67	12171.72	5173.04
湖北	10949.27	-72.41	3944.61	14821.46	3872.19
湖南	9503.31	-295.74	1926.28	11133.85	1630.54
重庆	4319.99	3.77	6361.21	10684.96	6364.98
四川	10191.95	-862.83	2546.40	11875.52	1683.57
贵州	2080.62	-671.84	3970.84	5379.63	3299.01
云南	2961.48	-429.10	-1235.32	1297.06	-1664.42

资料来源：根据《中国工业统计年鉴》（2013 ~ 2017 年）提供的相关数据计算整理。

三　研究结论与对策建议

（一）研究结论

1. 长江经济带工业同构现象普遍存在且有深化趋势

2012 ~ 2016 年长江经济带沿线 11 省市工业结构相似系数值普遍较高，呈上升趋势，且增速先快后慢，表明长江经济带沿线 11 省市工业同构现象显著，并不断深化。

2. 长江经济带中下游地区工业同构性水平高于上游地区

2012 ~ 2016 年上游地区工业同构相似系数值偏高，工业结构趋同。长江经济带中游地区亦然，其中江西省同湖北省、湖南省工业相似度呈先上升后下降趋势，而湖南省与湖北省工业相似度呈上升趋势。长江经济带下游地区工业相似度大体呈上升趋势，差距不断缩小。中下游地区较上游地区工业同构性更显著。上游地区采矿业同构性水平高于中下游地区；中下游地区制造业同构性水平高于上游地区；下游地区电力、热力燃气和水的生产及供应业同构性水平高于中上游地区。

3. 长江经济带工业同构合意

2012~2016 年长江经济带沿线 11 省市结构性因素贡献经济增量之和为 0.04 亿元，接近临界值 0，说明工业同构现象对长江经济带经济发展在研究期内尚未产生不利影响，长江经济带工业同构合意，但存在转变为非合意的风险。

（二）对策建议

1. 发挥有效市场与服务型政府的作用

要使市场有效，就必须保证生产要素和产品充分流通，允许区际差异化发展，发挥区域间的互补作用，提高资源配置效率，实现区域全局利益，促进区域经济增长。为此，政府应转变职能，创新行政管理方式，健全宏观调控体系，加强市场活动监管，建立服务型政府。建议改革 GDP 业绩考核制，在构建服务型政府的前提下，改进政绩考核内容，破解工业结构趋同问题。

2. 推动以产业错位分工为基础的区域协同发展

按照上中下游地区的资源状况、要素禀赋发展相关工业，调整区域产业结构，逐步形成各自的产业优势，利用黄金水道航运天然优势，进行分工合作，加强经济横向联系。一是利用企业外部的垂直和水平联系，同时建立企业间内部产业联系网络系统；二是建立区域经济合作组织。

3. 加强上中下游地区产业有序转移与科学承接

推进绿色循环低碳发展，驱使劳动密集型、资源加工型和技术密集型产业向中上游有序转移，为中上游地区经济发展提供新机遇。加快中上游地区工业转型升级，优化服务业发展结构，引导产业绿色发展，努力建设高端制造业基地，构建具有区域特色的工业体系。

附录

附表1　学术界关于产业同构性的主要测算方法

方法名称	表达式	释义
结构相似系数法	$S_{ij}=\sum_{k=1}^{n}(X_{ik}X_{jk})/\sqrt{\sum_{k=1}^{n}X_{ik}^2\sum_{k=1}^{n}X_{jk}^2}$	S_{ij}是i地区和j地区的结构相似系数，i和j是两个相比较的地区；X_{ik}和X_{jk}是部门k在i地区和j地区的工业产值中所占的比重。$S_{ij}\in[0,1]$，若$S_{ij}=0$，两个相比较地区的工业结构完全不同；若$S_{ij}=1$，两个地区间工业结构完全相同
结构差异度指数法	$D_{ij}=\frac{1}{2}\sum_{k=1}^{n}\mid X_{ik}-X_{jk}\mid$	D_{ij}表示结构差异度指数，$D_{ij}\in[0,1]$，若$D_{ij}=0$，则两个地区的产业结构完全相同；若$D_{ij}=1$，则两个地区的产业结构完全不相同
Krugman结构差异度指数法	$KI_{ij}=\sum_{k=1}^{n}\mid X_{ik}-X_{jk}\mid$	KI_{ij}表示克鲁格曼行业分工指数。$KI_{ij}\in[0,2]$，若$KI_{ij}=0$，则i地区和j地区的产业结构完全相同；若$KI_{ij}=2$，则i地区和j地区的产业结构完全不相同
区位熵法	$LQ_{ij}=\frac{q_{ij}/q_j}{q_i/q}$	LQ_{ij}为j地区i产业的区位熵或地方专业化指数，q_{ij}为j地区i产业的产值，q_j为j地区全部产业总产值，q_i为i产业的全国总产值，q为全国的所有产业总产值。若$LQ_{ij}>1$，则j地区i产业部门的集中程度大于全国的平均水平，LQ_{ij}值越大，表明该产业在全国的专业化程度就越高
Landesmann和Szekely的结构差异度指数法	$LSS_{ij}=\frac{1}{2}\sum_{k=1}^{n}(X_{ik}-X_{jk})^2$	LSS_{ij}表示Landesmann和Szekely提出的结构差异度指数。$LSS_{ij}\in[0,1]$，若$LSS_{ij}=0$，则两个地区的制造业结构完全相同；若$LSS_{ij}=1$，则两个地区的制造业结构完全不相同
结构重合度指数	$FKS_{ij}=[\sum_{k=1}^{n}\min(EP_{ik},EP_{jk})]\times 100$	FKS_{ij}表示i国和j国的产品出口相似度指数；EP_{ik}表示i国出口到第三国的第k种产品占i国出口到第三国的全部产品的份额；EP_{jk}表示j国出口到第三国的第k种产品占j国出口到第三国的全部产品的份额。$FKS_{ij}\in[0,100]$，若$FKS_{ij}=0$，表示i、j两国出口到第三国的产品的结构完全不同；若$FKS_{ij}=100$，则说明i、j两国出口到第三国的产品的结构完全相同

参考文献

白孝忠、孟子贻：《中三角城市群产业同构性评价及协同发展分析》，《商业经济研究》2018 年第 7 期，第 149 ~ 152 页。

陈建军：《长江三角洲地区的产业同构及产业定位》，《中国工业经济》2004 年第 2 期，第 19 ~ 26 页。

陈耀：《产业结构趋同的度量及合意与非合意性》，《中国工业经济》1998 年第 4 期，第 37 ~ 43 页。

冯邦彦、李建国：《中国城市化战略的反思——基于区域城际产业同构化的视角》，《开放导报》2006 年第 8 期，第 74 ~ 81 页

关爱萍：《产业同构测度的方法》，《统计与决策》2007 年第 19 期，第 32 ~ 34 页。

嵇尚洲：《长三角产业同构的效应、发展及演化》，《华东经济管理》2013 年第 6 期，第 78 ~ 80 页。

李晅煜、孙洋、杨钊：《环渤海地区高新技术产业同构合意性分析》，《特区经济》2012 年第 9 期，第 54 ~ 56 页。

李燕华、王俊杰、党辉：《长三角地区产业结构趋同的合意性与非合意性分析》，《郑州轻工业学院学报》（社会科学版）2008 年第 10 期，第 120 ~ 122 页。

刘沛罡：《产业同构与产业选择：理论综述》，《技术经济》2017 年第 10 期，第 92 ~ 99 页。

罗能生、谭晶：《区域产业同构对产业效率的影响研究》，《工业技术经济》2016 年第 2 期，第 81 ~ 89 页。

马文艳：《我国区域产业同构程度测算和效率分析》，《商业经济研究》2018 年第 15 期，第 148 ~ 150 页。

苏启林、蔡仲芳：《经济圈服务业产业趋同的合意性分析——基于珠三角和长三角经济圈的比较》，《科技管理研究》2013 年第 12 期，第 177 ~ 181 页。

孙根紧、陈健生：《中国区域产业结构趋同的研究综述》，《工业技术经济》2012 年第 5 期，第 96 ~ 103 页。

孙根紧：《我国西南地区产业结构趋同的实证分析》，《区域经济评论》2013 年第 1 期，第 69 ~ 74 页。

覃成林、潘丹丹：《粤港澳大湾区产业结构趋同及合意性分析》，《经济与管理评论》2018 年第 3 期，第 15 ~ 25 页。

谢浩、张明之：《长三角地区产业同构合意性研究——基于产业中类制造业数据的分析》，《世界经济与政治论坛》2016 年第 4 期，第 156 ~ 168 页。

喻柯可、涂良军：《长江经济带产业同构及其合意性分析》，《江苏科技信息》2016 年第 12 期，第 9 ~ 10 页。

赵峰、姜德波：《产业结构趋同的合意性与区域经济发展——以苏北地区为例》，《财贸经济》2011 年第 4 期，第 125 ~ 129 页。

B.4

长江经济带产业集聚与经济高质量发展报告*

黄庆华　时培豪**

摘　要： 本报告以长江经济带107个地级及以上城市为研究对象，采用面板模型考察2006~2016年长江经济带产业集聚与经济发展质量的关系。研究结果表明：产业集聚能有效提升长江经济带沿江各城市经济发展质量；技术进步是产业集聚提升长江经济带经济发展质量的主要原因，产业集聚在提升技术效率方面并不显著；沿江各城市能有效发挥产业集聚的“外部性”，提升城市创新能力，促进城市经济高质量发展；在长江经济带上游地区，产业集聚能够发挥双重作用，既能促进技术进步也能促进效率提升。进一步推动长江经济带经济高质量发展，应加强长江经济带沿线城市一体化发展，提升产业集聚水平；加强城市创新能力，夯实绿色发展基础；发挥市场在资源配置中的决定性作用，促进要素自由流动。

关键词： 长江经济带　产业集聚　高质量发展

* 基金项目：2019年重庆市重大决策咨询研究招标课题“重庆在推进长江经济带绿色发展中发挥示范作用研究”。

** 黄庆华，西南大学经济管理学院教授，博士，硕士生导师，从事产业可持续发展研究；时培豪，西南大学经济管理学院硕士研究生，从事经济与环境可持续发展。

一 引言

长期以来，中国经济依赖粗放型增长模式导致的经济结构失衡、资源与环境过载等问题，严重制约中国经济可持续发展进程。根据美国耶鲁大学、哥伦比亚大学以及世界经济论坛（WEF）联合发布的《2018 年环境绩效指数报告》，中国在全球 180 个国家的空气质量评比中排名倒数第二。其中，二氧化氮浓度、PM2.5 浓度均严重超标。党的十九大报告强调，我国社会主要矛盾已经转化为人民日益增长的美好生活需要和不平衡不充分的发展之间的矛盾，经济已由高速增长阶段转向高质量发展阶段。研究如何推动经济高质量发展具有重大现实意义。

推动长江经济带高质量发展是建设现代经济体系的重要支撑。2018 年，长江经济带沿线 11 省市地区生产总值之和达 40.25 万亿元，占国内生产总值的比重超过四成，达到 44.70%，在我国经济发展中占据举足轻重的地位。此外，长江经济带东西连接着“21 世纪海上丝绸之路”和“陆上丝绸之路经济带”，是实现我国东、中、西部贯通，促进经济协调发展的重要经济带。然而，长江经济带沿线地区集中了大量“高消耗、高污染”的化工企业，面临“化工围江”的发展困境，给生态环境优化带来挑战。此外，长江经济带沿线各地区在经济发展水平、历史基础和自然条件等方面具有显著差异，市场分割问题较为严重，沿江地区为追求财税收入，倾向于采取“以邻为壑”的地方保护发展政策，在政策制定时侧重追求“大而全”或“小而全”的产业布局，造成沿江各地区工业结构趋同，阻碍区域间形成错位分工格局。在一系列现实问题下，长江经济带亟待转变发展方式，加强沿江地区分工合作，提高经济发展质量。

2017 年 7 月，工信部等五部委联合出台的《关于加强长江经济带工业绿色发展的指导意见》强调，引导长江经济带沿线各城市产业有序转移和分工协作，促进产业布局优化调整，积极培育世界级产业集群。产业集聚作为一种重要的产业空间分布形式，自马歇尔等的外部性理论和韦伯的区域经济理论开始，就一直受到学术界的广泛关注。保罗·克鲁格曼等新经济地理学派学者提出以集聚经济为核心的内部规模经济理论，即在产业集聚区内，中间投入品和劳动力的共享、运输费用的节约、知识的溢出以及专业化分工与协作所带来的各种交易成本的降低，使得产业集聚成为许多国家和地区获取竞争优势的来源。一系列关于产业集聚的研究为长江经济带产业集聚提供了坚实的理论基础。

依托长江便捷的内陆航运，长江经济带重点打造电子信息、高端装备、汽车、家电、纺织服装等世界级产业集群，推动长江经济带产业集聚和一体化发展成为长江经济带产业高质量发展的应有之义。基于理论与现实背景，产业集聚能否促进长江经济带沿线 11 省市经济发展质量的提升？产业集聚如何影响长江经济带沿线 11 省市经济高质量发展？这些问题对探究长江经济带产业集聚政策实施效果，提升长江经济带经济发展质量具有重要的理论与现实意义。

二　研究方法与数据来源

（一）模型设计

1. 经济高质量发展指标

经济高质量发展是一个综合性概念，涉及经济发展、生态环境、社会服务等多方面，学术界多采用全要素生产率这一替代指标反映经济高质量发展状况。通过梳理文献可知，基于 SBM 方向距离函数的 GML 指数既考虑了非期望产出对经济发展的负面影响，也可以有效处理传统 DEA 模型中的径向与角度问题，实现生产前沿的全局可比性。因此本报告选择基于 SBM-GML 指数模型测度绿色全要素生产率（*Gtfp*）指标衡量长江经济带沿线各地区经济发展质量。具体测算方法如下。

（1）计算生产可能性集。假设将长江经济带沿江各地级市作为一个决策单元，设为 DMU_K，其中 K 表示长江经济带沿江各地级市个数。各地区使用 N 种

要素投入 $x=(x_1, x_2, \cdots, x_n) \in R_N^+$，得到 M 种期望产出 $y=(y_1, y_2, \cdots, y_n) \in R_M^+$ 和 I 种非期望产出 $b=(b_1, b_2, \cdots, b_n) \in R_I^+$，则第 t 期的投入和产出表示为 (x^{kt}, y^{kt}, b^{kt})，当期的生产可能性集 $P^t(x)$ 表示为：

$$P^t(x)\begin{cases}(y^t, b^t): \sum_{k=1}^{K} z_k^t y_{km}^t \geqslant y_{km}^t, \forall m; \sum_{k=1}^{K} z_k^t b_{ki}^t = b_{ki}^t, \forall i \\ \sum_{k=1}^{K} z_k^t x_{kn}^t = x_{kn}^t, \forall n; \sum_{k=1}^{K} z_k^t = 1, z_k^t \geqslant 0, \forall k\end{cases} \tag{1}$$

其中，z_k^t 为每个横截面的权重，满足 $\sum_{k=1}^{K} z_k^t y_{km}^t \geqslant y_{km}^t$。其中，$z_k^t \geqslant 0$ 表示规模报酬不变，$\sum_{k=1}^{K} z_k^t = 1$，$z_k^t \geqslant 0$ 表示规模报酬可变。然而 $P^t(x)$ 模型可能产生技术倒退现象，部分学者在 $P^t(x)$ 基础上构建全域生产可能性集 $P^G(x)$，强调生产前沿面的一致性与可比性，$P^G(x)$ 模型具体为：

$$P^G(x)\begin{cases}(y^t, b^t): \sum_{t=1}^{T}\sum_{k=1}^{K} z_k^t y_{km}^t \geqslant y_{km}^t, \forall m; \sum_{t=1}^{T}\sum_{k=1}^{K} z_k^t b_{ki}^t = b_{ki}^t, \forall i \\ \sum_{t=1}^{T}\sum_{k=1}^{K} z_k^t x_{kn}^t \leqslant x_{kn}^t, \forall n; \sum_{t=1}^{T}\sum_{k=1}^{K} z_k^t = 1, z_k^t \geqslant 0, \forall k\end{cases} \tag{2}$$

（2）SBM 方向距离函数。考虑到传统的方向距离函数在存在松弛变量时，容易导致估计效率的偏误，影响估计结果的准确性。借鉴既有相关研究成果，定义如下涵盖非期望产出的当期 SBM 方向距离函数：

$$\begin{aligned}&\overrightarrow{S_v^t}(x^{t,k'}, y^{t,k'}, b^{t,k'}, g^x, g^y, g^b) \\ &= \max_{s^x, s^y, s^b} \frac{\frac{1}{N}\sum_{n=1}^{N}\frac{s_n^x}{g_n^x} + \frac{1}{M+1}\left(\sum_{m=1}^{M}\frac{s_m^y}{g_m^y} + \sum_{i=1}^{I}\frac{s_i^b}{g_i^b}\right)}{2} \\ &\text{s.t.} \sum_{k=1}^{K} z_k^t x_{kn}^t + s_n^x = x_{k'n}^t, \forall n; \sum_{k=1}^{K} z_k^t y_{km}^t - s_m^y = y_{k'm}^t, \forall m \\ &\sum_{k=1}^{K} z_k^t b_{ki}^t + s_i^b = b_{k'i}^t, \forall i; \sum_{k=1}^{K} z_k^t = 1, z_k^t \geqslant 0, \forall k; s_m^y \geqslant 0, \forall m; s_i^b \geqslant 0, \forall i\end{aligned} \tag{3}$$

其中，(g^x, g^y, g^b) 分别表示投入减少、期望产出增加和非期望产出减少的方向向量，(s_n^x, s_m^y, s_i^b) 为松弛向量，分别代表投入冗余、期望产出不足和非期望产出过多的量，若该值大于 0 则代表实际投入和非期望产出大于边界的投入和产出，而期望产出小于边界产出。同理，全域 SBM 方向距离函数可以表示为：

$$\overrightarrow{S_V^G}(x^{t,k'}, y^{t,k'}, b^{t,k'}, g^x, g^y, g^b)$$
$$= \max_{s^x, s^y, s^b} \frac{\frac{1}{N}\sum_{n=1}^{N}\frac{s_n^x}{g_n^x} + \frac{1}{M+1}\left(\sum_{m=1}^{M}\frac{s_m^y}{g_m^y} + \sum_{i=1}^{I}\frac{s_i^b}{g_i^b}\right)}{2} \tag{4}$$
$$\text{s. t.} \sum_{t=1}^{T}\sum_{k=1}^{K} z_k^t x_{kn}^t + s_n^x = x_{k'n}^t, \forall n; \sum_{t=1}^{T}\sum_{k=1}^{K} z_k^t y_{km}^t - s_m^y = y_{k'm}^t, \forall m$$
$$\sum_{t=1}^{T}\sum_{k=1}^{K} z_k^t b_{ki}^t + s_i^b = b_{k'i}^t, \forall i; \sum_{k=1}^{K} z_k^t = 1, z_k^t \geq 0, \forall k; s_m^y \geq 0, \forall m; s_i^b \geq 0, \forall i$$

（3）GML 指数。由于 ML 指数通常不具备循环性，且常存在线性规划无解的情况，本报告借鉴黄庆华等（2018）的做法，构建基于 SBM 方向距离函数的 GML 指数，同时该指数还可以分解为技术效率变化指数 *Geffch* 和技术进步变化指数 *Gtech*，其中 *Geffch* 主要指对管理制度、资源配置方式等方面的改进，*Gtech* 主要指对生产工艺、制造技能等方面的改进，具体计算公式为：

$$GML_t^{t+1} = \frac{1 + \overrightarrow{S_V^G}(x^t, y^t, b^t, g^x, g^y, g^b)}{1 + \overrightarrow{S_V^G}(x^{t+1}, y^{t+1}, b^{t+1}, g^x, g^y, g^b)} = Geffch_t^{t+1} \cdot Gtech_t^{t+1} \tag{5}$$

$$Geffch_t^{t+1} = \frac{1 + \overrightarrow{S_V^t}(x^t, y^t, b^t, g^x, g^y, g^b)}{1 + \overrightarrow{S_V^{t+1}}(x^{t+1}, y^{t+1}, b^{t+1}, g^x, g^y, g^b)} \tag{6}$$

$$Gtech_t^{t+1} = \frac{\left[1 + \overrightarrow{S_V^G}(x^t, y^t, b^t, g^x, g^y, g^b)\right] / \left[1 + \overrightarrow{S_V^t}(x^t, y^t, b^t, g^x, g^y, g^b)\right]}{\left[1 + \overrightarrow{S_V^G}(x^{t+1}, y^{t+1}, b^{t+1}, g^x, g^y, g^b)\right] / \left[1 + \overrightarrow{S_V^{t+1}}(x^{t+1}, y^{t+1}, b^{t+1}, g^x, g^y, g^b)\right]} \tag{7}$$

其中，$\overrightarrow{S_V^t}(x^t, y^t, b^t, g^x, g^y, g^b)$ 和 $\overrightarrow{S_V^G}(x^t, y^t, b^t, g^x, g^y, g^b)$ 分别代表基于非径向、非角度测度方法构建的当期和全域 SBM 方向距离函数。GML 指数代

表 $t+1$ 期相对于 t 期的变动，若该指数大于 1，则代表 *Gtfp* 增长；若小于 1，则代表 *Gtfp* 下降；若等于 1，则代表 *Gtfp* 处于稳定状态，技术进步和技术效率的含义与 *Gtfp* 指数相似。

在长江经济带沿线地区绿色全要素生产率测算中，本报告根据经济高质量发展的含义与特征，建立长江经济带绿色全要素生产率评价指标体系。其中，资本投入、劳动力投入、能源投入为投入指标，地区生产总值为期望产出指标，三废排放量为非期望产出指标。

2. 产业集聚对绿色全要生产率的影响

本报告着重考察产业集聚对经济发展质量的影响。参考吴传清、邓明亮（2019）的研究成果，构建基础模型为：

$$\begin{aligned}\ln Gtfp_{i,t} = c + a_1 Agglomeration_{i,t} + a_2 Agdp_{i,t} + a_3 Regulation_{i,t} + \\ a_4 Manufacture_{i,t} + a_5 Foreign_{i,t} + a_6 Education_{i,t} + \varepsilon_{i,t}\end{aligned} \tag{8}$$

其中，c 表示常数项，a_i 表示各变量的回归系数，i 表示样本地区，t 表示年份，$\varepsilon_{i,t}$ 为模型扰动项。核心被解释变量为地区经济发展质量（*Gtfp*）。本报告借鉴吴传清、邓明亮（2019）的做法，用地区全要素生产率指标替代。核心解释变量为产业集聚程度（*Agglomeration*），用区位熵衡量。

为进一步考察产业集聚对长江经济带沿线 11 省市绿色全要素生产率增长的作用机理，本报告分别构建以技术效率（*Geffch*）、技术进步（*Gtech*）为被解释变量的面板模型，模型的具体形式为：

$$\begin{aligned}\ln Geffch_{i,t} = c + a_1 Agglomeration_{i,t} + a_2 Agdp_{i,t} + a_3 Regulation_{i,t} + \\ a_4 Manufacture_{i,t} + a_5 Foreign_{i,t} + a_6 Education_{i,t} + \varepsilon_{i,t}\end{aligned} \tag{9}$$

$$\begin{aligned}\ln Gtech_{i,t} = c + a_1 Agglomeration_{i,t} + a_2 Agdp_{i,t} + a_3 Regulation_{i,t} + \\ a_4 Manufacture_{i,t} + a_5 Foreign_{i,t} + a_6 Education_{i,t} + \varepsilon_{i,t}\end{aligned} \tag{10}$$

为保证估计结果的准确性与可靠性，本报告在模型中加入控制变量：包括地区经济发展水平（*Agdp*）、政府干预能力（*Regulation*）、地区基础设施建设（*Manufacture*）、贸易开放程度（*Foreign*）和教育投入（*Education*）。

长江经济带沿线各城市产业集聚与经济发展质量可能存在内生性问题。

产业集聚与推进区域一体化有利于提升地区经济发展质量，但反过来，地区经济发展质量的提升也对生产要素向该地集聚起到促进作用，有利于该地区一体化的进一步提升。为解决内生性问题，本报告采用系统 GMM 模型估计沿江各地区产业集聚对经济发展质量的影响，同时验证本报告的结果是稳健的。

（二）变量选取

1. 产业集聚指标

随着产业集聚理论的发展，关于产业集聚程度的测度方法也在不断完善，衡量产业集聚水平的常用指标有集中率、区位熵、赫芬达尔指数、空间基尼系数等。由于用区位熵指数衡量城市产业集聚程度可以消除区域规模差异等方面的外部因素，能够真实反映小区域的产业间分布情况，因而该方法被国内外多数学者用于衡量地区产业集聚程度。因此，本报告采用区位熵方法衡量长江经济带沿线各地区产业集聚程度。具体形式如下：

$$Agglomeration_{i,t} = \left(\frac{s_{i,t} / \sum_i s_{i,t}}{\sum_i s_{i,t} / \sum_i \sum_i s_{i,t}} \right) \tag{11}$$

其中，$s_{i,t}$ 表示 i 地区 t 年某一产业的就业人数。长江经济带是我国主要的制造业集聚区，制造业在各地区生产总值中占有较高比重。同时，制造业也是造成环境污染的主要原因。因此，本报告以制造业集聚程度衡量长江经济带沿线各城市产业集聚程度，$s_{i,t}$ 就表示 i 地区第 t 年制造业就业人数。产业集聚指数越大，说明地区产业集聚水平越高。

2. 其他变量指标

为保证研究结论的可靠性，同时囿于数据的可获得性，本报告参考张可和豆建民（2015）等学者的做法，选取以下变量作为控制变量放入模型，相关控制变量的具体含义如下（见表 1）。

（1）地区经济发展水平（*Agdp*）。经济发展质量与经济发展水平密切相关，当地区经济水平不断提高时，居民收入水平就会不断提高，对生活质量和环境质量的要求也会越来越高。本报告采用地区人均生产总值作为地区经济发展水平的代理变量。

（2）政府干预水平（*Regulation*）。财政支出作为政府宏观调控的重要手段，适当运用财政工具有利于完善基础设施建设，促进要素流动和资源配置。反过来，政府对经济活动的过度干预，可能会导致资源错配，并阻碍地区经济效率的提升。本报告采用地方政府财政支出占地区生产总值的比重作为衡量政府干预水平的代理变量。

（3）基础设施建设（*Manufacture*）。加强基础设施建设可以显著降低地区生产要素流动的运输成本和交易费用，促进地区规模效应和集聚经济的形成，进而有利于技术进步。本报告采用地区道路人均占有面积作为城市基础设施的代理变量。

（4）对外开放程度（*Foreign*）。通常情况下，对外开放程度越高，相应的优质外资、先进技术、机器设备、管理经验等要素的流入量越大，在技术外溢和扩散效应推动下，地区经济发展质量也就越高。本报告采用当年实际使用外资金额占地区生产总值的比重作为对外开放程度的代理变量。

（5）教育发展水平（*Education*）。教育事业是国民经济和社会发展的重要基础，通过培养大量高素质、具有知识和技术创新能力的拔尖人才推动一国经济现代化发展与核心竞争力的提升。本报告采用各地区大学学生数占地区总人数的比重作为教育发展水平的代理变量。

表 1　相关指标含义及计算方法

变量	名称	计算方法
Gtfp	全要素生产率	SBM - GML 指数
Geffch	技术效率	SBM - GML 指数分解
Gtech	技术进步	SBM - GML 指数分解
Agglomeration	产业集聚	熵值指数法
Agdp	地区经济发展水平	地区全年生产总值/地区总人数
Regulation	政府干预水平	地方政府财政支出/地区生产总值
Manufacture	基础设施建设	地区道路占有面积/地区总人数
Foreign	对外开放程度	实际使用外资金额/地区生产总值
Education	教育发展水平	地区大学学生数/地区总人数

（三）数据来源

本报告以长江经济带沿线地级及以上城市为研究对象，囿于行政区划调整，本报告剔除2006～2016年撤并或者新增的毕节、巢湖、铜仁3市样本，并对数据口径进行一致性处理。由于普洱市数据缺失严重，为保证研究结论准确，本报告将普洱从样本中剔除，最终选取长江经济带沿线107个地级及以上城市的研究样本。考虑到数据可得性和完整性，研究时段确定为2006～2016年。

本报告基础数据均来源于《中国统计年鉴》（2007～2017年）、《中国城市统计年鉴》（2007～2017年）、《中国区域统计年鉴》（2007～2014年）和中国科技数据库等。对于变量中少数缺失值，本报告采用同地区的均值予以补全，最终得到1177个观测值。

三　实证结果与分析

（一）产业集聚对长江经济带沿线各城市绿色全要素生产率的影响

本报告采用Matlab2015计算绿色全要素生产率，采用Stata15估计模型的回归结果。表2报告了不同估计模型下产业集聚对绿色全要素生产率影响的回归结果。模型（1）、模型（2）和模型（3）分别为面板混合效应模型、固定效应模型和随机效应模型。根据模型（1）～模型（3）结果可知，产业集聚（*Agglomeration*）与绿色全要素生产率（*Gtfp*）显著正相关，并且都在1%的置信区间内通过统计显著性检验，说明推进产业集聚对提升长江经济带整体经济发展质量具有促进作用。由于产业集聚与绿色全要素生产率可能存在互动内生关系，推进产业集聚有利于地区绿色全要素生产率的提升，而地区绿色全要素生产率的提高反过来也会吸引资源要素的流动与集聚，进一步提升产业集聚程度。为解决产业集聚与绿色全要素生产率之间的内生性问题，本报告以产业集聚滞后项为工具变量，采用系统 GMM 模型进行估计。在系统 GMM 模型回归结果的计量检验中，产业集聚（*Agglomeration*）与绿色全要素生产率（*Gtfp*）依然在 1% 的置信水平下显著正相关，回归结果与用不同面板模型估计的结果基本保持一致。对于系统 GMM 模型的检验，Sargan 检验的 P 值为0.957，AR（1）的P值为0，AR（2）的P值为0.322，说明工具变量是外生的，且采用系统 GMM 模型处理内生性是合适的。本报告用不同模型得到的回归结果基本保持一致，说明本报告的核心结论“产业集聚能够促进长江经济带整体经济发展质量的提升”是稳健的、可信的。

表 2　产业集聚影响长江经济带沿线城市经济发展质量检验结果

变量	*Gtfp*			
	面板混合效应模型	固定效应模型	随机效应模型	系统 GMM 模型
	(1)	(2)	(3)	(4)
Agglomeration	0.011*** (16.86)	0.012*** (24.91)	0.012*** (26.16)	0.009*** (6.26)
L. ln*Gtfp*	—	—	—	0.067 (1.47)
Agdp	0.005** (2.37)	0.011*** (3.41)	0.007*** (2.78)	0.003 (1.04)
Regulation	-0.049 (-1.19)	-0.130* (-1.94)	-0.065 (-1.46)	0.050 (0.89)
Manufacture	0.001 (0.72)	0.002 (0.41)	0.000 (0.18)	0.003 (1.43)
Foreign	0.106** (2.29)	0.137 (1.38)	0.104* (1.68)	0.095 (1.53)
Education	0.005** (2.01)	0.005 (1.13)	0.005* (1.84)	0.002 (0.76)
Constant	0.525*** (9.71)	0.485*** (5.71)	0.502*** (7.71)	0.530*** (6.89)
样本量(个)	1177	1177	1177	1070
城市数(个)	107	107	107	107

注：括号内为回归系数的 t 值，*、**、*** 分别表示统计值在 10%、5% 和 1% 的置信水平下显著，下同。

资料来源：根据测算结果整理。

产业集聚能有效提升长江经济带沿线各城市经济发展质量。一是产业集聚能优化竞争环境，形成正的知识外部性，促进产业知识的扩散和创新，带动地区经济发展效率的提升。长江经济带在一体化战略的指引下，地区之间的合作加深，加速了沿江各地区产业梯度转移，加强了地区相关产业集聚程度，加剧了企业内部的竞争程度。一部分企业通过提高技术水平，提高企业生产率，扩大生产规模，增加市场份额，最终提升地区经济发展质量。二是产业空间集聚扩大产业规模，促使沿江各地区内企业共享基础设施、专业劳动力资源以及市场信息，通过提升管理效率降低企业进入的成本。相关研究也发现，产业集聚可通过货币外部性与技术外部性促进生产率提升。货币外部性指产业空间集聚促使劳动力市场共享、本地市场需求和前后向关联，通过价格机制降低生产成本。技术外部性则指通过技术和知识外溢提高产业生产效率。

对于控制变量，在面板混合效应模型、固定效应模型和随机效应模型中，长江经济带沿线各地区经济发展水平（*Agdp*）与地区绿色全要素生产率之间具有正相关关系，并且均通过显著性检验。根据结果可知，地区经济发展水平每增加1%，地区绿色全要素生产率增加0.5%～1.1%，符合经济规律。政府干预水平（*Regulation*）与绿色全要素生产率之间的回归系数为负数，除在固定效应模型中通过10%的显著性检验外，在其他模型中均不显著，说明地方政府可能存在对市场过度监管的情况，过度干预市场并不利于地区提高经济发展质量，促进长江经济带沿江地区经济高质量发展必须发挥市场在资源配置中的决定性作用。地区基础设施建设与绿色全要素生产率正相关但不显著，可能的原因在于，基础设施从建设到发挥作用需要一个周期，存在滞后性，导致本报告中基础设施建设与绿色全要素生产率之间的正向关系不显著。贸易开放程度（*Foreign*）、教育投入（*Education*）与绿色全要素生产率均具有正相关关系，除在固定效应模型中不显著外，在其他模型中均显著，说明利用外资与加强科技投入可以提升地区经济发展质量。

以上研究仅验证了产业集聚能够促进长江经济带沿线各地区绿色全要素

生产率的提升，并未回答产业集聚影响长江经济带沿线各地区绿色全要素生产率的途径，GML 指数可以进一步分解为技术效率变化指数（*Geffch*）和技术进步变化指数（*Gtech*）。为分析产业集聚影响长江经济带沿线各地区绿色全要素生产率的路径，本报告根据模型（2）和模型（3）分别以技术效率变化指数（*Geffch*）和技术进步变化指数（*Gtech*）为被解释变量进行实证检验。

表 3 报告了产业集聚对长江经济带沿线各城市技术效率变化指数（*Geffch*）的回归结果。从模型（1）~模型（3）结果可以看出，产业集聚与长江经济带沿线各城市技术效率变化指数（*Geffch*）的回归系数均为正，除在面板混合效应模型中在 10% 的置信水平下通过显著性检验外，在其他模型中均不显著，表明产业集聚对长江经济带沿线各城市技术效率变化具有促进作用，但这种促进作用并不显著。模型回归结果说明，产业集聚并非通过提升长江经济带沿线各地区技术效率提升绿色全要素生产率。可能的原因在于：一是产业集聚对长江经济带沿线各城市的管理制度、资源配置等方面提出新的要求，而这是需要时间积累与学习的；二是产业集聚提升长江经济带沿线各城市技术效率变化需要一个周期，存在滞后性。在稳健性检验方面，Sargan 检验的 P 值为 0.104，AR（1）的 P 值为 0，AR（2）的 P 值为 0.649，说明本报告选取的工具变量是外生的，采用系统 GMM 模型处理内生性是合适的。本报告选取的工具变量具有有效性，模型不存在二阶自相关，进一步表明运用系统 GMM 模型进行估计是合理的。系统 GMM 回归系数为正，但不显著，与其他面板模型回归结果基本一致，说明回归结果是稳健的。

表 3　产业集聚影响长江经济带沿线城市技术效率变化指数检验结果

变量	*Geffch*			
	面板混合效应模型	固定效应模型	随机效应模型	系统 GMM 模型
	(1)	(2)	(3)	(4)
Agglomeration	0.001 * (1.66)	0.001 (1.22)	0.001 (1.61)	0.001 (0.41)
L. ln*Geffch*	—	—	—	-0.009 (-0.24)

续表

变量	Geffch			
	面板混合效应模型	固定效应模型	随机效应模型	系统 GMM 模型
	(1)	(2)	(3)	(4)
Agdp	0.004 (1.55)	0.000 (0.03)	0.004 (1.39)	0.003 (0.84)
Regulation	-0.031 (-0.60)	-0.016 (-0.18)	-0.027 (-0.51)	-0.028 (-0.26)
Manufacture	-0.003 ** (-2.42)	0.002 (0.41)	-0.003 * (-1.91)	-0.003 (-1.28)
Foreign	0.026 (0.41)	-0.038 (-0.29)	0.021 (0.29)	0.042 (0.54)
Education	0.003 (0.80)	-0.003 (-0.61)	0.003 (0.69)	0.001 (0.15)
Constant	0.623 *** (7.67)	0.732 *** (6.49)	0.632 *** (7.82)	0.685 *** (7.44)
样本量(个)	1177	1177	1177	1070
城市数(个)	107	107	107	107

资料来源：根据测算结果整理。

表4报告了产业集聚对长江经济带沿线各城市技术进步变化指数（*Gtech*）的回归结果。从模型（1）~模型（3）可以看出，在面板混合效应模型、固定效应模型和随机效应模型中，产业集聚（*Agglomeration*）与技术进步变化指数（*Gtech*）的系数为正，并均在1%的置信水平下显著，说明产业集聚通过提升沿江地区技术进步促进长江经济带沿江地区绿色全要素生产率提高。产业集聚促进了长江经济带沿江地区技术创新，发挥集聚的正外部性，通过技术创新提升沿江地区绿色全要素生产率。已有研究也发现，产业集聚缩短了知识传播和交流的距离，促进了产业内企业互动学习，为提高区域创新提供了外部学习环境。在工具变量有效性检验中，Sargan 检验的 P 值为0.474，通过过度识别检验，说明本报告选取的工具变量是外生的；序列相关性检验中，AR（1）的 P 值为0，AR（2）的 P 值为0.675，说明模型残差通过自相关检验。根据模型回归结果可知，产业集聚与沿江城市技术进

步变化指数在1%的置信水平下显著正相关，与其他模型的回归结果基本保持一致。

表4　产业集聚与长江经济带沿线城市技术进步变化指数检验结果

变量	*Gtech*			
	面板混合效应模型 (1)	固定效应模型 (2)	随机效应模型 (3)	系统GMM模型 (4)
Agglomeration	0.010 *** (11.40)	0.011 *** (14.35)	0.011 *** (14.95)	0.007 *** (2.86)
L. ln*Gtech*	—	—	—	0.059 (1.08)
Agdp	-0.000 (-0.05)	0.010 * (1.91)	0.002 (0.43)	-0.002 (-0.51)
Regulation	-0.002 (-0.03)	-0.087 (-0.80)	-0.020 (-0.29)	0.142 (1.28)
Manufacture	0.004 ** (2.45)	-0.003 (-0.49)	0.004 * (1.71)	0.007 ** (2.29)
Foreign	0.068 (0.87)	0.159 (0.99)	0.075 (0.77)	0.038 (0.38)
Education	0.001 (0.32)	0.009 (1.25)	0.003 (0.64)	0.000 (0.06)
Constant	0.610 *** (6.56)	0.445 *** (3.25)	0.570 *** (5.55)	0.587 *** (4.57)
样本量(个)	1177	1177	1177	1070
城市数(个)	107	107	107	107

资料来源：根据测算结果整理。

（二）产业集聚对长江经济带上中下游地区城市绿色全要素生产率的影响

产业集聚对全要素生产率的影响在长江经济带不同地区可能会有所差异。由描述性统计结果可以看出，地区间产业集聚程度差异明显。

表5报告了长江经济带沿线各城市产业集聚对绿色全要素生产率的影响。模型（1）、模型（4）、模型（7）分别报告了下游、中游和上游地区产

业集聚对绿色全要素生产率的回归结果。结果显示，长江经济带上中下游地区产业集聚对绿色全要素生产率的回归系数均为正，并且均在1%的置信水平下通过显著性检验，说明长江经济带各地区产业集聚均促进了绿色全要素生产率的提升，提升了地区经济发展质量，产业集聚程度提升1%，长江经济带上中下游地区绿色全要素生产率分别提升1.5%、1.2%和1.1%，符合经济规律。模型（2）、模型（5）和模型（8）分别报告了长江经济带下游、中游和上游地区产业集聚对技术效率变化的回归结果。结果显示，产业集聚对技术效率变化仅在上游地区显著为正，并在10%的置信水平下通过显著性检验；在下游地区产业集聚对技术效率变化的系数为正，但未通过统计显著性检验；中游地区二者的相关系数为负，但系数很小并且未通过显著性检验。在上游地区，产业集聚通过提升沿江地区管理水平和资源配置的能力提高绿色全要素生产率，促进经济高质量发展。模型（3）、模型（6）、模型（9）分别报告长江经济带下游、中游和上游地区产业集聚对技术进步变化的回归结果。结果显示，产业集聚对技术进步指数在长江经济带上游、中游和下游地区的回归中均在1%的置信水平下显著为正，说明产业集聚促进了长江经济带上中下游地区绿色全要素生产率提高。

表5　不同空间下产业集聚与长江经济带沿线各城市绿色全要素生产率的关系

变量	下游地区			中游地区			上游地区		
	Gtfp	*Geffch*	*Gtech*	*Gtfp*	*Geffch*	*Gtech*	*Gtfp*	*Geffch*	*Gtech*
	(1)	(2)	(3)	(4)	(5)	(6)	(7)	(8)	(9)
Agglomeration	0.011***	0.001	0.010***	0.012***	-0.001	0.012***	0.015***	0.002*	0.013***
	(27.00)	(1.18)	(11.41)	(27.31)	(-0.23)	(10.44)	(9.45)	(1.76)	(6.14)
Agdp	0.005	0.009*	-0.003	0.002	0.004	-0.003	0.009	0.001	0.008
	(1.64)	(1.77)	(-0.54)	(1.06)	(0.77)	(-0.49)	(1.58)	(0.10)	(1.04)
Regulation	-0.113**	0.010	-0.116	-0.066*	0.021	-0.070	0.084	-0.105	0.194
	(-2.16)	(0.11)	(-1.14)	(-1.87)	(0.22)	(-0.74)	(0.70)	(-1.00)	(1.22)
Manufacture	-0.002	-0.003	0.001	0.000	-0.001	0.002	0.002	-0.006	0.007
	(-1.37)	(-1.14)	(0.37)	(0.33)	(-0.33)	(0.65)	(0.34)	(-1.34)	(1.14)
Foreign	0.019	0.128	-0.114	-0.042	-0.090	0.032	-0.122	-0.307	0.231
	(0.35)	(1.44)	(-1.09)	(-0.83)	(-0.63)	(0.23)	(-0.38)	(-1.09)	(0.55)

续表

变量	下游地区			中游地区			上游地区		
	Gtfp	*Geffch*	*Gtech*	*Gtfp*	*Geffch*	*Gtech*	*Gtfp*	*Geffch*	*Gtech*
	(1)	(2)	(3)	(4)	(5)	(6)	(7)	(8)	(9)
Education	0.001	0.008	−0.006	0.005 *	0.005	−0.001	0.009	−0.008	0.018
	(0.43)	(1.61)	(−0.91)	(1.79)	(0.74)	(−0.19)	(0.97)	(−1.04)	(1.50)
Constant	0.616 ***	0.479 ***	0.797 ***	0.569 ***	0.578 ***	0.698 ***	0.388 **	0.863 ***	0.210
	(8.54)	(3.87)	(5.50)	(10.10)	(3.73)	(4.60)	(2.10)	(5.28)	(0.85)
样本量(个)	451	451	451	396	396	396	330	330	330
城市数(个)	41	41	41	36	36	36	30	30	30

资料来源：根据测算结果整理。

四　研究结论与政策启示

（一）研究结论

本报告以长江经济带沿江107个地级及以上城市2006～2016年的面板数据为样本，采用面板混合效应模型、固定效应模型和随机效应模型研究产业集聚对绿色全要素生产率的影响。结果显示，产业集聚能够提高长江经济带沿线各城市绿色全要素生产率，促进经济发展质量的提升；技术进步是产业集聚推动长江经济带经济发展质量提升的主要原因，产业集聚通过技术效率虽能促进沿江地区提高经济发展质量，但并不显著。从分区域异质性结果看，上中下游地区产业集聚均能促进绿色全要素生产率的提升，技术进步是产业集聚促进长江经济带上中下游地区绿色全要素生产率提升的主要原因。其中，上游地区产业集聚能够提升技术效率和技术创新，二者融合互动、相互促进、协同集聚，最终促进绿色全要素生产率的提高。

（二）政策启示

（1）促进长江经济带一体化发展，提升区域内产业集聚水平。实证结果表明产业集聚能够促进长江经济带沿线各城市绿色全要素生产率的提高，从而提升经济发展质量。面对区域发展不平衡、地区经济板块分割严重的问题，为提高产业集聚水平，首先，要充分认识产业集聚对提高沿江各地区经济发展质量的重要作用，加强长江经济带各区域的交流与合作，加强沿江地区产业集聚水平的意识。其次，长江经济带沿线各城市在制定产业政策时应立足于资源环境承载能力和资源禀赋条件，严格遵循主体功能定位，确定产业发展方向和开发强度。例如，中上游地区应优先发展节能、节地、环保的先进制造业，培育高新技术产业集群，加快发展智能制造、节能环保等高技术绿色产业集群建设。下游地区则应以金融、服务产业为主，积极打造产业新模式、新业态。通过发挥各地区的比较优势，形成区域联动、结构合理、集约高效的产业发展新局面，提升长江经济带绿色发展能力。最后，要强化生态环境约束，健全产业集聚绿色转移承接机制，严格防范污染产业向长江中上游地区转移，对造纸、印染、化学原料制造、电镀、皮革等产业的产业集聚区给予重点关注，实施最严格的环保、能耗、水耗、用地、安全标准，促进产业转移承接进程的清洁化、集约化、高端化。

（2）加强长江经济带的创新能力，夯实经济绿色发展基础。首先，要以《国务院关于依托黄金水道推动长江经济带发展的指导意见》《长江经济带发展规划纲要》为指南，在制定产业政策时应充分考虑到区域创新政策的协同，充分利用产业集聚与区域创新的双向促进作用，提升沿江各地区产业绿色全要素生产率。如沿线各城市产业发展规划和区域创新规划应形成对接。其次，行政上要打破地区封锁与利益樊篱，构建更加开放透明的创新管理制度，破除束缚创新和成果转化的制度障碍，形成“大众创业，万众创新”服务平台，建立完善“人才—制度—平台”三位一体的区域创新支持体系。最后，应加快提升集群企业研发能力，完善区域创新体系，优化技术创新环境，构建更多更好的技术创新平台，强化知识产权保护等。重视产业内企业间的技术合作和技术中介市场作用，实现各类创新要素的跨地区和跨行业流动，充分发挥各类媒介对知识流动的促进作用，利用技术溢出效应促进沿江各地区提升经济发展质量。

（3）加大制度创新力度，推进区域市场化改革。由实证结果可知，政府管制对长江经济带经济高质量发展并未起到促进作用，一定的政府干预会弥补市场在资源配置上的失灵，但过度干预市场会阻碍市场机制的发挥，影响经济资源配置效率。首先，在制度上要通过深化长江经济带市场化改革，坚持市场在长江经济带资源配置中的决定性作用，减少政策限制以及市场分割带来的资源扭曲，使创新要素集聚水平的技术进步效应得以发挥，提升长江经济带沿线各城市全要素生产率。其次，要弱化地方市场分割的动机，消除内部市场壁垒。强调经济增长的技术引领效应，提高发展质量与社会效益，提升地区经济增长效率。在区域一体化的背景下，技术、人才等创新型生产要素在市场导向下自由流动，发挥规模效应以及技术溢出效应，促进地区经济提质增效。最后，健全考评机制，完善以科学考核激励发展的考评机制是引导产业集聚区健康发展、科学发展的重要手段。完善考核指标体系，要从引导产业集聚区发展主导产业、提高产业集聚区发展效益的角度出发，制定重点考核产业集聚区主导产业的考核指标体系，从主导产业的发展规模、发展速度、发展质量等方面进行考核，促使各产业集聚区围绕主导产业引进高质量项目，逐步壮大主导产业集群。

参考文献

何爱平、安梦天：《地方政府竞争、环境规制与绿色发展效率》，《中国人口·资源与环境》2019 年第 3 期，第 21 ~ 30 页。

黄庆华、胡江峰、陈习定：《环境规制与绿色全要素生产率：两难还是双赢?》，《中国人口·资源与环境》2018 年第 11 期，第 140 ~ 149 页。

黄庆华、周志波、刘晗：《长江经济带产业结构演变及政策取向》，《经济理论与经济管理》2014 年第 6 期，第 92 ~ 101 页。

金碚：《关于“高质量发展”的经济学研究》，《中国工业经济》2018 年第 4 期，第 5 ~ 18 页。

李平：《环境技术效率、绿色生产率与可持续发展：长三角与珠三角城市群的比较》，《数量经济技术经济研究》2017 年第 11 期，第 3 ~ 23 页。

李雪松、张雨迪、孙博文：《区域一体化促进了经济增长效率吗？——基于长江经济带的实证分析》，《中国人口·资源与环境》2017 年第 1 期，第 10 ~ 19 页。

刘志彪：《理解高质量发展：基本特征、支撑要素与当前重点问题》，《学术月刊》2018 年第 7 期，第 39 ~ 45 页。

任保平、文丰安：《新时代中国高质量发展的判断标准、决定因素与实现途径》，《改革》2018 年第 4 期，第 5 ~ 16 页。

任保平：《新时代中国经济从高速增长转向高质量发展：理论阐释与实践取向》，《学术月刊》2018 年第 3 期，第 66 ~ 74 页。

师博、张冰瑶：《新时代、新动能、新经济——当前中国经济高质量发展解析》，《上海经济研究》2018 年第 5 期，第 25 ~ 33 页。

魏敏、李书昊：《新时代中国经济高质量发展水平的测度研究》，《数量经济技术经济研究》2018 年第 11 期，第 3 ~ 20 页。

吴传清、邓明亮：《科技创新、对外开放与长江经济带高质量发展》，《科技进步与对策》2019 年第 3 期，第 33 ~ 41 页。

吴传清、黄磊、文传浩：《长江经济带技术创新效率及其影响因素研究》，《中国软科学》2017 年第 5 期，第 160 ~ 170 页。

吴晓华：《深入学习领会习近平总书记战略思想　以长江经济带发展推动经济高质量发展》，《宏观经济管理》2018 年第 6 期，第 8 ~ 11 页。

杨仁发：《产业集聚与地区工资差距——基于我国 269 个城市的实证研究》，《管理世界》2013 年第 8 期，第 41 ~ 52 页。

张可、豆建民：《集聚与环境污染——基于中国 287 个地级市的经验分析》，《金融研究》2015 年第 12 期，第 32 ~ 45 页。

周凤秀、温湖炜：《绿色产业集聚与城市工业部门高质量发展——来自国家生态工业示范园政策的准自然实验》，《产经评论》2019 年第 1 期，第 5 ~ 19 页。

B.5

长江经济带制造业集聚对全要素能源效率的影响效应研究报告*

郑开元**

摘　要： 提高能源利用效率，优化产业布局，能有效降低能源消耗强度，促进长江经济带绿色发展。本报告定量考察长江经济带制造业集聚水平的时空演化特征，发现长江经济带制造业区位熵在近年呈波动下降态势，地区差距较大，中游地区制造业集聚度普遍较高，具有极大的比较优势。同时采用一般静态面板模型、一般动态面板模型、多重门槛回归模型对长江经济带制造业集聚的门槛效应进行考察；基于不同门槛效应估计结果，进一步检验长江经济带全要素能源效率影响效应的非线性特征。跨过门槛后，市场化改革能够有效推动进出口贸易和对外开放水平，加强政府干预能有效促进企业节能减排与绿色技术推广，提高经济发展水平能有效推动地方政府获取充足财政收入支持当地低碳发展，提升能源效率。为促进长江经济带制造业持续健康发展，应推动长江经济带产业集聚向高级阶段发展。

关键词： 长江经济带　制造业集聚　全要素能源效率

---

* 国家社会科学基金一般项目“推动长江经济带制造业高质量发展研究”（项目编号：19BJL061）。

** 郑开元，武汉大学经济与管理学院区域经济学专业博士，建信理财有限责任公司研究部研究员，从事区域经济学研究。

当前，经济社会快速发展、产业布局调整和转型升级不断深化，我国作为能源消耗大国不得不面对能源与环境、能源需求过剩与能源供给不足之间的矛盾。从供给与需求层面来看，国内外能源供需十分不平等，经济发展对能源的依赖度日渐加深。近 20 年间，长江经济带整体能源消费总量增加了近 3 倍，远超全国水平。长江经济带各类能源消费均呈上升趋势，煤炭作为一次能源始终占据主体地位。与此同时，长江经济带能源利用效率普遍较低，二氧化碳排放量在近 20 年增长约 2.7 倍。2014 年 9 月颁布的《国务院关于依托黄金水道推动长江经济带发展的指导意见》强调，要加强资源节约力度，积极发展绿色能源产业带。2016 年颁布的《长江经济带发展规划纲要》强调要提高能源利用效率。2019 年政府工作报告强调要降低能源资源消耗强度，推动长江经济带绿色发展。长江经济带在产业布局调整和转型升级中潜在的能源消耗与环境污染问题不容小觑。

一　测度方法与数据来源

（一）变量选取与数据来源

1. 变量选取

本报告从市域尺度考察 2011～2017 年制造业集聚对长江经济带全要素能源效率的门槛效应。门槛回归模型中涉及的变量如下。

（1）被解释变量。被解释变量为全要素能源效率（*TFEE*），考虑不同行业群体的异质性问题和多个决策单元完全效率问题，参考 Tone（2003）、Guo 等（2017）的研究方法，采用非径向规模报酬不变、考虑非期望产出的 Super－MSBM 模型测度长江经济带制造业全要素能源效率。

（2）核心解释变量。核心解释变量为制造业集聚（*AG*），采用区位熵法估算。

（3）门槛变量。门槛变量包括市场化改革、政府干预、经济发展水平。选择对外开放水平作为市场化改革（*FG*）的代理变量，使用地方财政一般预算支出衡量政府干预水平（*GOVIN*），采用人均地区生产总值的对数衡量经济发展水平（*ECO*）。

（4）控制变量。控制变量包括城市化水平（*URB*）、行业规模（*ES*）、市场竞争力（*MC*）。其中，城市化水平采用非农业人口占地区总人口的比重测度；行业规模通过“工业总产值/行业内全部企业数量”进行计算；市场竞争力通过“（某地区工业企业数量/工业企业总数量）×（工业生产总值/某地区工业生产总值）”进行计算。

样本数据描述性统计见表1。

表1　样本数据描述性统计

变量	平均数	中位数	最大值	最小值	标准差
全要素能源效率（*TFEE*）	0.383	0.23	1	0.02	0.354
制造业集聚（*AG*）	1.009	1.03	1.65	0.27	0.228
市场化改革（*FG*）	3.000	1.945	52.7	0	3.600
政府干预（*GOVIN*）	12.539	12.4835	18.052	9.21	1.499
经济发展水平（*ECO*）	10.082	10.1	12.37	6.42	0.993
行业规模（*ES*）	16929	11472	465491	289	18399
城市化水平（*URB*）	54.703	53.425	189.57	0	24.776
市场竞争力（*MC*）	1.349	1.12	17.48	0.07	0.938

资料来源：根据结果测算整理。

2. 数据来源

在剔除缺失值后，研究对象确定为长江经济带沿线100个地级及以上城市。研究时段为2011～2017年。数据来源于《中国能源统计年鉴》（2012～2018年）、《中国统计年鉴》（2012～2018年）。各类能源平均低位发热量来源于《中国能源统计年鉴》（2018年）提供的《各种能源折标准煤参考系数》。

（二）计量模型设定

为了考察长江经济带制造业集聚是否能够促进全要素能源效率的提高，集聚与全要素能源效率之间除了线性关系是否还存在非线性关系，除了主要解释变量制造业集聚之外，是否存在其他因素会对制造业集聚与全要素能源效率之间的关系产生影响，本报告设定以下两个基础模型，分别考察制造业集聚对全要素能源效率的线性关系与非线性关系。

考察制造业集聚与全要素能源效率的线性关系模型如下：

$$TFEE_{i,t} = \alpha + \beta_1 AG_{i,t} + \beta_2 INS_{i,t} + \beta_3 EDU_{i,t} + \beta_4 ENER_{i,t} + \beta_5 SRI_{i,t} + \beta_6 FG_{i,t} + \beta_7 GOVIN_{i,t} + \beta_8 ECO_{i,t} + \beta_9 X_{i,t} + \varepsilon_{i,t} \quad (1)$$

为了考察制造业集聚与全要素能源效率的非线性关系，引入制造业集聚变量平方项，模型可拓展为以下形式：

$$TFEE_{i,t} = \alpha + \beta_1 AG_{i,t} + \beta_2 AG_{i,t}^2 + \beta_3 INS_{i,t} + \beta_4 EDU_{i,t} + \beta_5 ENER_{i,t} + \beta_6 SRI_{i,t} + \beta_7 FG_{i,t} + \beta_8 GOVIN_{i,t} + \beta_9 ECO_{i,t} + \beta_{10} X_{i,t} + \varepsilon_{i,t} \quad (2)$$

（三）门槛模型设定

根据 Hansen（2000）提出的门槛变量选取原则，门槛变量可以从解释变量或其他独立变量两个方向加以选择。根据考察对象与模型实际情况，单一门槛面板模型可以拓展为多重门槛回归模型。

本报告从两个角度选取门槛变量。一方面，选取产业集聚作为门槛变量，重点考察制造业集聚与全要素能源效率之间的非线性关系，确定制造业集聚的合理区间；另一方面，从市场化改革、政府干预程度、经济发展水平等方面分析制造业集聚与全要素能源效率的关系是否受到这些因素的影响，分别确定其合理分布区间。

单一门槛回归模型可表示为：

$$y_{it} = \lambda_i + \beta'_1 x_{it} I(h_{it} \leqslant \gamma) + \beta'_2 x_{it} I(h_{it} > \gamma) + \varepsilon_{it} \quad (3)$$

其中，h_{it}为门槛变量。基于 Hansen（1999；2000）的基本门槛模型和研究假设，设定具体的门槛回归模型如下所示。

（1）为考察制造业集聚对全要素能源效率的提高是否会受到产业集聚度的影响，设定单一门槛回归模型和二重门槛回归模型如下所示：

$$TFEE_{it} = \alpha_0 + \alpha_1 AG_{it} I(AG_{it} \leqslant \eta) + \alpha_2 AG_{it} I(AG_{it} > \eta) + \sum \alpha_j X_{it}^j + \varepsilon_{it} \tag{4}$$

$$\begin{aligned} TFEE_{it} = & \beta_0 + \beta_1 AG_{it} I(AG_{it} \leqslant \gamma_1) + \beta_2 AG_{it} I(\gamma_1 < AG_{it} \leqslant \gamma_2) \\ & + \beta_3 AG_{it} I(AG_{it} > \gamma) + \sum \beta_j X_{it}^j + \varepsilon_{it} \end{aligned} \tag{5}$$

其中，i 表示地区，t 表示年份，j 表示非核心解释变量种类，X 表示非核心解释变量，ε 表示随机误差项，η 、γ 表示待估门槛值，*TFEE* 表示全要素能源效率，*AG* 表示制造业集聚水平，通过“某地区制造业增加值/长江经济带制造业增加值”与“某地区所有产业总产值/长江经济带总产值”之比加以测度。

（2）为考察制造业集聚对全要素能源效率的提高是否会受到其他外部因素影响发生改变，将政府因素、市场因素、经济因素作为门槛变量，构建以制造业集聚为核心解释变量的门槛回归模型如下：

$$TFEE_{it} = \lambda_0 + \lambda_1 AG_{it} I(Th_{it} \leqslant \theta) + \lambda_2 AG_{it} I(Th_{it} > \theta) + \sum \lambda_j X_{it}^j + \varepsilon_{it} \tag{6}$$

其中，*AG* 表示制造业集聚水平，*Th* 表示门槛变量，包括市场化改革（*FG*）、政府干预（*GOVIN*）、经济发展水平（*ECO*）。

二　长江经济带制造业集聚的时空演化特征

（一）长江经济带制造业集聚整体水平

长江经济带制造业发展具有显著的专业化优势与竞争优势。全国及长江经济带、长江经济带以外地区制造业集聚水平的整体变化趋势如图 1 所示。2011～2017 年全国和长江经济带制造业集聚水平均呈波动下降态势，年均增幅分别为 -0.74% 和 -0.3%；长江经济带以外地区制造业集聚水平亦呈波动下降态势，年均增幅为 -0.98%。2011～2012 年我国制造业优势逐渐从长江经济带以外地区向长江经济带转移；2012 年以后，长江经济带与长江经济带以外地区的制造业发展差距呈不断扩大态势，且长江经济带制造业发展水平远远高于全国平均水平。

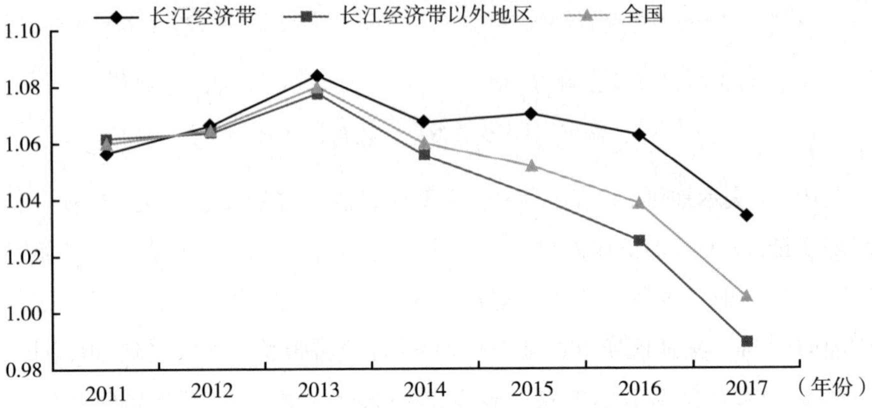

图1　2011～2017 年全国及各地区制造业集聚水平整体变化趋势

资料来源：根据结果测算整理。

（二）长江经济带上中下游地区制造业集聚水平

长江经济带上中下游地区制造业集聚水平差异显著。如图 2 所示，2011～2017 年长江经济带中游地区制造业集聚水平呈波动上升态势，年均增幅为 0.07%；长江经济带上游和下游地区制造业集聚水平呈波动下降态势，年均增幅分别为 -0.32% 和 -0.56%。长江经济带上、下游地区的制造业集聚水平低于中游地区。可见，中游地区制造业集聚水平在整个长江经济带中相对较高。

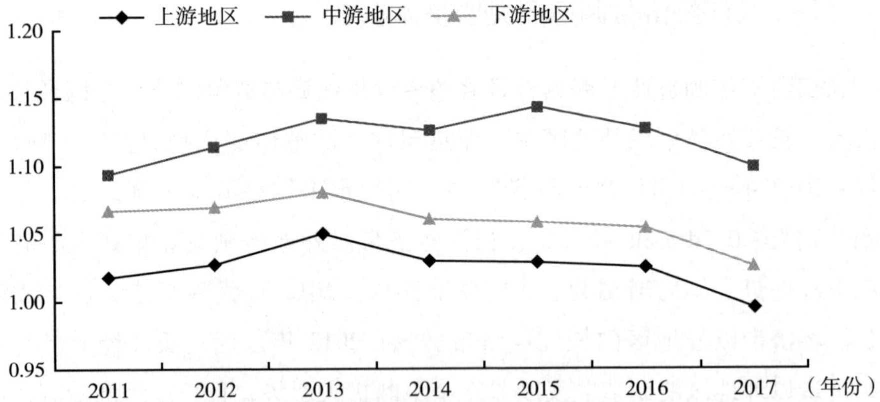

图2　2011～2017 年长江经济带上中下游地区制造业集聚水平变化趋势

资料来源：根据结果测算整理。

（三）长江经济带沿线11省市制造业集聚水平

长江经济带沿线11省市制造业集聚水平差异较大。2011~2017年上海市、浙江省、湖北省、重庆市、四川省制造业集聚水平呈波动下降态势。2017年，除上海市、四川省、贵州省、云南省以外，长江经济带沿线各省市的制造业集聚水平均大于1（见表2），表明这些省市制造业在长江经济带中具有一定的专业化优势；相反，2017年上海市制造业集聚水平低于0.8，表明上海市制造业在长江经济带中不具有很强的竞争优势。

表2　2011~2017年长江经济带制造业集聚水平测算结果

地区	2011年	2012年	2013年	2014年	2015年	2016年	2017年
上海	0.890	0.860	0.844	0.804	0.777	0.748	0.753
江苏	1.106	1.108	1.117	1.100	1.117	1.122	1.113
浙江	1.104	1.103	1.116	1.107	1.123	1.125	1.062
安徽	1.170	1.207	1.242	1.233	1.215	1.214	1.175
江西	1.177	1.184	1.216	1.218	1.229	1.197	1.190
湖北	1.078	1.111	1.121	1.089	1.116	1.125	1.076
湖南	1.026	1.048	1.068	1.071	1.083	1.060	1.031
重庆	1.193	1.157	1.149	1.062	1.099	1.116	1.092
四川	1.130	1.141	1.175	1.135	1.077	1.024	0.958
贵州	0.829	0.863	0.921	0.966	0.965	0.994	0.991
云南	0.916	0.947	0.955	0.956	0.972	0.965	0.937
长江经济带	1.056	1.066	1.084	1.067	1.070	1.063	1.034

资料来源：根据结果测算整理。

三　长江经济带制造业门槛效应的实证分析

（一）长江经济带制造业全要素能源效率的实证检验

本报告采用静态面板模型和动态面板模型实证检验1997~2016年长江

经济带100个地级及以上城市全要素能源效率的影响因素。

1. 单位根检验与协整检验

通过面板单位根检验考察数据平稳性，以确定在进行面板门槛数据计量回归前各变量序列为单整序列。由于市域面板数据属于短面板数据（$N=100$，$T=20$，$N>T$），采用Harris－Tzavalis检验和IPS检验对面板数据0阶差分和1阶差分单位根进行估计。IPS检验无须满足每个个体自回归系数均相等的要求，可通过以下方式构造统计量：

$$P_{\bar{t}} \equiv \frac{\bar{t} - E(\bar{t})}{\sqrt{\mathrm{Var}(\bar{t})/n}} \xrightarrow{d} N(0,1) \tag{7}$$

其中，n为相互独立的个体个数，$\bar{t}$为第i个个体的ADF统计量的样本均值，$\bar{t} \equiv 1/n\sum_{i=1}^{n} t_i$；$E(\bar{t})$为$\bar{t}$的理论均值，$\mathrm{Var}(\bar{t})$为$\bar{t}$的理论方差。基于此样本分布可进行单侧检验。

由于LLC检验只适用于长面板数据，因此Harris和Tzavalis（1999）提出HT检验。构造面板自回归模型为：

$$y_{i,t} = \beta_i y_{i,t-1} + \zeta'_{i,t}\gamma_i + \varepsilon_{i,t} \tag{8}$$

其中，i为横截面单位，t为时期，$\zeta'_{i,t}$为个体固定效应。令方程（8）中自回归系数相等，则有：$y_{i,t} = \beta y_{i,t-1} + \zeta'_{i,t}\gamma_i + \varepsilon_{i,t}$。其中，$\beta$为共同根，$\varepsilon_{i,t}$为同方差，且服从iid正态分布。在$H_0: \beta = 1$，$t$固定，$n \to \infty$时，可构造统计量：

$$Z = \frac{\bar{\beta} - \mu}{\sqrt{\sigma^2/n}} \xrightarrow{d} N(0,1) \tag{9}$$

基于样本分布进行左边单侧检验。HT检验和IPS检验对面板数据0阶差分和1阶差分单位根的估计结果如表3所示。

由表3可以看出，上述变量均为平稳序列，且变量的一阶差分序列均在1%的水平上显著拒绝原假设，说明*AG*、*GOVIN*、*ECO*、*ES*、*URB*均为一阶单整序列。

表3 面板单位根估计结果

变量	水平统计量		一阶差分统计量	
	HT	IPS	HT	IPS
TFEE	0.5155***	3.8294***	-0.2405***	-10.3872***
AG	0.9157	4.1976	-0.0702***	-15.3141***
FG	0.7243***	-8.3103***	-0.0909***	-26.0777***
GOVIN	1.0612	28.5456	-0.0028***	-4.9170***
ECO	1.0517	25.5435	0.1506***	-2.8466***
ES	0.5940***	11.0588	-0.4572***	-18.5740***
URB	0.6806***	1.5260	-0.3633***	-16.3464***
MC	0.4790***	-14.6630***	-0.4234***	-24.3837***

注：*** 表示在1%的统计水平下显著。
资料来源：根据结果测算整理。

参考部分学者的成果（Persyn et al.，2008；Westerlund，2008），采用误差修正模型（ECM）对变量间的动态关系进行协整检验。结果显示，变量之间存在长期均衡关系，可以进行面板数据估计（见表4）。

表4 面板协整检验结果

Westerlund 检验	模型(1)	模型(2)
Gt	-3,426*** (0.0000)	-3.450*** (0.0000)
Ga	-18.842*** (0.0000)	-18.989*** (0.0000)
Pt	-30.558*** (0.0000)	-30.768*** (0.0000)
Pa	-16.397*** (0.0000)	-16.549*** (0.0000)

注：*** 表示在1%的统计水平下显著。
资料来源：根据结果测算整理。

2. 静态面板模型检验

长江经济带沿线100个地级及以上城市全要素能源效率静态面板模型实证结果表明（见表5）：制造业集聚与全要素能源效率之间呈显著负相关关

系，但是随着集聚水平的提高，制造业集聚对能源效率的抑制作用会逐渐消失。对外开放水平、行业规模对全要素能源效率的影响呈显著负相关，而经济发展水平对全要素能源效率的影响则呈显著正相关关系。

表5　长江经济带市域全要素能源效率静态面板模型实证结果

变量	模型(1)	模型(2)
Constant	0.557***	0.523***
AG	-0.539***	-0.460*
AG^2	—	-0.038
FG	-0.006***	-0.006***
GOVIN	-0.001	-0.001
ECO	0.001***	0.001***
ES	-0.001***	-0.001***
URB	0.001	0.001
MC	-0.005	-0.005
Hausman test	0.0001	0.0002
sigma_u	0.268	0.268
sigma_e	0.199	0.199
rho	0.645	0.645
N(个)	2000	2000

注：***、*分别表示在1%、10%的统计水平下显著。

资料来源：根据结果测算整理。

3. 动态面板模型检验

为进一步使用动态面板模型考察长江经济带沿线100个地级及以上城市全要素能源效率的影响因素，本报告参考李斌等（2016）和潘雅茹等（2017）的做法，采用动态广义矩估计法对动态面板模型进行估计。由于采用动态广义矩估计法不仅不易受到工具变量影响，还能减少有限样本偏差，提高模型估计效率（邓翔等，2017），故本报告采用动态广义矩估计法进行实证考察。

长江经济带沿线100个地级及以上城市全要素能源效率动态面板模型实证结果显示（见表6），长江经济带制造业集聚与全要素能源效率之间呈显著负相关关系，但是随着集聚水平的提高，制造业集聚对能源效率的抑制作用会逐渐变得不显著。经济发展水平、市场竞争力、滞后一期的全要素能源效率的回归系数显著为正，说明前一期全要素能源效率、经济发展水平及市场竞争力的提高，均能有效促进全要素能源效率的提升。

表6　长江经济带市域全要素能源效率动态面板模型实证结果

变量	模型(1)	模型(2)
Constant	0.142 ***	0.158 **
$TFEE_{t-1}$	0.787 ***	0.787 ***
AG	-0.195 *	-0.231 *
AG^2	—	0.018
FG	0.001	0.001
GOVIN	-0.001	-0.001
ECO	0.001 ***	0.001 ***
ES	-0.001	-0.001
URB	-0.001 **	-0.001 **
MC	0.013 **	0.013 **
AR(1) Test	-6.47 [0.000]	-6.47 [0.000]
AR(2) Test	-0.07 [0.947]	-0.06 [0.948]
Hansen Test	97.33 [1.000]	97.61 [1.000]
Sargen Test	93.66 [0.453]	96.24 [0.597]
N(个)	1900	1900

注：***、**、*分别表示在1%、5%、10%的统计水平下显著。
资料来源：根据结果测算整理。

（二）长江经济带制造业的门槛效应检验

一般回归模型实证结果表明制造业集聚与全要素能源效率存在非线性关系。为进一步研究其影响因素，使用面板门槛模型从多个角度考察长江经济带100个地级及以上城市制造业集聚与全要素能源效率的非线性关系。

1. 产业集聚的门槛效应

进行门槛效应检验，分别对单一、二重、三重门槛加以估计。通过Bootstrap法反复抽样2000次，得到门槛值、F值、P值。检验结果表明，以制造业集聚作为门槛变量时，二重和三重门槛检验均未通过（见表7）。说明单一门槛、二重门槛、三重门槛检验的P值均不显著，不显著的原因可能在于制造业集聚对全要素能源效率的影响会因地区差异发生改变。

表7　长江经济带制造业集聚门槛效应检验结果

门槛变量	估计值	门槛设置	F值	P值
AG	0.64	单一门槛	8.73	0.6533
	0.46 0.49	二重门槛	6.91	0.5900
	0.64	三重门槛	10.36	0.2600

资料来源：根据结果测算整理。

为进一步探究地区差异影响，从长江经济带上中下游地区对制造业集聚的门槛效应进行检验，结果显示：以长江经济带上游地区制造业集聚作为门槛变量时，显著通过单一、二重门槛检验，表明制造业集聚对全要素能源效率存在二重门槛值。在门槛效应检验后，可以进一步估算出门槛值分别为0.46和0.49（见表8）。以长江经济带中游和下游地区制造业集聚作为门槛变量时，三重门槛检验的P值均不显著，不显著的原因可能在于制造业集聚对全要素能源效率的影响受到产业异质性、市场因素、政府因素、经济因素等外部因素的影响发生改变。

2. 市场化改革的门槛效应

借鉴汪丽娟等（2014）、于斌斌（2015）、纪玉俊等（2016）的做法，对市场化改革进行门槛效应检验。结果显示，当核心解释变量为制造业集聚，对外开放水平为门槛变量时，仅显著通过单一门槛检验，说明当长江经济带制造业集聚作为核心解释变量时，长江经济带对外开放水平对全要素能源效率存在单一门槛值。在门槛效应检验后，可以进一步估算出以对外开放

表8　长江经济带上中下游地区制造业集聚门槛效应检验结果

地区	门槛变量	估计值	门槛设置	F值	P值
上游地区	*AG*	0.49	单一门槛	27.16**	0.0300
		0.49 0.46	二重门槛	18.68**	0.0967
		0.95	三重门槛	4.73	0.7600
中游地区		0.95	单一门槛	8.25	0.5933
		1.09 0.63	二重门槛	4.73	0.8633
		0.48	三重门槛	5.94	0.6800
下游地区		1.29	单一门槛	6.91	0.7567
		1.16 1.10	二重门槛	5.41	0.7600
		1.29	三重门槛	9.88	0.4867

注：** 表示在5%的统计水平下显著。

资料来源：根据结果测算整理。

水平作为门槛变量、长江经济带制造业集聚作为核心解释变量时的门槛值为50.53（见表9）。

表9　长江经济带市场化改革门槛效应检验结果

门槛变量	主要解释变量	门槛值	门槛设置	F值	P值	临界值		
						10%	5%	1%
FG	*AG*	11.23	单一门槛	50.53***	0.0000	17.711	20.751	27.590
		11.23 0.09	二重门槛	6.93	0.5700	19.597	50.445	71.517
		0.33	三重门槛	9.80	0.4767	35.982	54.901	71.217

注：*** 表示在10%的统计水平下显著。

资料来源：根据结果测算整理。

3. 政府干预的门槛效应

借鉴师博等（2013）、潘雅茹等（2017）的方法，将政府干预作为门槛变量加以考察。结果表明：当长江经济带制造业集聚作为核心解释变量，政府干预作为门槛变量时，仅仅显著通过了单一门槛检验，说明政府干预对全要素能源效率存在单一门槛值。在门槛效应检验后，可以进一步估算出以政府干预为门槛变量、长江经济带制造业集聚为核心解释变量时的门槛值为29.28（见表10）。

表10　长江经济带政府干预门槛效应检验结果

门槛变量	主要解释变量	估计值	门槛设置	F值	P值	临界值		
						10%	10%	10%
GOVIN	*AG*	15.406	单一门槛	29.28*	0.0967	29.019	34.146	44.832
		15.406 14.039	二重门槛	8.94	0.5833	23.697	31.119	49.242
		12.877	三重门槛	8.03	0.3867	15.394	22.612	36.130

注：* 表示在10%的统计水平下显著。

资料来源：根据结果测算整理。

4. 经济发展水平的门槛效应

借鉴沈能等（2012）、于斌斌（2015）的做法，将经济发展水平作为门槛变量加以考察。结果显示：当门槛变量为经济发展水平时，显著通过了单一和二重门槛检验。说明以长江经济带制造业集聚作为核心解释变量时，长江经济带经济发展水平对全要素能源效率均存在二重门槛值。在门槛效应检验后，可以进一步估算出以经济发展水平为门槛变量、长江经济带制造业集聚作为核心解释变量时的门槛值为20.38和29.08（见表11）。

表11　长江经济带经济发展水平门槛效应检验结果

门槛变量	主要解释变量	估计值	门槛设置	F值	P值	临界值		
						10%	5%	1%
ECO	*AG*	11.64	单一门槛	29.08*	0.0667	25.668	30.078	41.709
		11.64 10.82	二重门槛	20.38*	0.0867	19.995	24.708	31.969
		9.67	三重门槛	9.14	0.5133	17.180	19.635	27.902

注：＊表示在10%的统计水平下显著。

资料来源：根据结果测算整理。

（三）长江经济带制造业集聚对全要素能源效率的进一步检验

根据不同门槛变量的检验结果，进一步考察长江经济带制造业集聚模型门槛效应，从制造业集聚水平、市场化改革、政府干预、经济发展水平四个方面探讨不同门槛变量作用下，长江经济带制造业集聚与全要素能源效率的关系。

1. 基于制造业集聚门槛效应的进一步分析

不同地区制造业集聚门槛效应检验结果显示，以制造业集聚作为门槛变量时，只有上游地区通过了门槛检验，而中下游地区未能通过检验。回归检验结果显示，当长江经济带制造业集聚水平未跨过门槛时，长江经济带上游地区制造业集聚与全要素能源效率呈正相关关系且不显著（见表12）。当制造业集聚水平跨过门槛后，长江经济带上游地区制造业集聚对全要素能源效率的影响为正相关，但不显著，这说明随着制造业集聚水平的不断提高，规模经济效益和技术溢出效应作用对促进长江经济带上游地区全要素能源效率提高的影响不明显。除此以外，对长江经济带上游地区而言，提高对外开放程度和城市化水平有利于已经跨过门槛的长江经济带全要素能源效率的提高；对长江经济带下游地区而言，提高经济发展水平和城市化水平有利于尚未跨过门槛的长江经济带全要素能源效率的提高，加强政府干预有利于已经跨过门槛的长江经济带全要素能源效率的提高。

表12　长江经济带上游地区制造业集聚门槛模型回归估计

变量	$AG \leqslant 0.46$	$AG > 0.49$
Constant	-17.040	1.469***
AG	3.954	0.193
FG	0.282	0.017*
GOVIN	0.149	-0.007
ECO	1.895	-0.144***
ES	-0.0003	-0.0001

续表

变量	$AG \leqslant 0.46$	$AG > 0.49$
URB	0.051	0.004***
MC	0.148	-0.073***
N(个)	16	481

注：***、* 分别表示在1%、10%的统计水平下显著；当 $0.46 < AG \leqslant 0.49$ 时，因上游地区观测值（N=3）过少无法测度，故在表格中省略。

资料来源：根据结果测算整理。

2. 基于市场化改革门槛效应的进一步分析

基于市场化改革的长江经济带制造业集聚对全要素能源效率门槛模型的回归估计结果显示，在跨过市场化改革门槛前，长江经济带制造业集聚与全要素能源效率在5%的显著水平上呈负相关关系（见表13）。在跨过市场化改革门槛后，长江经济带制造业集聚对全要素能源效率的影响呈负相关关系，且不显著。说明当对外开放质量较差时，对引入资金的审定缺乏高规格门槛，对外开放流入国内的产业多为高污染、高能耗产业，从而导致外商直接投资在低约束下会显著降低全要素能源环境效率。而在市场化改革过程中，由于我国进出口产品结构主要以低技术附加值和粗放式生产的加工贸易为主，其竞争优势并非来自高技术含量，无法提高全要素能源效率。此外，回归结果还显示提高经济发展水平能够促进已经跨过门槛的长江经济带全要素能源效率的提高。

表13　长江经济带市场化改革门槛模型回归估计

变量	$FG \leqslant 11.23$	$FG > 11.23$
Constant	0.739***	-8.134**
AG	-0.294**	-0.333
GOVIN	-0.008	0.324
ECO	-0.011	1.472*
ES	0.0001	-0.0001
URB	0.001	-0.007
MC	-0.006	-0.260
N(个)	1961	39

注：***、**、* 分别表示在1%、5%、10%的统计水平下显著。

资料来源：根据结果测算整理。

3. 基于政府干预门槛效应的进一步分析

政府干预下长江经济带制造业集聚对全要素能源效率的影响情况显示，在跨过政府干预门槛前，长江经济带制造业集聚与全要素能源效率在1%的显著水平上呈负相关关系（见表14）。在跨过政府干预门槛后，长江经济带制造业集聚对全要素能源效率的影响呈显著正相关关系。说明地方政府对当地经济干预得越多，该地区的市场经济自由度越低，政府对市场的过度干预将限制市场机制发挥，抑制私有资金进入，进而降低市场自由竞争力。但在政府干预后期，地方政府作为市场调控者能够在一定程度上引导经济稳步发展，同时，由于无效率的能源消费会给生态环境带来极大的负外部性，而地方政府则能通过适当干预有效加强当地企业节能减排力度，推进企业对绿色技术的推广与应用。此外，调整能源消费结构、增加科研投入有利于尚未跨过门槛的长江经济带全要素能源效率的提高，适当降低人力资本投入有利于已经跨过门槛的长江经济带全要素能源效率的提高。

表14　长江经济带政府干预门槛模型回归估计

变量	*GOVIN*≤15.406	*GOVIN*>15.406
Constant	0.735***	-0.100
AG	-0.395***	1.345**
FG	-0.007***	0.007
ECO	-0.022	0.359
ES	0.0001	0.0001
URB	-0.0001	0.008
MC	-0.007	-0.331
N(个)	1930	70

注：***、** 分别表示在1%、5%的水平上显著。

资料来源：根据结果测算整理。

4. 基于经济发展水平门槛效应的进一步分析

基于经济发展水平门槛模型实证结果显示，在跨过经济发展水平门槛前，长江经济带制造业集聚与全要素能源效率在1%的显著水平上呈负相关关系（见表15）。在跨过门槛后，长江经济带制造业集聚对全要素能源效率的影响呈显著正相关关系。说明经济发展水平越高，当地市场竞争越激烈，越能激励中小企业和民营企业以降低成本的方式提高收益率，从而间接促进当地产业能源效率的提高；经济发展水平越高，地方政府越有充足的财政收入支持当地低碳发展，在推进当地节能减排的同时，间接提升能源效率。此外，加强政府干预则有利于已经跨过门槛的长江经济带全要素能源效率的提升。

表 15　长江经济带经济发展水平门槛模型回归估计

变量	$ECO \leq 10.82$	$10.82 < ECO \leq 11.64$	$ECO > 11.64$
Constant	0.760***	1.285**	-2.260*
AG	-0.605***	0.078	0.606*
FG	-0.002	-0.013*	0.002
GOVIN	-0.012	-0.067	0.305***
ES	0.0001	-0.0001	0.0001
URB	-0.0004	0.006**	-0.008***
MC	-0.008	-0.125*	0.129
N(个)	1489	418	93

注：***、**、* 分别表示在 1%、5%、10% 的统计水平下显著。
资料来源：根据结果测算整理。

四　研究结论与政策启示

（一）研究结论

（1）长江经济带制造业集聚水平呈波动下降态势，但仍然远高于全国平均水平。长江经济带中游地区制造业集聚水平呈波动上升态势，在整个长江经济带中相对较高，中游地区与上游地区相比存在极大的竞争优势，长江经济带中下游地区大部分省市制造业区位熵大于 1，制造业专业化优势明显。

（2）长江经济带制造业集聚与全要素能源效率之间呈非线性特征。随着制造业集聚水平的不断提高，制造业集聚与全要素能源效率的关系逐渐由负转正，说明制造业集聚与全要素能源效率之间存在倒“U”形关系，即制造业集聚在一定范围内会抑制全要素能源效率的提升，但集聚到一定程度后，制造业集聚对全要素能源效率的影响会显著为正。而制造业集聚对全要素能源效率的影响也会受到区域差异或其他外部因素作用的影响。

（3）市场化改革作为门槛变量的门槛效应显著。当市场化改革未跨过门槛时，制造业集聚会抑制全要素能源效率的提高；当跨过门槛后，制造业集聚对全要素能源效率的影响不明显。说明市场化改革能够有效推动进出口贸易和对外开放水平，正向溢出效应与学习效应能够刺激良性竞争。对外开放不仅能够带来技术溢出效应、关联效应、学习效应，还能间接促进能源消耗的降低，从而提升全要素能源效率。

（4）政府干预作为门槛变量的门槛效应显著。跨过门槛前，地方政府对当地经济过度干预，不仅会限制市场机制发挥，降低市场自由度，还会抑制私有资金进入，造成市场自由竞争力的匮乏。但在政府干预后期，即跨过门槛后，地方政府作为市场调控者能够在一定程度上引导经济稳步发展，通过适当干预有效加强当地企业节能减排力度，推进企业对绿色技术的推广与应用。因此，制造业集聚水平越高的地方，企业受益越广，能源效率也会间接获得提高。

（5）经济发展水平作为门槛变量的门槛效应显著。跨过门槛前，制造业集聚会抑制全要素能源效率的提高，当跨过二重门槛后，制造业集聚会有效促进全要素能源效率的提升，说明经济发展水平、市场竞争力、企业效率与能源效率存在潜在关联；经济发展水平与当地制造业集聚的乘数效应使地方政府拥有充足的财政收入支持当地低碳发展，进而促进企业节能减排，提高能源效率。

（二）政策启示

（1）推动产业集聚向高级阶段发展，打造绿色能源产业集聚区。一是积极引导关联度高的高污染企业集聚发展，借助产业集聚外部性降低内部成本与能源消耗，促进节能减排。二是针对不同行业性质，设置碳税、能源税、环境税等一系列税种，并将利益平衡协调机制、市场化运行机制、经济激励机制和公众参与机制统一纳入能耗管理体系，吸引高污染行业向园区集中。三是加强基础设施建设，积极引入新技术，改善园区发展环境，提高能源效率。

（2）加强服务型政府建设。一是为当地集聚区发展建立能耗管理与评价体系，针对不同性质企业设计相应的考评方式，以达到提高能效、节能减排的目的。二是完善财税激励政策，积极助推企业对绿色低碳技术的推广与应用。采取政府财政补贴、专项技术投资基金、产业发展资金、财政补助（如无偿补助）等方式，构建有利于长江经济带绿色低碳产业集聚发展的财税政策环境。

（3）发挥长江经济带对外开放门户作用。一是加强对内对外合作，构建节能技术共享机制，发挥知识溢出效应。二是培育开放型产业，加大清洁能源研发投入，推广节能技术，优化流程工序，降低成本，打造全球资源高效利用城市。

参考文献

陈平、罗艳：《中国工业生态全要素能源效率异质性研究——基于 SBM - Undesirable 和 Meta - frontier 模型的分析》，《商业研究》2017 年第 4 期，第 154 ~ 160 页。

邓翔、朱高峰、李德山：《人力资本、贸易开放与区域全要素生产率——基于 GML 指数和系统 GMM 方法》，《经济问题探索》2017 年第 8 期，第 1 ~ 8 页。

丁黄艳、任毅、蒲坤明：《长江经济带工业能源效率空间差异及影响因素研究》，《西部论坛》2016 年第 1 期，第 27 ~ 34 页。

丁志国、程云龙、孟含琪：《碳排放、产业结构调整与中国经济增长方式选择》，《吉林大学社会科学学报》2012 年第 5 期，第 90 ~ 97 页。

纪玉俊、赵娜：《产业集聚有利于提高能源效率吗？——基于产业集聚度与对外开放水平的门槛回归模型检验》，《北京理工大学学报》（社会科学版）2016 年第 4 期，第 19 ~ 27 页。

李斌、祁源、李倩：《财政分权、FDI 与绿色全要素生产率——基于面板数据动态 GMM 方法的实证检验》，《国际贸易问题》2016 年第 7 期，第 119 ~ 129 页。

李峰、何伦志：《碳排放约束下我国全要素能源效率测算及影响因素研究》，《生态经济》2017 年第 5 期，第 35 ~ 41 页。

马晓君、魏晓雪、刘超：《东北三省全要素能源效率测算及影响因素分析》，《中国环境科学》2017 年第 2 期，第 777 ~ 785 页。

潘雅茹、陈峥、罗良文：《产业集聚影响全要素能源效率的非线性特征研究——基于中国能源行业数据的实证分析》，《华东经济管理》2017 年第 11 期，第 121 ~ 126 页。

沈能、刘凤朝：《空间溢出、门槛特征与能源效率的经济增长效应》，《中国人口·资源与环境》2012 年第 5 期，第 153 ~ 157 页。

师博、沈坤荣：《政府干预、经济集聚与能源效率》，《管理世界》2013 年第 10 期，第 6 ~ 18 页。

汪丽娟、孔群喜：《集聚、贸易开放与能源效率——基于门槛面板模型检验》，《天津商业大学学报》2014 年第 6 期，第 28 ~ 34 页。

吴传清、申雨琦、陈文艳：《长江经济带制造业集聚与环境效率关系的实证研究》，《长江大学学报》（社科版）2017 年第 5 期，第 26 ~ 31 页。

杨莉莉、邵帅、曹建华：《长三角城市群工业全要素能源效率变动分解及影响因素——基于随机前沿生产函数的经验研究》，《上海财经大学学报》2014 年第 3 期，第 95 ~ 102 页。

于斌斌：《中国城市群产业集聚与经济效率差异的门槛效应研究》，《经济理论与经济管理》2015 年第 3 期，第 60 ~ 73 页。

Guo I - Lung et al. , "An Integrated Model for Slack - based Measure of Super - efficiency in Additive DEA," *Omega* 67 (2017): 160 - 167.

Hansen Bruce E. , "Sample Splitting and Threshold Estimation," *Econometrica* 68 (2000): 575 - 604.

Hansen Bruce E. , "Threshold Effects in Non - dynamic Panels: Estimation, Testing, and Inference," *Journal of Econometrics* 93 (1999): 345 - 368.

Harris Richard D. F. , Tzavalis Elias, "Inference for Unit Roots in Dynamic Panels Where the Time Dimension is Fixed," *Journal of Econometrics* 91 (1999): 201 - 226.

Im Kyung So, Pesaran M. , Hashem, Shin Yongcheol, "Testing for Unit Roots in Heterogeneous Panels," *Journal of Econometrics* 115 (2003): 53 - 74.

Persyn Damiaan, Westerlund Joakim, "Error - correction - based Cointegration Tests for Panel Data," *The Stata Journal* 8 (2008): 232 - 241.

Tone Kaoru, Dealing with Undesirable Outputs in DEA: A Slacks - based Measure (SBM) Approach (GR IPS Re - search Report Series, 2003), p. 5.

Westerlund Joakim, "Panel Cointegration Tests of the Fisher Effect," *Journal of Applied Econometrics* 23 (2008): 193 - 233.

B.6
长江经济带创新驱动制造业转型升级研究报告*

吴传清　宋子逸**

摘　要： 本报告基于2003～2016年省级面板数据，采用超效率DEA模型结合GM指数测度长江经济带制造业创新驱动能力，采用熵权法测度长江经济带制造业转型升级水平，构建固定效应模型检验创新驱动能力对长江经济带制造业转型升级水平的影响。结果显示：2004～2016年长江经济带制造业全要素生产率年均增长率高于全国水平，呈现中游地区＞上游地区＞下游地区的空间格局，多数省市全要素生产率的提升主要源于技术进步；长江经济带制造业转型升级水平保持在全国水平之上，其优势主要体现在结构优化和绿色发展方面，下游地区制造业转型升级水平及其分解项远高于中上游地区，其中，上海、江苏制造业转型升级水平及其分解项保持领先地位；长江经济带制造业全要素生产率对制造业转型升级水平有显著正向影响，技术进步对制造业转型升级水平有显著正向影响，技术效率的正向影响不显著。进一步推动长江经济带制造业转型升级，应坚持技术创新和体制创新双轮驱动，推动区域协同创新，加快产业、人才结构调整优化。

---

* 基金项目：国家社会科学基金一般项目“推动长江经济带制造业高质量发展研究”（项目编号：19BJL061）。

** 吴传清，武汉大学经济与管理学院、中国发展战略与规划研究院教授，博士生导师，从事区域经济学研究；宋子逸，武汉大学经济与管理学院区域经济学专业硕士研究生，从事区域经济学研究。

关键词： 长江经济带　创新驱动　制造业

长江经济带是引领全国制造业转型发展的重要战略区域。《国务院关于依托黄金水道推动长江经济带发展的指导意见》（2014 年）明确提出，建设电子信息、高端装备、汽车、家电、纺织服装等五大世界级制造业集群。《长江经济带发展规划纲要》（2016 年）提出，将长江经济带建设成为“引领全国转型发展的创新驱动带”的战略定位。《长江经济带创新驱动产业转型升级方案》（2016 年）提出，到 2030 年全面建成创新驱动型产业体系。目前学术界关于长江经济带制造业的研究成果主要涉及制造业服务化、高技术制造业发展等方面，关于长江经济带制造业创新发展或转型升级的研究仅涉及转型升级路径的选择。本报告研究思路如下：第一，采用超效率 DEA 模型结合 GM 指数测度长江经济带制造业创新驱动能力；第二，构建综合指标体系，采用熵权法测度长江经济带制造业转型升级水平；第三，构建固定效应模型考察长江经济带制造业创新驱动能力对制造业转型升级水平的影响。

一　长江经济带制造业创新驱动能力测度

（一）研究方法与数据来源

现有研究成果主要从创新投入、创新产出、创新投入产出绩效和创新能力综合指标四个维度评估创新驱动能力。其中，创新投入、创新产出等单个指标作为创新驱动能力替代指标较为单一，创新能力综合指标主观性较强。因此，本报告采用创新投入产出绩效来评估创新驱动能力。对创新投入产出绩效的评估多采用数据包络分析法，因传统 DEA 模型无法对多个有效决策单元进一步排序和评价，因此本报告采用弥补这一缺陷的超效率 DEA 模型。

假设有 n 个决策单元（DMU），每个 DMU 有 m 种投入和 q 种产出，分别记为 $x_i(i = 1,2,\cdots,m)$ 和 $y_r(r = 1,2,\cdots,q)$，投入和产出的权重分别表

示为 $v_i(i = 1,2,\cdots,m)$ 和 $u_r(r = 1,2,\cdots,q)$，则投入导向型规模报酬可变的径向超效率模型规划式为：

$$
\begin{aligned}
&\theta^* = \max \theta \\
&\text{s.t.} \sum_{\substack{j=1 \\ j \neq k}}^{n} \lambda_i x_{ij} \leqslant \theta x_{ik} \\
&\sum_{\substack{j=1 \\ j \neq k}}^{n} \lambda_i y_{rj} \geqslant \theta y_{rk} \\
&\sum_{\substack{j=1 \\ j \neq k}}^{n} \lambda_j = 1 \\
&\lambda \geqslant 0 \\
&i = 1,2,\cdots,m;\quad r = 1,2,\cdots,q;\quad j = 1,2,\cdots,n(j \neq k)
\end{aligned}
\tag{1}
$$

其中，λ 表示 DMU 的线性组合系数，θ^* 代表效率值，$\theta^* < 1$ 表示被评价 DMU 处于无效率状态，$\theta^* \geqslant 1$ 表示被评价 DMU 是有效的，其中 $\theta^* = 1$ 表示被评价 DMU 位于其他 DMU 构成的前沿面上，$\theta^* > 1$ 表明在保持其他 DMU 投入和产出数值不变的条件下，该有效 DMU 在等比例增加投入后（增加比例为 $\theta^* - 1$），仍将被评价为有效。

全要素生产率需要结合指数方法进行计算，而传统 Malmquist 指数不具备传递性，因此本报告选取参考共同全局前沿的全局参比 Malmquist 指数（Global - Malmquist），全要素生产率变化可用全局参比 Malmquist 指数表示为：

$$
M_g(x^{t+1},y^{t+1},x^t,y^t) = \frac{E^g(x^{t+1},y^{t+1})}{E^g(x^t,y^t)} \tag{2}
$$

进一步，全要素生产率可分解为效率变化（EC）和技术变化（TC）：

$$
\begin{aligned}
M_g(x^{t+1},y^{t+1},x^t,y^t) &= \frac{E^{t+1}(x^{t+1},y^{t+1})}{E^t(x^t,y^t)} \times \left[\frac{E^g(x^{t+1},y^{t+1})}{E^{t+1}(x^{t+1},y^{t+1})} \Big/ \frac{E^g(x^t,y^t)}{E^t(x^t,y^t)} \right] \\
&= EC \times TC_g
\end{aligned}
\tag{3}
$$

式（2）中，若全局参比 Malmquist 指数 $M_g(x^{t+1},y^{t+1},x^t,y^t) > 1$，则表明 $t+1$ 期全要素生产率相对 t 期有所提高，反之则表明全要素生产率降低。EC 和 TC 分别表示技术效率变化和技术进步变化，当其值大于1时，分别表示技术效率和技术进步有所提高；反之，则表示发生技术效率恶化和技术退步。

本报告选取劳动投入指标、资本投入指标和产出指标测算制造业全要素生产率，具体解释如下。

（1）劳动投入指标。鉴于数据可得性，采用制造业规模以上工业企业平均用工人数来衡量劳动投入。

（2）资本投入指标。综合考虑《中国工业经济统计年鉴》和《中国工业统计年鉴》中的统计指标，制造业资本存量由制造业两位数行业资本存量汇总，计算公式如下：

$$
\begin{aligned}
K_t &= \sum_{i=1}^{21} [I_{i,t}/P_t + K_{i,t-1}(1 - \delta_{i,t})] \\
I_{i,t} &= \text{固定资产原价}_{i,t} - \text{固定资产原价}_{i,t-1} \\
\delta_{i,t} &= \frac{\text{新增折旧}_{i,t}}{\text{固定资产原价}_{i,t-1}} = \frac{\text{累计折旧}_{i,t} - \text{累计折旧}_{i,t-1}}{\text{固定资产原价}_{i,t-1}}
\end{aligned}
\tag{4}
$$

其中，K_t表示制造业 t 期资本存量，$I_{i,t}$表示第 i 个制造业两位数行业 t 期新增投资额（当年价），P_t表示 t 期固定资产投资价格指数，$\delta_{i,t}$表示第 i 个制造业两位数行业 t 期折旧率。

（3）产出指标。由于 2011 年后不再公布制造业两位数行业总产值，为统一数据统计口径，本报告采用制造业规模以上工业企业销售产值，为剔除不同年份价格波动带来的影响，以 2003 年为基期的工业生产者出厂价格指数进行平减。

鉴于数据可得性和时效性，本报告研究时段界定为 2003～2016 年，研究样本为全国 31 个省区市（不包含港澳台地区）。由于考察期内《国民经济行业分类标准》在 2011 年有所调整，为保持研究行业前后一致，本报告对两位数行业进行删减合并，保留 21 个制造业分行业，名称和行业代码基于 2002 年国民经济行业分类（见表 1），各省区市制造业投入产出数据由这 21 个制造业分行业数据加总得出。测算制造业全要素生产率的投入产出数据来源于《中国统计年鉴》（2004～2017 年）、《中国工业经济统计年鉴》（2004～2012 年）、《中国工业统计年鉴》（2013～2017 年）。

表1　2002年和2011年21个制造业两位数行业对比与调整

行业代码（2002年）	国民经济行业分类(2002年)	国民经济行业分类(2011年)
C13	农副食品加工业	农副食品加工业
C14	食品制造业	食品制造业
C15	饮料制造业	酒、饮料和精制茶制造业
C16	烟草制品业	烟草制品业
C17	纺织业	纺织业
C18	纺织服装、鞋、帽制造业	纺织服装、服饰业
C22	造纸及纸制品业	造纸和纸制品业
C25	石油加工、炼焦及核燃料加工业	石油加工、炼焦和核燃料加工业
C26	化学原料及化学制品制造业	化学原料和化学制品制造业
C27	医药制造业	医药制造业
C28	化学纤维制造业	化学纤维制造业
C31	非金属矿物制品业	非金属矿物制品业
C32	黑色金属冶炼及压延加工业	黑色金属冶炼和压延加工业
C33	有色金属冶炼及压延加工业	有色金属冶炼和压延加工业
C34	金属制品业	金属制品业
C35	通用设备制造业	通用设备制造业
C36	专用设备制造业	专用设备制造业
C37	交通运输设备制造业	汽车制造业 铁路、船舶、航空航天和其他运输设备制造业
C39	电气机械及器材制造业	电气机械和器材制造业
C40	通信设备、计算机及其他电子设备制造业	计算机、通信和其他电子设备制造业
C41	仪器仪表及文化、办公用机械制造业	仪器仪表制造业

注：为保证统计口径一致，国民经济行业分类名称和代码均基于2002年《国民经济行业分类》，2012～2016年统计口径变动较小的制造业两位数行业数据不做改动，交通运输设备制造业数据由汽车制造业和铁路、船舶、航空航天和其他运输设备制造业数据加总得出，下同。

资料来源：《国民经济行业分类》（GB/T4754－2002）、《国民经济行业分类》（GB/T4754－2011）。

（二）测算结果

1. 全国视野下的长江经济带制造业全要素生产率

运用MaxDEA7.0软件测度2004～2016年全国31个省区市制造业全要

素生产率变化指数。由于用DEA模型结合全局Malmquist指数测算所得为全要素生产率相对变化指数，因此输出结果为2004~2016年数据。结果显示，2004~2016年全国制造业全要素生产率稳步提升，年均增长率为4.77%，长江经济带制造业全要素生产率年均增长率为4.81%，略高于全国水平（见表2）。

从全要素生产率变化指数的分解指数来看，2004~2016年全国制造业全要素生产率的提升主要来源于技术改进，技术进步变化指数年均增长率为4.35%，而技术效率变化指数年均增长率仅为0.4%。长江经济带制造业全要素生产率提升的主要来源与全国一致，技术进步变化指数年均增长率为4.44%，高于全国水平，而技术效率年均增长率为0.35%，低于全国水平。

表2 2004~2016年全国和长江经济带制造业全要素生产率变化指数及其分解

年份/指标	全国			长江经济带		
	TFP	*EC*	*TC*	*TFP*	*EC*	*TC*
2004	1.087	1.047	1.038	1.087	1.051	1.034
2005	1.018	1.029	0.989	1.034	1.037	0.997
2006	1.043	0.973	1.072	1.077	0.989	1.089
2007	1.105	1.037	1.065	1.092	0.994	1.098
2008	0.986	1.008	0.979	0.947	0.973	0.973
2009	1.017	1.012	1.005	1.051	1.029	1.021
2010	1.031	0.926	1.113	1.056	0.905	1.168
2011	1.104	1.040	1.062	1.112	1.067	1.042
2012	1.019	1.019	1.000	1.015	1.030	0.985
2013	1.051	1.010	1.040	1.027	0.962	1.068
2014	1.037	0.987	1.051	1.047	0.990	1.057
2015	1.049	0.957	1.096	1.039	0.975	1.066
2016	1.082	1.015	1.066	1.052	1.056	0.996
年均增长率（%）	4.77	0.40	4.35	4.81	0.35	4.44

注：①全国制造业全要素生产率变化指数为全国31个省区市制造业全要素生产率变化指数的几何均值，长江经济带制造业全要素生产率变化指数为长江经济带沿线11省市制造业全要素生产率变化指数的几何均值；②用DEA模型结合Malmquist指数测算所得为全要素生产率变化指数，因此年均增长率由2004~2016年全要素生产率变化指数及其分解指数的几何均值减1得出；下同。

资料来源：根据测算结果整理。

分行业来看，如表3所示，2004～2016年长江经济带有17个制造业行业全要素生产率有所提升，黑色金属冶炼及压延加工业、化学原料及化学制品制造业、有色金属冶炼及压延加工业、非金属矿物制品业和交通运输设备制造业的全要素生产率年均增长率超过5%，保持良好发展态势。长江经济带有9个制造业行业的全要素生产率年均增长率高于全国水平：通信设备、计算机及其他电子设备制造业，黑色金属冶炼及压延加工业，纺织服装、鞋、帽制造业，烟草制品业，电气机械及器材制造业，金属制品业，纺织业，有色金属冶炼及压延加工业，非金属矿物制品业。长江经济带应充分巩固优势行业的领先地位，优化行业布局和资源配置，继续推动制造业优势行业发展。

表3　2004～2016年全国和长江经济带制造业分行业全要素生产率年均增长率

单位：%，个百分点

行业	全国	长江经济带	差值
农副食品加工业	3.09	2.63	-0.46
食品制造业	1.60	-2.00	-3.59
饮料制造业	2.13	0.37	-1.76
烟草制品业	-0.72	0.44	1.16
纺织业	4.24	4.77	0.53
纺织服装、鞋、帽制造业	0.70	1.98	1.28
造纸及纸制品业	1.39	-2.34	-3.73
石油加工、炼焦及核燃料加工业	5.59	0.92	-4.67
化学原料及化学制品制造业	9.47	9.21	-0.26
医药制造业	2.81	1.85	-0.96
化学纤维制造业	-3.31	-3.94	-0.63
非金属矿物制品业	5.81	5.87	0.06
黑色金属冶炼及压延加工业	7.58	9.29	1.71
有色金属冶炼及压延加工业	6.08	6.27	0.19
金属制品业	0.99	1.57	0.58
通用设备制造业	2.68	2.64	-0.04
专用设备制造业	2.34	2.19	-0.15
交通运输设备制造业	6.24	5.35	-0.89

续表

行业	全国	长江经济带	差值
电气机械及器材制造业	2.15	3.13	0.98
通信设备、计算机及其他电子设备制造业	0.70	3.19	2.49
仪器仪表及文化、办公用机械制造业	-3.20	-4.64	-1.44

注：差值由长江经济带制造业两位数行业全要素年均增长率减去全国制造业两位数行业全要素年均增长率得出。

资料来源：根据测算结果整理。

2. 长江经济带上中下游地区制造业全要素生产率

长江经济带上游地区包括重庆市、四川省、贵州省、云南省，中游地区包括江西省、湖北省、湖南省，下游地区包括上海市、江苏省、浙江省、安徽省。2004～2016年长江经济带上中下游地区制造业全要素生产率年均增长率分别为4.90%、4.94%、4.61%（见表4），中游地区最高，上游地区次之，下游地区最低。从全要素生产率变化指数的分解指数来看，长江经济带上中下游地区制造业全要素生产率提升的主要来源均为技术改进，下游地区技术优势突显，技术进步变化指数年均增长率超过5%；长江经济带上中下游地区制造业技术效率改进较为缓慢，中游地区技术效率变化指数年均增长率最高，上游地区次之，下游地区技术效率变化指数年均增长率为负。

表4　2004～2016年长江经济带上中下游地区制造业全要素生产率变化指数及其分解

年份/指标	上游地区			中游地区			下游地区		
	TFP	*EC*	*TC*	*TFP*	*EC*	*TC*	*TFP*	*EC*	*TC*
2004	1.154	1.091	1.058	1.085	1.044	1.039	1.024	1.018	1.006
2005	1.012	1.022	0.990	1.071	1.067	1.004	1.030	1.030	0.999
2006	1.080	0.980	1.103	1.069	0.992	1.078	1.080	0.998	1.083
2007	1.099	1.026	1.071	1.125	1.054	1.067	1.062	0.923	1.151
2008	1.008	1.030	0.979	0.811	0.848	0.956	0.999	1.019	0.981
2009	1.008	1.008	1.001	1.151	1.143	1.007	1.023	0.972	1.052
2010	0.971	0.824	1.179	1.072	0.870	1.233	1.136	1.023	1.111
2011	1.186	1.115	1.063	1.036	1.098	0.943	1.101	1.000	1.101
2012	1.007	1.069	0.943	1.014	1.035	0.980	1.023	0.990	1.033

续表

年份/指标	上游地区			中游地区			下游地区		
	TFP	*EC*	*TC*	*TFP*	*EC*	*TC*	*TFP*	*EC*	*TC*
2013	0.998	0.936	1.067	1.057	0.987	1.071	1.033	0.969	1.066
2014	1.043	0.989	1.054	1.090	0.998	1.092	1.019	0.984	1.036
2015	1.060	0.991	1.070	1.044	0.998	1.046	1.014	0.942	1.076
2016	1.034	1.054	0.981	1.059	1.048	1.011	1.064	1.064	1.000
年均增长率(%)	4.90	0.76	4.12	4.94	1.07	3.82	4.61	-0.60	5.24

注：长江经济带上中下游地区制造业全要素生产率变化指数分别为其包含省市制造业全要素生产率变化指数的几何均值。

资料来源：根据测算结果整理。

分行业来看，2004~2016年长江经济带上中下游地区分别有19、18、17个行业全要素生产率有所提升（见表5）。长江经济带上游地区全要素生产率年均增长率最高的5个行业为：非金属矿物制品业、化学原料及化学制品制造业、黑色金属冶炼及压延加工业、有色金属冶炼及压延加工业、专用设备制造业。长江经济带中游地区全要素生产率年均增长率最高的5个行业为：有色金属冶炼及压延加工业、交通运输设备制造业、非金属矿物制品业、黑色金属冶炼及压延加工业、化学原料及化学制品制造业。长江经济带下游地区全要素生产率年均增长率最高的5个行业为：化学原料及化学制品制造业、黑色金属冶炼及压延加工业、纺织业、交通运输设备制造业、电气机械及器材制造业。由此可见，长江经济带中上游地区制造业同构现象较为严重，不利于长江经济带中上游地区充分发挥比较优势，实现制造业协同发展。

表5　2004~2016年长江经济带上中下游地区制造业分行业全要素生产率年均增长率

单位：%

行业	上游地区	中游地区	下游地区
农副食品加工业	5.66	4.70	2.14
食品制造业	3.88	0.09	-2.30
饮料制造业	6.51	4.37	-1.91
烟草制品业	4.56	3.36	-0.65

续表

行业	上游地区	中游地区	下游地区
纺织业	7.44	3.50	7.05
纺织服装、鞋、帽制造业	-0.55	-2.47	3.53
造纸及纸制品业	3.72	-2.13	0.83
石油加工、炼焦及核燃料加工业	2.51	3.89	4.95
化学原料及化学制品制造业	10.11	7.29	11.81
医药制造业	3.31	1.92	1.04
化学纤维制造业	-2.89	4.62	1.41
非金属矿物制品业	11.11	7.54	5.06
黑色金属冶炼及压延加工业	8.73	7.48	9.90
有色金属冶炼及压延加工业	8.39	11.57	1.46
金属制品业	4.74	2.18	2.40
通用设备制造业	4.53	3.77	4.40
专用设备制造业	8.20	3.09	1.42
交通运输设备制造业	7.41	8.47	6.68
电气机械及器材制造业	5.03	2.24	5.22
通信设备、计算机及其他电子设备制造业	6.29	6.27	3.81
仪器仪表及文化、办公用机械制造业	3.40	-5.41	-5.14

资料来源：根据测算结果整理。

3. 长江经济带沿线11省市制造业全要素生产率

从2004~2016年长江经济带沿线11省市制造业全要素生产率变化指数来看，长江经济带沿线11省市制造业全要素生产率变化指数在大部分年份都大于1，制造业全要素生产率基本呈增长趋势（见表6）。

从2004~2016年长江经济带沿线11省市制造业全要素生产率年均增长率来看，湖南省制造业全要素生产率进步最快，以超过6%的年均增长率快速提高，安徽省、云南省、贵州省、湖北省、四川省制造业全要素生产率年均增长率在5%~6%区间，上海市、江苏省、重庆市制造业全要素生产率年均增长率在4%~5%区间，浙江省、江西省制造业全要素生产率年均增长率均低于4%。

表6　2004～2016年长江经济带沿线11省市制造业全要素生产率变化指数

年份/指标	上海	江苏	浙江	安徽	江西	湖北	湖南	重庆	四川	贵州	云南
2004	0.996	1.011	1.031	1.059	1.148	1.003	1.108	1.197	1.157	1.046	1.224
2005	0.978	1.056	1.031	1.056	1.042	1.000	1.178	1.014	1.070	0.910	1.061
2006	1.102	1.048	1.051	1.122	1.094	1.049	1.064	1.025	1.130	1.065	1.103
2007	1.127	1.064	1.055	1.005	1.223	1.049	1.110	1.120	1.097	1.108	1.070
2008	1.030	0.919	0.996	1.058	0.553	0.926	1.039	0.997	0.984	1.066	0.989
2009	0.979	1.127	0.946	1.049	1.546	0.959	1.028	1.100	0.956	0.956	1.030
2010	1.289	1.005	1.124	1.144	1.076	1.215	0.943	0.941	0.892	1.026	1.034
2011	1.134	1.071	1.127	1.072	0.960	0.999	1.160	1.271	1.190	1.167	1.119
2012	1.056	1.077	0.991	0.971	0.983	1.100	0.964	0.959	1.038	1.010	1.024
2013	1.010	1.079	1.041	1.003	1.045	0.995	1.138	0.961	0.955	1.082	1.000
2014	0.996	1.028	1.018	1.035	1.046	1.171	1.057	1.048	1.083	1.058	0.984
2015	0.951	1.062	0.989	1.059	1.007	1.088	1.038	0.971	1.179	1.101	1.002
2016	1.038	1.061	1.049	1.109	0.990	1.140	1.053	0.986	0.975	1.113	1.068
年均增长率（%）	4.94	4.56	3.34	5.61	3.26	5.03	6.55	4.10	5.02	5.24	5.26

资料来源：根据测算结果整理。

从2004～2016年长江经济带沿线11省市制造业全要素生产率分解指数来看，长江经济带沿线11省市制造业全要素生产率提升的主要来源均为技术改进。如表7所示，长江经济带沿线11省市制造业技术进步变化指数年均增长率均为正，上海市制造业技术进步变化指数年均增长率高达9.04%，其他省市也均为3%以上，长江经济带沿线11省市技术改善情况良好。但长江经济带沿线11省市制造业技术效率变化指数年均增长率均低于3%，其中上海市、浙江省、江西省、云南省为负，下一阶段长江经济带制造业发展应重点推动双轮驱动全要素生产率提升。

表7　2004～2016年长江经济带沿线11省市制造业技术效率变化指数和技术进步变化指数年均增长率

单位：%

省市	*EC*	*TC*
上海	-3.76	9.04
江苏	0.16	4.39

续表

省市	EC	TC
浙江	-0.25	3.60
安徽	1.54	4.01
江西	-0.33	3.60
湖北	0.84	4.16
湖南	2.73	3.72
重庆	0.31	3.78
四川	1.43	3.54
贵州	1.57	3.61
云南	-0.27	5.55

资料来源：根据测算结果整理。

二　长江经济带制造业转型升级水平测度

（一）研究方法与数据来源

为保证赋权的客观性，采用熵权法来测度制造业转型升级水平。有 n 个样本，m 个指标，x_{ij} 为第 i 个样本的第 j 个指标的数值（$i=1$，2，…，n；$j=1$，2，…，m），熵权法的主要步骤如下。

（1）指标归一化处理。各项指标的计量单位不尽相同，因此在用它们计算综合指标前需要进行标准化处理，正向、负向指标标准化处理的方法为：

$$\text{正向指标：}\quad x'_{ij} = \frac{x_{ij} - \min\{x_{1j}, x_{2j}, \cdots, x_{nj}\}}{\max\{x_{1j}, x_{2j}, \cdots, x_{nj}\} - \min\{x_{1j}, x_{2j}, \cdots, x_{nj}\}} \tag{5}$$

$$\text{负向指标：}\quad x'_{ij} = \frac{\max\{x_{1j}, x_{2j}, \cdots, x_{nj}\} - x_{ij}}{\max\{x_{1j}, x_{2j}, \cdots, x_{nj}\} - \min\{x_{1j}, x_{2j}, \cdots, x_{nj}\}} \tag{6}$$

（2）计算第 j 项指标下第 i 个样本值占该指标的比重：

$$p_{ij} = \frac{x'_{ij}}{\sum_{i=1}^{n} x'_{ij}} \quad (i = 1,2,\cdots,n; \quad j = 1,2,\cdots,m) \tag{7}$$

（3）计算第 j 项指标的熵值：

$$e_j = -k\sum_{i=1}^{n} p_{ij}\ln(p_{ij}) \quad (j = 1,2,\cdots,m) \tag{8}$$

其中，$k = 1/\ln(n) > 0$，满足 $e_j \geqslant 0$。

（4）计算信息熵冗余度（差异）：

$$d_j = 1 - e_j \quad (j = 1,2,\cdots,m) \tag{9}$$

（5）计算各项指标的权重：

$$w_j = \frac{d_j}{\sum_{j=1}^{m} d_j} \quad (j = 1,2,\cdots,m) \tag{10}$$

（6）计算各样本的综合得分：

$$s_i = \sum_{j=1}^{m} w_j x'_{ij} \times 100 \quad (i = 1,2,\cdots,n) \tag{11}$$

其中，x'_{ij} 为标准化后的数据。

《中国制造2025》明确提出，要坚持“创新驱动、质量为先、绿色发展、结构优化、人才为本”的基本方针，加快制造业转型升级，全面提高发展质量和核心竞争力。本报告基于政策导向、现有研究成果和数据可得性，从质量效益、结构优化、绿色发展三个方面构建制造业转型升级水平评价指标体系（见表8）。

质量效益方面，包含价值链地位和劳动生产率2个二级指标。制造业企业转型升级主要表现为向全球价值链中高端迈进，采用利润率来衡量制造业所处价值链地位，即制造业规模以上工业企业利润总额占主营业务收入的比重。劳动生产率是衡量制造业发展效益的关键指标，由制造业规模以上工业企业销售产值除以平均就业人数得出。

表 8　制造业转型升级水平评价指标体系

一级指标	二级指标	计算方法	单位	方向
质量效益	价值链地位	制造业企业利润总额/制造业企业主营业务收入	%	正
	劳动生产率	制造业企业销售产值/制造业企业平均就业人数	万元/人	正
结构优化	结构高级化	高技术产业主营业务收入/制造业企业主营业务收入	%	正
	结构合理化	就业人数占比与产值占比偏离程度	—	正
绿色发展	资源节约	制造业企业销售产值/能源消费总量	万元/吨标煤	正
	环境友好	制造业企业销售产值/工业废水排放量	万元/吨	正

资料来源：根据相关研究成果自行构建。

结构优化方面，包含结构高级化和结构合理化 2 个二级指标。制造业结构高级化水平由高技术产业主营业务收入占制造业规模以上工业企业主营业务收入的比重来衡量。构建偏离系数来衡量制造业合理化水平，具体公式如下：

$$RMS_n = \frac{\sum_{i=1}^{21}(\frac{Y_{n,i}}{Y_n} \times \frac{L_{n,i}}{L_n})}{\sqrt{\sum_{i=1}^{21}(\frac{Y_{n,i}}{Y_n})^2} \times \sqrt{\sum_{i=1}^{21}(\frac{L_{n,i}}{L_n})^2}} \tag{12}$$

RMS_n 为 n 省区市的制造业结构合理化水平，$Y_{n,i}$、$L_{n,i}$ 分别为 n 省区市 i 产业的规模以上工业企业销售产值和平均用工人数，Y_n、L_n 分别为 n 省区市制造业规模以上工业企业销售产值和平均用工人数。$RMS_n = 1$ 表示 n 省区市制造业结构合理化水平达到理想状态，RMS_n 越小表明制造业结构合理化水平越低。

绿色发展方面，包含资源节约和环境友好 2 个二级指标。为保证指标方向一致，用制造业规模以上工业企业单位销售产值所需能源消费量来衡量资源节约水平，用制造业规模以上工业企业单位销售产值所需工业废水排放量来衡量环境友好水平。

测算制造业转型升级水平的数据来源于《中国统计年鉴》（2004～2017 年）、《中国工业经济统计年鉴》（2004～2012 年）、《中国工业统计年鉴》（2013～2017 年）、《中国环境统计年鉴》（2004～2017 年）、《中国能源统计年鉴》(2004～2017年),各省区市制造业数据仍由删减合并后的21个制造业两位数行业数据加总得出。

(二)测算结果

1. 全国视野下的长江经济带制造业转型升级水平

从质量效益、结构优化、绿色发展三个方面构建指标体系,采用熵权法对2003～2016年全国31个省区市制造业转型升级水平进行测度。根据测算结果,2003～2016年长江经济带制造业转型升级水平保持在全国水平之上,且二者之间差距呈扩大趋势,2003年长江经济带制造业转型升级水平与全国水平相当,2016年长江经济带制造业转型升级水平得分为38.73,而全国制造业转型升级水平得分为36.19(见表9)。从增长速度来看,2003～2016年长江经济带制造业转型升级水平年均增长率为7.43%,高于全国水平。

表9　2003～2016年全国和长江经济带制造业转型升级水平

年份/指标	全国	长江经济带	差值
2003	15.23	15.25	0.01
2004	15.80	16.02	0.22
2005	16.41	16.68	0.27
2006	17.58	17.84	0.26
2007	19.21	19.45	0.24
2008	19.56	20.38	0.82
2009	21.27	22.14	0.88
2010	23.20	24.55	1.35
2011	24.72	26.63	1.91
2012	26.66	28.62	1.96
2013	29.54	31.65	2.10
2014	31.30	33.94	2.65
2015	33.59	36.22	2.63
2016	36.19	38.73	2.54
年均增长率(%)	6.88	7.43	0.55

注:①全国制造业转型升级水平为全国31个省区市制造业转型升级水平得分的算术平均值,长江经济带制造业转型升级水平为长江经济带沿线11省市制造业转型升级水平得分的算术平均值;②差值由长江经济带制造业转型升级水平得分减去全国制造业转型升级水平得分得出;③年均增长率为复合增长率;下同。

资料来源:根据测算结果整理。

从制造业转型升级水平分解项得分趋势来看，2003～2016 年全国和长江经济带制造业质量效益水平、结构优化水平、绿色发展水平均有所提升，其中质量效益水平和绿色发展水平持续快速提升，年均增长率均超过 10%（见表 10），而结构优化水平呈先下降后上升趋势，整体年均增长率较低。

表 10　2003～2016 年全国和长江经济带制造业转型升级水平得分分解

年份/指标	质量效益水平		结构优化水平		绿色发展水平	
	全国	长江经济带	全国	长江经济带	全国	长江经济带
2003	2.15	2.16	9.52	9.15	3.57	3.94
2004	2.58	2.56	9.06	8.91	4.17	4.55
2005	2.79	2.83	9.20	8.98	4.42	4.87
2006	3.36	3.36	8.95	8.82	5.27	5.66
2007	4.20	3.96	8.67	8.76	6.34	6.73
2008	4.13	4.00	8.27	8.59	7.16	7.80
2009	4.90	4.62	8.43	8.98	7.93	8.54
2010	5.63	5.39	8.36	8.92	9.21	10.24
2011	6.38	6.27	8.40	9.20	9.94	11.17
2012	6.79	6.53	8.95	9.91	10.91	12.18
2013	7.41	7.20	9.26	10.14	12.87	14.31
2014	7.80	7.61	9.49	10.47	14.01	15.86
2015	8.56	8.31	10.00	11.09	15.04	16.82
2016	9.68	9.27	10.40	11.59	16.11	17.87
年均增长率(%)	12.28	11.85	0.68	1.84	12.29	12.34

资料来源：根据测算结果整理。

从制造业转型升级水平分解项得分值来看，2003～2016 年长江经济带制造业结构优化、绿色发展水平得分值在大部分年份高于全国水平。长江经济带制造业质量效益水平得分大部分低于全国水平，年均增长率为 11.85%，低于全国增长速度。结构优化方面，长江经济带制造业结构优化水平得分在 2003～2006 年低于全国水平，2007 年开始反超并逐渐拉大差距，年均增长率为 1.84%，高于全国水平。绿色发展方面，长江经济带制造业绿色发展水平得分一直高于全国水平，年均增长率为 12.34%，高于全国水平。整体来看，长江经济带制造业质量效益和绿色发展水平持续提升，在经历结构调整期后结构优化水平也快速提升，呈现良好的发展态势。

2. 长江经济带上中下游地区制造业转型升级水平

2003～2016 年长江经济带下游地区制造业转型升级水平远高于中上游地区水平，2016 年长江经济带下游地区制造业转型升级水平得分为 47.4，远高于全国水平，而中、上游得分分别为 34.85、32.96（见表 11），均低于全国水平。从长江经济带中上游制造业转型升级水平变化来看，2003～2007 年上游地区制造业转型升级水平均优于中游地区，2008 年中游地区实现反超，并保持领先于上游地区。从增长趋势来看，长江经济带上中下游地区制造业转型升级水平快速提升，中游地区制造业转型升级水平年均增长率最高，上游地区次之，下游地区最低，年均增长率从高至低依次为 8.72%、8.14%、6.39%。

表 11　2003～2016 年长江经济带上中下游地区制造业转型升级水平

年份/指标	上游地区	中游地区	下游地区
2003	11.92	11.76	21.19
2004	12.21	11.23	23.43
2005	12.87	12.01	23.99
2006	13.64	12.79	25.82
2007	15.01	13.87	28.07
2008	15.22	15.57	29.14
2009	16.82	17.63	30.85
2010	18.54	19.56	34.30
2011	21.07	21.71	35.88
2012	23.17	23.85	37.64
2013	26.41	27.34	40.11
2014	28.15	29.53	43.04
2015	30.25	32.22	45.18
2016	32.96	34.85	47.40
年均增长率(%)	8.14	8.72	6.39

注：长江经济带上中下游地区制造业转型升级水平得分分别为其包含省市制造业转型升级水平得分的算术平均值，下同。

资料来源：根据测算结果整理。

从制造业转型升级水平分解项得分趋势来看，2003～2016年长江经济带上中下游地区制造业转型升级水平分解项得分的趋势基本一致，其中质量效益、绿色发展水平均快速提升，而结构优化水平呈先波动下降后上升趋势。

从制造业转型升级水平分解项得分值来看，2003～2016年长江经济带下游地区制造业质量效益、结构优化、绿色发展水平均处于领先地位，均高于全国水平。质量效益方面，下游地区得分最高，上游地区次之，中游地区最低，上中下游地区制造业质量效益水平年均增长率分别为12.8%、14.31%、10%（见表12）。结构优化方面，下游地区得分最高，上游地区次之，中游地区最低，上中下游地区制造业结构优化水平年均增长率分别为2.97%、1.73%、0.97%。绿色发展方面，下游地区得分最高，中游地区次之，上游地区最低，上中下游地区绿色发展水平年均增长率分别为15.1%、15.96%、10.04%。整体而言，长江经济带下游地区制造业转型升级处于较高水平，提升速度趋缓，而中上游地区制造业转型升级处于快速提升期，制造业发展方式正在加速转变。

表12　2003～2016年长江经济带上中下游地区制造业转型升级水平得分分解

年份/指标	质量效益水平			结构优化水平			绿色发展水平		
	上游	中游	下游	上游	中游	下游	上游	中游	下游
2003	1.86	1.47	2.98	8.10	7.86	11.16	1.96	2.43	7.05
2004	2.38	1.91	3.23	7.68	6.82	11.71	2.16	2.50	8.48
2005	2.62	2.16	3.54	7.88	7.09	11.50	2.37	2.76	8.95
2006	3.21	2.63	4.04	7.66	6.90	11.43	2.77	3.27	10.35
2007	3.81	3.30	4.60	7.75	6.51	11.45	3.45	4.05	12.02
2008	3.67	3.68	4.56	7.63	6.71	10.95	3.92	5.19	13.62
2009	4.28	4.15	5.32	8.08	7.40	11.07	4.46	6.08	14.46
2010	4.94	4.96	6.17	8.11	7.19	11.01	5.49	7.41	17.12
2011	5.79	5.84	7.07	8.84	7.38	10.92	6.44	8.49	17.89
2012	6.07	6.06	7.33	9.90	7.93	11.40	7.20	9.86	18.91
2013	6.86	6.60	7.98	10.40	8.32	11.24	9.15	12.42	20.89

续表

年份/指标	质量效益水平			结构优化水平			绿色发展水平		
	上游	中游	下游	上游	中游	下游	上游	中游	下游
2014	7.25	6.80	8.58	10.86	8.57	11.52	10.04	14.16	22.94
2015	7.99	7.48	9.26	11.23	9.35	12.25	11.03	15.39	23.67
2016	8.92	8.38	10.29	11.85	9.83	12.65	12.19	16.65	24.45
年均增长率（%）	12.80	14.31	10.00	2.97	1.73	0.97	15.10	15.96	10.04

资料来源：根据测算结果整理。

3. 长江经济带沿线11省市制造业转型升级水平

2003～2016 年长江经济带沿线 11 省市制造业转型升级水平均有所提升。如表 13 所示，2003～2016 年长江经济带沿线 11 省市制造业转型升级水平格局发生变动，2003 年上海市、江苏省、浙江省制造业转型升级水平位居前三，而 2016 年江苏省、上海市、重庆市位居前三，其中上海市、江苏省制造业转型升级水平仍遥遥领先，但江苏省于 2015 年实现反超成为第一，重庆市于 2012 年替代浙江省进入前三。

表 13　2003～2016 年长江经济带沿线 11 省市制造业转型升级水平

年份/指标	上海	江苏	浙江	安徽	江西	湖北	湖南	重庆	四川	贵州	云南
2003	31.04	24.93	18.52	10.25	12.42	12.38	10.49	11.62	14.93	13.17	7.97
2004	36.04	27.17	19.62	10.87	12.14	11.65	9.89	12.10	13.75	13.28	9.71
2005	36.50	27.71	20.48	11.26	12.80	13.04	10.20	12.02	15.03	13.82	10.59
2006	39.13	29.59	22.28	12.29	13.45	14.06	10.87	12.63	15.90	14.12	11.90
2007	42.73	32.22	23.64	13.69	14.41	14.91	12.28	13.87	17.70	15.59	12.90
2008	43.97	34.29	23.43	14.88	16.05	16.58	14.10	14.75	18.22	15.02	12.90
2009	45.03	36.76	24.22	17.38	18.70	18.49	15.69	16.43	20.29	16.49	14.08
2010	51.87	39.02	26.14	20.15	19.98	20.77	17.94	19.75	21.97	17.03	15.43

续表

年份/指标	上海	江苏	浙江	安徽	江西	湖北	湖南	重庆	四川	贵州	云南
2011	50.56	41.57	27.65	23.75	21.60	22.89	20.65	26.10	25.53	17.14	15.53
2012	49.99	45.50	29.22	25.86	24.30	25.34	21.90	30.48	27.69	17.98	16.55
2013	51.31	49.73	31.11	28.29	26.81	29.69	25.51	35.84	32.27	19.65	17.88
2014	53.76	52.99	33.44	31.97	29.59	31.67	27.34	39.96	33.61	20.60	18.42
2015	53.78	57.01	34.61	35.33	31.67	35.06	29.93	43.61	34.32	24.39	18.69
2016	53.64	60.41	36.84	38.69	33.77	38.30	32.49	47.96	36.74	27.19	19.96
年均增长率（%）	4.30	7.04	5.43	10.75	8.00	9.08	9.08	11.52	7.17	5.73	7.32

资料来源：根据测算结果整理。

从制造业转型升级水平分解项得分趋势来看，2003～2016 年长江经济带沿线 11 省市制造业质量效益、结构优化、绿色发展水平基本都有所提升，其中质量效益水平和绿色发展水平快速提升，大部分省市年均增长率均超过10%，而结构优化水平提升速度较慢，上海市出现倒退（见表 14）。

从制造业转型升级水平分解项得分值来看，2003～2016 年上海市和江苏省制造业质量效益、结构优化、绿色发展水平保持领先地位。质量效益方面，2003 年前三位为上海市、云南省、江苏省，2016 年前三位为上海市、江苏省、重庆市，上海市年均增长率相对较低，但质量效益水平依旧稳居第一。结构优化方面，2003 年前三位为上海市、江苏省、四川省，2016 年前三位为重庆市、上海市、江苏省，上海市、江苏省稳居前三，而重庆市于 2016 年超过上海，制造业结构优化水平处于领先地位。绿色发展方面，2003 年前三位为上海市、江苏省、浙江省，2016 年前三位为江苏省、上海市、重庆市，江苏省于 2013 年反超上海，制造业绿色发展水平保持领先地位。整体而言，长江经济带沿线 11 省市制造业质量效益、结构优化、绿色发展水平的格局较为稳定，上海市、江苏省基本稳居前三，同时重庆市表现突出，2016 年质量效益水平、结构优化水平和绿色发展水平均位于前三。

表 14　2003～2016 年长江经济带沿线 11 省市制造业转型升级水平得分分解

省市	质量效益水平			结构优化水平			绿色发展水平		
	2003年	2016年	年均增长率(%)	2003年	2016年	年均增长率(%)	2003年	2016年	年均增长率(%)
上海	4.65	13.16	8.32	16.12	15.82	-0.14	10.27	24.66	6.97
江苏	2.67	10.91	11.43	13.50	15.53	1.09	8.77	33.97	10.98
浙江	2.60	7.64	8.66	9.18	9.81	0.51	6.74	19.38	8.47
安徽	2.00	9.46	12.68	5.83	9.44	3.77	2.42	19.80	17.56
江西	1.28	7.82	14.95	8.95	10.41	1.17	2.19	15.54	16.26
湖北	1.66	9.62	14.45	7.84	9.49	1.48	2.87	19.20	15.74
湖南	1.47	7.69	13.56	6.80	9.58	2.67	2.22	15.22	15.95
重庆	1.94	9.94	13.41	7.06	16.41	6.70	2.62	21.61	17.61
四川	1.60	8.84	14.06	11.48	13.49	1.25	1.85	14.41	17.09
贵州	1.20	8.92	16.72	10.67	10.94	0.20	1.31	7.32	14.16
云南	2.72	7.98	8.63	3.20	6.56	5.67	2.04	5.41	7.78

资料来源：根据测算结果整理。

三　长江经济带创新驱动能力对制造业转型升级的影响

（一）模型设定与数据来源

为进一步考察长江经济带创新驱动能力对制造业转型升级的影响路径，构建面板数据计量模型：

$$\ln Y_{it} = \beta_0 + \beta_1 \ln ID_{it} + \alpha_j X_{it} + u_{it} + \varepsilon_{it} \qquad (13)$$

其中，被解释变量 Y_{it} 为制造业转型升级水平及其分解，核心解释变量创新驱动能力 ID_{it} 为制造业全要素生产率累计变化指数及其分解，X_{it} 为控制变量，u_{it} 为省区市固定效应，ε_{it} 为随机扰动项。

参考现有研究成果，控制变量 X_{it} 主要包括制造业集聚水平（AGG_{it}）、财政支持力度（FS_{it}）、对外开放水平（$OPEN_{it}$）、经济发展水平（ED_{it}）、人力资本水平（HC_{it}）、金融发展水平（FD_{it}），具体解释如下。

（1）制造业集聚水平。采用制造业区位熵来表示制造业集聚水平，i 省

区市 t 期的制造业区位熵可表示为：

$$AGG_{it} = \frac{ms_{it}/gdp_{it}}{MS_t/GDP_t} \tag{14}$$

其中，ms_{it} 为 t 期 i 省区市的制造业销售产值，gdp_{it} 为 t 期 i 省区市的地区生产总值，MS_t 为 t 期全国制造业销售产值，GDP_t 为 t 期国内生产总值。

（2）财政支持力度。税收优惠政策是支持制造业企业发展的重要财政手段，采用制造业规模以上工业企业应交增值税占主营业务收入的比重来衡量制造业财政支持力度。

（3）对外开放水平。高水平对外开放有利于推动制造业高质量发展，采用制造业规模以上工业企业出口交货值占销售产值的比重来衡量制造业对外开放水平。

（4）经济发展水平。地区经济发展与制造业发展密不可分，制造业是地区经济发展的重要支柱，而地区经济发展水平的提高可以为制造业发展提供更好的生产环境，采用地区人均生产总值来衡量地区经济发展水平。

（5）人力资本水平。随着制造业向技术密集型转变，人力资本越发成为制造业转型升级的重要推力，《中国制造 2025》明确提出要健全多层次人才培养体系，采用实际人均人力资本来衡量地区人力资本水平。

（6）金融发展水平。金融发展是制造业发展的有力支撑，加大金融对制造业的支持力度，强化融资支持和金融服务创新，是促进制造业高质量发展的重要途径，采用银行业金融机构贷款余额与地区生产总值之比来衡量地区金融发展水平。

分析创新驱动对制造业转型升级影响机制的数据主要来源于《中国统计年鉴》（2004～2017 年）、《中国工业经济统计年鉴》（2004～2012 年）、《中国工业统计年鉴》（2013～2017 年）、《中国金融年鉴》（2005～2017 年），实际人均人力资本数据采自中央财经大学中国人力资本与劳动经济研究中心发布的《中国人力资本报告 2017》。各省区市制造业数据仍由删减合并后的 21 个制造业两位数行业数据加总得出。

回归模型中所选变量的描述性统计见表 15。

表 15　回归模型中所选变量的描述性统计

变量	单位	均值	标准差	最小值	最大值	观测数
转型升级水平(*TU*)	—	24.23	13.99	4.67	76.47	403
质量效益水平(*BE*)	—	5.71	2.91	1.22	18.04	403
结构优化水平(*SO*)	—	9.03	4.70	1.43	23.98	403
绿色发展水平(*GD*)	—	9.49	8.54	0.13	45.90	403
全要素生产率累计变化指数(*TFP*)	—	1.41	0.33	0.70	2.57	403
技术效率累计变化指数(*EC*)	—	1.09	0.19	0.58	1.71	403
技术进步累计变化指数(*TC*)	—	1.32	0.34	0.51	3.12	403
制造业集聚水平(*AGG*)	—	0.80	0.35	0.06	1.66	403
财政支持力度(*FS*)	%	3.30	1.20	1.45	9.47	403
对外开放水平(*OPEN*)	%	9.39	9.34	0.13	47.10	403
经济发展水平(*ED*)	万元	3.46	2.29	0.42	11.82	403
人力资本水平(*HC*)	万元	19.42	10.59	6.42	57.70	403
金融发展水平(*FD*)	—	1.14	0.41	0.54	2.65	403

资料来源：根据《中国统计年鉴》（2004～2017 年）、《中国工业经济统计年鉴》（2004～2012 年）、《中国工业统计年鉴》（2013～2017 年）、《中国金融年鉴》（2005～2017 年）、《中国人力资本报告》（2017 年）提供的相关统计数据计算整理。

（二）实证结果

从全国样本下创新驱动能力对制造业转型升级影响的回归结果来看，创新驱动能力对制造业转型升级水平有显著正向影响。如表 16 所示，从模型（1）来看，制造业全要素生产率对制造业转型升级水平影响的估计系数显著为正，从模型（2）、模型（3）来看，制造业技术效率和技术进步对制造业转型升级水平的估计系数均显著为正，分别为 0.13、0.23，表明当前阶段技术效率对提升制造业转型升级的影响低于技术进步的影响，技术效率对制造业转型升级的驱动作用有待进一步发挥。

提高质量效益是驱动制造业转型升级的主要动力，结构优化、绿色发展对推动制造业转型升级的作用并不显著。从模型（4）～模型（6）来看，制造业全要素生产率对制造业质量效益水平影响的估计系数显著为正，而对制造业结构优化水平和绿色发展水平的影响虽为正向，但估计系数并不显著。

全国通过提升创新能力实现制造业质量效益的持续提升，但制造业结构仍需进一步完善，要积极推动传统制造业改造升级，大力培育高端制造业集群，同时必须坚持走绿色发展的道路，推动制造业高质量发展。

从控制变量的回归结果来看，制造业集聚水平、财政支持力度、对外开放水平、经济发展水平、人力资本水平和金融发展水平对制造业转型升级均有显著影响。其中，提高制造业集聚水平、地区金融发展水平对制造业质量效益、结构优化和绿色发展均有显著正向影响；提高地区经济发展水平和人力资本水平有利于改善制造业质量效益和绿色发展水平；加大制造业财政支持力度（降低税收）、提高制造业对外开放水平可以显著改善制造业结构优化水平。

表 16　全国样本下创新驱动能力对制造业转型升级影响的回归结果

变量	转型升级水平 (ln*TU*)			质量效益水平 (ln*BE*)	结构优化水平 (ln*SO*)	绿色发展水平 (ln*GD*)
	模型(1)	模型(2)	模型(3)	模型(4)	模型(5)	模型(6)
ln*TFP*	0.32 ***	—	—	0.30 ***	0.03	0.12
	(−0.04)	—	—	(−0.06)	(−0.07)	(−0.09)
ln*EC*	—	0.13 ***	—	—	—	—
	—	(−0.05)	—	—	—	—
ln*TC*	—	—	0.23 ***	—	—	—
	—	—	(−0.04)	—	—	—
ln*AGG*	0.36 ***	0.31 ***	0.37 ***	0.10 **	0.19 ***	0.77 ***
	(−0.03)	(−0.03)	(−0.03)	(−0.04)	(−0.05)	(−0.06)
ln*FS*	−0.05 *	−0.05 *	−0.04	0.13 ***	−0.27 ***	0.27 ***
	(−0.03)	(−0.03)	(−0.03)	(−0.04)	(−0.05)	(−0.06)
ln*OPEN*	0.07 ***	0.07 ***	0.05 ***	−0.03	0.22 ***	−0.05
	(−0.01)	(−0.02)	(−0.02)	(−0.02)	(−0.03)	(−0.03)
ln*ED*	0.13 ***	0.15 ***	0.13 ***	0.54 ***	0.05	0.56 ***
	(−0.04)	(−0.04)	(−0.04)	(−0.06)	(−0.07)	(−0.09)
ln*HC*	0.68 ***	0.82 ***	0.73 ***	0.44 ***	0.14	0.57 ***
	(−0.08)	(−0.08)	(−0.08)	(−0.11)	(−0.14)	(−0.17)
ln*FD*	0.12 ***	0.16 ***	0.10 ***	0.07 *	0.22 ***	0.48 ***
	(−0.03)	(−0.03)	(−0.03)	(−0.04)	(−0.05)	(−0.07)

续表

变量	转型升级水平 (ln*TU*)			质量效益水平 (ln*BE*)	结构优化水平 (ln*SO*)	绿色发展水平 (ln*GD*)
	模型(1)	模型(2)	模型(3)	模型(4)	模型(5)	模型(6)
cons	-1.84 ***	-2.72 ***	-2.07 ***	-6.29 ***	0.79 **	-6.84 ***
	(-0.19)	(-0.17)	(-0.2)	(-0.26)	(-0.32)	(-0.41)
N(个)	403	403	403	403	403	403
R^2	0.93	0.92	0.92	0.93	0.41	0.89

注：由于均为总样本回归，且根据 F 检验和豪斯曼检验结果应使用固定效应模型，因此只报告固定效应回归结果，下同。括号内为标准误差，*、**、*** 分别表示在 10%、5% 和 1% 的统计水平下显著。

资料来源：根据回归结果整理。

从长江经济带样本下创新驱动能力对制造业转型升级影响的回归结果来看，创新驱动能力对长江经济带制造业转型升级有显著正向影响，但在动力来源上与全国样本下的回归结果有一定差异。如表 17 所示，从模型（7）来看，制造业全要素生产率对制造业转型升级水平有显著正向影响，但影响程度略低于全国水平，从模型（8）、模型（9）来看，制造业技术进步对制造业转型升级有显著正向影响，略高于全国水平，而技术效率有正向影响却不显著。长江经济带制造业转型升级水平的提升依赖于技术进步，技术效率的推动作用并未显现。

长江经济带创新驱动制造业转型升级主要通过改善质量效益和推进绿色发展，全要素生产率对绿色发展水平的影响优于全国水平，但在结构优化方面的作用也并不显著。从模型（10）~模型（12）来看，长江经济带制造业全要素生产率对制造业质量效益水平和绿色发展水平影响的估计系数显著为正，分别为 0.40、0.38，而对结构优化水平影响的估计系数为负，但不显著。长江经济带制造业创新驱动能力的提升，对改善制造业质量效益和推动制造业绿色发展做出重要贡献，但未显著推动制造业结构向高级化和合理化调整。

从控制变量的回归结果来看，制造业集聚水平、对外开放水平、经济发展水平、人力资本水平和金融发展水平对制造业转型升级均有显著影响，而财政支持力度的影响并不显著。其中，加快制造业集聚可以显著改善质量效益、促进结构优化、推动绿色发展，从而推动长江经济带制造业转型升级；加大财政支持力度（降低税收）可以显著促进长江经济带制造业结构优化，但对质量效益和绿色发展有负向影响，从而导致对制造业转型升级水平的影响并不显著；制造业对外开放水平可以有效改善长江经济带制造业结构优化水平和绿色发展水平；地区经济发展有利于提高长江经济带制造业质量效益水平、结构优化水平和绿色发展水平；地区人力资本水平有利于改善长江经济带制造业质量效益，推动长江经济带绿色发展；地区金融发展水平可以通过优化资源配置，促进长江经济带制造业结构优化，但对长江经济带制造业质量效益和绿色发展水平影响并不显著。

表 17　长江经济带样本下创新驱动能力对制造业转型升级影响的回归结果

变量	转型升级水平（ln*TU*）			质量效益水平（ln*BE*）	结构优化水平（ln*SO*）	绿色发展水平（ln*GD*）
	模型(7)	模型(8)	模型(9)	模型(10)	模型(11)	模型(12)
ln*TFP*	0.28*** (-0.07)	— —	— —	0.40*** (-0.08)	-0.01 (-0.09)	0.38*** (-0.1)
ln*EC*	— —	0.01 (-0.08)	— —	— —	— —	— —
ln*TC*	— —	— —	0.25*** (-0.07)	— —	— —	— —
ln*AGG*	0.38*** (-0.04)	0.33*** (-0.05)	0.42*** (-0.05)	0.14*** (-0.05)	0.21*** (-0.06)	0.69*** (-0.06)
ln*FS*	0.05 (-0.05)	0.05 (-0.06)	0.01 (-0.05)	0.22*** (-0.06)	-0.17** (-0.07)	0.21*** (-0.08)
ln*OPEN*	0.19*** (-0.03)	0.17*** (-0.03)	0.17*** (-0.03)	-0.01 (-0.03)	0.28*** (-0.04)	0.22*** (-0.04)
ln*ED*	0.30*** (-0.06)	0.32*** (-0.07)	0.26*** (-0.06)	0.53*** (-0.07)	0.19** (-0.09)	0.56*** (-0.09)
ln*HC*	0.35** (-0.14)	0.48*** (-0.15)	0.44*** (-0.14)	0.37** (-0.16)	-0.08 (-0.19)	0.63*** (-0.2)
ln*FD*	0.28*** (-0.08)	0.31*** (-0.09)	0.20** (-0.08)	-0.07 (-0.09)	0.37*** (-0.11)	0.05 (-0.12)

续表

变量	转型升级水平 (ln*TU*)			质量效益水平 (ln*BE*)	结构优化水平 (ln*SO*)	绿色发展水平 (ln*GD*)
	模型(7)	模型(8)	模型(9)	模型(10)	模型(11)	模型(12)
cons	1.31*** (-0.33)	1.05*** (-0.35)	1.22*** (-0.33)	-0.33 (-0.39)	1.88*** (-0.46)	-1.00** (-0.49)
N(个)	143	143	143	143	143	143
R^2	0.96	0.96	0.96	0.97	0.69	0.97

注：括号内为标准误差，**、*** 分别表示在5%和1%的统计水平下显著。
资料来源：根据回归结果整理。

四 研究结论与政策启示

（一）研究结论

（1）2003～2016年长江经济带制造业全要素生产率年均增长率为4.81%，高于全国水平；上中下游地区制造业全要素生产率年均增长率分别为4.90%、4.94%、4.61%，中游地区制造业全要素生产率年均增长率最高，上游地区次之，下游地区最低，但下游地区技术进步年均增长率较高；沿线11省市制造业全要素生产率均实现增长，但大部分省市全要素生产率的提升主要来源于技术进步，技术效率提升速度较慢。

（2）2003～2016年长江经济带制造业转型升级水平保持在全国水平之上，年均增长率也高于全国水平，二者之间差距逐渐拉大，长江经济带制造业转型升级水平的优势主要体现在结构优化水平和绿色发展水平两个方面；下游地区制造业转型升级水平及其分解项均远高于中上游地区，但中上游地区转型升级水平及其分解项的增长速度相对较快；沿线11省市制造业转型升级水平均有所提升，但整体格局较为稳定，上海市、江苏省制造业转型升级水平及其分解项均长期保持领先地位。

（3）长江经济带制造业全要素生产率对制造业转型升级水平有显著正

向影响，其中制造业技术进步对制造业转型升级水平有显著正向影响，且高于全国水平，而技术效率的正向影响却不显著。长江经济带创新驱动制造业转型升级主要通过改善质量效益和推进绿色发展，全要素生产率对绿色发展水平的影响优于全国水平，但对结构优化水平的影响不显著。此外，制造业集聚水平、对外开放水平、经济发展水平、人力资本水平和金融发展水平对制造业转型升级均有显著影响。

（二）政策启示

（1）坚持双轮驱动发展。技术创新和制度创新是制造业高质量发展的根本动力。要充分发挥长江经济带的创新资源优势，构建开放、协同、高效的共性技术研发平台，加快破除重点领域技术瓶颈制约，增强制造业技术创新能力，推动制造业高端化、绿色化、集约化发展。同时，应加快落实科技体制改革相关举措，在重要领域和关键环节开展创新驱动改革试验示范，积极在知识产权、金融创新、国际合作、人才流动等方面进行探索。

（2）推动区域协同创新。推动上海加快建设具有全球影响力的科技创新中心，发挥长三角地区对长江经济带创新发展的龙头带动作用。加强上中下游产业互动，引导长江经济带地区间产业合作和有序转移，充分发挥各地区的比较优势。以优势产业链为依托，加强统筹规划、共建共享，建立完善创新合作机制，推动产业技术创新共享平台建设，促进各类创新信息资源互联共享，形成优势互补、互利共赢的区域协同创新体系。

（3）加快结构调整优化。依托现有制造业发展基础，一方面积极推进传统领域技术改造，提高传统制造业产业竞争力；另一方面大力发展战略性新兴产业和高技术制造业，重点打造电子信息、高端装备、汽车、家电、纺织服装五大世界级制造业集群，加快制造业向高端化转型。同时，应加快人才结构调整，增强人才供需衔接，优化人力资源配置，着力推动人才结构与产业结构相适应，统筹推进产业、人才、区域、科技一体化发展。

参考文献

海兵、杨蕙馨:《创新驱动与现代产业发展体系——基于我国省际面板数据的实证分析》,《经济学》(季刊)2016年第4期,第1351~1386页。

李福柱、刘华清:《我国制造业转型升级的区位因素效应研究》,《经济学家》2018年第6期,第57~64页。

李海峥等:《中国人力资本的度量:方法、结果及应用》,《中央财经大学学报》2014年第5期,第69~78页。

李香菊、祝丹枫:《财税政策波动如何影响中国制造业转型升级——基于信息不对称和目标冲突视角的分析》,《财贸研究》2018年第11期,第15~30页。

李香菊、祝丹枫:《财税政策波动如何影响中国制造业转型升级——基于信息不对称和目标冲突视角的分析》,《财贸研究》2018年第11期,第15~30页。

刘思明、张世瑾、朱惠东:《国家创新驱动力测度及其经济高质量发展效应研究》,《数量经济技术经济研究》2019年第4期,第3~23页。

任碧云、贾贺敬:《金融有效支持中国制造业产业升级了吗?——基于金融规模、金融结构和金融效率的实证检验》,《财经问题研究》2019年第4期,第45~52页。

唐晓华、孙元君:《环境规制对区域经济增长的影响——基于产业结构合理化及高级化双重视角》,《首都经济贸易大学学报》2019年第3期,第72~83页。

吴敏洁、徐常萍、唐磊:《环境规制与制造业产业结构升级——影响机理及实证分析》,《经济体制改革》2019年第1期,第135~139页。

谢众、吴飞飞、杨秋月:《中国制造业升级的创新驱动效应——基于中国省级面板数据的实证检验》,《北京理工大学学报》(社会科学版)2018年第4期,第97~108页。

余东华、田双:《嵌入全球价值链对中国制造业转型升级的影响机理》,《改革》2019年第3期,第50~60页。

余泳泽、刘凤娟、张少辉:《中国工业分行业资本存量测算:1985~2014》,《产业经济评论》2017年第6期,第5~15页。

朱晓霞、郝佳佳:《中国制造业产业升级路径选择研究——以长江经济带为例》,《科技进步与对策》2015年第7期,第69~73页。

B.7

长江经济带城市工业绿色发展效率研究报告*

黄　磊**

摘　要： 随着资源环境约束条件的日益严峻，推动工业绿色发展，降低工业污染排放，已成为经济发展的主要趋势，作为国家重要的战略支撑带，长江经济带工业绿色发展对推动国家生态文明建设、构建现代产业体系、加快经济高质量发展意义重大。本报告基于2011～2016年长江经济带110个地级及以上城市面板数据，采用考虑非期望产出的超效率SBM模型及泰尔指数分析评估长江经济带城市工业绿色发展效率的时空演变规律，采用空间杜宾模型（SDM）探究影响长江经济带工业绿色发展效率的主要因素。结果表明：长江经济带城市工业绿色发展效率呈上升态势，工业绿色发展内生动力显著增强；上中下游地区城市工业绿色发展差异显著，呈梯度递减格局，城市工业绿色发展重心逐渐向中上游地区转移；经济发展、环境规制、工业化、对外开放对长江经济带城市工业绿色发展效率具有直接促进作用；环境规制、城镇化对长江经济带城市工业绿色发展效率存在负向空间溢出效应；产业集聚、工业化对长江经济

* 基金项目：国家社会科学基金一般项目“推动长江经济带制造业高质量发展研究”（项目编号：19BJL061）。

** 黄磊，西南大学经济管理学院讲师，武汉大学中国中部发展研究院区域经济学专业博士，从事区域经济学研究。

带城市工业绿色发展的正向空间溢出效应明显。进一步推动长江经济带城市工业绿色发展，应加快构建统一的环境预警机制，强化绿色技术创新的支撑作用，加快产业结构调整升级，落实新型城镇化政策，绿色承接区际与国际产业转移。

关键词： 长江经济带　城市单元　工业绿色发展

工业是国民经济的支柱，长江经济带（Yangtze River Economic Belt，YREB）作为新时期我国区域经济发展的战略支撑带，在我国工业经济发展格局中占据重要的支撑地位，是推动我国经济高质量发展的生力军。尽管长江经济带工业基础雄厚，工业发展成效卓著，但整体上仍未完全摆脱资源和要素驱动依赖，传统高耗能、高排放、高污染行业依然是工业发展的重要支柱，重化工围江问题突出，工业“三废”排放量巨大，农业和生态空间侵蚀严重。《长江经济带发展规划纲要》（2016 年）明确提出，要严格工业污染治理，淘汰工业落后产能。《关于加强长江经济带工业绿色发展的指导意见》（2017 年）要求减少长江经济带工业发展对生态环境的影响，实现工业绿色增长。2018 年，习近平总书记在深入推动长江经济带发展座谈会上进一步强调必须破解沿江工业无序发展难题。国家高度重视长江经济带工业绿色发展，城市作为工业生产活动的主要地区，是加速长江经济带工业绿色发展的重要突破口。工业绿色发展效率（efficiency of industrial green development，EIGD）作为工业绿色发展的内生动力，是促进工业绿色全要素生产率增长、提升工业发展质量的重要抓手。本报告侧重分析长江经济带城市工业绿色发展效率的时空演变规律，研判影响长江经济带城市工业绿色发展效率的主要因素，探讨提升长江经济带城市工业绿色发展效率的实施路径。

一　长江经济带城市工业绿色发展效率的时空演变格局

（一）研究方法

科学合理地处理工业环境非期望产出是准确测度工业绿色发展效率的关键。本报告采用能够较好处理工业废弃物的全局超效率方向性 SBM（Global directional slack - based measure）模型测度城市工业绿色发展效率。方向性距离函数虽能区分期望产出和非期望产出，但只能测度无效决策单元的工业投入产出径向比例变动，未能考虑投入、产出变量的非零松弛项，容易高估工业绿色发展效率。为解决松弛变动问题，本报告基于全局生产技术集思路，采用全局超效率方向性 SBM 模型测度长江经济带城市工业绿色发展效率，既可以比较工业绿色发展有效城市的相对水平，又可以实现城市工业绿色发展效率的跨期可比性。传统的 SBM 模型只能识别有效单元和无效单元，无法对有效单元的有效性做进一步区分，且无法实现测度结果的跨期可比。

该模型测评城市工业绿色发展效率主要涉及三类变量：工业投入要素、工业期望产出、工业非期望产出。基于新古典增长理论，主要考虑城市工业劳动力和城市工业资本两类变量，分别采用城市工业单位从业人员（人）、城市规上工业固定资产合计（万元）予以衡量，由于本报告测度的是工业绿色发展相对效率，保证样本数据的相对一致性即可保证效率评估结果不会出现系统性误差，且工业固定资产投资总额亦为时点存量概念，因此统一采用该指标代表城市工业资本存量要素投入（卢丽文等，2016）。考虑到工业期望产出应为工业产出的最终新增市场价值，选用城市工业增加值（万元）予以衡量，选用城市规上工业总产值可能高估工业期望产出，工业总产值包含工业生产的中间产品价值，未能准确反映工业有效产出。基于长江经济带的流域经济属性，工业非期望产出主要为废水、废气两类工业毒害物质，分别采用工业废水排放量（万吨）、城市工业二氧化硫排放量（吨）、城市工业烟（粉）尘排放量（吨）予以衡量。

（二）研究时段和数据来源

2013 年，发展长江经济带正式被确立为国家重大战略，为全面反映长江经济带城市工业绿色发展绩效，本报告研究时段为 2011～2016 年。所选用指标数据来源于《中国城市统计年鉴》（2012～2017 年）、长江经济带沿线 11 省市 2012～2017 年统计年鉴、2012～2017 年湖北省 12 个城市统计年鉴、2011～2016 年四川省 18 个城市《国民经济和社会发展统计公报》。其中，涉及市场价值的工业固定资产合计、工业增加值指标分别采用《中国统计年鉴》（2012～2017 年）中各城市所在省市以 2011 年为基期的定基工业固定资产投资价格指数、定基工业增加值平减指数消除物价波动。研究对象为长江经济带 110 个地级及以上城市，为充分反映长江经济带地区差异，将长江经济带划分为上、中、下游三大地区，参照《国务院关于依托黄金水道推动长江经济带发展的指导意见》（2014 年）关于长江经济带的地区划分，上游地区包括重庆、四川、贵州、云南 4 省市 33 个城市，中游地区包括江西、湖北、湖南 3 省市 36 个城市，下游地区包括上海、江苏、浙江、安徽 4 省市 41 个城市。

（三）测度结果

1. 工业绿色发展效率的时空演化特征

长江经济带城市工业绿色发展效率整体呈波动上升态势，城市工业绿色发展内生动力不断增强。2011～2016 年长江经济带城市工业绿色发展效率由 0.5920 上升至 0.6847（见表 1），年均增长 2.95%，城市工业发展方式逐步摆脱原有的要素驱动模式，注重提升工业能源利用效率，推广应用绿色工业生产技术，转向高质量发展阶段。2013 年长江经济带城市工业绿色发展效率出现较大幅度退化，可能是由于自 2012 年始经济发展步入新常态，经济发展速度放缓，长江经济带部分经济基础较弱的城市为保障经济平稳增长，加快布局一批高耗能、高排放、高污染的传统工业，2013 年长江经济带再次被确立为国家重大战略，一定程度上刺激了长江经济带沿线城市工业盲目无序发展，导致城市工业绿色生产能力出现下降。2016 年长江经济带工业绿色发展效率迅猛上升，较 2015 年增长 13.78%，主要得益于习近平总书记 2016 年初在重庆召开的长江经济带发展座谈会上，确立长江经济带“生态优先、绿色发展”的战略定位，长江经济带沿线城市大力优化工业结构，严控工业用地无序扩张，加快传统低端无效产能退出，发展壮大节能环保产业和高技术制造业，降低工业污染排放总量和强度，长江经济带城市工业绿色发展能力显著提升。

表 1　2011～2016 年长江经济带整体及各地区城市工业绿色发展效率

地区	2011 年	2012 年	2013 年	2014 年	2015 年	2016 年
长江经济带	0.5920	0.6019	0.5931	0.5977	0.6018	0.6847
上游地区	0.5838	0.6124	0.6069	0.6158	0.6300	0.7455
中游地区	0.5838	0.5907	0.5847	0.5900	0.5952	0.6656
下游地区	0.6059	0.6033	0.5893	0.5898	0.5848	0.6525

注：长江经济带及各地区工业绿色发展效率为各地区城市几何平均值。

资料来源：根据测算结果整理。

2. 工业绿色发展效率的空间演化

长江经济带城市工业绿色发展效率空间格局变动剧烈，城市工业绿色发展中心逐渐由下游地区转移至中上游地区。2011～2016 年上游地区城市工业绿色发展效率呈较快增长态势，由 2011 年的 0.5838 增长至 2016 年的 0.7455，年均增长 5.01%，上游地区工业绿色发展效率高水平地区城市数量由 2011 年的 1 个快速增长至 2016 年的 10 个，效率低水平地区城市也由 6 个减少至 4 个（见表 2），上游地区城市把握下游地区城市产业转型升级机遇，下游地区劳动密集型、资源密集型工业加快向中上游地区转移，且上游地区作为国家重要的生态屏障，注重强化工业污染治理，积极承接清洁型工业，工业增加值大幅提升，而工业有害物质排放管控良好，上游地区城市逐渐引领长江经济带城市工业绿色发展。

表 2　长江经济带城市工业绿色发展效率聚类分布

类型	地区	2011 年	2016 年
高水平	上游	巴中(1)	重庆、成都、资阳、遂宁、广安、雅安、自贡、广元、巴中、丽江(10)
	中游	九江、长沙(2)	随州、长沙、常德、张家界(4)
	下游	上海、黄山(2)	上海、舟山、黄山(3)
较高水平	上游	南充、广安、遂宁、资阳、自贡、玉溪(6)	泸州、铜仁(2)
	中游	张家界(1)	武汉、怀化(2)
	下游	苏州、池州(2)	苏州、温州、合肥、六安、蚌埠、池州(6)
中等水平	上游	重庆、成都、德阳、眉山、内江、雅安、宜宾、泸州、达州、泸州、遵义(11)	南充、德阳、绵阳、内江、遵义、安顺(6)
	中游	南昌、鹰潭、上饶、萍乡、吉安、赣州、武汉、黄冈、随州、襄阳、常德、邵阳、娄底、衡阳、株洲(15)	鹰潭、鄂州、黄冈、咸宁、荆州、宜昌、荆门、十堰、襄阳、岳阳、益阳、湘潭、株洲、邵阳、永州、郴州(16)
	下游	南京、常州、无锡、扬州、泰州、南通、盐城、宿迁、杭州、金华、舟山、宁波、台州、温州、合肥、马鞍山、芜湖、六安、安庆、滁州、蚌埠、亳州(22)	南京、无锡、扬州、泰州、南通、杭州、宁波、台州、金华、丽水、安庆、芜湖、宣城、滁州、阜阳、亳州(16)
较低水平	上游	绵阳、乐山、攀枝花、贵阳、毕节、铜仁、昆明、昭通、曲靖(9)	达州、眉山、乐山、宜宾、攀枝花、毕节、六盘水、昆明、昭通、玉溪、贵阳(11)
	中游	景德镇、宜春、新余、抚州、鄂州、黄石、咸宁、孝感、宜昌、荆州、荆门、岳阳、益阳、湘潭、怀化、永州、郴州(17)	南昌、九江、景德镇、上饶、萍乡、新余、抚州、吉安、赣州、黄石、孝感、衡阳、娄底(13)
	下游	镇江、淮安、徐州、连云港、绍兴、湖州、嘉兴、衢州、丽水、铜陵、宣城、阜阳、宿州(13)	镇江、常州、淮安、宿迁、连云港、盐城、徐州、嘉兴、湖州、绍兴、衢州、马鞍山、铜陵、宿州(14)
低水平	上游	六盘水、安顺、丽江、保山、临沧、普洱(6)	曲靖、保山、临沧、普洱(4)
	中游	十堰(1)	宜春(1)
	下游	淮北、淮南(2)	淮北、淮南(2)

资料来源：根据 ArcGIS10.5 的自然间断点聚类法聚类结果整理，括号内数字为对应类型地区城市数量。

中游地区与上游地区类似，城市工业绿色发展效率较为平稳，由2011年的0.5838上升至2016年的0.6656，年均增长2.66%，中游地区城市工业绿色发展效率较高水平及高水平类型城市数量由3个增加至2016年的6个，工业绿色发展效率较低水平及低水平类型城市数量则由18个减少至2016年的14个，城市工业绿色发展绩效良好。下游地区城市工业绿色发展效率整体较为平稳，由2011年的0.6059上升至2016年的0.6525，年均增长1.49%，城市工业绿色发展效率中等水平及以上类型城市数量仅由26个减少至25个，下游地区城市逐步迈向服务化、智能化、高端化、绿色化，优先发展现代服务业，特别是金融、研发设计、节能环保等高端服务业，科技含量较低的传统工业已逐步转移至中上游地区城市，工业增长效应较弱，工业发展效率提升不明显。

3. 工业绿色发展效率的差异特性

长江经济带城市工业绿色发展效率的不平衡性加剧，城市间工业绿色发展能力差异有扩大趋势。2011～2016年长江经济带城市工业绿色发展效率的泰尔指数由2011年的0.0289下降至2013年的0.0151，后持续加速上升至2016年的0.0355（见表3），随着长江经济带“共抓大保护、不搞大开发”理念的深入推进，各城市对“生态优先、绿色发展”战略定位的执行力度不一，城市间的工业绿色发展成效差异逐渐显现。上中下游地区间的城市工业绿色发展效率差异虽有上升，但地区内的城市工业绿色发展效率差异仍以绝对贡献（超过95%）造成了长江经济带城市工业绿色发展能力的不平衡性，长江经济带上中下游地区内城市工业绿色发展成效差异巨大。

上游地区城市工业绿色发展效率差异尤为突出，主导整个长江经济带城市工业绿色发展差异变动，由2011年的0.0288波动上升至2016年的0.0605，对长江经济带城市工业绿色发展差异贡献度已高达55.72%，在长江经济带绿色发展导向下，上游地区部分城市充分挖掘自身环境资源优势，加快发展环境友好型工业，而部分城市则加快承接下游地区淘汰落后的过剩工业产能，导致上游地区城市工业绿色发展成效存在差异（卢丽文等，2016）。中游地区城市工业绿色发展效率差异指数亦呈波动上升态势，但增幅相对较小，差异贡献份额维持在20%左右，中游地区较上游地区工业基础扎实，城市工业绿色发展能力提升相对平稳。下游地区城市工业绿色发展效率差异指数整体呈下降态势，由2011年的0.0381波动下降至2016年的0.0183，差异贡献份额由50.34%下降至18.27%，下游地区城市依托雄厚的工业基础、先进的技术创新能力与良好的合作发展机制，城市工业绿色发展能力逐步走向均衡。

表3　2011～2016年长江经济带城市工业绿色发展效率的泰尔指数及其分解贡献率

指数	2011年	2012年	2013年	2014年	2015年	2016年
泰尔指数	0.0289	0.0213	0.0151	0.0158	0.0168	0.0355
地区间差异	0.0002	0.0001	0.0001	0.0002	0.0005	0.0017
地区间贡献(%)	0.56	0.48	0.80	1.24	2.93	4.78
地区内差异	0.0287	0.0212	0.0150	0.1560	0.0163	0.0338
地区内贡献(%)	99.44	99.52	99.20	98.76	97.07	95.22
上游城市差异	0.0288	0.0352	0.0248	0.0226	0.0309	0.0605
上游城市贡献(%)	29.53	50.46	50.26	51.93	57.70	55.72
中游城市差异	0.0175	0.0083	0.0097	0.0077	0.0102	0.0237
中游城市贡献(%)	19.56	12.49	20.61	15.76	19.60	21.23
下游城市差异	0.0381	0.0209	0.0116	0.0134	0.0092	0.0183
下游城市贡献(%)	50.34	36.57	28.33	31.07	19.77	18.27

资料来源：根据MATLAB2017a的泰尔指数及其分解运行结果整理。

二　长江经济带城市工业绿色发展效率的影响因素

（一）研究方法

1. 变量选取

学术界关于工业绿色发展效率的影响因素尚未达成一致看法，但普遍认为经济发展、环境规制、产业集聚、技术创新、城镇化、工业化、对外开放对绿色发展具有重要影响。经济发展有利于刺激工业绿色产品需求并为绿色技术创新提供物质基础（杨亦民、王梓龙，2017），采用人均 GDP 表示；环境规制可能加剧工业企业成本导致污染企业迁移，但也可能促进绿色技术创新（陶锋、王余妃，2018），采用一般工业固体废物综合利用率表示；产业集聚可能导致污染产能扩张（刘金林、冉茂盛，2015），采用工业区位熵表示；技术创新则有利于支撑长江经济带工业绿色转型升级（岳鸿飞等，2017），采用科学技术支出占财政支出的比重表示；城镇化可将工业绿色发展高端人才和技术凝聚在城市（汪川，2017），采用城镇常住人口占总人口的比重表示；工业化所处的不同阶段可能对环境影响呈现差异化效应（汪川，2017），采用工业增加值占地区生产总值的比重表示；对外开放有利于引进国外先进生产技术，但也可能承接国际污染转移（刘晓萌等，2016），采用实际利用外资占固定资产投资的比重表示。

2. 模型确定

参考刘晓萌等（2016）的研究成果，区域经济变量的影响存在空间交互效应，必须考虑解释变量的空间溢出效应。建立普通面板线性回归的基准模型，根据面板线性回归模型结果进一步检验模型是否存在空间效应，若不存在空间效应，则使用普通面板回归模型即可；若存在空间效应，则进一步根据空间效应类型选择适宜的面板空间模型。基准面板回归模型为：

$$EIGD_{it} = \alpha_0 + \alpha_i + \ln(ED_{it})\beta_1 + ER_{it}\beta_2 + IA_{it}\beta_3 + TI_{it}\beta_4 + UR_{it}\beta_5 + IN_{it}\beta_6 + OP_{it}\beta_7 + \varepsilon_{it} \quad (1)$$

若仅存在内生空间交互效应，则采用面板空间滞后模型（SLM）：

$$EIGD_{it} = \alpha_0 + \alpha_i + \delta\sum_{j=1}^{110} w_{ij}EIGD_{jt} + \ln(ED_{it})\beta_1 + ER_{it}\beta_2 + IA_{it}\beta_3 + TI_{it}\beta_4 + UR_{it}\beta_5 + IN_{it}\beta_6 + OP_{it}\beta_7 + \varepsilon_{it} \quad (2)$$

若仅存在误差项空间交互效应，则采用面板空间误差模型（SEM）：

$$EIGD_{it} = \alpha_0 + \alpha_i + \ln(ED_{it})\beta_1 + ER_{it}\beta_2 + IA_{it}\beta_3 + TI_{it}\beta_4 + UR_{it}\beta_5 + IN_{it}\beta_6 + OP_{it}\beta_7 + \mu_{it} \quad (3)$$

$$\mu_{it} = \lambda\sum_{j=1}^{110} w_{ij}u_{jt} + \varepsilon_{it} \quad (4)$$

若内生空间交互效应、误差项空间交互效应均存在，则采用面板空间杜宾模型（SDM）：

$$EIGD_{it} = \alpha_0 + \alpha_i + \delta \sum_{j=1}^{110} w_{ij} EIGD_{jt} + \ln(ED_{it})\beta_1 + ER_{it}\beta_2 + IA_{it}\beta_3 + TI_{it}\beta_4 + UR_{it}\beta_5 + IN_{it}\beta_6 + OP_{it}\beta_7 + \sum_{j=1}^{110} w_{ij}\ln(ED_{jt})\theta_1 + \sum_{j=1}^{110} w_{ij}ER_{jt}\theta_2 + \sum_{j=1}^{110} w_{ij}IA_{jt}\theta_3 + \sum_{j=1}^{110} w_{ij}TI_{jt}\theta_4 + \sum_{j=1}^{110} w_{ij}UR_{jt}\theta_5 + \sum_{j=1}^{110} w_{ij}IN_{jt}\theta_6 + \sum_{j=1}^{110} w_{ij}OP_{jt}\theta_7 + \varepsilon_{it} \quad (5)$$

式（1）~（5）中，*EIGD* 为被解释变量城市工业绿色发展效率，*ED* 为经济发展水平，ln(*ED*) 表示对经济发展水平取对数，以减少经济波动的异方差影响，*ER* 为工业环境规制强度，*IA* 为工业集聚水平，*TI* 为技术创新水平，*UR* 为城镇化水平，*IN* 为工业化水平，*OP* 为对外开放水平。α_0 与 α_i 分别为常数项和个体效应，β_1 ~ β_7 分别为各个解释变量回归系数，ε 为随机误差项，δ 为空间自回归系数，w 为空间权重矩阵 W 的元素，λ 为空间自相关系数，u 为空间误差项，θ_1 ~ θ_7 为各个空间滞后解释变量回归系数，i 与 j 分别表示第 i 个城市和第 j 个城市，取值为 1 ~ 110，t 表示年份，取值为 2011 ~ 2016。

（二）空间权重矩阵选择与数据来源

采用基于 *queen* 标准的邻接矩阵作为空间权重矩阵 $W_{(110\times110)}$，当城市 i 与城市 j 的地理空间具有共同的顶点或边界，则空间权重 w_{ij} 取值为 1，反之则取值为 0，此外，尽管城市 i 与自身具有共同边界和顶点，但并不存在自身的空间交互作用关系，令城市 i 与自身的空间权重 w_{it} 为 0。被解释变量工业绿色发展效率直接取自第一部分效率测度结果，各解释变量基础数据源自《中国城市统计年鉴》（2012 ~ 2017 年）、2012 ~ 2017 年长江经济带沿线 11 省市统计年鉴、2012 ~ 2017 年湖北省 12 城市统计年鉴、2011 ~ 2016 年四川省 18 城市《国民经济和社会发展统计公报》、《浙江省人口变动抽样调查主要数据公报》（2011 ~ 2016 年）。经济发展水平的代理变量人均 GDP（元）采用《中国统计年鉴》（2012 ~ 2017 年）全国层面以 2011 年为基期的定基

GDP 平减指数消除物价波动，其余变量的代理变量均为比率相对指标，不涉及价格变动，无须进行价格平减。

（三）实证结果与分析

首先采用传统面板回归模型对长江经济带城市工业绿色发展效率影响因素进行分析，根据 LM 检验结果判断传统面板回归模型是否可拓展为空间面板模型，若 LM 检验均通过，则表明模型存在空间交互效应，传统面板模型应拓展为空间面板模型。由个体固定效应和时间固定效应联合非显著性 LR 检验结果可知个体和时间双固定效应模型为最佳传统面板回归模型，但该模型 LM 检验亦表明传统模型存在空间交互效应，应采用空间面板模型分析长江经济带城市工业绿色发展效应的动力机制。尽管各传统面板回归模型的 LM 检验均显示模型存在空间临近效应和空间结构效应，进一步通过稳健的 LM 检验亦无法确定模型类型，因此要谨慎选用同时考虑空间临近效应和空间结构效应的空间杜宾模型进行回归。通过对空间杜宾模型做进一步 Wald 检验与 LR 检验，确认空间杜宾模型较空间滞后模型和空间误差模型是否更为合适，如果空间杜宾模型更为合适，则进一步采用 Hausman 检验确定选择随机效应空间杜宾模型还是固定效应空间杜宾模型。此外，对长江经济带上游、中游、下游地区城市工业绿色发展效率影响因素的传统回归模型分别进行检验，结果与全体城市模型检验结果相同，均指向个体和时间双固定效应的传统回归模型，且存在空间临近效应和空间结构效应，本报告限于篇幅未予列出。无空间交互效应的长江经济带城市工业绿色发展效率影响因素的面板模型回归结果如表 4 所示。

表 4　无空间交互效应的长江经济带城市工业绿色发展效率影响因素的面板模型回归结果

变量	混合 OLS		个体固定效应		时间固定效应		个体时间双固定效应	
ln*ED*	0.0790 ***	(3.0716)	0.1896 ***	(2.8776)	0.0761 ***	(2.9912)	0.0930	(1.1184)
ER	0.0925 ***	(3.2169)	−0.0311	(−0.8991)	0.1021 ***	(3.6021)	0.0081	(0.2494)
IA	0.2278 ***	(2.7444)	0.2220 **	(2.1596)	−0.2036	(−0.6187)	−0.2929	(1.5218)
TI	−0.5796	(−1.2870)	−0.4481	(−1.0649)	−0.5478	(1.2343)	−0.4227	(1.0767)

续表

变量	混合 OLS		个体固定效应		时间固定效应		个体时间双固定效应	
UR	-0.3029***	(-2.8568)	-0.4447	(-1.5882)	-0.3025***	(-2.9030)	-0.5926**	(2.2165)
IN	-0.8413***	(-4.0092)	-0.2149	(-0.9698)	0.3471	(0.3871)	1.6626***	(3.0409)
OP	0.5969**	(2.2774)	0.6859*	(1.8012)	0.5761**	(2.2314)	0.4915	(1.3730)
intercept	-0.0495	(-0.2315)						
R^2	0.736		0.718		0.555		0.622	
Log*L*	364.7423		758.1702		375.7504		805.7530	
σ^2	0.0196		0.0059		0.0190		0.0051	
LM_spatial_lag	26.883***	[0.0000]	17.3164***	[0.0000]	28.1547***	[0.0000]	21.0254***	[0.0000]
LM_spatial_error	40.6066***	[0.0000]	16.5960***	[0.0000]	32.3712***	[0.0000]	21.0381***	[0.0000]
LM_R_spatial_lag	0.2566	[0.6124]	0.7897	[0.3742]	1.6461	[0.1995]	0.0049	[0.9444]
LM_R_spatial_error	13.9796***	[0.0002]	0.0693	[0.7924]	5.8625**	[0.0155]	0.0176	[0.8944]
个体固定效应 LR	860.0052***		[0.0000]		时间固定效应 LR	95.1655***		[0.0000]

注：小括号内为 t 值，中括号内为 P 值；*、**、*** 分别表示在 10%、5%、1% 的统计水平下显著。

资料来源：根据 MATLAB2017a 运行结果整理。

采用 Hausman 检验长江经济带及上中下游地区城市工业绿色发展效率影响因素的个体时间双固定效应模型和个体随机时间固定效应模型，结果显示应选择个体时间双固定效应面板 SDM 模型分析长江经济带、上游地区城市工业绿色发展动力机制，选择个体随机时间固定效应面板 SDM 模型分析长江经济带中游、下游地区城市工业绿色发展动力机制。遵循从一般到特殊的原则，进一步确认面板 SDM 模型的可靠性，采用 Wald 检验和 LR 检验面板 SDM 模型能否简化为面板 SLM 模型与面板 SEM 模型，结果显示均拒绝原假设 $H_0:\theta=0$ 和 $H_0:\theta+\delta\beta=0$，进一步确认面板 SDM 模型不能简化为面板 SLM 模型或面板 SEM 模型，面板 SDM 模型为分析长江经济带城市工业绿色发展动力机制的最优模型。此外，由于取均值程序估计存在一定偏误，本报告参考田建国和王玉海（2018）的做法，对模型回归结果进行偏误校正，回归结果如表5所示，表5中所列的面板SDM模型回归参数结果均经过偏误校正。

表5 长江经济带及上中下游地区城市工业绿色发展影响因素的面板SDM模型回归结果

变量	长江经济带(双固定)		上游地区(双固定)		中游地区(个体随机)		下游地区(个体随机)	
W×EIGD	0.0512*	(1.9458)	0.0460*	(1.7456)	0.0539*	(1.6730)	-0.1047*	(-1.9579)
lnED	0.1739*	(1.7133)	0.1217*	(1.6856)	0.1868***	(2.9754)	0.1311**	(1.9774)
ER	0.0197**	(2.5484)	0.0162**	(2.2229)	0.0280*	(1.8034)	-0.1519**	(-2.0782)
IA	-0.4328**	(-2.0210)	-0.5053*	(-1.8811)	-1.0590***	(-3.2516)	0.5427*	(1.7017)
TI	-0.4407	(-1.0115)	0.4478	(0.1595)	-0.6911	(-1.6305)	0.6832	(1.0946)
UR	-0.7203**	(-2.4353)	-0.8198*	(-1.7641)	-0.4384*	(-1.7541)	-0.4286*	(-1.7973)
IN	1.7661***	(2.8725)	2.6706**	(2.4073)	2.3246***	(2.6457)	-1.7879*	(-1.6732)
OP	0.4701*	(1.7728)	-0.1145*	(-1.6938)	0.3801	(0.5795)	1.1256***	(2.8151)
W×ED	0.0553	(0.3492)	0.3154	(0.9170)	0.0829	(0.5456)	0.0054	(0.1621)
W×ER	-0.0052**	(-2.0731)	0.0316**	(2.1989)	-0.0591*	(-1.9328)	-0.0321**	(-2.1850)
W×IA	0.7099***	(2.8113)	1.5730***	(3.1189)	-0.7232*	(-1.9294)	-1.1860***	(-3.2146)
W×TI	-0.5892	(-0.6755)	4.3330	(0.7378)	0.1713	(0.2020)	-0.7403	(-0.6101)
W×UR	-0.9085	(-1.1905)	-4.1546**	(-2.2595)	0.6002*	(1.8385)	-0.1260**	(-2.3057)
W×IN	-1.3876*	(-1.9162)	-5.1001***	(-3.2383)	3.1918*	(1.7845)	3.3796***	(3.7174)
W×OP	0.5353*	(1.7794)	-0.8030	(-0.3407)	-0.3291	(-0.2234)	-1.0082	(-1.6005)
R^2	0.7621		0.8107		0.6417		0.7713	
LogL	813.4403		215.8708		256.7528		279.4975	
σ^2	0.0060		0.0082		0.0039		0.0038	
Wald_spatia_lag	11.9711*	[0.1015]	29.5712***	[0.0001]	20.2852***	[0.0050]	17.5244**	[0.0143]
Wald_spatial_error	12.2104*	[0.0938]	29.4957***	[0.0001]	19.4441***	[0.0069]	17.9963**	[0.0120]
LR_spatial_lag	14.5427**	[0.0423]	32.9919***	[0.0000]	18.4925***	[0.0099]	16.9495**	[0.0177]
LR_spatial_error	14.3425**	[0.0454]	33.3009***	[0.0000]	12.5916*	[0.0827]	22.8330***	[0.0018]
Hausman-test	28.3387**	[0.0195]	24.7874*	[0.0429]	18.1021	[0.2573]	23.3488	[0.0770]

注：小括号内为t值，中括号内为P值，Hausman检验为单侧检验；*、**、***分别表示在10%、5%、1%的统计水平下显著。

资料来源：根据MATLAB2017a运行结果整理。

由于面板SDM模型同时包含内生空间交互效应和外生空间交互效应，无法直接通过回归结果参数确定变量的边际效应，参照田建国和王玉海（2018）的做法，分解变量对城市工业绿色发展效率影响的直接效应和间接效应（空间溢出效应）。直接效应反映该城市解释变量变动对本城市工业绿色发展效率的影响，间接效应反映该城市解释变量变动对周边地区城市工业绿色发展效率的影响（见表6）。

（1）经济发展（ln*ED*）在推动长江经济带城市工业绿色发展中发挥着基础性促进作用，但空间溢出效应有限。经济发展是长江经济带城市工业绿色发展的基础，一方面有利于提升本地区居民的工业产品消费的环保意识，引导城市企业生产更多优质绿色产品，减少对环境的影响，提升居民环境舒适度；另一方面有利于强化城市工业绿色技术创新的资金支撑，推动城市工业绿色生产技术创新成果研发及应用，促进工业生产过程低碳、清洁、绿色化，提升工业发展的环境兼容性。但长江经济带整体及上中下游地区城市经济发展的正向空间溢出效应并不明显，长江经济带城市间尚未形成协同有序的产业分工机制，存在明显的竞争关系，使得各城市更多关注本地区工业绿色发展，对临近地区工业绿色发展的促进作用有限。

（2）环境规制（*ER*）是促进长江经济带城市工业绿色发展的有效工具，但对周边地区城市工业绿色发展具有阻碍作用。环境规制对长江经济带城市工业绿色发展的直接推动效应明显，发挥了良好的绿色产业识别与进入门槛机制作用，能够有效约束本地区工业企业环境污染废物排放，并限制外来污染型企业进入本地。“波特假说”在长江经济带并不成立，本地区工业环境规制对周边地区城市工业绿色发展易产生负向空间溢出效应，会导致污染型产业向周边地区城市集聚，在长江经济带中下游地区表现得尤为明显，中下游地区加强工业环境规制会导致污染产业向临近中上游地区转移，工业环境规制的加强会导致污染型工业企业向临近欠发达地区梯度转移。

（3）产业集聚（*IA*）对长江经济带城市工业绿色发展具有显著抑制效

表 6　长江经济带城市工业绿色发展效率影响因素的直接效应、间接效应与总效应

效应类别	变量	长江经济带		上游地区		中游地区		下游地区	
直接效应	ln*ED*	0.1782*	(1.6682)	0.1185**	(2.4814)	0.1880***	(2.9797)	0.1323**	(1.9879)
	ER	0.0197**	(2.5302)	0.0181**	(2.2425)	0.0295*	(1.8602)	-0.1486**	(-2.0133)
	IA	-0.4209*	(-1.9222)	-0.4862	(-1.4092)	-1.0736***	(-3.2809)	0.5706**	(2.4342)
	TI	-0.4204	(-0.9487)	0.6332	(0.2273)	-0.6993*	(-1.7406)	0.6899	(1.1371)
	UR	-0.7299**	(-2.4181)	-0.8816*	(-1.8179)	-0.4520*	(-1.8104)	-0.4234*	(-1.7308)
	IN	1.7354***	(2.7753)	2.6170**	(2.4548)	2.3793***	(2.7109)	-1.8637*	(-1.7957)
	OP	0.4654*	(1.7815)	-0.1296**	(-2.1075)	0.3865	(0.5827)	1.1542***	(2.9281)
间接效应	ln*ED*	0.0730	(0.4503)	0.3300	(0.9306)	0.0947	(0.5591)	-0.0063	(-0.1950)
	ER	-0.0015**	(-2.0202)	0.0289*	(0.1725)	-0.0606*	(-1.8767)	-0.0240**	(-2.1456)
	IA	0.6954***	(2.7130)	1.6102***	(3.0346)	-0.8273*	(-1.7308)	-1.1227***	(-3.3372)
	TI	-0.6223	(-0.6943)	4.5793	(0.7630)	0.1290	(0.1453)	-0.6916	(-0.6100)
	UR	-1.0103*	(-1.7455)	-4.2435**	(-2.2115)	-0.6373*	(-1.8287)	-0.0820**	(-2.2245)
	IN	-1.2924*	(-1.7470)	-5.1663***	(-3.1320)	3.5175*	(1.8764)	3.2304***	(3.8419)
	OP	0.5682	(0.8128)	-0.8593	(-0.3481)	-0.2940	(-0.1847)	-1.0195*	(-1.7539)
总效应	ln*ED*	0.2512*	(1.6596)	0.4485	(1.6100)	0.2827	(1.5297)	0.1260*	(1.7312)
	ER	0.0182**	(2.2351)	0.0470**	(2.2615)	-0.0310**	(-2.3798)	-0.1726**	(-2.0406)
	IA	0.2745*	(1.8292)	1.1240*	(1.7140)	-1.9009**	(-2.2934)	-0.5522**	(-2.1457)
	TI	-1.0428	(-1.0948)	5.2125	(0.7707)	-0.5703	(-0.5675)	-0.0017	(-0.0015)
	UR	-1.7402*	(-1.9325)	-5.1251**	(-2.2793)	-1.0893*	(-1.7110)	-0.5055**	(-1.9875)
	IN	0.4430**	(2.4656)	-2.5493**	(-2.2845)	5.8968***	(2.5794)	1.3666*	(1.7431)
	OP	1.0336*	(1.8251)	-0.9889**	(-2.3384)	0.0925	(0.0538)	0.1347**	(2.2751)

注：括号内为 t 值；*、**、*** 分别表示在 10%、5%、1% 的显著性水平下显著。

资料来源：根据 MATLAB2017a 运行结果整理。

应，周边城市的学习应变能力较强。长江经济带整体，特别是中上游地区集聚类型仍为能耗较高、排放较大的低技术含量型产业，对工业绿色发展的推动作用有限，但周边地区城市会主动淘汰低端产业集群，加快节能环保型制造业发展，对周边城市工业绿色发展起到一定警示效应，产生正向空间溢出效应，上游地区的学习效应尤为明显。下游地区主体为全国经济最发达的长三角城市群，已形成智能制造、新能源汽车、生物制造等高技术节能环保型产业集群，先进制造业集聚对城市工业绿色发展起到了巨大的支撑作用，但下游地区产业结构升级，会吸收临近地区高端生产要素，产生负向空间溢出效应。

（4）技术创新（*TI*）对长江经济带城市工业绿色发展影响有限，直接效应和空间溢出效应均不明显，工业绿色发展的技术支撑作用不足。一方面，长江经济带城市工业创新研发投入强度相对不足，且传统高耗能型产业挤占了大量创新资源，存在一定程度的技术创新冗余，尽管工业创新成果总量巨大，但质量不高且市场转换能力较差，工业技术创新对长江经济带工业绿色发展的推动作用并不明显；另一方面，长江经济带地区梯度差异显著，下游地区技术创新政策环境较为宽松，人力资源丰富，技术创新基础扎实，承载绿色生产技术的高技术企业大多集聚于下游地区，中上游地区并未因产业转移浪潮而大规模承接下游地区高技术节能环保企业，长江经济带工业绿色技术创新成果整体扩散效应仍较弱，对周边地区城市工业绿色发展的溢出效应不明显。

（5）城镇化（*UR*）对长江经济带城市工业绿色发展具有显著的阻碍作用，直接效应和空间溢出效应均具有负面影响。长江经济带城镇化整体仍未摆脱“摊大饼式”的粗放型城镇化模式，各地积极展开新城建设，侵占耕地和绿色生态空间，2016 年以来因长江经济带“共抓大保护、不搞大开发”的要求，造城运动步伐有所减缓。但长江经济带城市建设用地面积增速依然较快，工业发展空间不断拓展，大幅扩张的工业用地使原有生态系统遭到破坏，工业污染影响范围进一步扩大，抑制工业绿色发展效率提升。长江经济带城镇化发展存在较强的地方政府竞争倾向，大规模的造城运动误导了周边地区城市城镇化的发展导向，预期未来城镇发展空间不足而纷纷增加用地储备，加快建设用地申请审批，并抢夺周边城市高素质人才，增加城市工业发展人才储备，对新型城镇化进程持续推进产生不利影响，加剧了周边地区城市对工业粗放发展与无序竞争模式的路径依赖。

（6）工业化（*IN*）对长江经济带城市工业绿色发展具有显著的推动作用，对周边地区城市工业绿色发展能力具有一定的负向溢出效应。党的十八大以来生态文明建设进程加快，明确长江经济带发展“生态优先、绿色发展”的战略定位，各城市大力布局高端装备制造、智能制造、生物制造、新能源汽车等高技术节能环保型制造业，推动高质量新型工业化，促进工业结构智能化、高端化、集聚化、绿色化，对长江经济带城市工业绿色发展产生巨大推动作用。下游地区已基本实现工业化，产业结构服务化趋向明显，工业化已不能显著促进下游地区城市工业绿色发展，但中上游地区城市可以承接下游地区节能环保制造业转移促进工业绿色发展；经济相对欠发达的上游地区城市工业绿色发展对周边城市存在一定挤出效应，不利于周边城市集聚工业绿色发展新动能。

（7）对外开放（*OP*）对长江经济城市工业绿色发展具有明显促进作用，但对周边地区城市的技术溢出效应较弱。对外开放有利于城市引进国外先进的工业生产技术，减少工业绿色技术创新成本，加速长江经济带城市工业绿色发展进程，对于下游地区尤为明显，下游地区工业技术较为领先，引进国外先进技术的消化吸收再创新能力较强，对外开放的工业绿色发展促进作用尤为明显。对外开放对周边地区城市工业绿色发展的溢出效应并不明显，中上游地区城市经济发展水平相对较低，内生化国外先进生产技术能力有限，在引进外资的过程中存在降低环境准入门槛倾向，引进的企业往往是发达国家淘汰转移的污染型产业，一定程度上存在“污染天堂”现象（杨朝均等，2018），对城市生产技术的绿色改进空间有限。

三　研究结论与政策启示

（一）研究结论

（1）长江经济带城市工业绿色发展成效显著，生产过程逐步向低碳、清洁、循环、绿色化转型。党的十八大以来，生态文明建设进程加快，特别是习近平总书记视察重庆后，明确长江经济带“生态优先、绿色发展”的战略定位，长江经济带主要城市积极消化原有的污染型过剩产能，发展环境友好型工业，减少工业发展的环境污染排放，提升资源能源利用效率，强化长江生态环境保护，促进长江经济带城市工业绿色发展内生动力稳步提升，长江经济带城市工业发展模式逐步由要素资源驱动向绿色生态驱动转变。

（2）长江经济带城市工业绿色发展地区差异显著，上中下游地区呈梯度递减格局，工业绿色发展重心向中上游地区转移。长江经济带地区发展水平差异显著，下游地区已基本完成工业化，当前的主要任务是发展壮大现代服务业，推动产业结构绿色化、智能化、高端化、服务化，传统工业逐步向中上游地区转移，工业绿色发展效率逐渐落后于中上游地区。但中上游地区部分城市在承接下游地区产业转移过程中存在机会主义倾向，降低环境准入门槛，主动承接污染型产业，中上游地区城市间工业绿色发展效率差异远甚于下游地区城市。

（3）经济发展、环境规制、工业化、对外开放是提升长江经济带城市工业绿色发展效率的直接驱动力。较高的经济发展水平是推动工业绿色发展的必要条件，有利于激发居民的绿色工业产品需求，增强应对工业绿色技术研发和应用推广的不确定性风险能力。环境规制有利于建立产业准入的环境筛选机制，将污染型产业清出本地，并强化本地区产业清洁化治理。当前长江经济带各城市正积极布局绿色智能型先进制造业，大幅增强城市绿色产业新动能。提高外资利用水平，有利于引进国外先进绿色生产技术，助推本地工业绿色发展。

（4）产业集聚、城镇化、技术创新对长江经济带城市工业绿色发展效率的促进作用有限。当前长江经济带产业集聚类型仍以传统高耗能、高排放型产业为主体，产业集聚的污染排放效应进一步放大，对城市工业绿色发展具有负向效应。长江经济带土地城镇化倾向较为严重，生产建设用地的大幅扩张，要素资源依赖增强，高耗能产业的发展空间仍旧充分，工业污染排放加剧。长江经济带技术创新成果质量整体不高，市场价值转换速率较低，存在技术创新资源的配置冗余，未能充分发挥工业绿色发展的技术支撑作用。

（5）环境规制、产业集聚、城镇化、工业化对长江经济带城市工业绿色发展存在较强的空间溢出效应。环境准入门槛机制的存在有效控制了污染产业进入，但会驱使污染产业向周边经济发展较为落后的地区转移，对周边地区生态环境产生较大污染。鉴于前期传统高耗能产业集聚产生的巨大污染效应，周边地区城市会汲取前期发展教训，加快培育节能环保型高技术制造业集群。受周边地区粗放城镇化模式影响，各地区政府加快建设用地审批流程并抢夺周边地区高端产业发展人才，对周边地区新型城镇化的推进产生较大阻碍。在“生态优先、绿色发展”的战略定位下，周边地区城市借鉴新型工业化推进经验，布局节能环保型战略性新兴工业，推动产业结构低碳化、清洁化、高端化。

（二）政策启示

（1）推动环境预警响应一体化。制定统一的长江经济带绿色工业技术标准，明确工业能耗消耗、污染排放上限，特别是钢铁、化工、石油、纺织、印染等重点高耗能高排放型产业的环境技术标准，在长江经济带全域限制超出环境容量上限的工业行业发展并强化绿色改造。推动工业环境信息共享，以县域为单位，建立覆盖长江经济带所有城市的工业环境监测网络，全面掌握长江流域工业企业污水、废气、固废排放信息，增强对环境事件的预警能力。加强工业环境事件联合治理，定期开展环境事件治理经验交流并进行联合演练，一旦突发跨部门、跨地区、跨流域的环境事件，特别是重化工船舶油气泄漏、工业酸雨、工业雾霾等，上中下游地区城市环境部门应协助环境事件源地政府共同处理。

（2）加强工业绿色技术创新。搭载联合创新平台，按照产品全生命周期理念，推动长江经济带各地区各行业龙头企业与高校科研院所联合组建工程技术研究中心、国家重点实验室、产业技术研究院，加强工业绿色设计、绿色工艺、环保材料等关键共性技术研发，创新成果由企业和科研院所共用共享。强化重点行业绿色技术支撑，以钢铁、有色、化工、建材等长江经济带传统高耗能产业为重点，突破一批工业绿色转型关键技术，支持传统产业绿色转型升级，以节能环保、高端装备、新材料、新能源等新兴绿色制造业为抓手，加强核心技术研发，构建支持绿色制造业发展的技术体系。加快共建高技术园区，推动下游地区技术领先城市的节能环保工业企业赴中上游地区联合组建绿色高技术产业园区，税收分成比例可偏向下游地区政府，以增强绿色技术扩散积极性。

（3）加快工业结构优化升级。加快传统产业绿色改造升级，推广应用节能、节水、节地等智能清洁生产技术和绿色管理模式，推动长江经济带石化、钢铁、船舶、有色等传统行业技术水平达到或领先全国水平，将无效低端过剩产能转化为有效绿色产能。发展壮大绿色新兴产业，根据各城市产业基础条件和人才资源禀赋，有重点地加快布局节能环保、高端装备、智能制造、新能源等绿色高技术产业，培育壮大工业绿色发展优势新动能。大力建设世界级制造业集群，以电子信息产业、高端装备产业、汽车产业、家电产业和纺织服装产业五大制造业为重点，强化长江经济带沿线主要城市产业分工协作，整合延伸产业链条，联合突破关键核心技术，培育知名自主品牌，提升产品附加值，形成具有国际竞争力的世界级绿色制造业集群。

（4）大力推进新型城镇化。划定城镇开发边界，严控城镇建设用地空间无序扩张，已经批准但尚未开发的建设用地中农产品功能和生态功能较强的土地应着力恢复为更适宜的农业空间和绿色生态空间，倒逼城镇发展模式由粗放扩张型向集约紧凑型转变。提升土地利用效率，盘活存量建设用地，加快闲置用地开发生产，长期未开发建设用地应收回使用权重新进行产业布局，鼓励现有开发土地在符合土地利用规划的前提下，通过厂房加层、厂区改造、内部用地整合等途径推进建设用地多功能立体开发和复合利用。共建工业园区，推动相邻城市围绕某一行业联合申请批准建设用地并共建产业园区，根据各城市比较优势专注于产业链条不同区位，提升产业竞争力，提高土地集约利用效率，避免无序同质化竞争和产能过剩。

（5）绿色承接产业转移。打造绿色承接产业转移示范园区，规范中上游地区城市承接下游地区及国际产业转移，强化对清洁型产业的承接偏向，推动承接企业集中入园，强化对工业企业的污染排放进行集中处理，实施最严格的资源能源消耗、环境保护标准。大力推行产业准入清单，对于污染属性较强的行业，制定产业准入负面清单，根据资源环境承载力和国土开发适宜性，明确限制类和禁止类行业，对于科技含量较高的清洁型行业，制定产业准入正面清单，最大限度简化审批程序，推动节能环保项目尽快落地。加强对工业企业污染排放的动态监管，不定期审查园区企业污染排放情况，定量评估企业环境风险，勒令不达标企业停业改造或依法关闭退出，严禁污染型落后产能及不符合国家环保政策的产业项目向中上游地区转移发展。

参考文献

刘金林、冉茂盛：《环境规制、行业异质性与区域产业集聚——基于省际动态面板数据模型的 GMM 方法》，《财经论丛》2015 年第 1 期，第 16 ~ 23 页。

刘晓萌、孟祥瑞、汪克亮：《城市工业生态效率测度与评价：安徽的实证》，《华东经济管理》2016 年第 8 期，第 29 ~ 34 页。

卢丽文、宋德勇、李小帆：《长江经济带城市发展绿色效率研究》，《中国人口·资源与环境》2016 年第 6 期，第 35 ~ 42 页。

卢燕群、袁鹏：《中国省域工业生态效率及影响因素的空间计量分析》，《资源科学》2017 年第 7 期，第 1326 ~ 1337 页。

潘兴侠、何宜庆：《工业生态效率评价及其影响因素研究——基于中国中东部省域面板数据》，《华东经济管理》2014 年第 3 期，第 33 ~ 38 页。

陶锋、王余妃：《环境规制、研发偏向与工业绿色生产率——“波特假说”再检验》，《暨南学报》（哲学社会科学版）2018 年第 5 期，第 45 ~ 60 页。

田建国、王玉海：《财政分权、地方政府竞争和碳排放空间溢出效应分析》，《中国人口·资源与环境》2018 年第 10 期，第 36 ~ 44 页。

汪川：《工业化、城镇化与经济增长：孰为因孰为果》，《财贸经济》2017 年第 9 期，第 111 ~ 128 页。

杨朝均、杨文珂、李宁：《中国区域对外开放度的差异分解及空间收敛性研究》，《研究与发展管理》2018 年第 1 期，第 115 ~ 125 页。

杨亦民、王梓龙：《湖南工业生态效率评价及影响因素实证分析——基于 DEA 方法》，《经济地理》2017 年第 10 期，第 151 ~ 156 页。

岳鸿飞、徐颖、吴璘：《技术创新方式选择与中国工业绿色转型的实证分析》，《中国人口·资源与环境》2017 年第 12 期，第 196 ~ 206 页。

B.8

长江经济带装备制造业集聚的绿色创新效应研究报告*

吴传清　申雨琦　杜　宇　黄　磊**

摘　要： 本报告基于2005～2017年地区和行业面板数据，采用区位熵、空间基尼系数和包含非期望产出的Super－SBM模型测度长江经济带装备制造业集聚水平和绿色创新效率，采用空间计量模型、门槛面板模型检验长江经济带装备制造业集聚对绿色创新效率的影响。研究结果显示：长江经济带装备制造业集聚水平与绿色创新效率呈地区间与产业间的分异特征。其中，长江经济带上中下游地区装备制造业集聚水平梯度递增，交通运输设备制造业、专用设备制造业集聚水平较低，绿色创新效率损失源于投入冗余与非期望产出冗余；中下游地区装备制造业集聚与绿色创新效率存在显著N型关系，上游地区装备制造业集聚与绿色创新效率存在显著倒N型关系；能源消耗、研发强度、经济增长对装备制造业绿色创新效率存在正向促进作用，对外开放、城市化率、环境规制对装备制造业绿色创新效率存在显著负向阻碍作用。推动长江经济

---

* 基金项目：国家社会科学基金项目"推动长江经济带制造业高质量发展研究"（项目编号：19BJL061）。

** 吴传清，武汉大学经济与管理学院、中国发展战略与规划研究院教授，博士生导师，主要从事区域经济学研究；申雨琦，武汉大学经济与管理学院区域经济学专业硕士研究生，主要从事区域经济学研究；杜宇，武汉大学经济与管理学院区域经济学专业博士研究生，主要从事区域经济学研究；黄磊，西南大学经济管理学院教师，经济学博士，主要从事区域经济学研究。

带装备制造业高质量发展，应优化空间布局，引导产业合理集聚，加大研发投入并增强自主创新能力，促进装备制造业绿色发展。

关键词： 装备制造业　产业集聚　绿色创新效率

推进工业绿色发展，是推动长江经济带高质量发展的重要使命。2016 年 7 月，工信部颁布的《工业绿色发展规划（2016—2020 年）》提出，提高资源利用效能与清洁生产技术将是绿色发展的重点，应加快构建绿色工业体系。2016 年 1 月 5 日，习近平总书记在重庆召开的推动长江经济带发展座谈会上提出长江经济带要“共抓大保护、不搞大开发”，走生态优先、绿色发展之路。2016 年 9 月颁布的《长江经济带发展规划纲要》强调保护长江经济带生态环境、绿色发展应摆在首要位置。2017 年印发的《关于加强长江经济带工业绿色发展的指导意见》提出，以企业为主体，加强产业布局优化与结构调整，实施严格的能耗、用水、环保、安全质量标准，加强技术创新与政策扶持，引领长江经济带工业绿色发展。

装备制造业是长江经济带工业体系建设的重要一环，建设世界级高端装备制造产业集群是长江经济带制造业高质量发展的重要任务之一。装备制造业兼具资本密集、技术密集、产业关联性强等特征，其集聚发展能够优化行业间的资源配置，但过度集聚也会引发资源短缺、拥挤效应和环境污染等问题。目前学术界已有相关研究多聚焦装备制造业集聚对全要素生产率的影响（金飞、陈晓峰，2015；程中华、张立柱，2015）、装备制造业集聚对碳排放效率及能源效率的影响研究（曲晨瑶等，2017；乔海曙等，2015），而对其绿色创新效应的研究较少。本报告聚焦研究长江经济带装备制造业集聚的绿色创新效应，对完善装备制造业集聚影响效应的研究有重要意义。

一　长江经济带装备制造业集聚水平测度

（一）研究方法和数据来源

1. 研究方法

学术界多采用 HHI 指数、空间基尼系数、区位熵、EG 指数等方法评估产业集聚程度。根据数据可获得性，本报告采用区位熵指标测算各地区装备制造业集聚水平，采用空间基尼系数测算装备制造业集聚水平，公式为：

$$LQ_{it} = \frac{X_{it} / \sum X_{it}}{Q_{it} / \sum Q_{it}} \tag{1}$$

其中，LQ_{it} 为 t 年份 i 地区装备制造业区位熵，X_{it} 为 t 年份 i 地区装备制造业销售总产值，Q_{it} 为 t 年份 i 地区工业总产值。

基尼系数用于衡量行业在地域空间的分布均衡程度，其公式为：

$$G = \frac{1}{2n^2 u} \sum_{i}^{n} \sum_{j}^{n} | x_i - x_j | \tag{2}$$

其中，G 为空间基尼系数，x_i 和 x_j 代表行业 i、j 在工业生产总值中所占的比重，n 是某地区的行业数量，u 是各行业所占比重的均值。G 越大，表明该行业在该地区的集聚程度越高，产业布局越集中；G 越小，表明该行业在该地区的集聚程度越低，产业空间布局越均衡，暂不考虑行业中企业规模或区域地理面积的随机分布。

2. 研究样本与数据来源

本报告以全国 30 个省区市（不含西藏自治区和港澳台地区）为研究样本，重点研判长江经济带沿线 11 省市在全国的相对位置。选取 2005 ~ 2017 年装备制造业及其细分行业，运用区位熵和空间基尼系数测度各地区装备制造业及其细分行业的集聚水平。根据《国民经济行业分类》标准（GB/T 4754—2017），装备制造业分为八大行业（见附表 1）。为保证研究的连贯性与细分行业的时间序列，参照《国民经济行业分类》标准（GB/T 4754—2017）对细分行业进行聚合调整，以汽车制造业与铁路、船舶、航空航天和其他运输设备制造业空间基尼系数的平均值作为交通运输设备制造业的空间基尼系数值。数据均来自《中国经济普查年鉴》（2006 年）、《中国工业经济统计年鉴》（2007～2012 年）、《中国工业统计年鉴》（2013～2018 年）、长江经济带沿线 11 省市 2018 年的统计年鉴。

（二）测算结果与分析

1. 长江经济带装备制造业集聚的空间分布特征

如图 1 所示，受金融危机的持续影响，2010 年装备制造业集聚水平降低至研究期内最低。从全国来看，2005～2017 年中国装备制造业集聚水平经历 2010 年的最低值 0.851 后回升至 0.954，东部沿海、南部沿海与北部沿海地区大多数年份装备制造业集聚水平高于全国平均水平，南部沿海地区受金融危机冲击大于全国，在 2010 年达到最低值；京津地区在 2010 年以前装备制造业集聚水平高于全国平均水平，2009 年开始大幅下降，之后波动变化至 2017 年的 0.888；西南地区、中部地区、东北地区装备制造业集聚水平在全国平均水平上下波动；西北地区装备制造业集聚水平低于全国平均水平；2005～2017 年长江经济带装备制造业集聚水平始终高于全国平均水平，2017 年达到 1.016；集聚水平由低到高依次为上游地区、中游地区、下游地区，依次为 0.974、1.036、1.046。

长江经济带沿线 11 省市中，江苏、上海、湖北、重庆、湖南、江西、浙江装备制造业集聚水平大于 1，除重庆外其他省市均处于中下游地区。2005～2017 年长江经济带上中下游地区装备制造业集聚水平均呈波动上升趋势，受产业结构调整、产业发展基础增强等因素影响，长江经济带中下游地区装备制造业高集聚水平面临产业梯度转移的发展趋势。

K-means 聚类分析将样本分为三个组，高、中、低聚类中心分别是 1.01、0.87、0.75。高、中、低集聚组分别包括 12、10、8 个省市。长江经济带下游地区的上海、江苏、浙江 3 省市，中游地区的湖北、江西、湖南 3

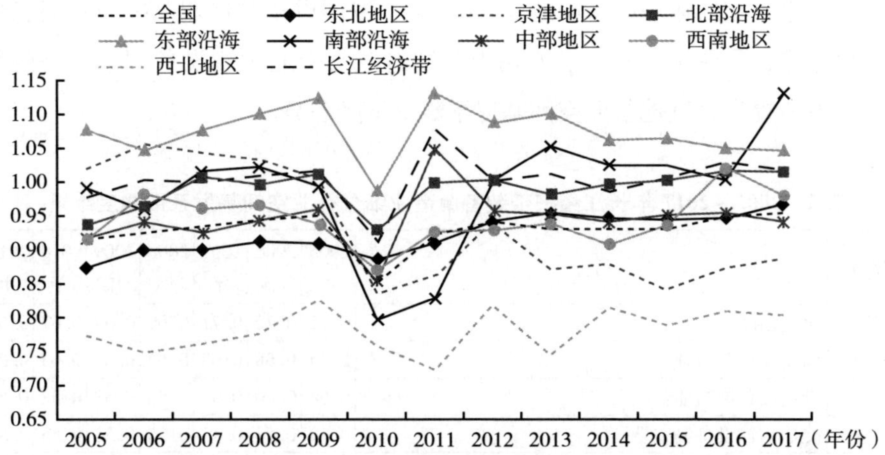

图1　2005～2017 年全国各地区装备制造业集聚水平

注：本报告中的北部沿海地区包括河北、山东 2 省区市；东部沿海地区包括江苏、浙江、上海 3 省区市；南部沿海地区包括福建、广东、海南 3 省区市；西南地区包括云南、贵州、四川、重庆、广西 5 省区市；西北地区包括内蒙古、甘肃、青海、陕西、宁夏、新疆 6 省区市。

资料来源：根据测算结果整理。

省市与上游地区的重庆处于高集聚组；下游地区安徽、上游地区四川和云南处于中集聚组；上游地区贵州处于低集聚组（见表 1）。

表1　长江经济带沿线 11 省市装备制造业集聚水平的聚类结果

分类	省市
高集聚组	江苏、上海、重庆、湖北、江西、浙江、湖南
中集聚组	四川、安徽、云南
低集聚组	贵州

资料来源：根据测算结果整理。

2. 长江经济带装备制造业集聚的行业特征

2005～2017 年长江经济带装备制造业 8 大行业集聚呈差异化水平，各行业空间基尼系数均大于 0.5（见表 2 和图 2）。其中，计算机、通信和其他电子设备制造业（0.77），仪器仪表制造业（0.74），电气机械和器材制造业（0.68）的空间基尼系数均超过行业空间基尼系数均值（0.66），属于中度集聚以上水平；交通运输设备制造业（0.56）、专用设备制造业（0.59）尚未形成高度集聚，集聚水平较低。专用设备制造业与交通运输设备制造业空间基尼系数有所提高，其他行业空间基尼系数呈下降态势。

表2　2005～2017年长江经济带装备制造业细分行业空间基尼系数测度结果

序号	行业	2005年	2006年	2007年	2008年	2009年	2010年	2011年
C34	金属制品业	0.72	0.72	0.71	0.69	0.68	0.67	0.65
C35	通用设备制造业	0.64	0.68	0.68	0.67	0.67	0.65	0.64
C36	专用设备制造业	0.54	0.60	0.59	0.58	0.58	0.58	0.59
C37	交通运输设备制造业	0.53	0.54	0.55	0.55	0.55	0.55	0.55
C39	电气机械及器材制造业	0.73	0.73	0.72	0.70	0.69	0.68	0.68
C40	通信设备、计算机及其他电子设备制造业	0.82	0.81	0.81	0.81	0.81	0.80	0.78
C41	仪器仪表及文化、办公用机械制造业	0.77	0.76	0.75	0.74	0.72	0.73	0.74

序号	行业	2012年	2013年	2014年	2015年	2016年	2017年	均值
C33	金属制品业	0.63	0.63	0.62	0.63	0.63	0.64	0.66
C34	通用设备制造业	0.64	0.64	0.64	0.64	0.64	0.65	0.65
C35	专用设备制造业	0.60	0.60	0.60	0.61	0.62	0.62	0.59
C36	汽车制造业	0.55	0.55	0.54	0.54	0.54	0.55	0.56
C37	铁路、船舶、航空航天和其他运输设备制造业	0.60	0.59	0.59	0.59	0.59	0.58	
C38	电气机械和器材制造业	0.67	0.67	0.66	0.66	0.67	0.66	0.68
C39	计算机、通信和其他电子设备制造业	0.75	0.74	0.73	0.72	0.72	0.72	0.77
C40	仪器仪表制造业	0.72	0.73	0.73	0.72	0.73	0.73	0.74

注：①行业代码参考《国民经济行业分类》（GB/T 4754—2002）、《国民经济行业分类》（GB/T 4754—2011）、《国民经济行业分类》（GB/T 4754—2017），具体见附表1，下同；②均值为各行业2005～2017年该行业空间基尼系数算术平均值，下同。

资料来源：根据测算结果整理。

2017年全国30个省区市装备制造业规模排名前三的细分行业占装备制造业总规模的比重超过75%的省区市包括新疆、海南、吉林、青海、北京、广东、重庆、广西（见表3）。长江经济带沿线11省市装备制造业规模排名前三的细分行业占装备制造业总规模比重最高为重庆（77.02%），上海、江西的比重均为70%以上，湖南比重最低，仅为54.95%；长江经济带沿线

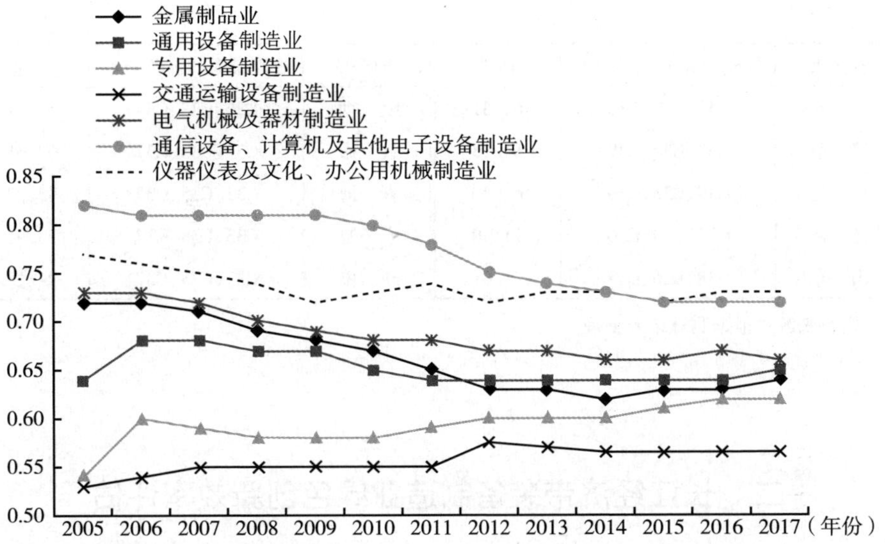

图 2　2005～2017 年长江经济带装备制造业各行业空间基尼系数

资料来源：根据测算结果整理。

11 省市规模排名前三的细分行业主要是金属制品业，汽车制造业，计算机、通信和其他电子设备制造业。其中，湖南的铁路、船舶、航空航天和其他运输设备制造业规模最大，重庆的通用设备制造业比重较高。

表 3　2017 年全国 30 个省区市规模最大的三类行业分布及相应比重

单位：%

省区市	规模最大的三类行业	比重	省区市	规模最大的三类行业	比重
北　京	C36、C39、C38	79.56	河　南	C37、C39、C33	52.45
天　津	C36、C39、C33	54.34	湖　北	C36、C39、C33	68.18
河　北	C33、C36、C38	65.67	湖　南	C37、C39、C33	54.95
山　西	C39、C35、C38	69.39	广　东	C39、C33、C36	77.90
内蒙古	C35、C33、C38	64.92	广　西	C36、C39、C33	76.78
辽　宁	C36、C38、C34	66.68	海　南	C36、C33、C35	91.90
吉　林	C36、C37、C38	83.86	重　庆	C36、C39、C34	77.02
黑龙江	C38、C37、C36	62.49	四　川	C39、C36、C38	64.99
上　海	C36、C39、C38	72.38	贵　州	C39、C33、C36	60.75
江　苏	C39、C33、C38	61.66	云　南	C36、C33、C37	57.98

续表

省区市	规模最大的三类行业	比重	省区市	规模最大的三类行业	比重
浙　江	C33、C36、C38	61.81	陕　西	C36、C33、C34	53.94
安　徽	C33、C36、C39	64.18	甘　肃	C33、C35、C37	67.61
福　建	C39、C33、C36	63.70	青　海	C33、C38、C35	83.27
江　西	C33、C39、C36	71.40	宁　夏	C33、C38、C37	73.62
山　东	C38、C36、C37	51.01	新　疆	C33、C35、C37	94.13

资料来源：根据测算结果整理。

二　长江经济带装备制造业绿色创新效率评估

（一）研究方法

本报告采用考虑非期望产出的 Super－SBM 模型测算长江经济带沿线 11 省市的装备制造业的绿色创新效率，将期望产出与非期望产出纳入生产可能性集合。假设每个省市仅投入 N 种要素 $x = (x_1, x_2, \cdots, x_N) \in R_N^+$，产生 M 种期望产出 $y^g = (y_1^g, y_2^g, \cdots, y_M^g) \in R_M^+$，同时产生 K 种非期望产出 $y^b = (y_1^b, y_2^b, \cdots, y_K^b) \in R_K^+$。每个时期 $t(t = 1,2,\cdots,T)$，第 $i(i = 1,2,\cdots,I)$ 个省市投入产出值为 (x_i^t, y_i^t, z_i^t)。模型形式为：

$$P = \left\{ (x, y^g, y^b) \mid x \geqslant X\lambda, y^g \leqslant Y^g\lambda, y^b = Y^b\lambda, \sum_i^n \lambda = 1, \lambda \geqslant 0 \right\} \tag{3}$$

传统 SBM 模型会出现一致有效性，导致决策单元失效。本报告选择非径向、非角度的 SBM 测度方法（Tone，2001；Tone et al.，2003），将非期望产出纳入模型，考虑非期望产出的 Super－SBM 模型表述为：

$$\rho^* = \min \frac{\frac{1}{m}\sum_{i=t}^{m} \frac{\bar{x}_i}{x_{i0}}}{\frac{1}{M+K}\left(\sum_{r=1}^{M} \frac{y_r^{-g}}{y_{r0}^g} + \sum_{r=1}^{K} \frac{y_r^{-b}}{y_{i0}^g}\right)}$$

$$\text{s. t.}\begin{cases}\bar{x} \geqslant \sum_{j=1,\neq 0}^{n} \lambda_j x_j, y^{-g} \leqslant \sum_{j=1,\neq 0}^{n} \lambda_j y_j^g, y^{-b} \leqslant \sum_{j=1}^{n} \lambda_j y_j^b; \\ \bar{x} \geqslant x_0, y^{-g} \leqslant y_0^g, y^{-b} \leqslant y_0^b; \\ \sum_{j=1,\neq 0}^{n} \lambda_j = 1, y^{-g} \geqslant 0, \lambda \geqslant 0 \end{cases} \tag{4}$$

其中，ρ^* 为目标效率。考虑数据可获得性，根据装备制造业产值占工业总产值的比重将所有工业企业相关指标折算为装备制造业的相关指标，构建装备制造业绿色创新效率评价指标体系（见表4）。

表4　装备制造业绿色创新效率评价指标体系

阶段	类别	指标及单位
投入	绿色创新研发投入	X1:工业企业 R&D 经费内部支出(万元)
		X2:工业企业 R&D 人员数量(人)
		X3:新产品开发经费支出(万元)
	能源投入	X4:能源消费总量折算为标准煤(万吨/标准煤)
产出	期望产出	X5:实际 GDP(亿元)
		X6:专利申请受理数(件)
		X7:新产品销售收入(万元)
		X8:装备制造业总产值(万元)
产出	非期望产出	X9:工业废水排放量(万吨)
		X10:工业二氧化硫排放量(吨)
		X11:工业烟(粉尘)排放量(吨)
		X12:一般工业固体废物产生量(万吨)

资料来源：根据测算结果整理。

（二）变量选择与数据来源

借鉴韩晶等（2013）、张江雪等（2012）的研究成果，选取财力资源与人力资源衡量绿色创新研发投入，选取折算成标煤的能源消费总量衡量绿色创新的能源投入。参考刘耀彬等（2017）的相关研究成果，期望产出选取实际 GDP、装备制造业总产值、新产品销售收入以及专利申请受理数；借鉴屈小娥（2014）的研究成果，非期望产出采用熵值法将工业废水、工业二氧化硫、工业烟（粉尘）排放量与一般工业固体废物产生量四个指标合成为环境污染综合指数，由于非期望产出与绿色创新效率呈现负相关关系，参考陈诗一（2009）的研究成果，将非期望产出作为投入变量，通过正向化处理纳入研究框架进行测算。以2005年为基期采用工业生产者出厂价格指数对工业企业R&D经费支出、新产品开发经费支出与新产品销售收入进行平减，采用GDP平减指数对装备制造业总产值进行平减。

（三）评估结果与分析

1. 长江经济带沿线11省市装备制造业绿色创新效率

如图3所示，2005～2017年全国装备制造业绿色创新效率整体呈波动上升态势，从0.597上升到0.663，装备制造业绿色创新效率均值为0.651。长江经济带装备制造业绿色创新效率从0.687上升到1.072，增速高于全国平均水平与四大地区平均水平，装备制造业绿色创新效率均值为0.823，高于全国平均水平。2017年，长江经济带装备制造业绿色创新效率的空间差异较为明显，由高到低分别为下游地区、中游地区、上游地区，绿色创新效率分别为1.142、0.882、0.853。2017年，长江经济带装备制造业绿色创新效率值高于1的省市为重庆、浙江、四川、湖南、江苏，投入产出均达到最优配置。2005～2017年，除上海、云南装备制造业绿色创新效率呈下降趋势外，长江经济带沿线其他省市绿色创新效率均呈波动上升趋势。

2005～2017年长江经济带装备制造业投入冗余普遍高于全国平均水平，产出亦存在过量，产出不足程度较低。长江经济带沿线11省市装备制造业绿色创新效率损失来源差异明显，其中，上海效率损失程度较低，江苏的效率损失源于能源投入冗余，安徽、江西、湖北、湖南、重庆、四川、贵州、云南8省市的绿色创新效率损失主要是劳动力拥挤，浙江的效率损失源于资本过度集聚（见表5）。

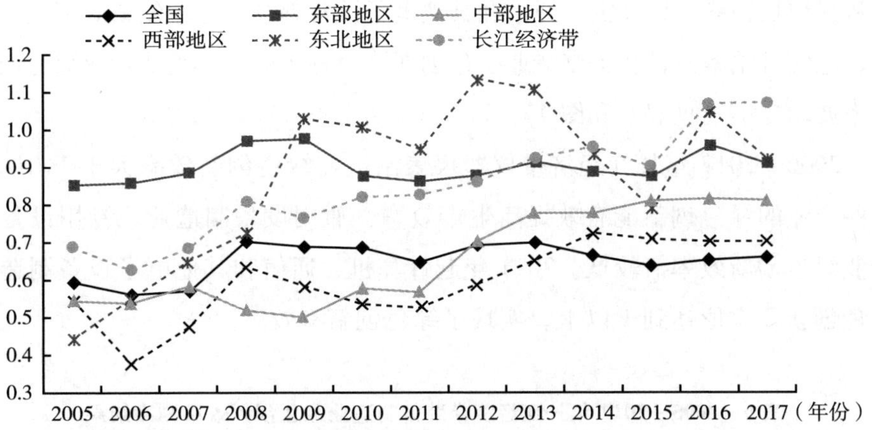

图3　2005～2017年全国、各地区及长江经济带装备制造业绿色创新效率变化趋势

资料来源：根据测算结果整理。

表5　2005～2017年全国、长江经济带及其沿线11省市绿色创新效率损失分解

地区	投入冗余			产出过量	产出不足
	劳动力投入	资本投入	能源投入	污染排放	地区生产总值
上海	0.019	0.018	0.013	0.007	0.008
江苏	0.069	0.145	0.168	0.076	0.005
浙江	0.234	0.375	0.069	0.085	0.002
安徽	0.746	0.085	0.327	0.087	0.004
江西	0.683	0.239	0.181	0.079	0.001
湖北	0.609	0.124	0.337	0.076	0.003
湖南	0.594	0.038	0.494	0.073	0.004
重庆	0.675	0.450	0.620	0.067	0.010
四川	0.695	0.146	0.326	0.038	0.009
贵州	0.436	0.298	0.604	0.058	0.001
云南	0.674	0.134	0.480	0.057	0.003
全国	0.452	0.158	0.297	0.059	0.002
长江经济带	0.573	0.195	0.351	0.075	0.004

资料来源：根据测算结果整理。

2. 长江经济带装备制造业细分行业绿色创新效率

整体而言，2005～2017年长江经济带装备制造业各行业绿色创新效率大致呈增长趋势。计算机、通信和其他电子设备制造业绿色创新效率提升显著，电气机械和器材装备制造业绿色创新能力有所减弱，其他行业绿色创新效率波动较小（见表6和图4）。

2006~2017年长江经济带仪器仪表制造业绿色创新效率大于1，说明这些产业的绿色创新能有效提高生产效率，通用设备制造业、专用设备制造业绿色创新效率值较低。2011年起计算机、通信和其他电子设备制造业绿色创新效率值达到1以上，实现了绿色创新有效。

表6　2005~2017年长江经济带装备制造业绿色创新效率测度结果

序号	行业	2005年	2006年	2007年	2008年	2009年	2010年	2011年
C34	金属制品业	0.58	0.55	0.56	0.56	0.55	0.55	0.56
C35	通用设备制造业	0.47	0.48	0.48	0.49	0.47	0.47	0.48
C36	专用设备制造业	0.45	0.44	0.46	0.47	0.47	0.45	0.46
C37	交通运输设备制造业	0.89	0.88	0.67	0.76	0.77	0.79	0.81
C39	电气机械及器材制造业	0.73	0.73	0.72	0.70	0.69	0.68	0.68
C40	通信设备、计算机及其他电子设备制造业	0.66	0.68	0.99	0.99	0.99	0.99	1.01
C41	仪器仪表及文化、办公用机械制造业	0.92	1.11	1.20	1.32	1.29	1.23	1.19

序号	行业	2012年	2013年	2014年	2015年	2016年	2017年	均值
C33	金属制品业	0.56	0.55	0.56	0.56	0.56	0.55	0.56
C34	通用设备制造业	0.51	0.49	0.45	0.45	0.44	0.46	0.47
C35	专用设备制造业	0.43	0.42	0.42	0.42	0.46	0.45	0.45
C36	汽车制造业	0.76	0.73	0.70	0.80	0.81	0.86	0.81
C37	铁路、船舶、航空航天和其他运输设备制造业	0.79	0.95	0.90	0.89	0.93	0.92	
C38	电气机械和器材制造业	0.67	0.67	0.66	0.66	0.67	0.68	0.69
C39	计算机、通信和其他电子设备制造业	1.35	1.29	1.20	1.02	1.39	1.28	1.05
C40	仪器仪表制造业	1.21	1.03	1.23	1.19	1.18	1.23	1.18

注：行业代码参考《国民经济行业分类》（GB/T 4754—2002）、《国民经济行业分类》（GB/T 4754—2011）、《国民经济行业分类》（GB/T 4754—2017），具体见附表1。

资料来源：根据测算结果整理。

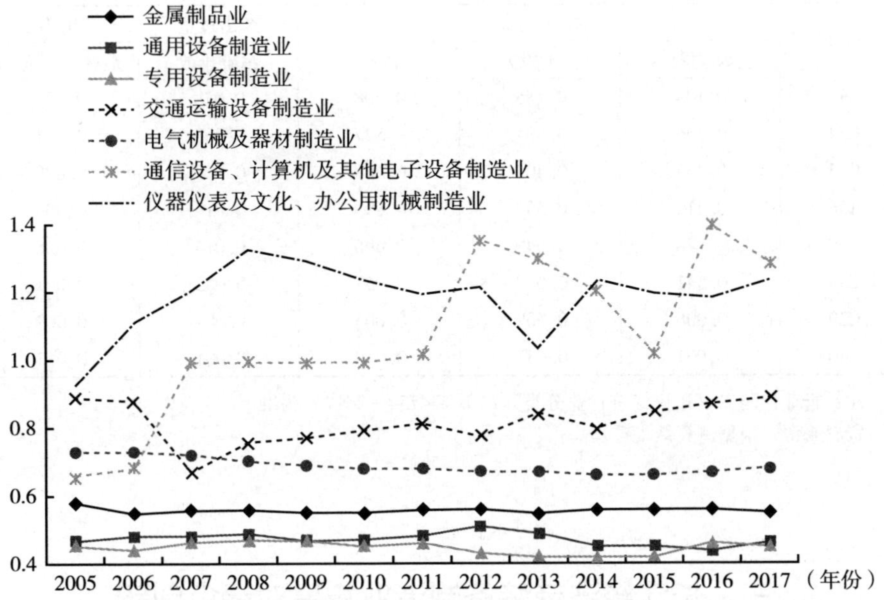

图 4　2005 ~2017 年长江经济带装备制造业各行业绿色创新效率演变趋势

资料来源：根据测算结果整理。

2005 ~2017 年长江经济带装备制造业 8 大行业中有 6 个行业存在绿色创新效率损失。能源高消耗、资本同质投入、劳动力拥挤会导致装备制造业绿色创新效率的投入冗余，过度污染排放和过低产出预期会导致装备制造业绿色创新效率较低。能源、资本、劳动力三种投入冗余造成的绿色创新效率损失比重分别是 40. 63% 、31. 08% 、25. 18% ，过度污染排放造成 2. 35% 的效率损失，GDP 产出不足程度较低。长江经济带装备制造业行业绿色创新效率损失来源差异明显，其中，电气机械和器材制造业效率损失主要源于劳动力投入冗余，比重高达 54. 10% （见表 7）。铁路、船舶、航空航天和其他运输设备制造业与汽车制造业资本投入冗余造成的效率损失比重分别为 64. 00% 、59. 70% 。金属制品业、通用设备制造业与专用设备制造业因能源投入冗余造成的效率损失比重分别为 70. 8% 、52. 7% 、46. 3% ，金属制品业因污染排放造成的效率损失达 7. 80% ，远高于其他行业。

表7　2005～2017年长江经济带装备制造业细分行业绿色创新效率损失分解

行业	投入冗余			产出过量	产出不足
	劳动力投入	资本投入	能源投入	污染排放	地区生产总值
C33	0.109	0.185	0.708	0.078	0.001
C34	0.356	0.384	0.527	0.038	0.001
C35	0.337	0.405	0.463	0.018	0.000
C36	0.310	0.597	0.693	0.017	0.003
C37	0.178	0.640	0.496	0.014	0.028
C38	0.541	0.017	0.057	0.002	0.001
C39	0.006	0.009	0.003	0.004	0.009
C40	0.001	0.031	0.018	0.001	0.011

注：行业代码以《国民经济行业分类》（GB/T 4754—2017）为准。

资料来源：根据测算结果整理。

三　长江经济带装备制造业集聚对绿色创新效率影响的实证分析

（一）空间计量模型

1. 空间相关性检验

本报告采用Moran's I指数检验装备制造业绿色创新效率在长江经济带相邻地区的相邻相似性和独立异质性，具体公式如下：

$$I = \frac{n\sum_{i=1}^{n}\sum_{j=1}^{n} w_{ij}(x_i - \bar{x})(x_j - \bar{x})}{\sum_{i=1}^{n}\sum_{j=1}^{n} w_{ij}(x_i - \bar{x})^2} = \frac{\sum_{i}^{n}\sum_{j=1}^{n} w_{ij}(x_i - \bar{x})(x_j - \bar{x})}{S^2\sum_{i}^{n}\sum_{j}^{n} w_{ij}} \tag{5}$$

其中，x_i与x_j分别是地区i与地区j的绿色创新效率，$\bar{x} = \frac{1}{n}\sum_{i=1}^{n} x_i$，$S^2 = \frac{1}{n}\sum_{i=1}^{n}(x_i - \bar{x})$，$n$为区域数量。在地理距离矩阵的基础上，采用2015年地区间实际人均GDP差额的倒数作为地区间“经济距离”指标构建基础矩阵，其与地理距离矩阵相乘得到权重矩阵，标准化处理后形成经济距离矩阵。

如表 8 所示，装备制造业绿色创新效率的 Moran's I 均为正值，多数年份装备制造业绿色创新效率 Moran's I 的 P 统计量通过 10% 显著性水平，表明装备制造业绿色创新效率并非完全随机分布，需要对绿色创新效率影响因素做空间效应分析。

表 8　2005～2017 年长江经济带装备制造业绿色创新效率 Moran's I

指标	2005年	2006年	2007年	2008年	2009年	2010年	2011年	2012年	2013年	2014年	2015年	2016年	2017年
Moran's I	0. 174	0. 147	0. 157	0. 204	0. 293	0. 194	0. 184	0. 227	0. 287	0. 291	0. 247	0. 251	0. 249
Z	1. 432	1. 519	1. 300	2. 167	2. 114	2. 083	1. 855	2. 102	2. 570	2. 743	2. 207	2. 112	2. 092
P	0. 043	0. 064	0. 082	0. 034	0. 017	0. 034	0. 040	0. 022	0. 001	0. 004	0. 031	0. 009	0. 018

资料来源：根据测算结果整理。

2. 模型设定

装备制造业绿色创新效率存在显著的空间正相关，需要采用空间计量分析模型检验装备制造业集聚对绿色创新效率的影响。空间面板模型包括空间滞后模型与空间误差模型。

空间滞后模型（SLM）可表示为：

$$\begin{aligned} Y_{it} &= \rho WY_{it} + \beta X_{it} + \varepsilon_{it} \\ \varepsilon_{it} &\backsim N(0,\sigma^2 I_n) \end{aligned} \tag{6}$$

空间误差模型（SEM）可表示为：

$$\begin{aligned} Y_{it} &= \beta X_{it} + \varepsilon_{it} \\ \varepsilon_{it} &= \lambda W\varepsilon_{it} + \mu_{it} \\ \mu_{it} &\backsim N(0,\sigma^2 I_n) \end{aligned} \tag{7}$$

其中，i、t 分别代表地区与年份；ε、μ 均为服从正态分布的随机误差项；ρ、λ 分别是空间滞后因变量系数与空间相关误差参数，β 为解释变量系数；W 为空间权重矩阵。

对空间误差模型（SEM）、空间滞后模型（SLM）作 Hausman 检验，结果表明应选择固定效应模型；对空间误差模型（SEM）、空间滞后模型（SLM）进行选择，由于 LM－lag（1.013）显著大于 LM－err（0.378），下文以分析 SLM 模型的结论为主。

装备制造业集聚和绿色创新效率存在明显正相关关系，但随着装备制造业集聚水平上升，两者之间出现非线性趋势，因此采用空间滞后面板模型（SLM）进行验证。

$$
\begin{aligned}
GIE_{it} &= \rho WGIE_{it} + \beta_1 lq_{it} + \beta_2 lq_{it}^2 + \beta_3 lq_{it}^3 + \beta_4 \ln gdp_{it} + \beta_5 \ln gdp_{it}^2 \\
&\quad + \beta_6 \ln hc_{it} + \beta_7 \ln urb_{it} + \beta_8 \ln tra_{it} + \beta_9 \ln env_{it} + \beta_{10} \ln tech_{it} \\
&\quad + \beta_{11} \ln ener_{it} + \varepsilon_{it} \\
&\varepsilon_{it} \backsim N(0, \sigma^2 I_n)
\end{aligned} \tag{8}
$$

（二）变量描述

模型（8）中，因变量是基于 Super－SBM 模型测度的绿色创新效率（*GIE*），核心解释变量是装备制造业集聚水平（*lq*），同时考虑了装备制造业集聚水平的多次项，控制变量包括经济水平、人力资本、城市化水平、贸易开放度、环境规制、研发强度与能源消耗等指标（见表 9）。

表 9　模型核心变量选取

变量类型	变量	符号	指标
被解释变量	绿色创新效率	*GIE*	考虑非期望产出的 Super－SBM 模型计算
解释变量	装备制造业集聚水平	*lq*	区位熵
控制变量	经济水平	ln*gdp*	实际人均 GDP 的对数
	人力资本	*hc*	平均受教育年限
	城市化水平	*urb*	年末城镇人口在总人口中所占的比重
	贸易开放度	*tra*	选取进出口总额与 GDP 比值，进出口总额按照当年人民币平均汇率转换
	环境规制	*env*	环境污染治理投资额占 GDP 的比重
	研发强度	*tech*	研发投入占 GDP 的比重
	能源消耗	*ener*	能源消耗总量占 GDP 的比重

资料来源：根据测算结果整理。

（三）实证结果

全国装备制造业集聚与绿色创新效率呈显著N型关系，空间自相关系数（ρ）显著为正，相邻地区装备制造业绿色创新效率会在空间上产生溢出效应。全国和长江经济带上中下游地区样本模型回归结果见表10和表11。

表10　全国样本模型回归结果

变量	OLS	SLM		
		空间固定	时间固定	双固定
lq	3.679 (1.51)	6.352 * (2.042)	8.489 * (2.489)	5.340 * (2.788)
lq^2	-4.040 (-1.51)	-7.387 (3.923)	-9.351 ** (-0.462)	-5.712 ** (1.638)
lq^3	1.778 (1.38)	3.352 ** (1.927)	5.079 ** (1.882)	1.286 ** (0.657)
lngdp	0.811 ** (2.068)	0.969 ** (0.353)	1.950 ** (2.389)	2.309 ** (2.364)
lngdp^2	-0.0405 ** (-2.561)	-0.0539 ** (2.308)	-0.071 (-5.967)	-0.055 ** (2.018)
lnhc	0.248 ** (0.109)	0.186 (5.213)	-0.018 (-6.241)	0.072 (0.828)
lnurb	0.192 (0.029)	0.068 (1.073)	-0.073 ** (-0.281)	-0.083 * (2.228)
lntra	-0.128 ** (1.917)	-0.173 ** (0.401)	-0.569 (-1.388)	-0.839 (-8.575)
lnenv	-0.038 ** (-2.929)	-0.028 ** (1.397)	-0.0447 (-4.970)	-0.089 ** (2.110)
ln$tech$	-0.318 (-1.490)	-0.129 (-1.320)	0.829 (5.310)	0.979 ** (-1.751)
ln$ener$	0.0498 * (1.229)	0.040 * (1.690)	-0.060 ** (-2.400)	0.070 *** (1.400)
Constant	-9.839 ** (-2.449)	—	—	—
ρ	—	0.051 (0.982)	-0.048 (-0.22)	0.081 * (0.918)

续表

变量	OLS	SLM		
		空间固定	时间固定	双固定
R^2	0.297	0.911	0.848	0.931
Log - L	—	498.31	389.392	583.234

注：***、**、*分别表示在1%、5%、10%统计水平下显著。

资料来源：根据测算结果整理。

表11　长江经济带上中下游地区样本模型回归结果

变量	下游地区		中游地区		上游地区		长江经济带	
	SLM	OLS	SLM	OLS	SLM	OLS	SLM	OLS
lq	18.269 ** (2.754)	19.948 ** (2.304)	12.930 * (2.181)	14.202 * (2.930)	-7.902 ** (-3.230)	-5.393 ** (-0.923)	4.992 ** (1.392)	7.939 ** (2.293)
lq^2	-20.343 * (-2.239)	-29.303 * (-3.206)	-18.592 ** (-2.531)	-17.843 ** (-2.853)	11.283 *** (2.939)	9.388 ** (3.292)	-14.394 * (-0.129)	-15.293 ** (-2.459)
lq^3	8.230 * (3.009)	11.394 ** (2.494)	8.005 (4.568)	9.067 ** (2.229)	-6.239 *** (-2.939)	-4.293 * (-3.942)	6.393 ** (2.203)	5.384 ** (1.202)
ln*gdp*	-1.198 * (-2.683)	-2.375 * (-4.644)	6.643 * (2.920)	7.920 (3.192)	0.527 *** (2.993)	0.496 ** (1.839)	6.394 *** (2.390)	7.493 *** (1.299)
$\ln gdp^2$	0.065 * (2.349)	0.034 * (3.239)	-0.467 * (-2.493)	-0.467 (-5.394)	-0.018 (-2.043)	-0.033 ** (-0.088)	-0.391 *** (-2.129)	-0.883 *** (-1.939)
ln*hc*	0.145 (1.317)	0.193 (1.009)	0.399 (3.290)	-0.298 (-3.920)	0.492 (2.877)	0.502 ** (2.561)	0.393 (2.322)	-0.201 (-1.545)
ln*urb*	-0.094 * (-2.345)	-0.087 ** (-3.358)	0.009 (0.037)	0.004 (0.204)	-0.087 * (-1.053)	-0.044 (-6.342)	-0.053 (0.468)	-0.077 (0.323)
ln*tra*	0.023 (0.279)	-0.009 (-0.048)	-0.397 * (-1.465)	-0.275 * (-1.558)	-0.034 (-1.031)	-0.211 *** (-2.412)	-0.649 * (-1.342)	-0.854 * (-0.783)
ln*env*	-0.097 (-1.865)	-0.046 (-1.376)	-1.323 ** (-3.546)	-1.969 ** (-2.994)	-0.049 * (-3.442)	-0.032 *** (-4.883)	-1.225 *** (-2.785)	-1.764 * (-3.975)
ln*tech*	0.835 (5.345)	0.643 (4.940)	0.057 (0.667)	0.029 (0.758)	0.941 * (2.871)	1.562 (4.774)	0.533 (0.454)	0.658 (0.446)
ln*ener*	-0.072 (-0.499)	-0.001 (-0.04)	-2.855 (-3.019)	-3.054 ** (-2.237)	3.557 (2.044)	3.049 (0.675)	3.225 * (-2.946)	3.091 ** (-2.355)

续表

变量	下游地区		中游地区		上游地区		长江经济带	
	SLM	OLS	SLM	OLS	SLM	OLS	SLM	OLS
Constant	-0.839 (-8.203)	-0.355 (-8.403)	-0.167 * (-2.450)	-0.378 *** (-1.459)	0.071 ** (2.844)	0.015 ** (1.200)	-0.277 * (-1.542)	-0.765 (-0.543)
ρ	0.203 * (3.713)	—	-0.128 (-1.573)	—	-0.291 ** (-3.192)	—	-0.586 (-1.242)	—
Constant	—	-4.293 * (-1.361)	—	-3.293 ** (-0.286)	—	-9.092 (-3.181)	—	-6.443 (-3.577)
R^2	0.802	0.799	0.866	0.884	0.829	0.891	0.745	0.899
Log - L	139.304	141.942	167.304	171.034	156.323	157.392	167.392	171.934

注：***、**、* 分别表示在 1%、5%、10% 统计水平下显著。

资料来源：根据测算结果整理。

（1）长江经济带中下游地区装备制造业集聚与绿色创新效率呈显著的 N 型关系。下游地区具有技术创新的先动优势，产业基础良好，市场开放度较高，辐射能力较强，绿色创新效率维持较高水平，区域间存在溢出效应。中游地区装备制造业规模较大，以汽车制造业为代表的环保技术研发与产业转型效果显著。但中上游地区空间自相关系数为负，区域间存在负向溢出，尚未形成区域协同发展格局。

（2）上游地区装备制造业集聚与绿色创新效率呈显著倒 N 型关系。装备制造业是技术密集型产业，上游地区的劳动力集聚不能有效提高生产效率，还造成人员拥挤与生活垃圾排放增加，抑制绿色创新效率提升；在集聚初期，规模经济促进绿色创新效率的提高；随着集聚水平的提高，形成长江经济带区域间的梯度转移格局，短期内产业无序转移提高生产效率，却带来诸多负外部性影响，导致产业同构、恶性竞争、产业衰退、劳动力不匹配等问题。上游地区的落后发展模式没有为技术创新与知识共享提供良好氛围，不利于装备和制造业绿色创新。上游地区装备制造业集聚水平高于全国平均水平，但地区差异较大，陷入区域负向溢出的恶性循环。

（3）经济增长、研发投入促进了绿色创新效率提升，对外开放、城镇化率、环境规制抑制了绿色创新效率的提升。经济增长对绿色创新效率的影响呈显著倒U型。经济增长在前期阶段为企业创新提供良好发展基础，随着经济水平的提升，规模经济效益有所衰减，投入冗余愈加明显，导致绿色创新效率下降。研发强度每增加1个百分点，绿色创新效率会提高0.533个百分点。研发投入增加能提升绿色创新知识存量，知识外溢使得研发人员在生产过程中交流积累绿色创新理念，降低不可再生能源的使用和污染排放量，进而研发绿色产品（罗良文等，2017）。中国经济发展具有较强“能源依赖”特征，能源消耗的增加提高了经济发展水平，间接促进了绿色创新效率的提高。人力资本与绿色创新效率存在正向关联，但并不显著。进出口总额占GDP的比重每增加1个百分点，绿色创新效率降低0.649个百分点。城镇化率过高会造成明显的拥挤效应。环境规制与绿色创新效率显著负相关的结论与刘亮等（2017）的研究结论一致，政府实施环境规制会增加企业相关环境治理投资，但政府会将外部环境成本内部化，对创新部门投资产生挤出效应，导致创新产出减少。

（四）稳健性检验与门槛检验

对上述实证结果做如下稳健性检验：一是剔除3%的绿色创新效率极大值和极小值样本后进行回归；二是剔除2005年、2017年样本，选取2006～2016年30个省区市面板数据与装备制造业集聚水平滞后1期进行回归分析检验。两种稳健性结果均通过检验，模型解释力较强。构建如下门槛面板模型：

$$\begin{aligned} GIE_{it} = {} & a_i + b_1 lq_{it} \cdot I(q_{it} \leqslant \gamma_1) + b_2 lq_{it} \cdot I(\gamma_1 < q_{it} \leqslant \gamma_2) + \cdots + \\ & b_n lq_{it} \cdot I(\gamma_{n-1} < q_{it} \leqslant \gamma_n) + b_{n+1} lq_{it} \cdot I(q_{it} > \gamma_n) + \beta H_{it} + \lambda_i + \varepsilon_{it} \end{aligned} \tag{9}$$

其中，GIE_{it}表示i地区t时期装备制造业绿色创新效率，lq_{it}表示装备制造业集聚水平。以产业集聚为门槛值，采用F统计量和Hansen自抽样法的P值。其中，长江经济带中游与下游地区通过双门槛检验，上游地区仅通过单门槛检验。下游地区两个门槛值分别是0.398、0.426，中游地区两个门槛值分别是0.371、0.427，上游地区门槛值分别是0.474与0.501。全国及长江经济带上中下游地区装备制造业集聚门槛面板模型估计结果见表12。

表 12　全国及长江经济带上中下游地区装备制造业集聚门槛面板模型估计

变量	全国	长江经济带	下游地区	中游地区	上游地区
ln*gdp*	2.031** (1.251)	3.677** (1.343)	-1.392* (-2.033)	5.787 (3.784)	-6.562* (-2.240)
lngdp^2	-0.244** (1.842)	-15.676* (-0.183)	0.667* (2.012)	-0.443** (-1.553)	12.382** (1.210)
ln*hc*	0.067*** (0.124)	6.333** (2.199)	0.165 (0.956)	0.343 (2.886)	-6.006** (-1.046)
ln*urb*	-0.086** (2.465)	7.377** (1.634)	-0.035** (-1.855)	0.001 (0.053)	0.446* (2.792)
ln*tra*	-0.753 (-3.231)	-0.123** (-1.578)	0.434* (0.133)	-0.365* (-1.454)	-0.035 (-1.392)
ln*env*	-0.042* (2.457)	0.343 (1.099)	-0.024 (-1.154)	-1.287* (-2.898)	0.445* (1.997)
ln*tech*	0.779** (1.523)	0.064 (0.376)	0.656 (5.879)	0.155** (0.057)	-0.045 (-5.973)
ln*ener*	0.032** (1.564)	-0.754* (-1.268)	-0.554 (-0.665)	-2.767* (-1.980)	-0.065 (-1.054)
Lq-1	4.654 (2.948)	3.555** (-1.425)	14.742 (-9.050)	12.194* (-1.066)	-6.406** (-0.535)
Lq-2	3.229 (3.203)	4.570 (0.234)	14.759** (0.871)	10.917 (2.326)	-2.910 (0.234)
Lq-3	6.780** (2.193)	—	17.056* (-2.460)	14.108 (1.929)	—

注：***、**、*分别表示在1%、5%、10%统计水平下显著。

资料来源：根据测算结果整理。

（1）全国层面装备制造业集聚对绿色创新效率的影响呈先降后升趋势。当装备制造业集聚水平低于0.425时，其对绿色创新效率有促进作用；当装备制造业集聚水平大于0.425且小于0.478时，其对绿色创新效率的促进作用不明显；当装备制造业集聚水平大于0.478时，其对绿色创新效率的促进作用显著并增强。表明装备制造业集聚存在最优规模，当促进作用受到约束时，通过创新驱动及产业升级的推进，使约束作用减弱。

（2）长江经济带装备制造业集聚对绿色创新效率呈现递增的非线性促进作用。当装备制造业集聚水平低于0.501时，其对绿色创新效率的促进作用显著；当装备制造业集聚水平高于0.501时，其对绿色创新效率的促进作用并不显著。长江经济带装备制造业基础较好，集聚水平较高，已形成诸多成熟的产业集群，但仍存在过度集聚特征。

（3）下游地区装备制造业集聚对绿色创新效率的正向非线性影响呈现边际递增特征。当装备制造业集聚水平低于0.398时，其对绿色创新效率的促进作用不明显；当装备制造业集聚水平大于0.398且小于0.426时，其对绿色创新效率的促进作用显著；当装备制造业集聚水平大于0.426时，其对绿色创新效率的促进作用进一步增强。长江经济带下游地区装备制造业集聚对绿色创新效率的促进作用具有一定条件约束，仅当装备制造业集聚水平高于0.398时，促进作用较为明显。

（4）中游地区装备制造业集聚对绿色创新效率的影响存在较强的非线性特征。当装备制造业集聚水平低于0.371时，其对绿色创新效率的促进作用显著；当装备制造业集聚水平大于0.371且小于0.427时，其对绿色创新效率的促进作用稍弱；当装备制造业集聚水平大于0.427时，其对绿色创新效率的促进作用不显著。仅当集聚水平小于0.427时，中游地区装备制造业集聚才能促进绿色创新效率提高。

（5）上游地区装备制造业集聚制约绿色创新效率提高。尤其是当装备制造业集聚水平低于0.474时，其对绿色创新效率的阻碍作用较强。上游地区产业结构较为单一，尚未形成产业集群，知识外溢、技术共享与集中治污效应有限，装备制造业绿色创新效率提升动力较弱。

四　研究结论与政策建议

（一）研究结论

（1）长江经济带装备制造业集聚水平和绿色创新效率均高于全国平均

水平，内部呈现下游地区、中游地区、上游地区梯度递减的空间分异特征。长江经济带装备制造业绿色创新效率均值为0.823，高于全国平均水平，2017年达到1.072。下游地区的浙江、江苏2省与中上游地区的重庆、四川、湖南3省市均处于DEA有效。长江经济带装备制造业各行业的绿色创新效率大致呈增长趋势，除计算机、通信和其他电子设备制造业绿色创新效率提升显著，电气机械和器材制造业绿色创新效率略有下降外，其余行业绿色创新效率波动较小。其中，金属制品业由能源投入冗余造成的效率损失高达70.8%，污染排放造成的效率损失达7.80%，远高于其他行业。

（2）经济增长对绿色创新效率的影响显著，不同因素对装备制造业绿色发展效率的影响效应存在差异。其中，能源消耗、研发强度、经济发展与长江经济带装备制造业绿色创新效率显著正相关，对外开放、城市化率、环境规制与装备制造业绿色创新效率显著负相关。

（3）长江经济带中下游地区装备制造业集聚对绿色创新效率影响显著。长江经济带装备制造业产业基础雄厚，集聚特征明显；上游地区装备制造业集聚对绿色创新效率影响显著。长江经济带中上游地区绿色创新效率的空间自相关系数显著为负，区域间存在负向溢出，尚未形成协同效应，下游地区较好实现了内部正向溢出效应。门槛回归结果支持上述结论，明确上中下游地区的最优集聚范围。

（二）政策建议

（1）优化工业空间布局，合理引导装备制造业集聚。装备制造业作为工业经济发展的重要根基，也是现代产业体系的重要组成部分。长远规划战略性新兴产业园区，引导产业适度集聚；基于装备制造业生产能力，通过技术创新、科创融合促进高端装备制造业形成、发展与壮大；引导装备制造业与生产性服务业、金融业等产业融合发展，借力政府规制与政策引导，释放绿色创新长足动力。

（2）因地制宜制定装备制造业发展战略。在装备制造业集聚初级阶段，发挥规模集聚优势，加快引导集聚；当装备制造业集聚达到一定规模时，通过知识技术外溢实现创新驱动，适当引导产业向中上游地区转移。下游地区依托人才集聚优势发展高端装制造业；中游地区维持适度集聚规模，引导环保服务等生产性服务业与装备制造业融合发展；上游地区利用资源优势，消除集聚负外部性，选择性承接产业转移。

（3）增强自主创新能力，坚持绿色发展。引导和鼓励创新要素向企业集聚，加强研发投入与关键核心技术研发，引导科技成果链条化、产品化、普及化。应将规避粗放型发展与能源依赖作为主要目标任务，转变经济发展方式。坚持绿色发展，从源头解决环境污染问题，完善环境治理制度，实现装备制造业高端化、智能化、集聚化、绿色化、服务化发展。

附录

附表1　装备制造业八大细分行业大类名称及代码

《国民经济行业分类》GB/T 4754—2002		《国民经济行业分类》GB/T 4754—2011/2017	
行业代码	类别名称	行业代码	类别名称
C34	金属制品业	C33	金属制品业
C35	通用设备制造业	C34	通用设备制造业
C36	专用设备制造业	C35	专用设备制造业
C37	交通运输设备制造业	C36	汽车制造业
C39	电气机械及器材制造业	C37	铁路、船舶、航空航天和其他运输设备制造业
C40	通信设备、计算机及其他电子设备制造业	C38	电气机械和器材制造业
C41	仪器仪表及文化、办公用机械制造业	C39	计算机、通信和其他电子设备制造业
		C40	仪器仪表制造业

注：为了保持研究样本与数据的一致性，根据《国民经济行业分类》（GB/T 4754—2002）、《国民经济行业分类》（GB/T 4754—2011）和《国民经济行业分类》（GB/T 4754—2017），将《国民经济行业分类》（GB/T 4754—2017）中的汽车制造业与铁路、船舶、航空航天和其他运输设备制造业合并为交通运输设备制造业，行业代码以《国民经济行业分类》（GB/T 4754—2017）为准。

资料来源：整理自《国民经济行业分类》（GB/T 4754—2002）、《国民经济行业分类》（GB/T 4754—2011）和《国民经济行业分类》（GB/T 4754—2017）。

附表 2　装备制造业集聚水平测度结果

地区	2005年	2006年	2007年	2008年	2009年	2010年	2011年	2012年	2013年	2014年	2015年	2016年	2017年
辽宁	0.894	1.018	1.034	1.025	1.066	0.896	1.024	1.047	1.035	1.065	1.007	0.448	1.053
吉林	0.983	1.026	1.016	1.022	0.999	0.946	1.063	1.028	1.034	1.018	1.024	1.002	1.005
黑龙江	0.657	0.659	0.659	0.682	0.696	0.717	0.657	0.762	0.775	0.799	0.806	0.851	0.862
东北地区	0.874	0.900	0.900	0.912	0.910	0.884	0.910	0.944	0.955	0.946	0.945	0.947	0.967
北京	1.018	1.067	1.053	1.024	0.967	0.778	0.891	0.887	0.818	0.795	0.754	0.768	0.819
天津	1.019	1.045	1.033	1.043	1.043	0.889	0.829	0.997	0.923	0.962	0.923	0.978	0.956
京津地区	1.019	1.056	1.043	1.034	1.005	0.834	0.860	0.942	0.871	0.879	0.839	0.873	0.888
河北	0.879	0.897	0.987	0.958	0.991	0.879	0.968	0.972	0.998	0.968	0.967	0.987	0.982
山东	0.992	1.028	1.027	1.032	1.032	0.977	1.027	1.033	0.965	1.023	1.039	1.043	1.047
北部沿海	0.936	0.963	1.007	0.995	1.012	0.928	0.998	1.003	0.982	0.996	1.003	1.015	1.015
上海	1.092	1.023	1.124	1.129	1.132	1.008	1.204	1.123	1.087	1.093	1.073	1.045	1.029
江苏	1.083	1.134	1.119	1.174	1.239	1.035	1.178	1.123	1.149	1.042	1.083	1.079	1.073
浙江	1.056	0.987	0.993	0.995	1.005	0.912	1.015	1.015	1.069	1.048	1.040	1.026	1.037
东部沿海	1.077	1.048	1.079	1.099	1.125	0.985	1.132	1.087	1.102	1.061	1.065	1.050	1.046
福建	1.047	0.933	0.927	0.916	0.912	0.824	0.917	0.913	1.073	1.049	1.045	1.028	1.390
广东	1.043	1.002	1.102	1.085	1.019	0.573	0.877	1.009	1.068	1.058	1.047	1.045	1.037
海南	0.879	0.939	1.023	1.067	1.058	0.989	0.687	1.083	1.024	0.967	0.976	0.936	0.968
南部沿海	0.990	0.958	1.017	1.023	0.996	0.795	0.827	1.002	1.055	1.025	1.023	1.003	1.132
山西	0.735	0.754	0.739	0.757	0.708	0.590	0.535	0.618	0.555	0.561	0.574	0.572	0.583
安徽	0.968	0.958	0.973	0.987	0.946	0.872	0.989	0.979	1.009	0.994	1.019	1.017	1.010
河南	0.867	0.889	0.826	0.872	0.943	0.882	0.934	0.967	0.982	0.946	0.922	1.034	0.923
湖北	0.976	1.045	1.032	1.034	1.053	0.964	1.682	1.075	1.065	1.072	1.054	1.027	1.038
湖南	0.992	1.012	0.982	0.969	1.079	0.834	1.153	1.022	1.035	1.053	1.077	1.045	1.027
江西	0.959	1.001	1.008	1.018	1.036	0.941	1.037	1.053	1.064	1.044	1.041	1.032	1.057
中部地区	0.916	0.942	0.925	0.942	0.961	0.856	1.051	0.955	0.953	0.941	0.950	0.953	0.942
广西	0.928	1.034	1.029	1.034	0.988	0.923	1.023	1.032	1.043	1.002	1.019	1.043	1.003
重庆	1.034	1.083	1.083	1.067	1.038	0.982	1.083	1.069	1.069	1.039	1.059	1.038	1.039
四川	0.857	0.975	0.934	0.904	0.966	0.825	0.995	0.910	0.948	0.900	0.912	0.909	0.933
贵州	0.729	0.792	0.763	0.779	0.743	0.692	0.723	0.729	0.753	0.724	0.794	1.302	0.976
云南	0.923	1.003	0.937	0.972	0.954	0.849	0.829	0.887	0.894	0.792	0.830	0.801	0.895
西南地区	0.914	0.982	0.961	0.966	0.939	0.868	0.928	0.928	0.939	0.905	0.935	1.024	0.979
内蒙古	0.823	0.829	0.803	0.823	0.628	0.689	0.680	0.712	0.723	0.923	0.550	0.723	0.749
陕西	0.739	0.723	0.853	0.893	0.835	0.729	0.723	0.859	0.781	0.740	0.792	0.788	0.723

续表

地区	2005年	2006年	2007年	2008年	2009年	2010年	2011年	2012年	2013年	2014年	2015年	2016年	2017年
甘肃	0.824	0.963	0.977	0.926	0.954	0.895	0.743	0.923	0.892	0.854	0.892	0.821	0.866
青海	0.693	0.724	0.682	0.692	0.772	0.791	0.823	0.722	0.762	0.782	0.752	0.859	0.795
宁夏	0.829	0.777	0.623	0.729	0.926	0.744	0.594	0.799	0.523	0.688	0.892	0.937	0.864
新疆	0.728	0.472	0.629	0.589	0.832	0.693	0.773	0.892	0.782	0.892	0.843	0.724	0.823
西北地区	0.773	0.748	0.761	0.775	0.825	0.757	0.723	0.818	0.744	0.813	0.787	0.809	0.803
长江经济带	0.979	1.002	1.000	1.010	1.018	0.913	1.077	1.001	1.012	0.986	1.005	1.031	1.016
下游	1.077	1.048	1.079	1.099	1.125	0.985	1.132	1.087	1.102	1.061	1.065	1.050	1.046
中游	0.974	1.002	0.997	1.005	1.029	0.917	1.209	1.037	1.045	1.034	1.051	1.028	1.036
上游	0.911	0.969	0.944	0.949	0.927	0.855	0.904	0.902	0.913	0.880	0.914	1.020	0.974
全国	0.915	0.927	0.934	0.943	0.951	0.851	0.920	0.942	0.930	0.930	0.929	0.949	0.954

资料来源：根据测算结果整理。

附表3　装备制造业绿色创新效率测度结果

地区	2005年	2006年	2007年	2008年	2009年	2010年	2011年	2012年	2013年	2014年	2015年	2016年	2017年
全国	0.597	0.563	0.571	0.707	0.685	0.687	0.647	0.694	0.699	0.664	0.636	0.653	0.663
北京	1.203	0.433	1.113	1.201	1.094	1.065	1.037	0.630	1.064	1.244	1.238	1.223	1.234
天津	1.193	1.102	1.066	1.120	1.064	1.040	0.850	1.098	1.143	1.051	1.020	1.085	1.012
河北	0.345	0.385	0.462	0.503	0.599	0.573	0.582	0.618	0.600	0.548	0.572	0.628	0.601
山西	0.279	0.302	0.325	0.368	0.317	0.296	0.314	0.373	0.359	0.330	0.333	0.342	0.345
内蒙古	0.407	0.478	0.462	0.394	0.307	0.295	0.198	0.308	0.305	0.246	0.277	0.289	0.267
辽宁	0.448	0.453	0.535	0.654	0.727	1.014	1.028	1.058	1.043	0.771	0.620	0.992	0.812
吉林	0.391	0.617	0.747	1.028	1.994	1.693	1.325	1.270	1.253	1.250	1.073	1.330	1.201
黑龙江	0.489	0.572	0.669	0.475	0.362	0.316	0.488	1.067	1.026	0.778	0.674	0.828	0.771
上海	1.000	1.000	1.000	1.358	1.313	1.174	1.218	1.067	0.894	1.012	0.751	1.210	0.890
江苏	0.597	0.791	0.811	1.000	1.000	1.000	1.000	1.000	1.000	1.000	1.000	1.000	1.000
浙江	0.915	0.686	0.706	1.129	1.079	1.031	1.077	1.089	1.258	1.180	1.275	1.292	1.239
安徽	0.330	0.395	0.432	0.472	0.543	1.026	0.753	0.796	0.789	0.888	0.927	0.883	0.898
福建	0.691	0.617	0.644	0.669	0.597	0.620	0.598	0.727	0.634	0.565	0.666	0.687	0.678
江西	0.408	0.757	0.835	0.419	0.522	0.541	0.629	0.745	0.787	0.758	0.815	0.840	0.812
山东	0.582	0.637	0.666	0.689	1.013	0.811	0.767	1.049	1.027	1.006	0.779	0.928	0.899
河南	0.520	0.418	0.462	0.613	0.518	0.530	0.582	0.673	1.022	1.022	1.092	1.123	1.111
湖北	0.603	0.360	0.415	0.622	0.518	0.510	0.510	0.606	0.677	0.651	0.659	0.679	0.684

续表

地区	2005年	2006年	2007年	2008年	2009年	2010年	2011年	2012年	2013年	2014年	2015年	2016年	2017年
湖南	1.128	1.000	1.000	0.602	0.555	0.557	0.606	1.017	1.035	1.028	1.039	1.030	1.022
广东	1.000	1.000	1.000	1.000	1.000	1.000	1.000	1.015	1.000	0.886	1.000	1.082	1.092
广西	0.550	0.530	1.049	0.583	0.582	0.578	0.566	0.648	0.755	1.052	1.153	1.130	1.145
海南	1.001	1.920	1.368	1.017	1.018	0.446	0.462	0.480	0.499	0.420	0.451	0.483	0.468
重庆	1.005	1.005	1.078	1.180	1.008	1.326	1.280	1.085	1.209	1.234	1.257	1.239	1.240
四川	0.460	0.339	0.362	1.050	1.039	1.036	1.087	1.043	1.026	1.047	1.088	1.068	1.072
贵州	0.513	0.294	0.378	0.489	0.433	0.436	0.580	0.608	1.075	1.249	0.674	0.584	0.621
云南	0.599	0.272	0.496	0.586	0.410	0.397	0.361	0.391	0.398	0.466	0.434	0.499	0.482
陕西	0.288	0.220	0.262	0.805	0.505	0.531	0.534	0.721	0.607	0.791	0.904	0.923	0.921
甘肃	0.399	0.260	0.360	0.349	0.362	0.373	0.385	0.541	0.481	0.537	0.533	0.531	0.529
青海	0.212	0.318	0.323	0.473	0.335	0.214	0.151	0.189	0.220	0.281	0.448	0.429	0.402
宁夏	0.342	0.217	0.190	0.422	0.385	0.237	0.255	0.438	0.623	0.413	0.483	0.438	0.442
新疆	1.233	0.200	0.245	0.682	1.039	0.470	0.379	0.477	0.458	0.625	0.546	0.592	0.582
长江经济带	0.687	0.627	0.683	0.810	0.765	0.821	0.827	0.859	0.923	0.956	0.902	1.068	1.072
下游地区	0.838	0.826	0.839	1.162	1.131	1.069	1.098	1.052	1.051	1.064	1.009	0.928	1.142
中游地区	0.617	0.628	0.670	0.529	0.534	0.658	0.625	0.791	0.822	0.831	0.860	0.899	0.882
上游地区	0.644	0.478	0.578	0.826	0.723	0.799	0.827	0.782	0.927	0.999	0.863	0.923	0.853

资料来源：根据测算结果整理。

参考文献

曹霞、于娟：《绿色低碳视角下中国区域创新效率研究》，《中国人口·资源与环境》2015年第5期，第10~19页。

陈杰、周倩：《中国城市规模和产业结构对城市劳动生产率的协同效应研究》，《财经研究》2016年第9期，第75~86页。

陈诗一：《能源消耗、二氧化碳排放与中国工业的可持续发展》，《经济研究》2009年第4期，第41~55页。

程中华、李廉水、刘军：《产业集聚有利于能源效率提升吗》，《统计与信息论坛》2017年第3期，第70~76页。

程中华、张立柱：《产业集聚与城市全要素生产率》，《中国科技论坛》2015年第3

期，第 112 ~ 118 页。

高萍、王小红：《财政投入、环境规制与绿色技术创新效率——基于 2008—2015 年规模以上工业企业数据的实证》，《生态经济》2018 年第 4 期，第 93 ~ 99 页。

韩晶等：《基于绿色增长的中国区域创新效率研究》，《经济社会体制比较》2013 年第 3 期，第 100 ~ 110 页。

惠炜、韩先锋：《生产性服务业集聚促进了地区劳动生产率吗?》，《数量经济技术经济研究》2016 年第 10 期，第 37 ~ 56 页。

金飞、陈晓峰：《产业集聚、技术变化与全要素生产率——基于长三角 20 个制造行业的实证分析》，《工业技术经济》2015 年第 7 期，第 54 ~ 63 页。

李世杰、胡国柳、高健：《转轨期中国的产业集聚演化：理论回顾、研究进展及探索性思考》，《管理世界》2014 年第 4 期，第 165 ~ 170 页。

刘亮、蒋伏心：《环境分权是否促进地方政府科技投入?》，《科技管理研究》2017 年第 16 期，第 61 ~ 67 页。

刘耀彬、袁华锡、王喆：《文化产业集聚对绿色经济效率的影响——基于动态面板模型的实证分析》，《资源科学》2017 年第 4 期，第 747 ~ 755 页。

罗良文、梁圣蓉：《国际研发资本技术溢出对中国绿色创新效率的空间效应》，《经济管理》2017 年第 3 期，第 21 ~ 33 页。

钱丽、王文平、肖仁桥：《共享投入关联视角下中国区域工业企业绿色创新效率差异研究》，《中国人口 · 资源与环境》2018 年第 5 期，第 27 ~ 39 页。

乔海曙、胡文艳、钟为亚：《专业化、多样化产业集聚与能源效率——基于中国省域制造业面板数据的实证研究》，《经济经纬》2015 年第 5 期，第 85 ~ 90 页。

曲晨瑶、李廉水、程中华：《产业聚集对中国制造业碳排放效率的影响及其区域差异》，《软科学》2017 年第 1 期，第 34 ~ 38 页。

屈小娥：《中国工业行业环境技术效率研究》，《经济学家》2014 年第 7 期，第 55 ~ 65 页。

任耀等：《绿色创新效率的理论模型与实证研究》，《管理世界》2014 年第 7 期，第 176 ~ 177 页。

王连芬、戴裕杰：《中国各省环境效率及环境效率幻觉分析》，《中国人口 · 资源与环境》2017 年第 2 期，第 69 ~ 74 页。

肖文、林高榜：《政府支持、研发管理与技术创新效率——基于中国工业行业的实证分析》，《管理世界》2014 年第 4 期，第 71 ~ 80 页。

杨仁发：《产业集聚能否改善中国环境污染》，《中国人口 · 资源与环境》2015 年第 2 期，第 23 ~ 29 页。

张江雪、朱磊：《基于绿色增长的我国各地区工业企业技术创新效率研究》，《数量经济技术经济研究》2012 年第 2 期，第 113 ~ 125 页。

Cooke P.，"Clean Tech and an Analysis of Platform Nature of Life Sciences: Further

Reflections Upon Platform Policies," *Journal of European Planning Studies* 16 (2008): 375 - 393.

Hellstrom T., "Dimensions of Environmentally Sustainable Innovation: the Structure of Eco-innovation Concepts," *Sustainable Development* 15 (2007): 148 - 159.

Kammerer D., "The Effects of Customer Benefit and Regulation on Environmental Product Innovation-Empirical Evidence From Appliance Manufacturers in Germany," *Ecological Economics* 68 (2009): 2285 - 2295.

Li H., Shi J., "Energy Efficiency Analysis on Chinese Industrial Sectors: An Improved Super-SBM Model with Undesirable outputs," *Journal of Cleaner Production* 65 (2014): 97 - 107.

Tone K., "A Slacks - Based Measure of Efficiency in Data Envelopment Analysis," *European Journal of Operational Research* 130 (2001): 498 - 509.

Tone K., Sahoo B. K., "Scale, Indivisibilities and Production Function in Data Envelopment Analysis," *International Journal of Production Economics* 84 (2003): 165 - 192.

B.9
长江经济带制造业能源消费研究报告*

郑开元**

摘　要： 发展绿色制造业，调整传统产业结构，能有效缓解产能过剩，促进长江经济带制造业能效提升。本报告定量考察长江经济带制造业能源消费特征，研究发现：长江经济带主要能源消费呈上升趋势，产业能耗以煤炭、石油为主，天然气消费在近年呈迅猛增长态势；长江经济带制造业能源消费结构的地区差异较大，能耗强度呈下降趋势。采用 Kaya 恒等式测度二氧化碳排放量，通过 LMDI 加法分解法将二氧化碳排放因素进行分解，结果显示长江经济带能源消费碳排放量呈浮动上升态势，产业规模和人口规模不断扩大、经济快速增长、能源结构持续调整，以及能源效率逐年降低是引发长江经济带制造业碳排放量快速增长的主要原因；2013 年以后，长江经济带产业结构升级和节能技术的进步促进了产业能耗结构调整和能源效率提高，推动长江经济带经济增长与二氧化碳排放强脱钩。

关键词： 长江经济带　制造业　能源消费　碳排放

* 基金项目：国家社会科学基金一般项目“推动长江经济带制造业高质量发展研究”（项目编号：19BJL061）。

** 郑开元，武汉大学经济与管理学院区域经济学专业博士，建信理财有限责任公司研究部研究员，从事区域经济学研究。

建成引领全国生态文明建设的先行示范带是新时代长江经济带发展的重要使命。2014 年 9 月颁布的《国务院关于依托黄金水道推动长江经济带发展的指导意见》强调，要推进能源生产与消费方式改革。2016 年 3 月颁布的《长江经济带创新驱动产业转型升级方案》指出，要积极发展新能源等战略性新兴产业，提升能源利用效率。2016 年 5 月颁布的《长江经济带发展规划纲要》指出，能源要素供给趋紧给长江经济带产业发展带来了新的挑战和压力。因此，科学研判长江经济带制造业能源消费问题具有重要的实践意义。

一 测度方法与数据来源

（一）测度方法

1. 能源消费与能耗强度估算

测算能源消费水平与能耗强度的公式为：

$$E = \sum_{i} F_i \times N_i \tag{1}$$

$$ECI = E/GDP \tag{2}$$

其中，E 表示能源消费水平，ECI 表示能耗强度，GDP 表示国内生产总值，i 表示能源消费类型，F_i 表示 i 能源的终端消费量；N_i 表示 i 能源的二氧化碳排放因子。

2. 碳排放水平测算

测度碳排放量的公式如下：

$$C = \sum_{i} F_i \times \delta_i = \sum_{i} F_i \times \frac{N_i}{10^9/K_i} \tag{3}$$

其中，C 表示二氧化碳排放量，δ_i 表示二氧化碳排放系数，K_i 表示平均低位发热量。

3. 碳排放因素分解

碳排放因素分解的研究思路：依据 Kaya 恒等式、恒等式拓展式以及

LMDI 加法分解法，求得二氧化碳排放因素分解式。

依据 Kaya 恒等式：

$$C = \frac{C}{E} \times \frac{E}{GDP} \times \frac{GDP}{P} \times P = N \times F \times I \times P \tag{4}$$

将恒等式拓展为：

$$C_t = \sum_i C_{it} = \sum_i \frac{C_{it}}{E_{it}} \times \frac{E_{it}}{E_t} \times \frac{E_t}{GDP_t} \times \frac{GDP_t}{P_t} \times P_t \tag{5}$$

其中，C_t 表示第 t 年各产业二氧化碳排放量，C_{it}表示第 t 年 i 能源的二氧化碳排放量，E_t 表示第 t 年各产业能源消费量，E_{it}表示第 t 年 i 能源消费量，P_t 表示各产业人口总数，GDP_t 表示各产业增加值。

Kaya 拓展式可以转化为：

$$C_t = \sum_i M_{it} \times N_t \times F_t \times I_t \times P_t \tag{6}$$

其中，M_{it}表示 i 能源消费量与各产业能源消费量之比；N_t 表示 i 能源二氧化碳排放量与 i 能源消费量之比；F_t 为第 t 年各产业能源消费量与各产业增加值之比；I_t 为第 t 年各产业增加值与国内各产业人口总数之比。

基于 LMDI 加法分解法得到：

$$\Delta C_t = \Delta C_{MNt} + \Delta C_{Ft} + \Delta C_{It} + \Delta C_{Pt} \tag{7}$$

基于 Ang 模型对 LMDI 因素进行分解得到：

$$\Delta C_{MNt} = \frac{(C_t - C_0)}{(\ln C_t - \ln C_0)} \ln\left(\sum_i \frac{M_{it} \times N_i}{M_{i0} \times N_i} \right) \tag{8}$$

$$\Delta C_{Ft} = \frac{(C_t - C_0)}{(\ln C_t - \ln C_0)} \ln(F_t / F_0) \tag{9}$$

$$\Delta C_{It} = \frac{(C_t - C_0)}{(\ln C_t - \ln C_0)} \ln(I_t / I_0) \tag{10}$$

$$\Delta C_{Pt} = \frac{(C_t - C_0)}{(\ln C_t - \ln C_0)} \ln(P_t / P_0) \tag{11}$$

其中，C_0 表示基期各产业二氧化碳排放量，M_{i0} 表示各能源在基期占各产业能源消费总量的比重，F_0 表示基期各产业能源效率，I_0 表示基期各产业人均增加值，P_0 表示基期国内人口总数；ΔC_{MNt} 表示能源结构对二氧化碳排放变化的贡献值，ΔC_{Ft} 表示能源效率对二氧化碳排放变化的贡献值，ΔC_{It} 表示各产业规模对二氧化碳排放变化的贡献值，ΔC_{Pt} 表示人口效应对二氧化碳排放变化的贡献值。

4. 碳排放脱钩测度

较为成熟的脱钩分析方法主要包括 OECD 的脱钩因子分析法和 Tapio 的脱钩弹性系数法。由于 OECD 的脱钩因子分析法受基期设定影响较大，通过 OECD 脱钩分析法测算出的脱钩指数（DCI）和脱钩因子（DCF）主要侧重于判断考察对象的脱钩演变过程，而 Tapio 脱钩弹性系数法则不会受到统计量纲变化的影响（孙耀华等，2011）。因此，本报告将采用该测度方法，公式为：

$$DCI = \frac{(EP/ED)_0}{(EP/ED)_t} \tag{12}$$

$$DCF = 1 - \frac{(EP/ED)_0}{(EP/ED)_t} \tag{13}$$

$$DE = \frac{(EP_t - EP_{t-1})/EP_{t-1}}{(ED_t - ED_{t-1})/ED_{t-1}} = \frac{\Delta EP/EP_{t-1}}{\Delta ED/ED_{t-1}} \tag{14}$$

其中，DCI 表示脱钩指数；DCF 表示脱钩因子；DE 表示脱钩弹性系数；EP 表示环境压力指标值，采用产业能源消耗量和二氧化碳排放量衡量；ED 表示经济驱动力指标值，采用产业增加值衡量。脱钩状态分类见表 1。

表 1　脱钩状态分类

一级分类	二级分类	ΔEP	ΔED	DE
脱钩	弱脱钩	$\Delta EP>0$	$\Delta ED>0$	$0 \leqslant DE < 0.8$
	强脱钩	$\Delta EP<0$	$\Delta ED>0$	$DE<0$
	衰退脱钩	$\Delta EP<0$	$\Delta ED<0$	$DE>1.2$

续表

一级分类	二级分类	ΔEP	ΔED	DE
负脱钩	弱负脱钩	$\Delta EP<0$	$\Delta ED<0$	$0\leqslant DE<0.8$
	强负脱钩	$\Delta EP>0$	$\Delta ED<0$	$DE<0$
	扩张负脱钩	$\Delta EP>0$	$\Delta ED>0$	$DE>1.2$
连接	扩张连接	$\Delta EP>0$	$\Delta ED>0$	$0.8\leqslant DE\leqslant 1.2$
	衰退连接	$\Delta EP<0$	$\Delta ED<0$	$0\leqslant DE<0.8$

脱钩稳定性分析的公式为：

$$ST=\frac{1}{n-1}\sum\left|\frac{D_{t+1}-D_t}{D_t}\right| \tag{15}$$

其中，ST 为脱钩状态稳定性；n 为样本个数；D 为脱钩弹性系数。ST 较小，表明脱钩状态波动较小，保持相对稳定。

（二）数据来源

本报告的研究时段为 2011 ~ 2016 年。数据来源于《中国能源统计年鉴》（2012 ~ 2017 年）、《中国统计年鉴》（2012 ~ 2017 年）。各类能源平均低位发热量来源于《中国能源统计年鉴》（2018 年）提供的《各种能源折标准煤参考系数》。

二　长江经济带制造业能源消费现状特征

（一）制造业能源消费特征

1. 能源消费增长速度

长江经济带制造业经济增长速度普遍高于能源消费增长速度。2011 ~ 2016 年长江经济带制造业能源消费增长呈先下降后上升再下降趋势（见图 1），制造业能源消费的平均增长速度为 −34.77%，远低于经济平均增长速度（−12.17%）。

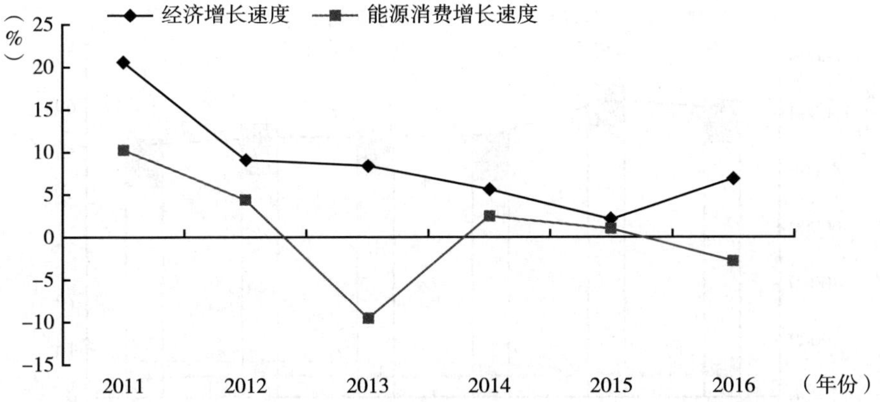

图1　2011～2016年长江经济带制造业能源消费与经济增长速度

资料来源：根据测算结果整理。

2. 能源消费结构

长江经济带制造业能源消费以煤炭为主。如图2所示，2011～2016年长江经济带制造业天然气消费量呈波动上升趋势，煤品和油品消费量呈波动下降态势。其中，天然气消费年均增长率高达7.56%，煤品和油品消费年均增长率分别达-3.71%、-4.56%。2011～2016年，煤品、油品、天然气消费各年度在能耗总量中的占比平均分别为55.77%、4.36%、6.51%。具体来看，2016年制造业煤品消费量虽高达74527.23千亿千焦，但是消费量占比在2011～2016年呈下降态势，下降2.69个百分点；相反，2016年天然气消费量占比虽少，但是在2011～2016年呈逐渐上升态势，提高了8.69个百分点。由此可见，煤炭作为一次能源在长江经济带制造业能源消费中占据主体地位。

长江经济带沿线11省市制造业能源消费结构差异较大。如图3所示，2016年长江经济带煤品消费量在能耗总量中的占比范围是50.09%～95.68%，占比最高的是贵州省，最低的是上海市；油品消费量占能耗总量比例范围是1.97%～13.21%，占比最高的是浙江省，最低的是贵州省；天然气消费量占能耗总量比例范围是2.35%～36.8%，占比最高的是上海市，最低的是贵州省。

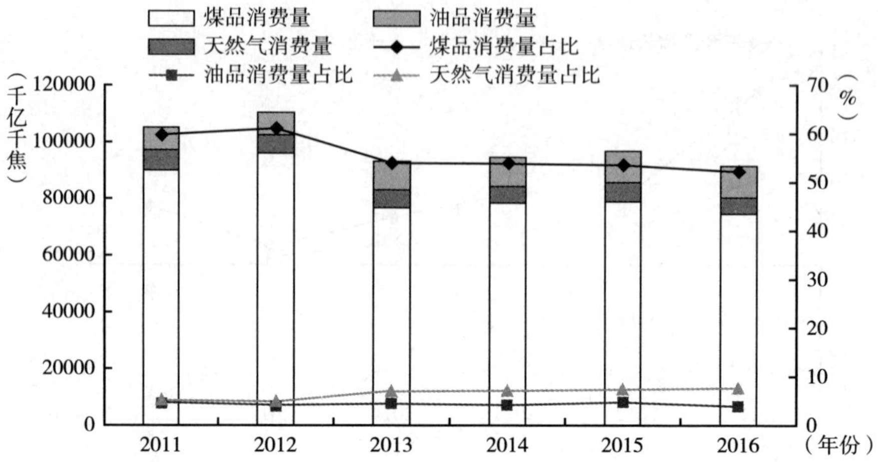

图 2　2011～2016 年长江经济带制造业能源消费结构变化趋势

资料来源：根据测算结果整理。

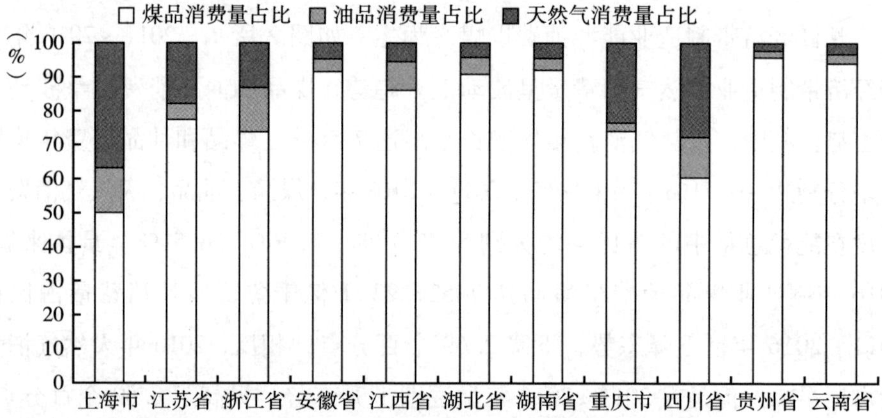

图 3　2016 年长江经济带沿线 11 省市制造业能源消费结构分布

资料来源：根据测算结果整理。

长江经济带沿线 11 省市中，除上海市以外，其他省市煤品消费均为其制造业主体能源消费；除四川省以外，中上游地区制造业煤品消费占比均高达 70% 以上。上海市、重庆市、四川省的天然气消费占比均在 23% 以上，反映了长江经济带大部分下游地区和小部分上游地区制造业能耗结构具有低碳化发展趋势。

3. 能耗强度

长江经济带能耗强度呈下降态势。如图 4 所示，2011 ~2016 年长江经济带制造业能耗强度从 1.418 千亿千焦/亿元下降到 0.988 千亿千焦/亿元，年均下降 6.98%。长江经济带制造业能源消费总量呈波动下降态势，且自 2011 年以来，长江经济带制造业能耗强度指标值始终保持在 1.5 千亿千焦/亿元以下，呈持续下降态势。

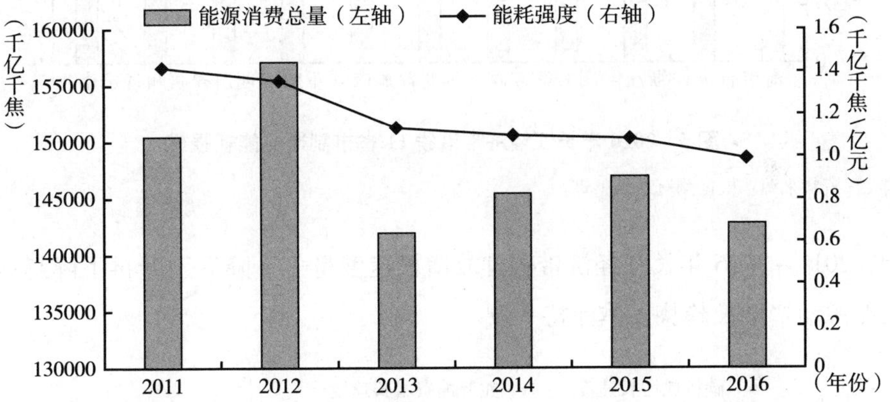

图 4　2011 ~2016 年长江经济带制造业能源消费与能耗强度变化趋势

资料来源：根据测算结果整理。

长江经济带沿线 11 省市制造业能耗强度差异较大。如图 5 所示，2016 年长江经济带沿线 11 省市制造业能耗强度最高的是云南省（1.804 千亿千焦/亿元），最低的是上海市（0.625 千亿千焦/亿元），长江经济带中上游大部分地区制造业能耗强度均高于 0.99 千亿千焦/亿元。长江经济带下游地区 3 个省市制造业能耗强度较低，反映了长江经济带下游地区节能减排带来的低能耗成效明显。

（二）制造业能源消费碳排放特征

1. 碳排放增长速度

长江经济带碳排放增长速度与能源消费增长速度保持一致。如图 6 所

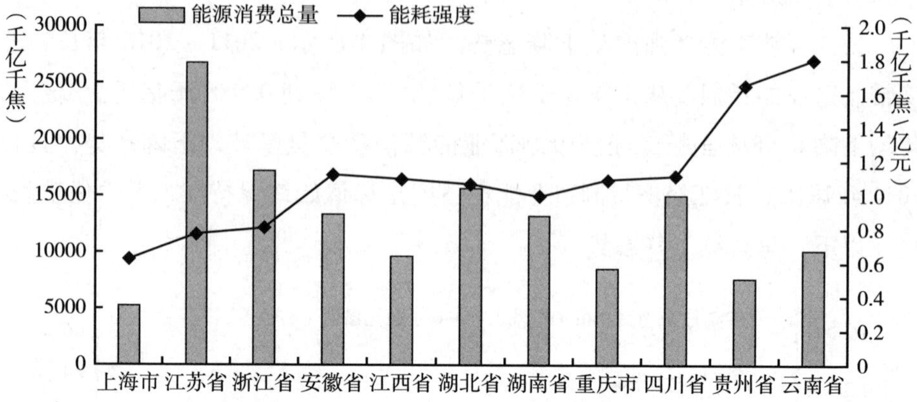

图5　2016 年长江经济带沿线 11 省市制造业能耗强度

资料来源：根据测算结果整理。

示，2011～2016 年长江经济带碳排放增长速度呈先下降后上升再下降趋势，与能源消费增长趋势大体保持一致。

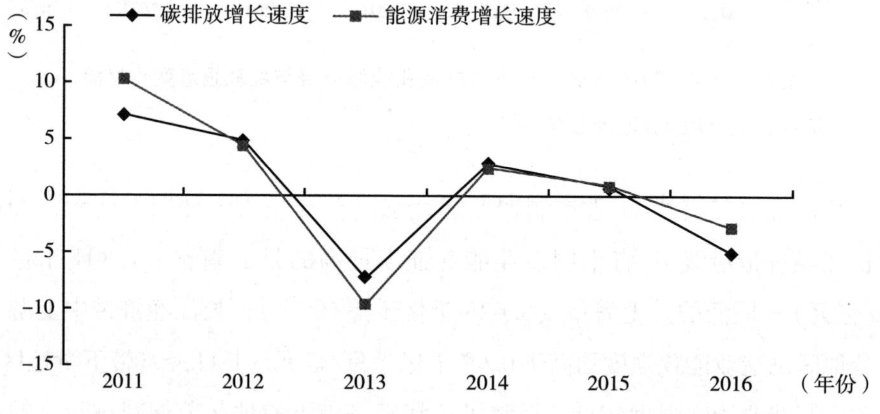

图6　2011～2016 年长江经济带制造业碳排放与能源消费增长速度

资料来源：根据测算结果整理。

2. 碳排放强度

长江经济带二氧化碳排放强度与能耗强度呈同步下降趋势。2011～2016 年，长江经济带二氧化碳排放强度从 1.097 万吨/亿元下降到 0.771 万吨/亿元，年均下降 6.81%，略低于长江经济带能耗强度年均下降水平（6.98%）；2013 年以后，长江经济带能耗强度指标值控制在 1.2 千亿千焦/亿元以下，二氧化碳排放强度指标值控制在 1.0 万吨/亿元以下，二氧化碳排放强度与能耗强度下降态势大体保持一致（见图 7）。

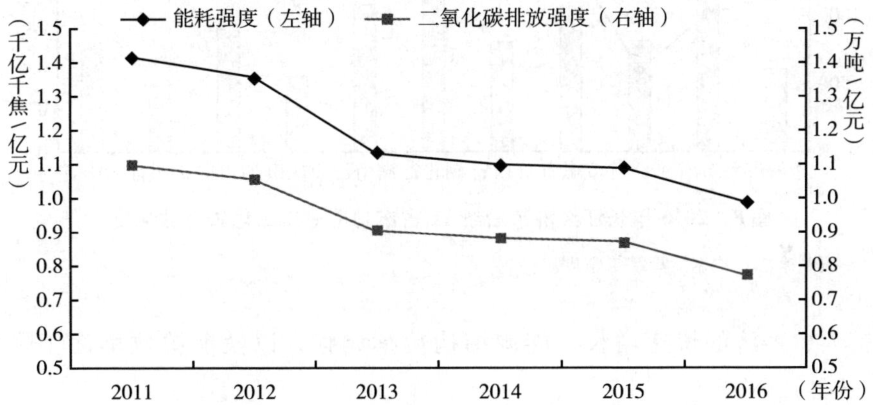

图 7　2011～2016 年长江经济带制造业能耗强度与碳排放强度变化趋势

资料来源：根据测算结果整理。

长江经济带沿线 11 省市二氧化碳排放强度差异显著。2016 年长江经济带沿线 11 省市二氧化碳排放强度最高的是云南省（1.336 万吨/亿元），最低的是浙江省（0.389 万吨/亿元），除上海市（0.737 万吨/亿元）、浙江省（0.389 万吨/亿元）、江苏省（0.654 万吨/亿元）、重庆市（0.707 万吨/亿元）以外，其他省市二氧化碳排放强度均高于 0.8 万吨/亿元（见图 8）。整体来看，长江经济带上中下游省市二氧化碳排放强度呈梯度递减态势。

三　长江经济带制造业能源消费碳排放的驱动因素

（一）碳排放驱动因素分析

2011～2016 年长江经济带能源消费二氧化碳排放量呈浮动上升态势，近年来二氧化碳排放量快速增长的主要原因是产业规模和人口规模的不

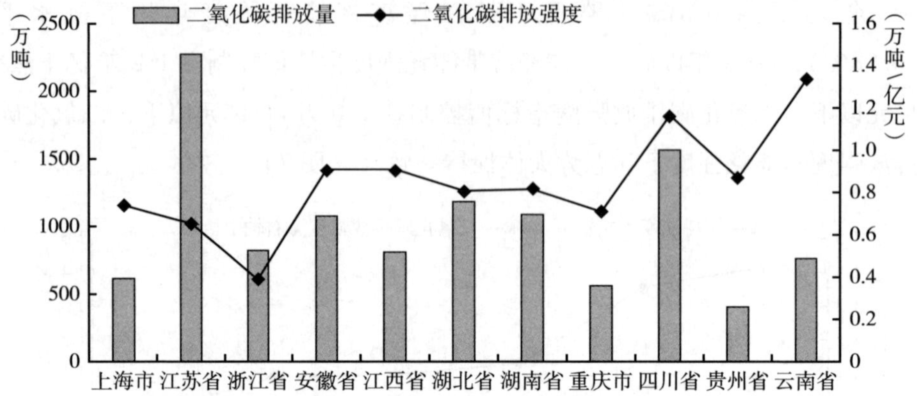

图 8　2016 年长江经济带沿线 11 省市制造业二氧化碳排放强度

资料来源：根据测算结果整理。

断扩大、经济的快速增长、能源结构持续调整，以及能源效率逐年降低（见表 2）。

表 2　2011～2016 年长江经济带制造业碳排放 LMDI 分解结果：贡献量

单位：万吨

年份	产业规模	能源结构效应	能源效率	人口规模效应
2011	-7687.6	-17423.3	-10082.2	28747.3
2012	1613.5	-24875.8	-15380.4	29974.4
2013	9920.3	26555.6	-34951.7	29437.6
2014	15661.0	29585.1	-38828.0	30368.7
2015	17442.7	39601.4	-40267.5	31151.3
2016	23778.7	29759.1	-49653.1	30863.2

资料来源：根据测算结果整理。

长江经济带碳排放驱动因素具体可以分为推动因素与抑制因素。2012 年以前，长江经济带二氧化碳排放推动因素包含能源效率和能源结构效应，其贡献率呈先下降后上升趋势，在 2012 年达到最高点；抑制因素为人口规模效应，其贡献率呈上升趋势，在 2012 年达到 -345.79%（见表 3）。2012 年以后，长江经济带碳排放推动因素包含能源结构效应、产业规模、人口规模效应，抑制因素为能源效率。2013 年后，两类因素均趋于稳定，贡献率差距呈缩小态势。

表 3　2011～2016 年长江经济带制造业碳排放 LMDI 分解结果：贡献率

单位：%

年份	产业规模	能源结构效应	能源效率	人口规模效应
2011	119.265	270.302	156.414	-445.980
2012	-18.613	286.974	177.432	-345.792
2013	32.041	85.769	-112.887	95.077
2014	42.572	80.423	-105.549	82.553
2015	36.394	82.627	-84.017	64.996
2016	68.432	85.643	-142.895	88.820

资料来源：根据测算结果整理。

（二）产业规模驱动分析

在四个主要因素中，产业规模对长江经济带二氧化碳排放量的平均贡献度呈波动上升态势，说明对于整个长江经济带而言，不断扩大的经济规模是造成能源消费二氧化碳排放提升的主要原因。从长江经济带沿线 11 省市来看，2016 年，产业规模平均贡献量最大的是江苏省（1684.01 万吨），除四川省、江西省、云南省、重庆市、贵州省以外，长江经济带沿线其他省市产业规模平均贡献率均大于 0。

表 4　2011～2016 年产业规模对长江经济带制造业能源消费碳排放影响效果

单位：万吨，%

省市	指标	2011 年	2012 年	2013 年	2014 年	2015 年	2016 年
上海市	平均贡献量	511.12	-157.53	49.24	87.99	-116.96	310.64
	平均贡献率	6.588	-2.376	0.471	0.743	-0.993	3.225
江苏省	平均贡献量	3056.79	1537.49	1425.42	1186.36	790.93	1684.01
	平均贡献率	21.707	9.864	13.924	9.162	3.816	6.663

续表

省市	指标	2011 年	2012 年	2013 年	2014 年	2015 年	2016 年
浙江省	平均贡献量	1272.68	386.68	537.20	333.05	203.52	560.18
	平均贡献率	-65.331	22.098	47.774	6.422	3.715	53.182
安徽省	平均贡献量	2391.90	1219.95	978.17	569.30	-237.25	922.54
	平均贡献率	-166.672	52.306	12.474	5.660	-1.807	5.363
江西省	平均贡献量	1380.25	553.28	705.95	521.11	115.35	345.70
	平均贡献率	-41.251	-257.828	-39.638	-9.699	-2.177	-7.360
湖北省	平均贡献量	3404.87	2114.35	1157.55	643.60	548.31	915.55
	平均贡献率	141.273	57.727	490.550	6.850	6.822	29.011
湖南省	平均贡献量	2574.33	1224.49	899.48	712.93	191.32	368.20
	平均贡献率	151.729	20.979	5.593	5.210	1.065	3.410
重庆市	平均贡献量	1573.76	494.18	389.24	82.46	488.17	619.73
	平均贡献率	-55.965	-3.163	-5.727	-0.889	-4.381	-7.006
四川省	平均贡献量	3309.05	1605.46	1557.19	426.78	-1105.61	136.60
	平均贡献率	-43.404	-8.069	-74.865	107.172	-38.635	-1.361
贵州省	平均贡献量	1053.33	1159.23	1064.72	838.62	306.23	474.60
	平均贡献率	-24.961	-8.482	46.699	-6.334	-4.682	-6.701
云南省	平均贡献量	1223.98	1263.15	888.10	526.14	146.55	320.41
	平均贡献率	-11.485	-10.546	-4.030	-4.424	-2.583	-4.079
长江经济带	平均贡献量	-7687.63	9818.69	8872.21	5715.08	1776.69	7051.94
	平均贡献率	119.265	-57.594	18.560	13.508	2.491	25.092

资料来源：根据测算结果整理。

（三）能源效率与能源结构驱动分析

能源效率对长江经济带二氧化碳减排的贡献度呈显著上升趋势，“十二五”期间长江经济带能源效率的平均贡献率的年均值达 26.475%，是降低能源消费二氧化碳排放的主要因素之一。从长江经济带沿线 11 省市来看，2016 年，能源效率平均贡献量最大的是湖南省（-29.7 万吨），最小的是四川省（-2975.91 万吨），除四川省、江西省、贵州省、重庆市、云南省以外，长江经济带其他省市产业规模平均贡献率均小于 0。

表 5　2011 ~ 2016 年能源效率对长江经济带制造业能源消费碳排放影响效果

单位：万吨，%

省市	指标	2011	2012	2013	2014	2015	2016
上海市	平均贡献量	-296.68	-553.72	-82.90	-110.00	-28.03	-809.55
	平均贡献率	-3.824	-8.353	-0.793	-0.929	-0.238	-8.404
江苏省	平均贡献量	-1038.05	-1724.10	-1433.57	-1162.14	-236.57	-1917.68
	平均贡献率	-7.371	-11.062	-14.003	-8.975	-1.141	-7.588
浙江省	平均贡献量	-802.89	-432.92	-409.94	-113.13	-19.50	-821.49
	平均贡献率	41.215	-24.741	-36.457	-2.182	-0.356	-77.989
安徽省	平均贡献量	-1380.09	-899.34	-1361.35	-351.35	126.52	-774.58
	平均贡献率	96.167	-38.560	-17.361	-3.493	0.964	-4.503
江西省	平均贡献量	-495.18	-49.62	-484.34	30.66	352.51	-220.38
	平均贡献率	14.799	23.123	27.195	-0.571	-6.653	4.692
湖北省	平均贡献量	-1116.99	-547.18	-6660.47	-471.88	-910.66	-874.04
	平均贡献率	-46.346	-14.939	-2822.599	-5.022	-11.330	-27.696
湖南省	平均贡献量	-1999.13	-923.23	-3860.19	-557.67	489.58	-29.70
	平均贡献率	-117.828	-15.818	-24.003	-4.075	2.726	-0.275
重庆市	平均贡献量	-642.17	-1085.96	-1320.57	867.59	-356.95	-1750.04
	平均贡献率	22.837	6.950	19.431	-9.355	3.204	19.784
四川省	平均贡献量	-2793.38	137.19	-2454.65	-1453.92	517.89	2975.91
	平均贡献率	36.640	-0.690	118.012	-365.106	18.097	29.648
贵州省	平均贡献量	-243.02	-182.13	-2417.30	-833.89	-415.52	-603.81
	平均贡献率	5.759	1.333	-106.025	6.299	6.353	8.525
云南省	平均贡献量	-492.58	817.69	-1226.45	154.55	-537.55	-107.62
	平均贡献率	4.622	6.827	5.566	-1.300	9.473	1.370
长江经济带	平均贡献量	-10082.20	-5227.81	-21364.86	-3448.84	-1323.03	-10831.12
	平均贡献率	156.414	30.665	-44.695	-8.152	-1.855	-38.539

资料来源：根据测算结果整理。

能源结构对长江经济带二氧化碳排放的贡献度呈显著上升趋势。2011 ~ 2015 年长江经济带能源结构的平均贡献率的年均值达 143.413%。从长江经济带沿线 11 省市来看，2016 年，能源结构贡献量最大的是江苏省（25443.00 万吨），最小的是云南省（-8113.75 万吨）；长江经济带沿线 11 省市的能源结构平均贡献率均大于 0。

表6　2011~2016年能源结构对长江经济带制造业能源消费碳排放影响效果

单位：万吨，%

省市	指标	2011	2012	2013	2014	2015	2016
上海市	平均贡献量	7412.03	7245.83	10395.55	11831.70	11956.08	10119.69
	平均贡献率	95.532	109.301	99.389	99.936	101.474	105.050
江苏省	平均贡献量	11983.98	15714.60	10193.85	12869.25	20126.68	25443.00
	平均贡献率	85.099	100.824	99.574	99.391	97.108	100.670
浙江省	平均贡献量	-2444.64	1772.69	962.60	4949.45	5242.76	1233.63
	平均贡献率	125.492	101.307	85.605	95.443	95.693	117.116
安徽省	平均贡献量	-2464.79	1977.84	8152.44	9747.07	13130.77	17139.09
	平均贡献率	171.751	84.801	103.963	96.914	100.021	99.633
江西省	平均贡献量	-4268.60	-742.27	-2032.34	-5958.58	-5807.38	-4869.00
	平均贡献率	127.573	345.895	114.113	110.899	109.604	103.660
湖北省	平均贡献量	44.32	2035.19	5689.12	9187.56	8323.09	3045.62
	平均贡献率	1.839	55.566	2410.957	97.783	103.550	96.508
湖南省	平均贡献量	1079.75	5461.64	18959.87	13462.30	17210.29	10399.68
	平均贡献率	63.639	93.576	117.895	98.373	95.833	96.305
重庆市	平均贡献量	-3825.25	-15100.01	-5919.97	-10269.51	-11330.71	-7779.45
	平均贡献率	136.031	96.636	87.105	110.731	101.693	87.945
四川省	平均贡献量	-8148.16	-21687.18	-1246.68	1351.94	3306.32	-7318.47
	平均贡献率	106.878	109.000	59.936	339.496	115.537	72.911
贵州省	平均贡献量	-5015.14	-14669.33	3602.87	-13251.95	-6459.09	-6984.37
	平均贡献率	118.844	107.339	158.025	100.097	98.758	98.609
云南省	平均贡献量	-11439.66	-12473.65	-21747.04	-12620.74	-5328.38	-8113.75
	平均贡献率	107.341	104.143	98.695	106.128	93.903	103.288
长江经济带	平均贡献量	-17423.28	-22182.99	59669.10	39519.25	70199.50	31351.42
	平均贡献率	270.302	130.119	124.826	93.407	98.411	111.555

资料来源：根据测算结果整理。

（四）人口规模效应驱动分析

人口规模效益对长江经济带二氧化碳排放的贡献度呈显著下降趋势。2011~2015年长江经济带能源结构的平均贡献率的年均值达-89.135%。从长江经济带沿线11省市来看，2016年，人口规模贡献量最大的是四川省（120.27万吨），最小的是安徽省（-84.76万吨）；除安徽省、江西省、重庆市、四川省、贵州省、云南省以外，长江经济带其他省市人口规模平均贡献率均大于0。

表 7　2011 ~ 2016 年人口规模效应对长江经济带制造业能源消费碳排放影响效果

单位：万吨，%

省市	指标	2011	2012	2013	2014	2015	2016
上海市	平均贡献量	132.21	94.65	97.60	29.60	-28.63	12.48
	平均贡献率	1.704	1.428	0.933	0.250	-0.243	0.130
江苏省	平均贡献量	79.63	58.24	51.78	54.66	45.02	64.28
	平均贡献率	0.565	0.374	0.506	0.422	0.217	0.254
浙江省	平均贡献量	26.80	23.36	34.61	16.40	51.95	81.02
	平均贡献率	-1.375	1.335	3.078	0.316	0.948	7.692
安徽省	平均贡献量	17.88	33.87	72.38	92.47	108.00	-84.76
	平均贡献率	-1.246	1.452	0.923	0.919	0.823	-0.493
江西省	平均贡献量	37.52	24.01	29.75	33.81	41.02	46.59
	平均贡献率	-1.121	-11.190	-1.670	-0.629	-0.774	-0.992
湖北省	平均贡献量	77.94	60.30	49.77	36.58	76.99	68.70
	平均贡献率	3.234	1.646	21.092	0.389	0.958	2.177
湖南省	平均贡献量	41.72	73.71	82.90	67.39	67.41	60.55
	平均贡献率	2.459	1.263	0.516	0.492	0.375	0.561
重庆市	平均贡献量	81.63	66.19	54.92	45.16	57.46	63.91
	平均贡献率	-2.903	-0.424	-0.808	-0.487	-0.516	-0.722
四川省	平均贡献量	8.71	48.08	64.14	73.42	143.09	120.27
	平均贡献率	-0.114	-0.242	-3.083	18.438	5.000	-1.198
贵州省	平均贡献量	-15.09	25.81	29.64	8.11	28.09	30.70
	平均贡献率	0.358	-0.189	1.300	-0.061	-0.430	-0.434
云南省	平均贡献量	50.96	50.72	50.91	48.08	45.02	45.51
	平均贡献率	-0.478	-0.423	-0.231	-0.404	-0.793	-0.579
长江经济带	平均贡献量	28747.26	543.84	625.36	523.03	679.48	531.81
	平均贡献率	-445.980	-3.190	1.308	1.236	0.953	1.892

资料来源：根据测算结果整理。

四　长江经济带制造业能源消费碳排放的脱钩分析

2011 ~2016 年长江经济带能耗脱钩弹性与碳排放脱钩弹性变化基本保持一致。如图 9 和表 8 所示，从整个能源消费脱钩状况来看，长江经济带能源消费分不同时期存在以下两种状态：2013 年、2016 年长江经济带能源消费处于强脱钩状态；2011 ~2012 年、2014 ~2015 年长江经济带能源消费均处于弱脱钩状态。同样的，长江经济带能源碳排放分不同时期存在以下两种状态：2013 年、2016 年长江经济带能源碳排放处于强脱钩状态，2011 ~2012 年、2014 ~2015 年长江经济带能源碳排放处于弱脱钩状态。2013 年后，长江经济带产业结构升级和节能技术的进步，促进了产业能耗结构的调整和能源效率的提高，使得长江经济带能源碳排放在 2016 年达到强脱钩状态，即长江经济带经济发展水平提高的同时，二氧化碳排放增速也不断降低。强脱钩是实现长江经济带产业绿色低碳化发展的最理想状态，通过计算脱钩稳定性指标，得出 ST（能耗）为 1.438，ST（碳排放）为 1.815，说明长江经济带能源碳排放的脱钩状态并不稳定，碳减排技术水平还有极大的提升空间。

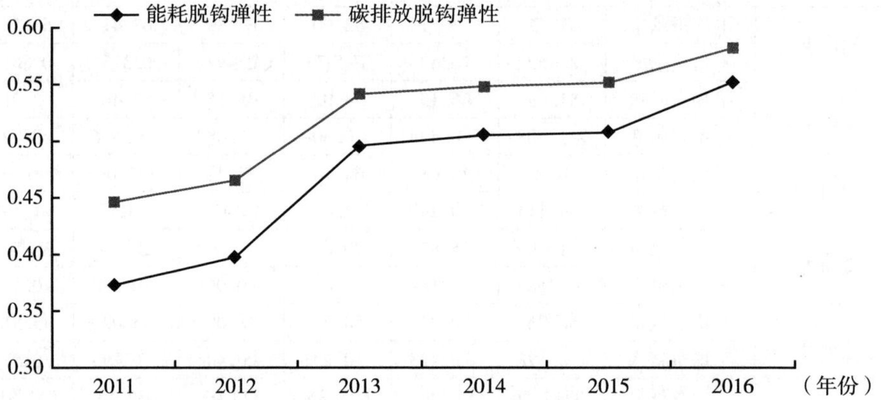

图 9　2011 ~2016 年长江经济带制造业能耗脱钩弹性与碳排放脱钩弹性变化

资料来源：根据测算结果整理。

表 8　2011 ~2016 年长江经济带制造业能源消费碳排放脱钩状态

年份	DCF（能耗）	DE（能耗）	脱钩状态（能耗）	DCF（二氧化碳）	DE（二氧化碳）	脱钩状态（二氧化碳）
2011	0.373	0.494	弱脱钩	0.446	0.346	弱脱钩
2012	0.397	0.510	弱脱钩	0.465	0.564	弱脱钩
2013	0.496	-1.185	强脱钩	0.541	-0.899	强脱钩
2014	0.505	0.553	弱脱钩	0.548	0.639	弱脱钩

续表

年份	DCF（能耗）	DE（能耗）	脱钩状态（能耗）	DCF（二氧化碳）	DE（二氧化碳）	脱钩状态（二氧化碳）
2015	0.507	0.696	弱脱钩	0.551	0.587	弱脱钩
2016	0.552	-0.407	强脱钩	0.582	-0.063	强脱钩

资料来源：根据测算结果整理。

五　研究结论与政策启示

（一）研究结论

（1）长江经济带制造业能源消费增长呈先下降后上升再下降趋势。长江经济带制造业天然气消费量呈波动上升趋势，煤品和油品消费量呈波动下降态势，制造业能耗以煤炭消费为主。长江经济带沿线11省市制造业能源消费结构差异极大。长江经济带制造业能耗强度呈下降趋势，下游地区制造业能耗强度较低，节能减排带来的低能耗成效在下游地区尤为明显。长江经济带碳排放增长走势与能源消费增长趋势大体保持一致。长江经济带制造业能耗强度与二氧化碳排放强度呈同步下降趋势，长江经济带沿线11省市制造业二氧化碳排放强度具有极大的区域性差异。

（2）长江经济带制造业能源消费碳排放量呈浮动上升态势，造成近年来长江经济带制造业碳排放量快速增长的主要原因是产业规模和人口规模的不断扩大、经济的快速增长、能源结构的持续调整，以及能源效率的下降。产业规模对长江经济带制造业二氧化碳排放量的平均贡献度呈波动上升趋势，能源效率对长江经济带制造业二氧化碳减排的贡献度呈显著上升趋势，人口规模效应对长江经济带制造业二氧化碳排放的贡献度呈显著下降趋势。

（3）长江经济带制造业能源消费在不同时期存在强脱钩与弱脱钩两种状态。长江经济带产业结构升级和节能技术的进步，促进了产业能耗结构的调整和能源效率的提高，使长江经济带能源碳排放在2016年达到强脱钩状态，即长江经济带经济发展水平提高的同时，二氧化碳排放增速不断下降。

（二）政策启示

（1）全力打造新兴支柱产业，推动绿色低碳制造业创新发展。以上海市为中心，创建一批制造业创新中心、绿色节能技术推广应用中心。在长江经济带创新资源密度较高地区设立示范区，推动产业链与创新链融合发展，形成特色制造业集群。配套建立一批海内外研发中心和新兴制造业创新发展平台，实现创新资源的有效合理配置。

（2）推动传统产业升级，促进绿色低碳制造业与其他产业协同发展。在节能环保领域，重点支持新兴制造业与配套服务业融合发展，完善创新管理运营模式，扩大绿色低碳项目资金，加大绿色装备技术研发应用，建立以电厂除尘脱硫脱硝、工业污染治理、城镇污水处理等重点领域为首的环境污染第三方治理机制示范试点，培育发展与制造业的产业链有着重要关联的节能服务机构，大力推广前沿领域产业化。

（3）优化传统产业布局，促进绿色低碳制造业开放发展。优化产业结构调整，打造绿色制造业在空间、资源、人才等方面的有效集聚，重点发展机器人、先进化工、航空航天等高端装备制造业。依托杨浦、宝山，在上海市打造新兴制造业园区，形成了一批以节能为核心的绿色新兴制造业集聚区。以“一园区四基地”格局，构建与制造业相匹配的绿色公共服务平台，开放环境污染治理与生态保护市场。以核心区新兴制造业与绿色服务业公共服务平台为中心，协同发展周边地区节能环保，打造绿色产业环。

参考文献

郭朝先：《中国碳排放因素分解：基于 LMDI 分解技术》，《中国人口·资源与环境》2010 年第 12 期，第 4～9 页。

孙耀华、李忠民：《中国各省区经济发展与碳排放脱钩关系研究》，《中国人口·资源与环境》2011 年第 5 期，第 87 ~ 92 页。

徐国泉、刘则渊、姜照华：《中国碳排放的因素分解模型及实证分析：1995 ~ 2004》，《中国人口·资源与环境》2006 年第 6 期，第 158 ~ 161 页。

张旺、谢世雄：《中国服务业能源消费与碳排放的关联分析》，《湖南工业大学学报》（社会科学版）2014 年第 4 期，第 1 ~ 9 页。

赵志耘、杨朝峰：《中国碳排放驱动因素分解分析》，《中国软科学》2012 年第 6 期，第 175 ~ 183 页。

B.10
长江经济带污染密集型产业发展报告*

吴传清　尹礼汇**

摘　要： 生态优先、绿色发展是长江经济带污染密集型产业发展的主基调。本报告将污染密集型产业界定为12类工业行业，根据2003~2016年长江经济带沿线11省市污染密集型产业数据，采用基尼系数、泰尔指数、产业集中度、标准差椭圆方法、DEA-SBM模型和STIRPAT模型，研判污染密集型产业发展的时空特征、生态效率及其影响因素。研究结果显示：长江经济带污染密集型产业规模呈先上升后平稳的态势，主要集聚在下游地区，发展重心随着时间的变化向中上游地区转移；长江经济带污染密集型产业生态效率保持上升趋势，地区差异性显著，下游地区水平较高，中游地区次之但增长迅速，上游地区最低；政府管制型环境规制、城镇化率、创新水平、产业结构对长江经济带污染密集型产业生态效率具有正向作用，民众自愿型环境规制、人均GDP、能源强度具有负向作用。

关键词： 长江经济带　污染密集型产业　生态效率

---

* 基金项目：国家社会科学基金一般项目“推动长江经济带制造业高质量发展研究”（项目编号：19BJL061）。

** 吴传清，武汉大学经济与管理学院、中国发展战略与规划研究院教授，博士生导师，从事区域经济学研究；尹礼汇，武汉大学经济与管理学院区域经济学专业博士研究生，从事区域经济学研究。

污染密集型产业指在生产过程中若不加以治理就会直接或间接产生大量污染的产业。这些污染物对人类、动植物生命或健康有害，引发环境恶化，影响生态质量；产业工人的安全和健康在生产过程中也受到威胁或明显受到影响（夏友富，1999）。借鉴学术界关于污染密集型产业的界定方法（见附录），本报告将污染密集型产业细分为 12 类工业行业，即：黑色金属矿采选业，有色金属矿采选业，造纸和纸制品业，电力、热力生产和供应业，黑色金属冶炼和压延加工业，化学原料和化学制品制造业，煤炭开采和洗选业，纺织业，非金属矿物制品业，水的生产和供应业，农副食品加工业，有色金属冶炼和压延加工业。

2014 年 9 月，国务院颁布的《关于依托黄金水道推动长江经济带发展的指导意见》强调，建设长江经济带绿色生态廊道，强化对重点行业、重点区域污染的综合治理。2016 年 3 月，国家发改委、科技部、工信部印发的《长江经济带创新驱动产业转型升级方案》进一步强调，淘汰沿江地区产能过剩、高污染高能耗的企业，鼓励下游地区高能耗、高污染行业向外转移。2018 年 4 月 26 日，习近平总书记在武汉主持召开深入推动长江经济带发展座谈会，指出长江经济带发展存在沿江产业发展惯性较大，污染物排放基数大，污染产业向中上游转移风险隐患加剧等问题，要提高环保标准，加大执法力度，倒逼产业转型升级和高质量发展。研判长江经济带污染密集型产业发展的时空特征、生态效率及其影响因素，对进一步加强长江经济带生态环境保护，促进工业高质量发展，具有重要的实践意义。

一　长江经济带污染密集型产业发展的时空特征

（一）污染密集型产业规模

本报告根据界定的 12 类污染密集型产业，分析 2003 ~2016 年长江经济带沿线 11 省市污染密集型产业规模的时空演变特征。考虑数据可得性，采用规模以上工业企业工业销售产值表征产业规模（见表 1）。

从长江经济带沿线11省市来看，除上海市以外，其余省市污染密集型产业产值呈上升趋势。2013～2016年长江经济带污染密集型产业平均产值排名前五的省市是江苏省、浙江省、湖北省、湖南省、四川省。

从上中下游地区来看，污染密集型产业产值排序为下游地区＞中游地区＞上游地区，污染密集型产业产值增速排序为中游地区＞上游地区＞下游地区。总体而言，长江经济带污染密集型产业呈现从下游地区向中上游地区转移的态势，中游地区是主要的产业承接地区。

表1　2003～2016年长江经济带11省市及上中下游地区污染密集型产业平均产值

单位：亿元

地区	2003～2007年	2008～2012年	2013～2016年
上海	4095.05	6977.41	6794.98
江苏	14027.67	34585.72	51801.79
浙江	8767.24	18717.39	24469.82
安徽	2474.94	9446.65	15732.04
江西	2016.87	8298.78	15230.46
湖北	2906.26	10669.27	19406.03
湖南	2802.48	10158.43	16489.23
重庆	1004.26	3251.41	5611.32
四川	3375.39	10956.24	15844.14
贵州	1107.74	2982.46	5854.56
云南	1703.89	4236.96	6205.25
上游地区	1797.82	7070.81	8378.82
中游地区	2575.20	9708.83	17041.91
下游地区	7341.23	17431.79	24699.66

资料来源：根据《中国工业经济统计年鉴》（2004～2012年）、《中国工业统计年鉴》（2013～2017年）提供的相关统计数据测算。

2003～2016年，长江经济带、全国污染密集型产业产值均呈现先上升后平稳的趋势（见表2）。长江经济带污染密集型产业产值从2003年的2.2万亿元增长到2014年的18.4万亿元，随后增速变缓。全国污染密集型产业产值从2003年的5.4万亿元上升到2013年的45.1万亿元，2014～2016年在46万～47万亿元波动。长江经济带污染密集型产业产值占全国的比重保持在40%左右。长江经济带、全国污染密集型产业产值占工业产值的比重在2003～2016年呈先升后降的趋势，长江经济带污染密集型产业产值占工业产值比重的峰值为2008年的46.13%，全国污染密集型产业产值占工业产值比重的峰值为2011年的48.84%。其中，长江经济带污染密集型产业产值占工业产值的比重一直小于全国污染密集型产业产值占工业产值的比重。

表2　2003～2016年全国视野下长江经济带污染密集型产业变化情况

单位：亿元，%

年份	长江经济带污染密集型产业产值	全国污染密集型产业产值	长江经济带污染密集型产业产值占全国的比重	长江经济带污染密集型产业产值占工业产值的比重	全国污染密集型产业产值占工业产值的比重
2003	21997.60	54170.03	40.61	42.81	43.86
2004	34309.15	84320.79	40.69	44.22	45.30
2005	42561.71	106157.04	40.09	45.84	46.75
2006	53651.80	133598.64	40.16	45.84	46.72
2007	68888.67	173937.32	39.61	45.96	47.58
2008	86277.64	219992.27	39.22	46.13	48.35
2009	92032.77	235722.06	39.04	45.50	47.96
2010	119008.20	300840.92	39.56	45.36	47.89
2011	146200.80	372180.44	39.28	45.86	48.84
2012	157884.20	407756.11	38.72	42.00	44.82
2013	174995.10	451418.01	38.77	41.54	44.28
2014	183737.80	471065.55	39.00	40.37	43.13
2015	184142.50	462233.60	39.84	38.99	41.87
2016	190883.10	471187.55	40.51	37.98	40.90

资料来源：根据《中国工业经济统计年鉴》（2004～2012年）、《中国工业统计年鉴》（2013～2017年）提供的相关统计数据测算。

（二）污染密集型产业的空间分异

采用2003～2016年长江经济带污染密集型产业产值，估算长江经济带污染密集型产业的基尼系数和泰尔指数，从长江经济带上中下游地区的空间尺度，研判长江经济带污染密集型产业发展的空间分异程度。

1. 长江经济带污染密集型产业的基尼系数

基尼系数是用来衡量一个国家或地区居民收入差距的常用指标，也可用于测度发展水平不平衡程度。其计算公式为：

$$G = 1 - \frac{1}{n}\left(2\sum_{i=1}^{n-1} W_i + 1\right) \tag{1}$$

其中，G 表示基尼系数，W_i表示 i 省区市污染密集型产业产值占总产值的比重。

长江经济带沿线 11 省市整体差异程度呈缩小态势，多数年份长江经济带整体差异程度大于上中下游地区差异程度。长江经济带上中下游地区污染密集型产业发展的差异程度存在着显著异质性，其基尼系数排序为下游地区 > 上游地区 > 中游地区（见表 3）。上游地区基尼系数呈先上升后下降的趋势，在 2009 年达到顶峰，说明上游地区省市污染密集型产业由不均衡发展转变为均衡发展；中游地区基尼系数值较小，且基本保持下降趋势，说明中游地区省市污染密集型产业产值相差不大，发展较为均衡；下游地区基尼系数值呈上升趋势，说明下游地区省市之间污染密集型产业发展趋于不均衡。

表 3　2003～2016 年长江经济带污染密集型产业基尼系数

年份	长江经济带	上游地区	中游地区	下游地区
2003	0.45	0.26	0.17	0.32
2004	0.45	0.26	0.13	0.33
2005	0.44	0.27	0.10	0.33
2006	0.43	0.26	0.06	0.34
2007	0.42	0.28	0.05	0.34
2008	0.40	0.28	0.04	0.33
2009	0.40	0.31	0.06	0.34
2010	0.38	0.30	0.04	0.33
2011	0.36	0.30	0.05	0.32
2012	0.37	0.27	0.07	0.34
2013	0.37	0.25	0.06	0.35

续表

年份	长江经济带	上游地区	中游地区	下游地区
2014	0.36	0.23	0.05	0.36
2015	0.36	0.23	0.05	0.37
2016	0.36	0.23	0.05	0.37

资料来源：根据测算结果整理。

2. 长江经济带污染密集型产业的泰尔指数

泰尔指数和基尼系数都能表征长江经济带污染密集型产业发展的差异程度，本报告采用泰尔指数分析。一方面是为了与基尼系数做对比分析，验证结果的可信度；另一方面是利用泰尔指数可以分解的优势，将总体差距分为地区间差距和地区内差距，从而揭示长江经济带上中下游地区内和地区间差距的变动方向和幅度。借鉴学术界相关研究成果，本报告将长江经济带污染密集型产业发展的泰尔指数及其分解公式表述为：

$$Theil = \frac{1}{n}\sum_{i=1}^{n} \frac{Y_i}{\overline{Y}}\ln\left(\frac{Y_i}{\overline{Y}}\right) \tag{2}$$

$$Theil_{between} = \sum_{k=1}^{K} Y_k \ln\left(\frac{Y_k}{n_k/n}\right) \tag{3}$$

$$Theil_{within} = \sum_{k=1}^{K} Y_k \left(\sum_{i\in\alpha_k} \frac{Y_i}{Y_k}\ln\frac{Y_i/Y_k}{1/n_k}\right) \tag{4}$$

其中，$Theil$ 表示总体泰尔指数，$Theil_{between}$ 表示地区间的泰尔指数，$Theil_{within}$ 表示地区内的泰尔指数，总体泰尔指数是地区间和地区内的泰尔指数之和。$n=11$，$K=3$，即表示长江经济带沿线 11 省市及上中下游 3 个地区。Y_i 表示 i 省市污染密集型产业产值份额，Y_k 表示 k 地区污染密集型产业产值份额。

本报告采用泰尔指数及其分解方法测算长江经济带污染密集型产业发展差距，并按照长江经济带上中下游地区进行分解。地区间与总体泰尔指数的比值为地区间贡献率，用 $Theil_{between}/Theil$ 表示；地区内贡献率用

$Theil_{within}/Theil$ 表示。2003～2016 年长江经济带污染密集型产业泰尔指数分解结果见表 4。

表 4　2003～2016 年长江经济带污染密集型产业泰尔指数分解结果

年份	总体差距	地区内差距	地区内贡献率(%)	地区间差距	地区间贡献率(%)
2003	0.34	0.14	41.27	0.20	58.73
2004	0.36	0.15	41.11	0.21	58.89
2005	0.35	0.15	42.44	0.20	57.56
2006	0.34	0.15	44.02	0.19	55.98
2007	0.32	0.15	47.72	0.17	52.28
2008	0.30	0.14	48.04	0.15	51.96
2009	0.29	0.15	53.50	0.13	46.50
2010	0.26	0.14	53.68	0.12	46.32
2011	0.23	0.13	57.18	0.10	42.82
2012	0.24	0.14	57.33	0.10	42.67
2013	0.24	0.14	59.17	0.10	40.83
2014	0.23	0.14	59.36	0.09	40.64
2015	0.24	0.15	61.66	0.09	38.34
2016	0.24	0.15	63.96	0.09	36.04

资料来源：根据测算结果整理。

2003～2016 年，长江经济带污染密集型产业产值的泰尔指数总体呈下降趋势，从 0.34 下降到 0.24。根据泰尔指数分解结果，地区间贡献率和地区内贡献率变化趋势相反。地区间贡献率呈下降趋势，从 58.73% 下降至 36.04%；地区内贡献率呈上升趋势，从 41.27% 上升到 63.96%。研究结果显示，长江经济带污染密集型产业发展差异程度逐渐缩小，2003～2008 年，地区间差距是总体差距变化的主要原因；2009～2016 年，地区内差距是总体差距变化的主要原因。2003～2016 年地区内差距在［0.13，0.15］的区间变化，说明长江经济带上中下游地区省市之间污染密集型产业发展的差异程度变化不大；地区间差距从 0.20 下降到 0.09，年均下降 6.33%。

（三）污染密集型产业的集聚与转移

本报告测算 2003～2016 年长江经济带沿线 11 省市污染密集型产业的产

业集中度，表征污染密集型产业集聚程度；利用产业集中度的标准差椭圆描绘长江经济带沿线 11 省市污染密集型产业发展的空间演变特征，标准差椭圆重心变化的轨迹表征污染密集型产业的转移方向。

产业集中度通常是指某地区的一个行业或产业在整个空间尺度范围内的支配能力，体现产业的市场竞争力，也是表征产业集聚水平的指标。其计算公式为：

$$V_{ik} = \frac{Q_{ik}}{T_k} \tag{5}$$

其中，V_{ik}表示长江经济带沿线 11 省市中 i 省市在第 k 年的污染密集型产业集中度；Q_{ik}表示 i 省市第 k 年污染密集型产业产值，用规模以上工业企业工业销售产值表示；T_k表示整个长江经济带污染密集型产业产值。

长江经济带污染密集型产业集中度变化趋势不明显，在 0.4 上下波动（见表 5）。上游地区污染密集型产业集中度最低，且增速较慢。中游地区污染密集型产业集中度略高于上游地区，增长率较高。下游地区污染密集型产业集中度显著高于中上游，但呈逐年下降趋势，从 2004 年的 0.681 下降至 2016 年的 0.531。

从长江经济带沿线 11 省市来看，江苏、浙江污染密集型产业集中度高居前两位，但都表现出下降趋势。上游地区的四川、贵州以及中游地区的江西、湖北、湖南污染密集型产业集中度在研究期内提升幅度较大。

长江经济带污染密集型产业主要集聚在下游地区，尤其是江苏和浙江；长江经济带污染密集型产业转移方向由下游地区转向中上游地区，主要的承接省市是上游地区的四川、贵州以及中游地区的江西、湖北、湖南。

表 5　2004 ~ 2016 年长江经济带污染密集型产业集中度测度结果

地区	2004 年	2006 年	2008 年	2010 年	2012 年	2014 年	2016 年
上海	0.102	0.090	0.074	0.062	0.047	0.039	0.033
江苏	0.316	0.318	0.310	0.288	0.280	0.279	0.285
浙江	0.208	0.200	0.174	0.160	0.142	0.137	0.127

续表

地区	2004年	2006年	2008年	2010年	2012年	2014年	2016年
安徽	0.055	0.055	0.068	0.076	0.085	0.086	0.086
江西	0.037	0.047	0.060	0.069	0.074	0.084	0.084
湖北	0.069	0.062	0.073	0.084	0.103	0.106	0.107
湖南	0.057	0.064	0.073	0.082	0.090	0.089	0.090
重庆	0.023	0.022	0.025	0.028	0.027	0.030	0.032
四川	0.074	0.074	0.081	0.093	0.088	0.084	0.089
贵州	0.025	0.025	0.024	0.023	0.027	0.032	0.035
云南	0.034	0.041	0.037	0.034	0.037	0.035	0.032
长江经济带	0.407	0.402	0.392	0.396	0.387	0.390	0.405
上游地区	0.156	0.163	0.167	0.178	0.179	0.180	0.188
中游地区	0.163	0.173	0.206	0.236	0.267	0.279	0.281
下游地区	0.681	0.664	0.627	0.586	0.554	0.541	0.531

资料来源：根据测算结果整理。

另外，本报告采用2003～2016年长江经济带沿线11省市污染密集型产业集中度指数均值描绘标准差椭圆，研究结果显示：下游地区的江苏、浙江属污染密集型产业集聚区，但随着时间的变化，向中上游地区转移；中游地区的湖北、湖南、江西以及上游地区的四川、贵州都表现出污染密集型产业集中度上升的趋势。2003～2007年长江经济带污染密集型产业发展重心大致位于安徽省西侧，随后开始向西移动至湖北省东侧；2003～2007年到2008～2012年向西移动的距离明显小于2008～2012年到2013～2016年向西移动的距离。总之，随着时间的推移，长江经济带污染密集型产业向中上游地区转移的趋势逐渐明显。

二　长江经济带污染密集型产业的生态效率测度

（一）研究方法与数据来源

1. DEA-SBM模型

数据包络分析法（DEA）是一种多投入多产出的效率评价方法。污染密集型产业在生产过程中，不仅有期望产出，还存在非期望产出（即工业污染）。污染密集型产业的生态效率值较高，表明能够通过较少的期望投入获得较多的期望产出，并产生尽可能低的非期望产出。因此，本报告采用非导向的 DEA-SBM 模型。

在模型中，有三类投入产出向量（期望投入、期望产出和非期望产出）。假定所有投入产出变量都在 n 个决策单元中，而且为了使模型更加简洁，定义矩阵 $X = [x_1, \cdots, x_n] \in R^{m \times n}$，$Y^g = [y_1{}^g, \cdots, y_n{}^g] \in R^{s_1 \times n}$，$Y^b = [y_1{}^b, \cdots, y_n{}^b] \in R^{s_2 \times n}$。其中，$x \in R^m$，$y^g \in R^{s_1}$，$y^b \in R^{s_2}$，且三者都大于 0。生产可能性集合 P 可以定义为：

$$P = \{(x, y^g, y^b \mid x \geqslant X^\lambda, y^g \leqslant Y^{g\lambda}, y^b \leqslant Y^{b\lambda}, \lambda \geqslant 0)\} \tag{6}$$

用下列线性规划模型求解：

$$\rho^* = \min \frac{1 - \frac{1}{m}\sum_{i=1}^{m}\frac{s_i^-}{x_i}}{1 + \frac{1}{s_1 + s_2}\left(\sum_{r=1}^{s_1}\frac{s_r^g}{y_r^g} + \sum_{r=1}^{s_2}\frac{s_r^b}{y_r^b}\right)} \tag{7}$$

$$\text{s.t.} \quad x = X^\lambda + s^-$$

$$y^b = Y^{b\lambda} + s^b$$

$$y^g = Y^{g\lambda} - s^g$$

$$s^- \geqslant 0, s^g \geqslant 0, s^b \geqslant 0, \lambda \geqslant 0$$

其中，s 表示投入和产出的松弛量，λ 是权重向量。目标函数 ρ^* 是关于 s^-，s^g，s^b 严格递减的，并且 $0 \leqslant \rho^* \leqslant 1$。对于特定的评价单元，当且仅当 $\rho^* = 1$，即 $s^- = s^g = s^b = 0$ 是有效率的。若 $\rho^* < 1$ 表明被评价单元无效率，存在着投入产出上改进的必要性。

DEA-SBM 模型的优点是解决了径向模型对无效率测量未包含松弛变量的问题，并综合考虑产出类型，将污染类产出归为非期望产出，为生态环境研究提供新视角。该模型能够测算出以下三类效率。

（1）技术效率（Technical Efficiency，*TE*）。一般指产业结构是否合理

并能够发挥最大的经济和社会效益，若位于生产前沿面，称为技术有效（技术效率 =1）。

（2）纯技术效率（Pure Technical Efficiency，*PTE*）。一般指企业在生产中由于管理和技术等因素影响的生产效率。纯技术效率 =1，表明在目前的技术水平上，其投入资源的使用是有效率的。

（3）规模效率（Scale Efficiency，*SE*）。计算方法为 $SE = TE/PTE$。规模效率指企业将生产要素等比例增加时，产出增加价值大于投入增加价值的情况。规模效率是由于企业规模因素影响的生产效率，反映实际规模与最优生产规模的差距。

对长江经济带污染密集型产业而言，较高的纯技术效率反映出污染密集型产业具有投入少、产出高、污染低的特点；规模效率越高，表明污染密集型产业规模越接近最优生产规模，即平均生产成本最低点；技术效率越高，表明纯技术效率和规模效率同时越高。技术效率是纯技术效率和规模效率的乘积，是一个综合评价指标。因此，本报告采用技术效率综合表征长江经济带污染密集型产业的生态效率。

2. 变量选取和数据来源

本报告测算长江经济带污染密集型产业生态效率采用的期望投入、期望产出、非期望产出等变量如表 6 所示。

借鉴李玲等（2018）的研究成果，期望产出为 2003 ~2016 年长江经济带污染密集型产业总产出。由于《中国工业统计年鉴》统计口径发生变化，难以获取研究期内完整的工业增加值或工业总产值来表征污染密集型产业的总产出。因此，本报告采用规模以上工业企业工业销售产值表征期望产出。

非期望产出一般指产业在生产活动中产生的污染。本报告界定的污染密集型产业属于工业，工业污染主要包括工业废水污染、工业废气污染和工业固体废物污染。本报告选取上述三类污染表征非期望产出。由于无法获取各省市分行业的工业三废污染数据，因此采用各省市总体的工业三废污染数据表征各省市污染密集型产业产生的三废污染。由于《中国环境统计年鉴》提供的各省市三废污染数据只更新到 2015 年，因此，选取国泰安数据库提供的2016年中国334个地级行政区三废污染数据，按照所属省市加总补充缺失值。

期望投入按照传统产业发展所需要的生产要素选取。传统生产三要素包含劳动、资本和土地。考虑到数据的可得性，选取规模以上工业企业平均用工人数代表劳动要素，选取规模以上工业企业资产表示资本要素，土地要素不予考虑。

表6　DEA-SBM模型投入产出变量

类型	名称	数据来源
期望投入	规模以上工业企业资产总计(亿元)	《中国工业统计年鉴》
	规模以上工业企业平均用工人数(万人)	
期望产出	规模以上工业企业销售产值(亿元)	
非期望产出	工业废水排放总量(万吨)	《中国环境统计年鉴》、各省区市统计年鉴、国泰安数据库
	工业废气排放总量(万吨)	
	工业固体废物产生量(万吨)	

注：价值型变量规上工业企业资产总计、销售产值以2002年价格为基期，采用工业品出厂价格指数进行平减处理。

（二）评价结果与分析

1. 长江经济带生态效率略高于全国平均水平

全国、长江经济带、长江经济带以外地区、长江经济带上中下游地区污染密集型产业生态效率的测度结果显示，污染密集型产业生态效率整体保持上升趋势。长江经济带中游地区污染密集型产业生态效率年均增长率最高，为15.33%；长江经济带下游地区年均增长率最低，为8.60%；其余地区年均增长率都保持在10%左右（见表7）。

以全国污染密集型产业的生态效率为衡量基准，长江经济带、长江经济带以外地区污染密集型产业生态效率与全国相差不大，长江经济带略高于全国水平，长江经济带以外地区略低于全国水平。

以长江经济带污染密集型产业的生态效率为衡量基准，长江经济带上中下游地区存在显著的差异性。长江经济带下游地区显著高于长江经济带平均水平，其增长率相对偏低，从2003年的0.228提升至2016年的0.666。长江经济带中游地区在研究初期低于长江经济带和长江下游平均水平，但增长迅速，从2003年的0.131跃升至2016年的0.837，中后期明显高于长江经济带平均水平和长江经济带下游地区水平，其跨越幅度最大的年份是2011年，从0.486提升至0.748。长江经济带上游地区的生态效率与长江经济带平均水平和中下游地区相比相对较低，从2003年的0.119平稳上升至2016年的0.424。

表7　污染密集型产业生态效率测度结果

年份/指标	全国	长江经济带	长江经济带以外地区	长江经济带上游地区	长江经济带中游地区	长江经济带下游地区
2003	0.150	0.162	0.144	0.119	0.131	0.228
2004	0.198	0.216	0.187	0.163	0.188	0.291
2005	0.226	0.248	0.214	0.187	0.225	0.326
2006	0.254	0.280	0.240	0.212	0.267	0.359
2007	0.298	0.324	0.283	0.240	0.325	0.406
2008	0.331	0.355	0.318	0.253	0.366	0.449
2009	0.323	0.350	0.308	0.250	0.377	0.429
2010	0.384	0.419	0.364	0.289	0.486	0.499
2011	0.474	0.539	0.438	0.342	0.748	0.579
2012	0.494	0.549	0.464	0.334	0.772	0.597
2013	0.532	0.580	0.505	0.345	0.813	0.640
2014	0.542	0.607	0.507	0.353	0.885	0.653
2015	0.508	0.573	0.472	0.357	0.765	0.645
2016	0.615	0.625	0.610	0.424	0.837	0.666
年均增速(%)	11.46	10.94	11.75	10.27	15.33	8.60

资料来源：根据测算结果整理。

2. 规模效率是长江经济带污染密集型产业生态效率变化的主要驱动力

从污染密集型产业生态效率水平分解结果来看，所有地区的纯技术效率都低于规模效率，且均呈现上升趋势（见表8）。纯技术效率与技术效率变化特点类似，增长幅度较大，而规模效率在研究期初较高，增长幅度较低。

长江经济带、长江经济带上中下游地区技术效率的变化相对其他地区更依赖于规模效率的变化，表明长江经济带污染密集型产业相对其他地区更接近于最优产业规模。2016 年长江经济带纯技术效率低于长江经济带以外地区，表明长江经济带污染密集型产业结构还存在调整优化空间，技术水平有待提升。2011 年之前，长江经济带上中下游地区纯技术效率排名为下游地区 > 中游地区 > 上游地区；2011 年之后，长江经济带上中下游地区纯技术效率排名为中游地区 > 下游地区 > 上游地区。

表 8　污染密集型产业生态效率水平分解结果

地区	效率类型	2003 年	2007 年	2010 年	2013 年	2016 年
全国	技术效率	0.150	0.298	0.384	0.532	0.615
	纯技术效率	0.201	0.341	0.424	0.573	0.674
	规模效率	0.846	0.921	0.938	0.941	0.932
长江经济带	技术效率	0.162	0.324	0.419	0.580	0.625
	纯技术效率	0.175	0.332	0.425	0.617	0.669
	规模效率	0.911	0.971	0.982	0.959	0.949
长江经济带以外地区	技术效率	0.144	0.283	0.364	0.505	0.610
	纯技术效率	0.216	0.345	0.423	0.549	0.678
	规模效率	0.811	0.894	0.914	0.930	0.923
长江经济带上游地区	技术效率	0.119	0.240	0.289	0.345	0.424
	纯技术效率	0.138	0.252	0.298	0.351	0.446
	规模效率	0.863	0.951	0.967	0.984	0.962
长江经济带中游地区	技术效率	0.131	0.325	0.486	0.813	0.837
	纯技术效率	0.143	0.333	0.492	0.815	0.840
	规模效率	0.913	0.975	0.988	0.998	0.996
长江经济带下游地区	技术效率	0.228	0.406	0.499	0.640	0.666
	纯技术效率	0.236	0.411	0.502	0.733	0.762
	规模效率	0.958	0.987	0.994	0.905	0.901

资料来源：根据测算结果整理。

3. 长江经济带中下游地区省市污染密集型产业生态效率显著高于上游地区省市

（1）上游地区省市污染密集型产业生态效率偏低（见表 9）。云南省污染密集型产业的技术效率及其增长幅度均相对偏低，从 2003 年的 0.119 上升至2016年的0.274；四川省、贵州省、重庆市污染密集型产业技术效率相对较高。导致长江经济带上游地区省市污染密集型产业生态效率整体偏低的主要原因有：第一，纯技术效率不高，长江经济带上游地区污染密集型产业结构相对不合理，且能源利用效率不高；第二，规模效率在研究期初偏低，无法产生集聚经济，规模报酬不高。

表9 长江经济带上游地区省市污染密集型产业生态效率

年份	重庆			四川			贵州			云南		
	TE	*PTE*	*SE*	*TE*	*PTE*	*SE*	*TE*	*PTE*	*SE*	*TE*	*PTE*	*SE*
2003	0.122	0.149	0.821	0.124	0.132	0.939	0.111	0.135	0.822	0.119	0.136	0.869
2004	0.169	0.193	0.874	0.181	0.188	0.962	0.145	0.165	0.878	0.157	0.173	0.907
2005	0.187	0.209	0.893	0.203	0.209	0.970	0.163	0.181	0.898	0.194	0.209	0.929
2006	0.211	0.231	0.914	0.229	0.234	0.977	0.180	0.197	0.914	0.228	0.240	0.948
2007	0.236	0.253	0.933	0.261	0.265	0.985	0.213	0.230	0.928	0.250	0.262	0.957
2008	0.260	0.273	0.950	0.296	0.301	0.985	0.216	0.231	0.935	0.241	0.252	0.959
2009	0.253	0.265	0.953	0.320	0.324	0.987	0.216	0.230	0.939	0.213	0.223	0.957
2010	0.309	0.321	0.963	0.354	0.358	0.990	0.244	0.257	0.950	0.248	0.256	0.965
2011	0.378	0.390	0.968	0.433	0.436	0.992	0.280	0.292	0.961	0.276	0.284	0.972
2012	0.365	0.377	0.968	0.386	0.389	0.991	0.295	0.305	0.966	0.291	0.294	0.987
2013	0.380	0.391	0.971	0.404	0.407	0.992	0.317	0.322	0.984	0.281	0.284	0.990
2014	0.400	0.411	0.974	0.402	0.404	0.994	0.336	0.340	0.987	0.277	0.280	0.989
2015	0.424	0.435	0.975	0.423	0.433	0.975	0.325	0.329	0.986	0.256	0.259	0.986
2016	0.453	0.459	0.988	0.538	0.613	0.878	0.432	0.435	0.992	0.274	0.277	0.990

资料来源：根据测算结果整理。

（2）中游地区省市污染密集型产业生态效率增长迅速（见表10）。湖南省污染密集型产业技术效率高于江西省和湖北省，且增长幅度较大。江西省污染密集型产业三类效率（技术效率、纯技术效率和规模效率）在2011年和2014年均为1，湖南省污染密集型产业三类效率在2012～2014年和2016年也均为1。长江经济带中游地区省市污染密集型产业纯技术效率从较低水平迅速提升，规模效率在研究期内保持较高水平，但是增幅不大。

表 10　长江经济带中游地区省市污染密集型产业生态效率

年份	江西			湖北			湖南		
	TE	*PTE*	*SE*	*TE*	*PTE*	*SE*	*TE*	*PTE*	*SE*
2003	0.127	0.145	0.873	0.120	0.128	0.938	0.145	0.157	0.927
2004	0.199	0.216	0.921	0.167	0.175	0.955	0.199	0.209	0.952
2005	0.246	0.261	0.942	0.177	0.184	0.959	0.253	0.262	0.965
2006	0.311	0.324	0.961	0.200	0.207	0.965	0.289	0.297	0.973
2007	0.406	0.416	0.975	0.226	0.233	0.972	0.344	0.351	0.979
2008	0.430	0.438	0.981	0.281	0.287	0.980	0.387	0.394	0.984
2009	0.453	0.462	0.981	0.292	0.297	0.983	0.385	0.390	0.985
2010	0.582	0.589	0.988	0.390	0.395	0.988	0.486	0.492	0.988
2011	1.000	1.000	1.000	0.514	0.519	0.991	0.729	0.738	0.988
2012	0.724	0.728	0.994	0.594	0.598	0.993	1.000	1.000	1.000
2013	0.824	0.827	0.997	0.615	0.618	0.995	1.000	1.000	1.000
2014	1.000	1.000	1.000	0.656	0.658	0.996	1.000	1.000	1.000
2015	0.821	0.825	0.995	0.666	0.669	0.996	0.807	0.807	1.000
2016	0.757	0.763	0.993	0.754	0.758	0.994	1.000	1.000	1.000

资料来源：根据测算结果整理。

（3）下游地区省市污染密集型产业生态效率呈现显著的差异性（见表11）。江苏省和浙江省污染密集型产业技术效率总体较高，尤其是江苏省。江苏省在2015年和2016年的技术效率、纯技术效率和规模效率都是1，表明2015～2016年江苏省污染密集型产业处于全国31个省区市中的生产前沿，且最接近最优生产规模。上海市和安徽省污染密集型产业技术效率较低，大多数年份在0.5以下。江苏省和浙江省纯技术效率值相对较高，上海市和安徽省相对较低。长江经济带下游地区省市的污染密集型产业规模效率均保持较高的水平，基本在0.9以上，表明下游地区省市污染密集型产业规模接近最优生产规模。

表 11　长江经济带下游地区省市污染密集型产业生态效率

年份	上海			江苏			浙江			安徽		
	TE	*PTE*	*SE*	*TE*	*PTE*	*SE*	*TE*	*PTE*	*SE*	*TE*	*PTE*	*SE*
2003	0.240	0.253	0.949	0.280	0.284	0.986	0.255	0.261	0.976	0.136	0.148	0.920
2004	0.308	0.320	0.964	0.347	0.349	0.992	0.319	0.324	0.986	0.189	0.199	0.947

续表

年份	上海			江苏			浙江			安徽		
	TE	*PTE*	*SE*	*TE*	*PTE*	*SE*	*TE*	*PTE*	*SE*	*TE*	*PTE*	*SE*
2005	0.342	0.354	0.967	0.398	0.401	0.993	0.349	0.353	0.988	0.216	0.226	0.957
2006	0.375	0.386	0.971	0.442	0.444	0.995	0.382	0.386	0.991	0.237	0.245	0.966
2007	0.425	0.432	0.984	0.517	0.519	0.996	0.417	0.420	0.992	0.265	0.272	0.975
2008	0.481	0.484	0.992	0.556	0.558	0.996	0.437	0.440	0.993	0.324	0.330	0.980
2009	0.424	0.429	0.990	0.558	0.559	0.997	0.412	0.415	0.993	0.322	0.328	0.982
2010	0.523	0.526	0.994	0.605	0.606	0.998	0.484	0.487	0.995	0.386	0.391	0.987
2011	0.587	0.590	0.994	0.664	0.664	0.999	0.578	0.578	1.000	0.489	0.494	0.990
2012	0.559	0.561	0.995	0.764	0.764	1.000	0.580	0.585	0.992	0.487	0.492	0.991
2013	0.528	0.531	0.994	0.870	0.886	0.983	0.651	1.000	0.651	0.512	0.517	0.992
2014	0.524	0.527	0.994	0.946	0.959	0.986	0.629	0.815	0.771	0.513	0.514	0.997
2015	0.485	0.490	0.991	1.000	1.000	1.000	0.597	0.721	0.827	0.496	0.497	0.999
2016	0.482	0.487	0.990	1.000	1.000	1.000	0.623	1.000	0.623	0.557	0.562	0.992

资料来源：根据测算结果整理。

三　长江经济带污染密集型产业生态效率的影响因素分析

（一）研究方法与数据来源

1. STIRPAT 模型

本报告采用 Dietz 和 Rosa 提出的 STIRPAT 模型测算长江经济带污染密集型产业生态效率的影响因素。STIRPAT（Stochastic Impacts by Regression on Population, Affluence and Technology）是可拓展的随机环境影响评估模型，侧重研究人口、财富、技术三个自变量和因变量之间的关系。STIRPAT 模型是 IPAT 恒等式的一个随机变形，IPAT 恒等式是探索经济发展对生态环境影响的重要工具。IPAT 恒等式将人为因素对环境的影响定义为多元函数，包含三个主要驱动力，即：人口规模（P）、财富（A，GDP）和技术（T，每单位经济活动的影响，或除人口规模和财富以外的所有变化）。因此，$I = P \cdot A \cdot T$。该模型还被广泛用于分析各种环境变化的驱动力（二氧化碳排放和能源消耗）。

传统的 STIRPAT 模型如下：

$$I_i = \alpha \cdot P_i^{\theta} \cdot A_i^{c} \cdot T_i^{d} \cdot e_i \tag{8}$$

将公式（8）转化为对数化形式：

$$\ln I_i = \alpha + \theta(\ln P_i) + c(\ln A_i) + d(\ln T_i) + \ln e_i \tag{9}$$

其中，i 表示观察的样本单位，α 衡量该模型的规模大小，θ、c、d 都是系数值，分别测算人口规模、财富和技术的影响作用大小，e 是残差项。

2. 变量选取和数据来源

采用 STIRPAT 模型测算长江经济带污染密集型产业生态效率影响因素。被解释变量是污染密集型产业的生态效率，由于 DEA-SBM 模型测算的生态效率有多个值为 1，有效前沿 DMU 单元无法对比。因此，在 STIRPAT 模型的回归中，生态效率测算采用超效率 SBM 模型，期望投入、期望产出、非期望产出所选取的变量与表 6 相同。借鉴 Ren（2018）的研究成果，将城镇化率作为解释变量 P，以人均 GDP 作为解释变量 A。York 等（2003）提出，解释变量“技术”（T）可以是一个综合指标，不仅仅指代技术水平。借鉴其思路，本报告将 T 拆分为创新水平、产业结构和能源强度。以环境规制作为解释变量，将政府行为纳入模型。

环境规制属于综合性评价指标，借鉴童健等（2016）、秦炳涛等（2018）关于环境规制的研究成果，本报告将环境规制分成政府管制型和民众自愿型两种类型。①政府管制型环境规制。政府通过制定相关法律法规和环境标准，对企业污染物排放进行限制，对环境保护进行干预，市场参与者别无选择，只能接受。为了能够准确反映政府管制型环境规制的实施强度，本报告采用环境污染治理投资占 GDP 的比重、排污费征收金额作为代理变量。②民众自愿型环境规制。强调市场主体控制污染排放的自发行为，本报告选取各省区市政府在环境管理中一年来信总数和来访批次作为各省区市环境自愿监管的力度。借鉴孙欣和宋马林（2019）的研究成果，环境规制测算均采用标准化处理和熵权法，数据来源于 EPS 数据库。

综上所述，污染密集型产业生态效率影响因素的回归模型可表述为：

$$EE_{it} = \beta_0 + \beta_1 ERG_{it} + \beta_2 ERG_{it-1} + \beta_3 ERG_{it-2} + \beta_4 ERP_{it} + \beta_5 ERP_{it-1} + \beta_6 ERP_{it-2} + \beta_7 P_{it} + \beta_8 \ln A_{it} + \beta_9 \ln I_{it} + \beta_{10} IS_{it} + \beta_{11} \ln EI_{it} + \mu_i + \varepsilon_{it} \quad (10)$$

其中，被解释变量是 EE_{it}，即污染密集型产业生态效率；解释变量是 ERG_{it}和 ERP_{it}，分别表示政府管制型环境规制和民众自愿型环境规制，政策实施一般具有滞后性，本年度环境规制有可能在下一年度或更晚才会产生效果，因此加入它们的一阶滞后项 ERG_{it-1}、ERP_{it-1}和二阶滞后项 ERG_{it-2}、ERP_{it-2}；控制变量有 P_{it}、A_{it}、I_{it}、IS_{it}、EI_{it}，分别表示城镇化率、人均 GDP、创新水平、产业结构和能源强度，采用人均 R&D 经费内部支出表示创新水平，采用第二产业占 GDP 的比重表示产业结构，采用人均电力消费量表示能源强度；μ_i是各省区市的地区固定效应，ε_{it}是误差项。本报告将人均 GDP、创新水平和能源强度取对数，其目的是消除异方差。

（二）实证结果与分析

全国 31 个省区市、长江经济带沿线 11 省市污染密集型产业的生态效率均值都为 0.43；长江经济带污染密集型产业生态效率的标准差相对较低，波动范围较小；长江经济带政府管制型环境规制和民众自愿型环境规制的平均强度均高于全国平均水平（见表 12）。

表 12　SPTIRPAT 模型变量的描述性统计

变量	全国				长江经济带			
	平均值	标准差	最小值	最大值	平均值	标准差	最小值	最大值
EE	0.43	0.26	0.10	1.56	0.43	0.23	0.13	1.04
ERG	0.24	0.10	0.00	0.61	0.26	0.10	0.05	0.61
ERP	0.15	0.12	0.00	0.64	0.17	0.12	0.04	0.64
P	0.50	0.15	0.14	0.90	0.49	0.16	0.14	0.90
A	32967	22913	3603	118198	32504	24305	3603	116562
I	589.80	942.80	11.41	6832.00	600.10	782.20	20.38	4336.00
IS	46.61	8.25	19.26	61.50	46.48	5.33	29.83	56.60
EI	0.33	0.23	0.03	1.32	0.28	0.16	0.07	0.69

资料来源：根据测算结果整理。

以全国样本为例，污染密集型产业生态效率影响因素的回归结果如下（见表13）。

表13 污染密集型产业生态效率影响因素的实证分析结果

变量	全国	长江经济带	长江经济带以外地区
ERG	0.115 (1.195)	0.196 (1.340)	0.052 (0.419)
L. ERG	-0.026 (-0.268)	0.108 (0.731)	-0.152 (-1.214)
L2. ERG	-0.173* (-1.819)	-0.038 (-0.260)	-0.324*** (-2.612)
ERP	-0.113 (-0.855)	-0.329 (-1.628)	-0.082 (-0.481)
L. ERP	-0.130 (-0.930)	-0.167 (-0.814)	-0.164 (-0.897)
L2. ERP	-0.023 (-0.184)	0.116 (0.584)	-0.156 (-0.968)
P	-0.195 (-0.411)	1.174 (1.469)	-1.388** (-2.214)
ln*A*	0.239*** (3.228)	-0.121 (-0.780)	0.282*** (3.299)
ln*I*	0.160*** (3.404)	0.245*** (2.811)	0.166*** (2.975)
IS	-0.003* (-1.716)	0.002 (0.726)	-0.008*** (-3.299)
ln*EI*	-0.289*** (-3.947)	-0.080 (-0.413)	-0.220** (-2.506)
样本量(个)	372	132	240
R^2	0.545	0.673	0.532

注：***、**、*分别表示在1%、5%、10%的水平上显著，表14同。

资料来源：根据测算结果整理。

（1）不同类型环境规制的影响作用具有差异性。政府管制型环境规制具有“瞬时效应”，提高当期的生态效率，滞后两期政府管制型环境规制表现出“制约效应”，对生态效率产生负向作用。一方面，政府管制型环境规制具有强制性的特点，企业生产活动受到约束，需要为污染物的排放支付一定费用，导致生产成本增加；另一方面，环境污染治理投资的增加会产生“挤出效应”，挤占企业生产性或营利性投资，从而造成产出的下降。民众自愿型环境规制均不显著，一方面，民众对环境保护的诉求增强，地方政府通过行政手段促进污染密集型产业生态效率提高；另一方面，地方政府在环境管理中，来信总数和来访批次越多，表明该省区市工业污染严重，高能耗高污染的污染密集型产业发展惯性大，污染排放基数大，民众自愿型环境规制难以改变该现状。

（2）城镇化率系数不显著。根据钱纳里的工业化阶段理论，工业化过程包括初级产业、中期产业和后期产业三个阶段。城镇化水平较低时，工业化处于初级或中期产业阶段，主要以劳动密集型或资本密集型的重工业为主，产业生态效率不高；城镇化水平较高时，工业化处于后期产业阶段，主要以技术密集型或知识密集型的制造业和服务业为主，生态效率较高。全国样本城镇化率差异性较大，综合作用不明显。

（3）人均 GDP 和创新水平系数显著为正。我国经济增长促进污染密集型产业绿色发展，在创新驱动背景下，污染密集型产业生产效率提升，生产方式更加清洁环保。我国经济高质量增长要求关停惯性大的高能耗高污染企业，促进污染密集型产业转型升级，倡导低能耗、低污染、高技术的生产模式。

（4）产业结构和能源强度系数显著为负。一方面，第二产业占比过高的产业结构导致工业污染严重；另一方面，我国清洁能源产能不足，能源结构中煤炭占比高，人均能源消费量的提升会增加污染排放。

长江经济带以外地区样本的回归结果与全国类似。长江经济带样本的回归结果呈现以下不同点：第一，政府管制型环境规制和民众自愿型环境规制对长江经济带污染密集型产业的生态效率的促进作用均不明显；第二，城镇化率提高了生态效率；第三，人均 GDP 与生态效率呈负相关关系。

长江经济带污染密集型产业生态效率影响因素的作用程度在上中下游地区呈现如下特点（见表 14）。

表 14　长江经济带上中下游污染密集型产业生态效率影响因素的实证分析结果

变量	上游地区	中游地区	下游地区
ERG	-0.009 (-0.091)	0.539** (2.498)	-0.139 (-0.602)
L. ERG	-0.187* (-1.855)	0.542** (2.571)	-0.238 (-1.075)
L2. ERG	-0.095 (-0.995)	-0.124 (-0.429)	-0.181 (-0.968)
ERP	-0.302 (-1.577)	-1.279* (-1.751)	-0.147 (-0.967)
L. ERP	-0.064 (-0.343)	-0.337 (-0.437)	-0.491*** (-3.515)
L2. ERP	0.040 (0.230)	-0.286 (-0.355)	-0.415** (-2.697)
P	1.417* (1.846)	-5.039* (-1.852)	1.691* (1.824)
ln*A*	0.215* (1.940)	1.110** (2.541)	0.087 (0.280)
ln*I*	-0.187** (-2.123)	-0.182 (-0.880)	-0.270* (-1.729)
IS	-0.001 (-0.499)	0.005 (0.346)	-0.002 (-0.441)
ln*EI*	-0.084 (-0.741)	0.180 (0.311)	0.713 (1.481)
样本量(个)	48	36	48
R^2	0.829	0.917	0.912

资料来源：根据测算结果整理。

（1）政府管制型环境规制系数值仅在中游地区显著为正。向污染密集型产业征收排污费，加大环境污染治理投资力度显著提升了当期和滞后一期长江经济带中游地区污染密集型产业生态效率。

（2）民众自愿型环境规制整体上具有负向作用。下游地区显著为负并具有“滞后效应”，中游地区显著为负并具有“瞬时效应”，上游地区不显著。长江经济带污染密集型产业的空间分布主要集聚在中下游地区，发展惯性大，存在“化工围江”问题，生态效率提升难度大。

（3）城镇化率的影响作用呈现区域差异性。上游和下游地区均显著为正，中游地区显著为负。下游地区包含上海、江苏、浙江3个发达省市，城镇化水平和产业发展程度较高；中游地区城镇化水平相对较低，污染密集型产业呈现效率偏低，污染严重的发展态势；上游地区很多区域属于重点生态功能区，污染密集型产业分布较少，生态环境保护强度较高。

（4）人均GDP系数值在中上游地区均显著为正。长江经济带协同推进生态优先和绿色发展，促进污染密集型产业绿色转型升级。

（5）创新水平系数值在长江经济带上中下游地区均为负。长江经济带污染密集型产业创新意识不足，清洁生产技术有待推广使用。

四　研究结论与政策建议

（一）研究结论

（1）长江经济带污染密集型产业发展水平和生态效率总体呈上升趋势。产业产值增速由快变慢，占全国的比重保持在40%左右；污染密集型产业主要集聚于下游地区，并呈现向中上游地区转移的趋势；生态效率值水平逐年上升，略高于全国平均水平，但其增速低于全国平均水平。

（2）长江经济带上中下游地区污染密集型产业发展呈现显著的差异性。下游地区产业产值大于中上游地区，但中游地区增速较快。污染密集型产业主要集聚于下游地区的江苏省和浙江省，产业转移主要的承接省市是上游地区的四川省、贵州省和中游地区的江西省、湖北省、湖南省。下游地区污染密集型产业生态效率整体水平较高，但增长缓慢，后劲不足；中游地区污染密集型产业生态效率起始阶段较低，但增长迅速，在2011年后超过下游地区；上游地区污染密集型产业生态效率及其增速相对较低。

（3）长江经济带污染密集型产业的生态效率受多种因素影响。政府管制型环境规制、城镇化率、创新水平、产业结构等因素具有正向作用，民众自愿型环境规制、人均 GDP、能源强度等因素呈负向作用。就长江经济带上中下游地区而言，政府管制型环境规制促进中游地区污染密集型产业的生态效率提高；民众自愿型环境规制在中游和下游地区显著为负，分别表现“瞬时效应”和“滞后效应”；上游地区和下游地区城镇化率的系数显著为正而中游地区显著为负；中上游地区人均 GDP 系数显著为正；上游地区和下游地区创新水平系数显著为负。

（二）政策建议

（1）创新驱动污染密集型产业转型升级。加大污染密集型产业技术创新投入，优化创新要素配置，减少对产能过剩行业的创新要素投入。加强区域和产业技术合作，提升科技成果创新市场转化效率，推动高效生产和绿色生产技术的成果转化。把绿色 GDP 作为长江经济带地方政府政绩考核的重要内容，倒逼污染密集型企业绿色转型，推动中上游地区绿色承接产业转移。

（2）加强长江经济带环境治理力度。加强针对长江经济带污染密集型产业环境规制政策的实施力度，关停沿江各省市产能过剩、高污染高能耗的小型、低端制造业企业，倒逼竞争力不足或达不到节能环保标准的污染密集型企业退出市场。建立环境规制政策实施效果长效考核机制，构建长江经济带上中下游污染协同治理体系，明确环境污染治理职责，全面整治入河排污口，严格禁止污染密集型企业“以邻为壑”的污染排放行为。政府管制型环境规制要以市场化为主，一方面实行严格的污染排放标准，另一方面大力施行排污收费和排污权交易等市场化环境规制政策；充分发挥不同类型环境规制政策的优势，促进污染密集型产业生态化发展。

（3）引导长江经济带污染密集型产业有序转移。长江经济带下游地区要围绕产业高端化、服务化、知识化、低碳化的发展要求，巩固和发展先进制造业中心。搭建区域间产业转移促进服务平台和合作平台，推动污染密集型产业向中上游转移，推进安徽皖江城市带、江西赣南、湖北荆州、湖南湘南、重庆沿江、四川广安等国家级承接产业转移示范区建设。建立长江经济带产业准入负面清单制度，中上游地区在加大承接污染密集型产业转移力度的同时，杜绝产业转移带来的污染转移。建立长江经济带上中下游生态保护合作协调机制和全流域污染监测平台，加强污染密集型产业转出地和承接地合作，共同承担污染治理责任。

附录　污染密集型产业的界定方法

学术界关于污染密集型产业的界定方法主要有以下三类。

（1）将污染削减或控制成本所占比重较高的产业界定为污染密集型产业（Tobey，1990；Low，1992），由于我国缺乏各产业污染治理成本相关数据，所以该方法受到使用限制。

（2）测算各产业污染排放强度和污染排放规模，选取排名靠前的一些产业作为污染密集型产业（梁红岩等，2016；田光辉等，2018；王亚平等，2019）。该方法的采用频率较高。

（3）直接采用2007年国务院发布《第一次全国污染源普查方案》中划分11类重污染行业。即：造纸及纸制品业，农副食品加工业，化学原料及化学制品制造业，纺织业，黑色金属冶炼及压延加工业，食品制造业，电力、热力的生产和供应业，皮革、毛皮、羽毛（绒）及其制品业，石油加工、炼焦及核燃料加工业，非金属矿物制品业，有色金属冶炼及压延加工业（李长青，2014）。

本报告借鉴仇方道等（2013）的界定方法，结合污染排放强度和污染排放规模，构建污染密集度指数：

$$EPI_{i,t} = \sqrt{E_{i,t} \cdot P_{i,t}} \tag{11}$$

$$EPI_i = \frac{\sum_{t=0}^{tmax} EPI_{i,t}}{tmax} \tag{12}$$

其中，$EPI_{i,t}$是i产业第t年的污染密集度指数；$E_{i,t}$是i产业第t年的污染排放强度，即单位工业产值的污染物排放量；$P_{i,t}$是污染排放规模，即某产业污染物排放量占全国该污染物排放总量的比重；EPI_i是 i 产业在考察期内的平均污染密集度指数。考察期为 2003～2015 年，污染物排放量是全国各产业工业废水排放量、工业废气排放量和工业固体废物产生量三者的等权重加权平均值，工业产值用规模以上工业企业工业销售产值表示①，并通过出厂价格指数以 2002 年为基期进行价格平减处理。为了使数据具备可比性，工业废水排放量、工业废气排放量、工业固体废物产生量、规模以上工业企业工业销售产值均采取归一化处理。具体表述为：

$$y_{i,t} = \frac{x_{i,t} - x_{imin}}{x_{imax} - x_{imin}} \times 100 \tag{13}$$

其中，i 表示产业，t 表示时间，$x_{i,t}$表示 i 产业 t 时间的指标获取值，$y_{i,t}$是 i 产业 t 时间的指标处理值，x_{imax}表示该指标的最大值，x_{imin}表示该指标的最小值。

结合《国民经济行业分类与代码》（GB/T4754－2002）和《国民经济行业分类与代码》（GB/T4754－2011），并将两种分类方式的中的所有工业大类行业进行匹配，行业名称以 2011 年《国民经济行业分类与代码》为标准。由于界定污染密集型产业需要细分行业的工业废水排放量、工业废气排放量和工业固体废物产生量三类数据，该数据在《中国环境统计年鉴》最新只统计到 2015 年。所以，在删去不匹配和数据不全的工业大类行业后，剩余 27 个行业，分别测算其 2003～2015 年的平均污染密集度指数（见附表 1）。

借鉴学术界关于污染密集型产业界定的相关成果（梁红岩等，2016；田光辉等，2018；王亚平等，2019），选取平均污染密集度指数排名前 12 的行业作为污染密集型产业，包含黑色金属矿采选业，有色金属矿采选业，造纸和纸制品业，电力、热力生产和供应业，黑色金属冶炼和压延加工业，化学原料和化学制品制造业，煤炭开采和洗选业，纺织业，非金属矿物制品业，水的生产和供应业，农副食品加工业，有色金属冶炼和压延加工业。

① 工业增加值或工业总产值数据仅统计到 2011 年之前，2011 年《国民经济行业分类与代码》（GB/T4754－2011）提出后，仅工业销售产值保留统计数据。

附表1　2003～2015年全国工业大类行业平均污染密集度指数

行业	平均EPI	排名	行业	平均EPI	排名
黑色金属矿采选业	100.00	1	非金属矿采选业	12.05	15
有色金属矿采选业	93.86	2	食品制造业	11.59	16
造纸和纸制品业	85.82	3	医药制造业	10.59	17
电力、热力生产和供应业	77.64	4	金属制品业	5.06	18
黑色金属冶炼和压延加工业	55.05	5	石油和天然气开采业	3.19	19
化学原料和化学制品制造业	50.37	6	木材加工和木、竹、藤、棕、草制品业	2.81	20
煤炭开采和洗选业	46.39	7	燃气生产和供应业	2.53	21
纺织业	27.89	8	通用设备制造业	1.96	22
非金属矿物制品业	27.58	9	专用设备制造业	1.96	23
水的生产和供应业	22.37	10	烟草制品业	0.79	24
农副食品加工业	19.86	11	印刷和记录媒介复制业	0.29	25
有色金属冶炼和压延加工业	18.34	12	家具制造业	0.15	26
石油加工、炼焦和核燃料加工业	18.16	13	文教、工美、体育和娱乐用品制造业	0.00	27
化学纤维制造业	17.05	14			

资料来源：根据《中国工业经济统计年鉴》（2004～2012年）、《中国工业统计年鉴》（2013～2017年）、《中国环境统计年鉴》（2004～2017年）提供的相关统计数据测算结果整理。

参考文献

仇方道等：《江苏省污染密集型产业空间转移及影响因素》，《地理科学》2013年第7期，第789～796页。

李长青、姚萍、童文丽：《中国污染密集型产业的技术创新能力》，《中国人口·资源与环境》2014年第4期，第149～156页。

李玲、夏晓华：《污染密集型产业绿色创新效率及影响因素研究》，《中国特色社会主义研究》2018年第1期，第83～88页。

李政、杨思莹、何彬：《FDI抑制还是提升了中国区域创新效率？——基于省际空间面板模型的分析》，《经济管理》2017年第4期，第6～19页。

梁红岩等：《中国污染密集型产业转移及其影响因素研究》，《生态经济》2016 年第 10 期，第 32 ~ 35 页。

秦炳涛、葛力铭：《相对环境规制、高污染产业转移与污染集聚》，《中国人口·资源与环境》2018 年第 12 期，第 52 ~ 62 页。

孙欣、宋马林：《长江经济带生态文明建设综合评价研究》，经济科学出版社，2019 年，第 21 页。

田光辉等：《环境规制、地方保护与中国污染密集型产业布局》，《地理学报》2018 年第 10 期，第 1954 ~ 1969 页。

童健、刘伟、薛景：《环境规制、要素投入结构与工业行业转型升级》，《经济研究》2016 年第 7 期，第 43 ~ 57 页。

王亚平等：《山东省污染密集型产业时空演变特征及影响机理》，《经济地理》2019 年第 1 期，第 130 ~ 139 页。

夏友富：《外商投资中国污染密集产业现状、后果及其对策研究》，《管理世界》1999 年第 3 期，第 109 ~ 123 页。

Low, P., "International Trade and the Environment," *World Bank Discussion Papers* 16 (1992): 4 – 7.

Ren, S., "The Effects of Three Types of Environmental Regulation on Eco – efficiency: A Cross-region Analysis in China," *Journal of Cleaner Production* 173 (2018): 245 – 255.

Tobey, J., "The Effects of Domestic Environmental Policies on Patterns of World Trade: an Empirical Test," *Kyklos* 43 (1990): 191 – 209.

York, R. et al., "STIRPAT, IPAT and ImPACT: Analytic Tools for Unpacking the Driving Forces of Environmental Impacts," *Ecological Economics* 46 (2003): 351 – 365.

B.11
长江经济带 FDI 对制造业污染影响研究报告

刘晗　王燕*

摘　要： 长江经济带生态修复重要性日益凸显，亟待控制制造业等行业的污染排放，以实现绿色可持续发展。本报告基于2003～2016年长江经济带108个城市面板数据，运用面板回归模型和门槛效应模型实证分析FDI、产业集聚对制造业污染的影响。结果表明：FDI对长江经济带制造业污染总体上产生显著的抑制作用，影响效应在长江经济带不同区域有所差别；FDI影响效应会随着产业集聚水平的变化而产生差异；产业集聚对长江经济带制造业污染起到恶化作用。报告提出持续引进高质量的FDI、合理规划FDI的引入和布局、有效控制制造业集聚程度等措施，以期有效缓解长江经济带制造业污染。

关键词： 长江经济带　FDI　产业集聚　制造业污染　门槛效应

一　引言

长江经济带作为中国“T”形经济布局的一级轴线地带之一，为中国经济

* 刘晗，重庆工商大学长江上游经济研究中心/经济学院讲师，管理学博士，从事产业结构与区域经济发展、农业经济理论与政策研究；王燕，重庆工商大学长江上游经济研究中心教授、经济学博士、管理学博士后，从事区域创新与区域经济发展研究。

社会持续发展起到强有力的支撑作用。2017 年长江经济带沿线 11 省市三次产业增加值占全国的比重分别达到43.01%、47.50%和43.71%，与2008 年相比分别提升 0.85 个、4.01 个和4.35 个百分点，其战略地位的重要性可见一斑。然而，在看到巨大经济发展潜力的同时，需要正视的一个问题是，长江经济带经历长时期的高速经济增长，环境保护面临着严峻考验。突出表现在长江流域各类水问题交织存在，部分支流和湖泊污染问题凸显，水生态受损严重(吴舜泽等，2016)。统计数据显示，2008 ~2016 年长江经济带废水排放总量以年均3.16%的速度递增，占全国的比重从42.81%提高到44.16%。其中的一个重要原因就是有色冶金、石油化工、机械设备等高耗能、高污染企业迅速增加，超出了长江水道及两侧大湖与主要支流的承载负荷（陆大道，2018)。为此，2018 年财政部发布的《关于建立健全长江经济带生态补偿与保护长效机制的指导意见》专门强调“工业化城镇化集中地区要加快产业转型升级，构建源头控污、系统截污、全面治污相结合的水环境治理体系”。由此可见，强化长江经济带制造业污染防治工作已经刻不容缓，亟待研究影响污染排放的一般性规律，从而实现长江经济带制造业绿色可持续发展。

FDI（Foreign Direct Investment，外商直接投资）一直被认为是提升竞争力、促进产业转型发展的重要推动力量，中国制造业发展在未来一段时期仍然需要大量吸收外资（裴长洪，2009)。早在 2014 年，国务院发布的《关于依托黄金水道推动长江经济带发展的指导意见》就提出要“构建高水平对外开放平台，形成与国际投资、贸易通行规则相衔接的制度体系，全面提升长江经济带开放型经济水平”。

学术界就 FDI 对环境污染的影响效果还存在争议。一种是“污染避难所”假说，认为发展中国家为吸引外资以促进经济增长，会降低环境管制，使得大量 FDI 涌入高污染行业，进而加剧环境恶化（刘津汝，2013；龚梦琪、刘海云，2018)。另一种是“污染光环”假说，强调 FDI 承载着先进技术，能够通过技术溢出等手段来帮助东道国提升污染防治水平，该观点得到了来自不同国家和地区的经验证据支持（许和连、邓玉萍，2012；秦晓丽、于文超，2016)。此外，还有的研究发现 FDI 对于环境污染影响具有异质性，体现在：随着FDI的增加其作用效果会表现出阶段性特征，在不同的经济发展、行业类型、环境规制、人力资本等条件下，FDI会对环境污染产生差异化的影响效应，且FDI对于不同污染物排放的影响也存在差别（刘飞宇、赵爱清，2016）。

除了FDI之外，产业集聚也是影响污染排放的关键性因素。学术界关于产业集聚对污染排放的影响作用存在分歧，具体表现在以下几个方面。一是产业集聚往往伴随着产能扩张和能源消耗的增加，从而会加剧环境污染（罗能生、李建明，2018）。二是产业集聚能够产生规模效应，易于节能减排技术的运用与扩散，可以减少污染排放（胡志强等，2018）。三是产业集聚与环境污染的关系呈现“U”型、倒“U”型等非线性特征（谢荣辉、原毅军，2016）。随着从FDI与产业集聚两个维度分析环境污染研究的深入，有少数学者把两者同时纳入影响环境污染的框架中进行分析。杨仁发（2015）利用2004～2012年中国227个城市面板数据，将FDI设定为门槛变量，实证分析了产业集聚对环境污染的影响，结果表明当FDI水平较低时，产业集聚会对生态环境产生负面影响，而当FDI水平提高到一定程度时，产业集聚将转而改善环境污染。许和连、邓玉萍（2012）通过对2001～2010年中国制造业36个细分行业的实证考察，发现FDI明显降低了行业污染排放，产业集聚进一步强化了FDI的减排效应，FDI与产业集聚的交互影响作用有利于减少制造业整体污染水平，且这种影响会对不同类型行业产生差异化的效应，作用效果在劳动密集型行业中更为明显。

综观学术界研究成果，FDI、产业集聚对于环境污染的作用效果具有较强异质性。二者对长江经济带制造业污染的影响效应肯定有别于其他地区及行业。但现阶段仅有张治栋和秦淑悦（2018）、杨恺钧和王婵（2018）等少数涉及FDI或者产业集聚与长江经济带污染问题的研究成果，且聚焦于制造业污染影响的研究尚有待补充。从相关研究成果来看，仅有个别研究成果把FDI和产业集聚这两个影响制造业污染的关键因素纳入同一框架进行分析，尚未有研究考虑FDI对污染影响效应在不同产业集聚水平上的“阈值”问题，需要进一步拓展。有鉴于此，本报告运用2003～2016年长江经济带

108 个城市的面板数据，实证分析 FDI、产业集聚对制造业污染的影响，通过门槛回归模型测度 FDI 对不同产业集聚水平地区制造业污染的作用程度，除从传统上游、中游和下游划分方式考察域内影响效果差异外，还对沿江和非沿江地区分别进行分析，力争全面揭示制造业污染影响的一般规律，针对性地提出防控长江经济带制造业污染排放的对策措施，以期促进长江经济带经济社会可持续发展。

二 研究方法和数据来源

（一）模型设定与估计方法

1. 基准面板回归模型

前述分析表明，FDI 和产业集聚是影响长江经济带制造业污染的两个重要因素。考虑到一些其他因素也会对污染排放产生影响，构造以制造业污染为因变量，包含 FDI 和产业集聚，以及控制变量在内的对数形式的基准面板回归模型：

$$\begin{aligned} \ln pol_{it} = {} & \alpha + \beta \ln fdi_{it} + \lambda \ln agg_{it} + \theta_1 \ln reg_{it} + \theta_2 \ln mar_{it} + \theta_3 \ln gov_{it} \\ & + \theta_4 \ln tec_{it} + \theta_5 \ln hum_{it} + \mu_i + \varepsilon_{it} \end{aligned} \tag{1}$$

其中，i 和 t 分别表示城市和时期，ln*pol* 表示制造业污染排放水平；ln*fdi* 和 ln*agg* 分别表示 FDI 投入和制造业集聚水平，β 和 λ 是它们的影响系数；ln*reg*、ln*mar*、ln*gov*、ln*tec*、ln*hum* 为控制变量，分别表示环境规制强度、市场竞争程度、政府调控能力、技术创新水平和人力资本积累，对应的影响系数分别为 θ_1、θ_2、θ_3、θ_4、θ_5；α 表示常数项，μ_i 为城市的个体效应，ε_{it}是随机扰动项。

对于截面上城市的个体效应 μ_i，存在两种可能：一种是随机效应，μ_i 的分布和自变量不具有相关性；另一种是固定效应，μ_i 的分布与自变量相关。通过 Hausman 检验来判断选择使用随机效应模型还是固定效应模型，若 Hausman 检验统计值小于显著性水平下的临界值，则接受个体效应与自变量不相关的原假设，选择随机效应模型，反之，若在显著性水平下拒绝原假设，则应该选择固定效应模型。

2. 门槛回归模型

基准面板回归模型描述的是FDI、产业集聚与制造业污染之间的简单线性关系，然而，FDI可能会对制造业污染排放产生非线性影响，作用效果在不同制造业集聚水平地区具有差异性。刻画这种非线性影响需要按照制造业集聚水平大小进行分组，而人为设置区间节点则容易导致偏误。因此，本报告采用门槛回归模型，结合自体抽样方法（Bootstrap），根据数据本身特征来确定分界点。在式（1）的基础上，门槛模型设计如下：

$$\begin{aligned} \ln pol_{it} = \alpha &+ \beta_1 \ln fdi_{it} I(\ln agg_{it} < \gamma_1) + \beta_2 \ln fdi_{it} I(\gamma_1 \leqslant \ln agg_{it} < \gamma_2) + \cdots \\ &+ \beta_n \ln fdi_{it} I(\gamma_{n-1} \leqslant \ln agg_{it} < \gamma_n) + \beta_{n+1} \ln fdi_{it} I(\gamma_n \leqslant \ln agg_{it}) \\ &+ \theta_k \sum X_{kit} + \mu_i + \varepsilon_{it} \end{aligned} \tag{2}$$

其中，lnagg为门槛变量，γ_1，γ_2，…，γ_n为n个不同水平的门槛值。I（·）为指示函数，当括号内门槛变量lnagg_{it}与门槛值γ_n之间关系成立时，取值为1，否则取值为0。β_1，β_2，…，β_n，β_{n+1}为不同门槛值条件下FDI对制造业污染的影响系数。$\theta_k \sum X_{kit}$表示模型中k个控制变量及其影响系数的集合，其他与式（1）相同的字符含义不变。

对于式（2）门槛模型的估计，一是确定门槛值γ。从单一门槛开始搜索，通过对式（2）模型估计得到一个残差平方和S（γ_1），门槛估计值$\hat{\gamma}_1$选择依据为对应的S（γ_1）值最小，采用格栅搜索法（Grid Search）求解残差平方和最小问题。进一步在已知$\hat{\gamma}_1$的情况下，按照同样方法搜索出第n个门槛的估计值$\hat{\gamma}_n$，确定各个门槛值后，不同门槛条件下的参数估计值$\hat{\beta}_1$，$\hat{\beta}_2$，…，$\hat{\beta}_n$，$\hat{\beta}_{n+1}$也相应确定。二是检验门槛效应是否显著。对于单一门槛而言，检验原假设是$H_0: \beta_1 = \beta_2$，备择假设是$H_1: \beta_1 \neq \beta_2$，检验统计量为$F_1 = [S_0 - S_1(\hat{\gamma}_1)]/\hat{\sigma}^2$，$S_0$和$S_1(\hat{\gamma}_1)$分别表示原假设和备择假设下的残差平方和，$\hat{\sigma}^2$为备择假设条件下随机扰动项的方差。因为原假设下的门槛值无法识别，所以F_1统计量不再服从标准分布，须通过Bootstrap自抽样获得其渐进分布及对应的P值，进而判断是否应该拒绝原假设，若拒绝原假设，则说明门槛效应显著，反之，则表明不具有明显的门槛效应。上述方法同样适用于多重门槛效应的检验，其检验方式与单一门槛相类似。

（二）变量设计和数据描述

1. 变量说明

制造业污染（*pol*）采用制造业废水排放量来衡量。考虑到长江经济带水污染问题较为严重的实际情况，以及废水污染会对长江干流及其支流和湖泊产生较大危害性，本报告着重从废水排放量来考察制造业污染状况。由于本报告使用的地级市层面面板数据缺少制造业废水排放量的直接指标，综合考虑数据可得性和测算规范性，本报告假定城市工业行业内部具有相同的人均污染物排放量，通过制造业从业人员数量占工业从业人员数量的比值乘以城市工业废水排放量估计得到制造业废水排放量。

FDI（*fdi*）采用城市人均FDI存量来衡量。现有文献多采用当年实际使用外资金额，或者实际外商投资额占GDP的比重来衡量FDI。由于FDI产生的作用效果并不一定能立即影响制造业污染，采用流量表征FDI投入可能会产生偏误，选择存量来反映FDI更为合适。本报告根据式（3）所示的永续盘存法计算城市FDI存量。其中，fdi_{it}为i城市第t年的FDI存量，δ为折旧率，设定为5%，I_{it-1}表示实际使用外资金额，考虑到投资的建设周期，许多投资无法在当年生产中发挥作用，故使用滞后一年的实际使用外资金额，p_{it-1}采用城市所在省的以2003年为基期的累计固定资产投资价格指数，同时，假设2003年FDI存量是当年实际使用外资金额的3倍，后续各年FDI存量用每年实际使用的FDI和永续盘存法公式累计，以美元计算的FDI按当年平均汇率兑换为人民币数值。最后，利用城市FDI存量除以城市人口数量得到人均FDI存量。

$$fdi_{it} = (1 - \delta)fdi_{it-1} + I_{it-1}/p_{it-1} \tag{3}$$

产业集聚（*agg*）采用计算制造业区位熵值来衡量。考虑数据可得性，本报告选择制造业就业人数来计算区位熵，公式如式（4）所示。其中，e_{it} 表示 i 城市 t 时期制造业城镇单位从业人员数，E_{it} 表示 i 城市 t 时期城镇单位从业人员总数，e_t 是 t 时期全国制造业城镇单位从业人员数，E_t 是 t 时期全国城镇单位从业人员总数。

$$agg_{it} = (e_{it}/E_{it})/(e_t/E_t) \tag{4}$$

环境规制（*reg*）采用城市工业固体废物综合利用率来表示。工业固体废物具有可回收利用价值，但由于循环利用成本较高，企业普遍不愿意进行回收利用。如果城市环境规制程度较高，则可通过财政奖补的正向激励或者征收罚款的负向激励措施，有效提高工业固体废物综合利用率。因此，通过工业固体废物综合利用率，可以表征环境规制的强度，单位为%，后续分析中以小数形式进行表示。

市场竞争（*mar*）通过城市企业竞争相对于所有城市平均水平的程度来衡量。本报告采用式（5）所示的公式计算市场竞争强度，其中，n_{it} 为 i 城市 t 时期规模以上工业企业数，$igdp_{it}$ 为 i 城市 t 时期规模以上工业企业总产值，avg（N_t）为 t 时期全国地级市规模以上工业企业数的平均值，avg（$IGDP_t$）为 t 时期全国地级市规模以上工业企业总产值的平均值。该指标数值越高，说明创造每单位产值的企业数量相对越多，市场竞争程度就越激烈。

$$mar_{it} = \frac{n_{it}/igdp_{it}}{\mathrm{avg}(N_t)/\mathrm{avg}(IGDP_t)} \tag{5}$$

政府调控（*gov*）选择公共财政支出占 GDP 的比重来表示。政府具有通过增加或者减少财政支出来调控市场经济的能力，公共财政支出占城市 GDP 的比重越高，表明政府调控经济活动的能力越强。

技术创新（*tec*）以城市公共财政科学支出占公共财政总支出的比重来表示。科学支出的比重越高，说明城市对科技研发的财政投入力度越大，越能够通过政府引导企业共同参与来加强技术创新能力。

人力资本（*hum*）使用城市每万人中的高等学校在校生人数来反映。受过高层次教育的人员是经济社会发展不可或缺的人力资本要素，通过高等学校在校生人数占城市总人数的比重一定程度上可以反映当地人力资本积累程度。

2. 数据来源及统计描述

本报告选择2003～2016 年长江经济带 108 个地级市面板数据进行研究。研究时期内因行政区划的调整导致数据缺失，故本报告研究未包含安徽省巢湖市（2011 年撤销）、贵州省毕节市和铜仁市（2011 年设立）的数据，数据来源于2004～2017 年的《中国城市统计年鉴》，缺失数据通过地级市历年政府工作报告和统计公报进行补充，或通过线性插值法进行补齐。需要说明的是，后续研究需要对变量原始值取对数，对于数值为0 的变量指标采取给定一个极小值0.001 的方法进行处理。变量指标原始值的描述性统计信息如表1 所示。

表1　变量指标统计信息

变量	均值	标准差	最小值	最大值
pol	7748.71	11356.32	55.35	82018.87
fdi	4339.41	8319.85	0.001	71703.53
agg	0.912	0.431	0.032	2.542
reg	0.824	0.201	0.004	1.000
mar	1.429	0.657	0.066	4.314
gov	0.161	0.082	0.049	0.687
tec	0.013	0.014	3.53×10^{-4}	0.162
hum	155.29	212.48	0.001	1270.42

资料来源：根据测算结果整理。

三　实证分析结果

（一）基准面板模型实证分析结果

1. 总体回归结果

按照式（1）的模型对长江经济带108 个城市样本进行总体回归，考虑实证结果的稳健性问题，本报告采取逐步添加控制变量，剔除非显著变量的方式依次进行回归估计，检验FDI与产业集聚影响效应稳定性的同时，也便于分析影响长江经济带制造业污染的其他显著性因素。回归结果如表2所示，模型（1）~模型（7）反映了不同控制变量组合的回归结果，所有模型的F值都能通过1%显著性水平检验，表明参数估计结果准确、有效。FDI的影响系数在模型（1）~模型（7）中介于-0.072~-0.039，产业集聚影响系数则在模型（2）~模型（7）中稳定在0.496~0.502，表明制造业污染两个主要影响因素的影响效应具有稳健性。由于模型（7）反映了参数估计的最优结果，实证结果分析以该模型为主。

表2　基准面板模型总体回归结果

变量	模型(1)	模型(2)	模型(3)	模型(4)	模型(5)	模型(6)	模型(7)
ln*fdi*	-0.039*** (-3.44)	-0.042*** (-3.85)	-0.042*** (-3.78)	-0.046*** (-4.16)	-0.072*** (-4.53)	-0.069*** (-4.50)	-0.039** (-2.25)
ln*agg*	—	0.498*** (10.19)	0.498*** (10.18)	0.496*** (10.15)	0.497*** (10.18)	0.499*** (10.22)	0.502*** (10.35)
ln*reg*	—	—	-0.002 (-0.06)	—	—	—	—
ln*mar*	—	—	—	-0.091* (-1.87)	-0.082* (-1.68)	-0.079 (-1.61)	-0.086* (-1.77)
ln*gov*	—	—	—	—	0.118** (2.27)	0.152*** (2.53)	0.121** (2.33)
ln*tec*	—	—	—	—	—	-0.018 (-1.14)	—
ln*hum*	—	—	—	—	—	—	-0.074*** (-4.50)
常数项	8.563	8.695	8.694	8.748	9.158	9.114	9.250
R^2	0.342	0.315	0.314	0.303	0.130	0.109	0.081
F值	11.84	58.25	38.81	40.08	31.43	25.41	29.53
Hausman检验值	108.34	91.54	94.28	91.13	92.58	93.37	97.60
面板效应	固定效应	固定效应	固定效应	固定效应	固定效应	固定效应	固定效应
样本数(个)	1512	1512	1512	1512	1512	1512	1512

注：括号内值为t检验值，*、**、***分别表示在10%、5%和1%统计水平下显著。

资料来源：根据测算结果整理。

FDI 显著抑制了长江经济带制造业污染。FDI 对制造业污染影响系数为 -0.039，且在5%统计水平下显著，说明 FDI 的“污染避难所”假说在长江经济带制造业中并不成立，相反，FDI 在其中产生了“污染光环”效应的积极作用。究其原因，首先，外资企业本身倾向于采用先进的生产、减排和治污技术，能够有效降低污染排放水平。在当前中国已通过的 ISO14001 环境管理体系和中国环境标志认证的企业中，2/3 以上都是外资企业（郑强等，2017）。这种将先进清洁技术应用于生产的做法会产生“示范效应”，进而带动本土企业采用污染防治技术，从而降低制造业污染排放。其次，外资企业在长江经济带从事生产经营活动，为节约生产成本往往需要就近采购中间产品，通常外资企业会采取设备输出、技术培训等方式对内资企业进行技术支持，以确保中间产品质量达到要求，这样就通过“扩散效应”提高了行业整体的技术水平，从而实现制造业污染减排。最后，外资企业凭借先进技术优势占据较大市场份额，使得内资企业不得不加强研发投入以谋求市场空间，所产生的“竞争效应”促使长江经济带制造业转型升级，减少污染排放。

产业集聚明显加剧了长江经济带制造业污染。产业集聚对制造业污染影响系数达到0.502，能够通过1%显著性水平检验，表明产业集聚对长江经济带地区制造业污染起到了恶化作用。这一实证结果与其他流域同类研究结果相吻合，制造业在空间上的集聚的确是造成水环境污染的重要原因之一（张姗姗等，2018）。通常情况下，产业集聚必然带来污染物在地理空间上的集中排放，从而加剧环境污染。当然，随着制造业企业的集聚，也会使得政府加大公共治污设备的建设力度，加强污染防控技术的开发，进而对污染排放产生抑制作用。不过，这些“好处”的产生需要一定时间的积累，短期内无法抵消污染在空间上集中排放带来的负面影响，使得长江经济带水污染问题越发严重。本报告也曾尝试把产业集聚的二次项指标纳入模型，考察其影响是否具有倒“U”型特征，发现二次项系数不显著，说明现阶段长江经济带上的产业集聚对环境治理主要产生的是阻力作用，这与王兵和聂欣（2016）围绕开发区进行的研究结论相一致。

其他控制变量对长江经济带制造业污染也产生一定影响。市场竞争影响系数为 -0.086，在10%统计水平下显著，表明激烈的市场竞争有利于减少长江经济带制造业污染排放，与少数垄断企业的规模扩张相比，多数量、多类型、多层次的企业集中能够缓解产业集聚带来的对环境的负面影响。政府调控影响系数为0.121，在5%统计水平下显著，说明政府对经济发展的过度调控会对环境带来负面影响，主要是对市场价格的调控容易使企业做出错误决断，导致资源错配，抑制技术研发，不能有效降低污染排放。人力资本在1%显著性水平下影响系数为 -0.074，由此可以看出人力资本在促进制造业转型升级、降低污染排放方面起到了积极作用，主要原因是一些先进节能减排技术的研发与使用离不开高端人才的支持。此外，环境规制和技术创新对长江经济带制造业污染起到一定抑制作用，但是影响效应不够显著。

2. 分区域回归结果

为考察 FDI、产业集聚及其他因素对长江经济带内部不同区域影响效应的差异，本报告通过两种方式划分区域进行分别回归估计：一种是划分为沿江和非沿江地区；另一种是划分为上游、中游和下游地区。按照前述方法进行逐步回归，得到最优回归结果如表 3 所示，模型（8）~模型（12）的 F 值或者 Wald 值都能通过 1% 显著性检验，分区域回归结果都较为理想。

表 3　基准面板模型分区域回归结果

变量	长江经济带	长江经济带以外地区	长江经济带上游地区	长江经济带中游地区	长江经济带下游地区
	模型(8)	模型(9)	模型(10)	模型(11)	模型(12)
ln*fdi*	0.033 (0.86)	-0.047 *** (-2.48)	-0.015 (-0.74)	-0.058 ** (-2.01)	-0.204 *** (-3.69)
ln*agg*	0.194 * (1.92)	0.588 *** (10.43)	0.679 *** (6.52)	0.377 *** (5.91)	0.626 *** (7.43)
ln*reg*	—	—	—	—	0.559 ** (2.06)

续表

变量	长江经济带	长江经济带以外地区	长江经济带上游地区	长江经济带中游地区	长江经济带下游地区
	模型(8)	模型(9)	模型(10)	模型(11)	模型(12)
ln*mar*	-0.179** (-2.30)	—	—	-0.157*** (-2.59)	-0.484*** (-4.76)
ln*gov*	—	0.159*** (2.68)	—	—	0.421*** (3.37)
ln*tec*	-0.053** (-2.24)	—	—	—	—
ln*hum*	—	-0.077*** (-4.43)	-0.090*** (-4.25)	0.124** (2.14)	0.128** (1.96)
常数项	8.128	9.278	8.337	8.176	11.56
R^2	0.475	0.062	0.179	0.270	0.026
F值或Wald值	4.22	36.09	25.47	53.83	15.47
Hausman检验值	23.09	67.67	22.16	7.27	18.20
面板效应	固定效应	固定效应	固定效应	随机效应	固定效应
样本数(个)	434	1078	434	728	350

注：括号内值为t检验值（固定效应模型）或z检验值（随机效应模型），*、**、***分别表示在10%、5%和1%统计水平下显著。

资料来源：根据测算结果整理。

分区域实证结果显示，各影响因素在不同区域影响表现有所不同。首先，FDI对制造业污染的影响效应在长江经济带不同区域具有异质性。模型（8）和模型（9）的结果显示，FDI只对长江经济带以外地区制造业污染产生显著的抑制效应，对长江经济带地区则是起到加剧作用，但影响不显著。模型（10）~模型（12）的结果表明，FDI能够有效减轻长江经济带中游和下游地区制造业污染，且对下游地区作用效果强于中游地区，同时，对上游地区也有一定抑制作用，但影响效应不显著。综合来看，沿江地区和长江经济带上游地区由于生态环境较为脆弱，外资企业的入驻更多的是增加污染排放，对于污染治理起到的积极作用有限，无法有效减少制造业污染排放。其次，产业集聚对不同区域制造业污染作用效果一致，都是对污染防治产生明显的不利影响，只是影响程度上有所差异，对沿江地区和长江经济带中游地区影响较小。再次，市场竞争和政府调控的影响效应与总体回归结果相同，前者有效降低制造业污染，在长江经济带下游地区效应最强，但在非沿江地区和长江经济带上游地区影响不显著，后者则加剧污染排放，但只在非沿江地区和长江经济带下游地区影响较为显著。最后，人力资本在非沿江地区和长江经济带上游地区对制造业污染产生抑制效应，但在长江经济带中游和下游地区则表现为恶化作用，且对沿江地区影响不显著，环境规制对长江经济带下游地区制造业污染产生了促进效应，技术创新对沿江地区制造业污染起到抑制作用。

（二）门槛模型实证分析

1. 门槛效应检验

按照前述方法对式（2）所示的门槛模型进行效应检验，本报告选择从三重门槛开始进行门槛效应检验，发现各个样本均不存在三重门槛，进而检验总体和分区域的双重门槛效应。在长江经济带中，FDI 在不同产业集聚水平上对制造业污染影响存在双重门槛效应，通过 10% 显著性水平检验。在分区域考察中，除了长江经济带上游地区制造业污染的 FDI 影响的门槛效应不显著外，其余均存在单一门槛效应，且都能通过显著性检验。门槛效应检验及门槛值估计结果如表 4 所示。

2. 门槛回归结果

门槛效应模型回归结果如表 5 所示。模型（13）~模型（18）的 F 值都在 1% 统计水平下显著，表明门槛回归模型结果准确而有效。需说明的是，由于长江经济带上游地区 FDI 门槛效应未通过显著性检验，模型（16）结果在此只作为参考。

表 4 门槛效应检验

地区	门槛效应	F 检验值	P 值	门槛值类型	门槛估计值
长江经济带	单一门槛	54.04***	0.000	第一门槛值	-0.239
	双重门槛	25.26*	0.074	第二门槛值	0.030
沿江地区	单一门槛	34.08**	0.016	第一门槛值	-1.381
	双重门槛	18.51	0.208	第二门槛值	—

续表

地区	门槛效应	F 检验值	P 值	门槛值类型	门槛估计值
非沿江地区	单一门槛	52.26***	0.000	第一门槛值	-0.196
	双重门槛	20.52	0.196	第二门槛值	—
长江经济带上游地区	单一门槛	15.11	0.374	第一门槛值	—
	双重门槛	15.07	0.184	第二门槛值	—
长江经济带中游地区	单一门槛	23.78*	0.106	第一门槛值	-0.199
	双重门槛	16.93	0.210	第二门槛值	—
长江经济带下游地区	单一门槛	52.72***	0.000	第一门槛值	0.187
	双重门槛	22.03	0.160	第二门槛值	—

注：门槛检验结果均采取 Bootstrap 法模拟 500 次得到，检验值为前述 F 统计量，*、**、*** 分别表示在 10%、5% 和 1% 统计水平下显著。

资料来源：根据测算结果整理。

表 5　门槛模型回归结果

变量	长江经济带	沿江地区	非沿江地区	长江经济带上游地区	长江经济带中游地区	长江经济带下游地区
	模型(13)	模型(14)	模型(15)	模型(16)	模型(17)	模型(18)
$\ln fdi(\ln agg_{it} \leq \gamma_1)$	-0.041** (2.29)	0.126** (2.36)	-0.045** (-2.24)	-0.138** (-2.27)	-0.095** (-2.09)	-0.134** (-2.23)
$\ln fdi(\gamma_1 < \ln agg_{it} \leq \gamma_2)$	-0.010 (-0.59)	-0.028 (-0.59)	-0.005 (-0.24)	-0.012 (-0.48)	-0.063 (-1.41)	-0.101* (-1.67)
$\ln fdi(\gamma_2 < \ln agg_{it})$	0.012 (0.66)	—	—	0.034 (1.24)	—	—
$\ln reg$	-0.005 (-0.14)	-0.007 (-0.15)	-0.006 (-0.12)	0.073 (0.77)	0.004 (0.10)	0.451* (1.64)
$\ln mar$	-0.082* (-1.67)	-0.189** (-2.45)	-0.025 (-0.41)	0.054 (0.50)	-0.121* (-1.90)	-0.418*** (-3.94)
$\ln gov$	0.138** (2.30)	-0.081 (-0.70)	0.164** (2.30)	0.063 (0.53)	0.102 (1.06)	0.368*** (2.89)
$\ln tec$	-0.029* (-1.83)	-0.012 (-0.50)	-0.016 (-0.77)	-0.176*** (-3.84)	0.001 (0.04)	-0.038 (-1.61)
$\ln hum$	-0.068*** (-4.07)	0.003 (0.05)	-0.074*** (-4.10)	-0.072*** (-3.32)	0.090 (1.34)	0.200*** (2.90)
常数项	8.805	8.585	8.858	7.014	8.566	10.25
F 值	14.44	6.65	11.92	8.43	4.71	12.27
R^2	0.076	0.042	0.049	0.001	0.153	0.076

续表

变量	长江经济带	沿江地区	非沿江地区	长江经济带上游地区	长江经济带中游地区	长江经济带下游地区
	模型(13)	模型(14)	模型(15)	模型(16)	模型(17)	模型(18)
门槛效应	显著	显著	显著	不显著	显著	显著
样本数(个)	1052	434	1078	434	728	350

注：括号内值为 t 统计值，*、**、*** 分别表示在 10%、5% 和 1% 统计水平下显著。
资料来源：根据测算结果整理。

FDI 对制造业污染的抑制效应随着产业集聚水平的提升而减弱。模型（13）结果显示，FDI 对制造业污染影响效应在产业集聚水平达到 0.787（$e^{-0.239}$）之前显著为负，影响系数为 -0.041，跨越第一个门槛值之后，抑制效应减小到 -0.010 且不再显著，而在产业集聚水平到达 1.030（$e^{0.030}$）之后，FDI 开始加剧制造业污染，影响系数变为 0.012，只是不能通过显著性检验，表明 FDI 对长江经济带产生的“污染光环”效应会随着制造业集聚程度的提高而减弱。原因在于，首先，制造业集聚容易使本土企业获得市场垄断竞争优势，外资企业依靠先进技术取得的市场优势逐渐减弱，导致 FDI 通过“竞争效应”减少制造业污染排放的效果遭到削弱。其次，本土企业对外资企业技术的吸收难度会不断加大（李金凯等，2017），FDI 带动本土企业节能减排的技术溢出效应存在衰减性，当制造业企业随着集聚增多时，外资企业技术无法传递到更多企业，致使 FDI“扩散效应”实现的污染减排无法抵消集聚带来的污染增长。最后，企业低水平集聚会对外资企业产生不良导向作用，使其不再坚持高技术运用，进一步降低 FDI 通过“示范效应”带来的污染减量。

FDI 对制造业污染的阶段性影响在不同区域表现有所差异。一是长江经济带下游地区 FDI 能够起到持续制约污染排放的作用。模型（18）结果显示，产业集聚水平在 1.205（$e^{0.187}$）前后，FDI 的影响系数由 -0.134 变为 -0.101，且都能通过 10% 显著性检验，虽然 FDI 的抑制效应有所减弱，但还是能够有效降低制造业污染。二是非沿江地区和长江经济带中游地区 FDI 抑制性影响效果在产业集聚达到一定程度时不再显著。模型（15）和模型（17）

结果表明，非沿江地区和长江经济带中游地区 FDI 影响效应的门槛值较为接近，分别是 0.822（$e^{-0.196}$）和 0.819（$e^{-0.199}$），产业集聚水平未突破门槛值之前，FDI 对制造业污染具有明显抑制作用，影响系数分别为 -0.045 和 -0.095，一旦超过该门槛值，FDI 的污染减排效应不再显著。长江经济带上游地区情况类似，只是 FDI 的门槛效应不显著。三是沿江地区 FDI 引入首先产生的是恶化制造业污染的作用，然后随着产业集聚程度的提升而使不利影响得到一定程度的缓解。模型（14）结果显示，当沿江地区集聚水平在 0.251（$e^{-1.381}$）以下时，FDI 明显加剧制造业污染，影响系数为 0.126 且在 5% 统计水平下显著，在跨越该门槛值之后，FDI 具有不显著的负向作用。

四 研究结论与政策建议

（一）研究结论

（1）FDI 对长江经济带制造业污染总体上产生显著的抑制作用，影响效应在长江经济带不同区域有所差别。FDI 的"污染光环"假说在长江经济带制造业的实证考察中得到证实，FDI 通过"示范效应"、"扩散效应"和"竞争效应"有效降低制造业污染排放水平。这种对制造业污染治理的积极作用在长江经济带下游地区效应最强，在非沿江和长江经济带中游地区也有较为显著的效应，但对于沿江和长江经济带上游地区没有显著效应。

（2）FDI 对长江经济带制造业污染影响效应随着产业集聚水平变化而产生差异。总体上看，FDI 存在两个门槛效应，当产业集聚达到一定程度时，FDI 对制造业污染抑制作用会变得不再显著，随着集聚水平的进一步提升，FDI 的作用效果可能加剧长江经济带制造业污染。分区域看，随着制造业集聚水平的提高，FDI 抑制性作用在长江经济带下游地区会有所减弱，在非沿江地区和长江经济带中游地区变得不再显著，FDI 对沿江地区制造业污染的恶化作用可以得到缓解，FDI 影响在长江经济带上游地区则无显著的门槛效应。

（3）产业集聚对长江经济带制造业污染起到恶化作用。制造企业在空间上的集聚加剧了长江经济带废水污染物排放，集聚对污染治理可能产生的促进作用暂未得到验证，加大市场竞争程度可以在一定程度上缓解产业集聚对生态环境带来的负面效应。

（二）政策建议

（1）持续引进高质量的FDI。进一步扩大长江经济带对外开放水平，通过制定严格的准入标准，筛选一批高技术、高环保、高标准和低消耗、低污染、低排放的“三高三低”外资企业入驻，支持制造业转型升级，通过先进节能减排技术示范运用，防治污染技术的扩散和传播，以及带动优胜劣汰的市场竞争来促进本土企业污染治理投入，从而有效降低长江经济带制造业污染。

（2）合理规划FDI的引入和布局。充分发挥FDI在产业集聚低水平阶段对污染防治产生较强作用的优势，主要引导外资企业投入到低集聚程度的城市，在产业发展初期就通过“污染光环”效应建立起绿色制造业发展的良好基础。针对不同区域的布局，对于长江经济带下游地区可以适当放宽FDI的引入数量，在非沿江和长江经济带中游地区要合理控制FDI的规模，而在沿江和长江经济带上游地区则应当严格控制低质量FDI的进入。同时，应考虑增强引资策略与各地区产业政策的匹配性。

（3）有效控制制造业集聚程度。不盲目推进长江经济带的制造业集聚，把制造业集聚程度控制在可以发挥FDI防治污染作用的范围，引导制造企业形成多元化集聚，重视扶持中小企业发展，控制少数垄断企业的无序扩张，保持制造业空间集聚上的市场竞争强度，增强企业创新活力，有效缓解产业集聚对长江经济带污染的负面影响。

参考文献

龚梦琪、刘海云：《中国工业行业双向FDI的环境效应研究》，《中国人口·资源与环境》2018年第3期，第128~138页。

胡志强、苗健铭、苗长虹：《中国地市工业集聚与污染排放的空间特征及计量检验》，《地理科学》2018年第2期，第168~176页。

李金凯、程立燕、张同斌：《外商直接投资是否具有“污染光环”效应?》，《中国人口·资源与环境》2017 年第 10 期，第 74～83 页。

刘飞宇、赵爱清：《外商直接投资对城市环境污染的效应检验——基于我国 285 个城市面板数据的实证研究》，《国际贸易问题》2016 年第 5 期，第 130～141 页。

刘津汝：《财政分权、外商直接投资与污染避难所假说——基于省级动态面板数据的研究》，《统计与信息论坛》2013 年第 11 期，第 60～65 页。

陆大道：《长江大保护与长江经济带的可持续发展——关于落实习总书记重要指示，实现长江经济带可持续发展的认识与建议》，《地理学报》2018 年第 10 期，第 1829～1836 页。

罗能生、李建明：《产业集聚及交通联系加剧了雾霾空间溢出效应吗？——基于产业空间布局视角的分析》，《产业经济研究》2018 年第 4 期，第 52～64 页。

裴长洪：《中国贸易政策调整与出口结构变化分析：2006—2008》，《经济研究》2009 年第 4 期，第 4～16 页。

秦晓丽、于文超：《外商直接投资、经济增长与环境污染——基于中国 259 个地级市的空间面板数据的实证研究》，《宏观经济研究》2016 年第 6 期，第 127～134 页。

王兵、聂欣：《产业集聚与环境治理：助力还是阻力——来自开发区设立准自然实验的证据》，《中国工业经济》2016 年第 12 期，第 75～89 页。

吴舜泽、王东、姚瑞华：《统筹推进长江水资源水环境水生态保护治理》，《环境保护》2016 年第 15 期，第 16～20 页。

谢荣辉、原毅军：《产业集聚动态演化的污染减排效应研究——基于中国地级市面板数据的实证检验》，《经济评论》2016 年第 2 期，第 18～28 页。

许和连、邓玉萍：《经济增长、FDI 与环境污染——基于空间异质性模型研究》，《财经科学》2012 年第 9 期，第 57～64 页。

杨恺钧、王婵：《双向 FDI、环境规制与环境污染——基于长江经济带面板数据的门槛模型分析》，《管理现代化》2018 年第 4 期，第 75～77 页。

杨仁发：《产业集聚、外商直接投资与环境污染》，《经济管理》2015 年第 2 期，第 11～19 页。

张姗姗等：《苏南太湖流域污染企业集聚与水环境污染空间耦合关系》，《地理科学》2018 年第 6 期，第 954～962 页。

张治栋、秦淑悦：《产业集聚对城市绿色效率的影响——以长江经济带 108 个城市为例》，《城市问题》2018 年第 7 期，第 48～54 页。

郑强等：《中国 FDI 环境效应的再检验》，《中国人口·资源与环境》2017 年第 4 期，第 78～86 页。

邹辉、段学军：《长江经济带经济－环境协调发展格局及演变》，《地理科学》2016 年第 9 期，第 1408～1417 页。

B.12

长江经济带制造业和服务业融合发展报告*

吴传清　邓明亮**

摘　要： 推动制造业和服务业融合发展是长江经济带增强核心竞争力、实现经济高质量发展的重要途径。本报告综合考虑空间因素和功效函数，改进耦合协调度模型，测算长江经济带 108 个地级及以上城市制造业和服务业融合发展水平，并采用空间面板杜宾模型检验长江经济带制造业和服务业融合发展水平的影响因素。研究结果表明：长江经济带制造业和服务业融合发展水平高于全国均值，但距优质协调融合水平仍有一定差距；长江经济带制造业和服务业融合发展水平的“追赶”效应尚不明显，制造业和服务业融合发展水平提升受空间位置、产业集聚和转移等因素影响；长江经济带制造业和服务业融合发展水平受多种因素共同影响，各因素空间溢出效应存在较大差异。推动长江经济带高质量发展，应高度重视制造业和服务业融合发展，基于长江经济带各地区制造业和服务业发展现状制定阶段性针对性支持政策，充分发挥产业空间外部性，加快制造业和服务业融合发展进程。

---

* 基金项目：国家社会科学基金一般项目“推动长江经济带制造业高质量发展研究”（项目编号：19BJL061）。

** 吴传清，武汉大学经济与管理学院、中国发展战略与规划研究院教授，博士生导师，从事区域经济学研究；邓明亮，武汉大学经济与管理学院区域经济学专业硕博连读研究生，从事区域经济学研究。

关键词： 长江经济带 制造业 服务业 融合发展

改革开放以来，依托低成本要素供给、庞大市场需求和逐步提高的技术水平等优势，我国已经发展成为制造业大国。然而，我国制造业发展面临着比较优势逐步丧失、制造业价值链低端锁定、生产效率不高等困境。鉴于我国制造业大而不强、转型升级任务艰巨、高质量发展仍有不足，《中国制造2025》（2015 年）、《工业绿色发展规划（2016—2020 年）》（2016 年）、《国务院关于深化制造业与互联网融合发展的指导意见》（2016 年）、《国务院关于深化“互联网+先进制造业”发展工业互联网的指导意见》（2017 年）等国家政策文件多次强调，要加快推动新一代信息技术和制造业深度融合，形成新的发展理念、产业体系、生产方式、产业形态、商业模式，整合资源发展个性化定制、服务型制造模式，促进制造业创新发展，推动我国制造业由大变强。以新一代信息技术为代表的服务经济发展为我国制造业高质量发展带来了新的机遇，生产性服务业外部化、制造业服务业化趋势明显，传统大规模生产逐步转变为大规模定制，制造业与服务业产业边界日渐模糊。国家发改委颁布的《服务业创新发展大纲（2017—2025 年）》（2017 年）指出，要推进制造业和服务业融合发展，充分发挥制造业的基础作用，搭建服务制造融合平台，有序推进制造企业由单一生产型向生产服务型转变，促进服务业企业向制造环节拓展延伸。2018 年 12 月，中央经济工作会议将“推进先进制造业和现代服务业深度融合”作为制造强国建设的首要任务；2019 年 9 月，中央全面深化改革委员会第十次会议通过《关于推动先进制造业和现代服务业深度融合发展的实施意见》，提出要“推动先进制造业和现代服务业相融相长、耦合共生”。新时代背景下制造业和服务业融合发展成为必然趋势。

长江经济带是支撑我国区域协调发展的重要战略区域。党的十八大以来，长江经济带制造业和服务业取得较快发展，2013～2018 年长江经济带沿线 11 省市第二产业增加值占全国的比重分别为 47.90%、47.73%、

47.97%、48.75%、47.13%、45.49%，第三产业增加值占全国的比重分别为39.91%、41.68%、41.76%、43.16%、43.96%、44.44%。《国务院关于依托黄金水道推动长江经济带发展的指导意见》（2014年）提出要充分利用新一代信息技术促进传统产业转型升级，培育新兴产业；《长江经济带创新驱动产业转型升级方案》（2016年）明确提出要将长江经济带建设成为“产业融合的先行带”；《长江经济带发展规划纲要》（2016年）提出要促进信息化与产业融合，在长江经济带构建先进高端制造业体系。2018年，习近平总书记在深入推动长江经济带发展座谈会上强调要使“长江经济带成为引领我国经济高质量发展的生力军”，充分发挥长江经济带沿线11省市制造业基础性作用和服务业支撑性作用，推进制造业与服务业融合发展，构建现代产业体系，成为促进长江经济带高质量发展的重要使命。科学研判长江经济带制造业和服务业融合发展现状与时空分异规律，甄别长江经济带制造业和服务业融合发展的影响因素，探索推进长江经济带制造业和服务业深度融合的作用机理和路径，对于进一步激发长江经济带制造业和服务业发展活力，深入推进长江经济带高质量发展具有重要的理论价值和实践意义。

一　长江经济带制造业和服务业融合发展水平的时空演变特征

（一）研究方法与数据来源

耦合共生、产业协调是现阶段我国制造业和服务业融合发展的具体表现形式之一，耦合协调度模型能够测度制造业系统和服务业系统和谐一致的程度和水平，是现有研究中测算制造业和服务业融合发展水平的常见方法。制造业系统和服务业系统间的耦合度越高，表明制造业系统和服务业系统运行效率越高，产业融合水平越高；耦合度越低，表明产业系统协调度越低，制造业和服务业融合发展受到抑制，融合水平有待进一步提高。长江经济带制造业和服务业不断发展，生产要素在地区间自由流动，相邻区域制造业和服务业发展往往对周边地区存在空间溢出效应。借鉴现有研究成果，将空间要素纳入耦合协调度模型，考察 2005 ~ 2017 年我国 285 个地级及以上城市制造业和服务业融合水平，并着重分析长江经济带 108 个地级及以上城市制造业和服务业融合发展水平的时空演变特征。

1. 研究方法

功效函数能够通过数据标准化消除制造业和服务业数据量纲、绝对值对测算结果的影响，同时反映制造业和服务业子系统的效用大小。采用极差标准化法处理 i 产业第 j 个序参量（x_{ij}），标准化后的功效系数（u_{ij}）为：

$$\begin{cases} u_{ij} = 0.01 + 0.99 \times \left[\dfrac{x_{ij} - \min(x_{ij})}{\max(x_{ij}) - \min(x_{ij})}\right], x_{ij} \text{ 具有正向功效} \\ u_{ij} = 0.01 + 0.99 \times \left[\dfrac{\max(x_{ij}) - x_{ij}}{\max(x_{ij}) - \min(x_{ij})}\right], x_{ij} \text{ 具有负向功效} \end{cases} \tag{1}$$

借鉴现有研究成果，考虑空间因素修正功效系数矩阵，采用线性加权平均法计算制造业和服务业功效系数：

$$u_{ijw} = u_{ij} + wu_{ij} \tag{2}$$

$$U = \sum_{j=1} \lambda_j u_{ijw} \tag{3}$$

其中，λ 为各功效系数的权重矩阵，W 为邻接空间权重矩阵。

借鉴物理学容量耦合概念和容量耦合系数模型，建立制造业和服务业空间耦合度模型，考察制造业和服务业相互关联、相互作用以致相互协调、相互融合的程度和水平，具体见公式（4）。根据空间耦合度（C）测算结果，可将制造业和服务业融合发展过程划分为 4 个阶段。$0 < C \leqslant 0.2$，制造业和服务业融合发展处于低水平耦合阶段；$0.2 < C \leqslant 0.5$，制造业和服务业融合发展处于拮抗阶段；$0.5 < C \leqslant 0.8$，制造业和服务业融合发展处于磨合阶段；$0.8 < C \leqslant 1$，制造业和服务业融合发展处于高水平耦合阶段。

$$C = \sqrt{\frac{U_1 \times U_2}{\left(\dfrac{U_1 + U_2}{2}\right)^2}} \tag{4}$$

空间耦合度模型能够测算制造业和服务业相互作用程度的强弱，但难以呈现制造业和服务业的协调程度。进一步构建空间协调度模型，见公式（5），测算制造业和服务业融合发展水平，并划分出10个融合类型（见表1）。

$$D = \sqrt{C \times T} = \sqrt{C \times \frac{1}{2}(U_1 + U_2)} \tag{5}$$

表1　制造业和服务业空间耦合协调度和融合发展类型

融合发展阶段	空间耦合协调度	融合发展类型	融合发展阶段	空间耦合协调度	融合发展类型
融合发展不可接受区间	$0 < D \leq 0.1$	极度失调衰退	融合发展可接受区间	$0.6 < D \leq 0.7$	初级协调融合
	$0.1 < D \leq 0.2$	严重失调衰退		$0.7 < D \leq 0.8$	中级协调融合
	$0.2 < D \leq 0.3$	中度失调衰退		$0.8 < D \leq 0.9$	良好协调融合
	$0.3 < D \leq 0.4$	轻度失调衰退		$0.9 < D \leq 1$	优质协调融合
过渡区间	$0.4 < D \leq 0.5$	濒临失调衰退			
	$0.5 < D \leq 0.6$	勉强协调融合			

2. 指标选择与数据来源

根据国家统计局发布的《国民经济行业分类》（GB/T4754－2017）和《关于修订〈三次产业划分规定（2012）〉的通知》，以制造业和第三产业（服务业）为研究对象，选取2005～2017年我国285个地级及以上城市市辖区制造业和第三产业（服务业）年末城镇单位从业人员总数测算空间耦合协调度，相关数据整理自《中国城市统计年鉴》（2005～2018年）、EPS数据平台、中经网统计数据库等。其中，巢湖市2011年划归合肥市代管，将2011年之前巢湖市数据并入合肥市；部分缺失数据采用移动平均法补齐。将上海市、江苏省、浙江省、安徽省4省市41个城市纳入长江经济带下游地区考察，将江西省、湖南省、湖北省3省36个城市纳入长江经济带中游地区考察，将重庆市、贵州省、四川省、云南省4省市31个城市纳入长江经济带上游地区考察。

（二）测算结果

1. 耦合发展水平测算结果

长江经济带沿线108个城市制造业和服务业耦合度水平均值高于全国与

长江经济带以外城市平均值（见表2）。与全国285个地级及以上城市制造业和服务业耦合度相比，大部分年份长江经济带108个城市制造业和服务业耦合度平均值高于全国平均值。与长江经济带以外城市相比，大部分年份长江经济带108个城市制造业和服务业耦合度平均值领先于长江经济带以外城市平均值，长江经济带制造业和服务业耦合发展优势明显。比较长江经济带上中下游地区制造业和服务业耦合度平均值，长江经济带下游地区城市制造业和服务业耦合度平均值相对较低。经历了2011～2013年的快速上升后，长江经济带下游地区制造业和服务业耦合度平均值出现缓慢下降趋势，制造业和服务业相对发展速度出现新的变化；大部分年份长江经济带中游地区制造业和服务业耦合度平均值高于长江经济带上游和下游地区，制造业和服务业发展过程中的相互作用程度较强，但仍然存在制造业和服务业发展协调不强的可能；长江经济带上游地区制造业和服务业发展基础相对不足，制造业和服务业发展过程中的相互作用强度领先于下游地区，制造业和服务业发展潜力较大。

表2　长江经济带制造业和服务业耦合度测算结果

年份	全国	长江经济带	长江经济带以外城市	长江经济带上游地区	长江经济带中游地区	长江经济带下游地区
2005	0.9696	0.9755	0.9661	0.9794	0.9837	0.9654
2006	0.9550	0.9604	0.9517	0.9703	0.9746	0.9404
2007	0.9597	0.9621	0.9583	0.9756	0.9765	0.9393
2008	0.9585	0.9600	0.9576	0.9729	0.9757	0.9364
2009	0.9547	0.9582	0.9525	0.9742	0.9736	0.9325
2010	0.9562	0.9540	0.9576	0.9726	0.9663	0.9291
2011	0.9683	0.9674	0.9689	0.9775	0.9782	0.9501
2012	0.9750	0.9772	0.9737	0.9855	0.9876	0.9619
2013	0.9837	0.9883	0.9809	0.9860	0.9953	0.9839
2014	0.9833	0.9891	0.9797	0.9900	0.9955	0.9828
2015	0.9821	0.9875	0.9788	0.9896	0.9953	0.9791
2016	0.9824	0.9870	0.9796	0.9890	0.9947	0.9787
2017	0.9820	0.9862	0.9795	0.9892	0.9947	0.9763
平均值	0.9701	0.9733	0.9681	0.9809	0.9840	0.9582

资料来源：根据测算结果整理。

动态来看，2005～2017 年，长江经济带 108 个城市制造业和服务业耦合度水平整体呈现先波动下降后平缓上升趋势，上升速度趋于平缓，并存在缓慢下降的风险，伴随产业结构调整和长江经济带“生态优先，绿色发展”理念的实践，长江经济带制造业和服务业相互作用强度趋于平稳；长江经济带上中下游地区制造业和服务业发展基础和速度存在较大差异，长江经济带中上游地区制造业和服务业耦合度水平呈现上升趋势，制造业和服务业相互作用程度进一步增强，但上升速度趋于平缓，并存在缓慢下降的风险；长江经济带下游地区制造业和服务业耦合度平均水平近年来呈下降趋势。

2. 融合发展水平测算结果

长江经济带制造业和服务业融合发展整体水平相对较低，距优质协调融合阶段仍有较大差距。与全国 285 个地级及以上城市制造业和服务融合发展水平的平均值相比，2010 年以来长江经济带 108 个城市制造业和服务业融合发展水平的平均值较高（见表 3）。2007～2010 年长江经济带 108 个城市制造业和服务业融合发展水平持续上升，并于 2010 年超过长江经济带以外 177 个地级及以上城市平均水平，领先幅度呈现扩大趋势，长江经济带在全国制造业和服务业融合发展过程中的引领作用进一步凸显。对比长江经济带上中下游地区制造业和服务业融合发展水平，与制造业和服务业耦合度水平不同，长江经济带下游地区制造业和服务业融合发展水平领先于中上游地区，但处于中度失调衰退阶段。长江经济带下游地区经济发展起步早，经济基础好，制造业和服务业协调发展程度较高；长江经济带上游地区经济发展起步相对较晚，制造业和服务业发展规模和效率有待进一步提高，制造业和服务业相互作用强度较大，制造业和服务业融合发展具有一定后发优势，融合发展水平领先于中游地区。

表 3　长江经济带制造业和服务业融合发展水平测算结果

年份	全国	长江经济带	长江经济带以外城市	长江经济带上游地区	长江经济带中游地区	长江经济带下游地区
2005	0.2736	0.2658	0.2784	0.2487	0.2481	0.2942
2006	0.2787	0.2713	0.2831	0.2572	0.2487	0.3019

续表

年份	全国	长江经济带	长江经济带以外城市	长江经济带上游地区	长江经济带中游地区	长江经济带下游地区
2007	0. 2670	0. 2621	0. 2700	0. 2480	0. 2375	0. 2943
2008	0. 2658	0. 2630	0. 2675	0. 2475	0. 2377	0. 2969
2009	0. 2674	0. 2648	0. 2691	0. 2476	0. 2388	0. 3007
2010	0. 2669	0. 2676	0. 2664	0. 2459	0. 2439	0. 3048
2011	0. 2615	0. 2630	0. 2606	0. 2440	0. 2366	0. 3007
2012	0. 2557	0. 2576	0. 2545	0. 2411	0. 2295	0. 2947
2013	0. 2463	0. 2513	0. 2433	0. 2446	0. 2152	0. 2880
2014	0. 2453	0. 2503	0. 2423	0. 2344	0. 2162	0. 2923
2015	0. 2435	0. 2494	0. 2399	0. 2385	0. 2132	0. 2893
2016	0. 2445	0. 2508	0. 2406	0. 2455	0. 2133	0. 2876
2017	0. 2409	0. 2497	0. 2355	0. 2486	0. 2118	0. 2838
平均值	0. 2582	0. 2590	0. 2578	0. 2455	0. 2300	0. 2945

资料来源：根据测算结果整理。

从长江经济带 108 个城市制造业和服务业融合发展水平来看，各城市制造业和服务业发展基础、产业融合政策制定和实施之间存在差距，制造业和服务业融合发展水平存在较大差异。2017 年，上海市制造业和服务业融合发展水平达到 0. 80455，处于良好协调融合阶段，在长江经济带 108 个城市制造业和服务业融合发展过程中能够发挥引领作用，成都市（0. 56531）、苏州市（0. 52913）、重庆市（0. 51017）处于勉强协调融合阶段，杭州市（0. 46027）、嘉兴市（0. 45740）、南京市（0. 42105）、武汉市（0. 41953）制造业和服务业融合发展水平处于濒临失调衰退阶段，宁波市（0. 35980）、无锡市（0. 35593）等其他城市制造业和服务业融合发展潜力较大，多处于严重失调衰退、中度失调衰退、轻度失调衰退阶段。

动态来看，2005 年以来长江经济带制造业和服务业融合发展水平有所下降，但幅度较小，制造业和服务业融合发展仍是构建长江经济带现代产业体系的突破点和有效途径；长江经济带中下游地区面临产业转型升级的压力，制造业和服务业发展速度呈现一定差异，2011 年以来制造业和服务业融合发展水平略有波动；长江经济带上游地区制造业和服务业快速发展，制造业和服务业融合发展后发优势凸显，2015 年以来上游地区制造业和服务业融合发展水平呈上升趋势。

（三）相关性检验

长江经济带上中下游地区之间、省市之间、城市之间制造业和服务业融合发展水平存在较大差异，采用空间自相关检验、加入空间因素的绝对 β 收敛和条件 β 收敛分析方法，考察长江经济带制造业和服务业融合发展水平的时空演变特征。

1. 制造业和服务业融合发展水平的空间相关性检验

采用空间自相关检验方法计算长江经济带 108 个城市制造业和服务业融合发展水平的全局 Moran's I 指数和 Geary's C 指数，以此判断长江经济带 108 个城市制造业和服务业融合发展水平是否存在空间相关关系。如表 4 所示，Moran's I 计算结果大于 0，且通过了 1% 的显著性检验，指数值呈现上升趋势，表明长江经济带沿线 108 个城市制造业和服务业融合发展水平空间相关性呈现增强趋势。Geary's C 计算结果小于 1，且通过了 1% 的显著性检验，表明长江经济带 108 个城市制造业和服务业融合发展水平并非处于完全随机状态，在地理空间上存在空间集聚，且呈现增强趋势。长江经济带制造业和服务业融合发展水平较高的城市在空间上呈现扎堆现象，制造业和服务业融合发展水平相对靠后的城市往往在空间上相邻，制造业和服务业融合发展水平存在较大地区差异。

表 4　长江经济带制造业和服务业融合发展水平空间相关性检验结果

年份	Moran's I					Geary's C				
	I	E(I)	sd(I)	z	P 值	C	E(C)	sd(C)	z	P 值
2005	0.3940	-0.0090	0.0560	7.1800	0.0000	0.4940	1.0000	0.1820	-2.7790	0.0030
2006	0.4300	-0.0090	0.0580	7.5270	0.0000	0.4990	1.0000	0.1520	-3.3000	0.0000
2007	0.4400	-0.0090	0.0580	7.7440	0.0000	0.4930	1.0000	0.1580	-3.2120	0.0010
2008	0.4560	-0.0090	0.0580	7.9850	0.0000	0.4870	1.0000	0.1540	-3.3400	0.0000
2009	0.4610	-0.0090	0.0580	8.0520	0.0000	0.4850	1.0000	0.1500	-3.4290	0.0000
2010	0.4630	-0.0090	0.0590	8.0450	0.0000	0.4840	1.0000	0.1460	-3.5330	0.0000
2011	0.4460	-0.0090	0.0580	7.8200	0.0000	0.4890	1.0000	0.1530	-3.3330	0.0000

续表

年份	Moran's I					Geary's C				
	I	E(I)	sd(I)	z	P值	C	E(C)	sd(C)	z	P值
2012	0.4500	-0.0090	0.0580	7.9390	0.0000	0.4870	1.0000	0.1590	-3.2300	0.0010
2013	0.4830	-0.0090	0.0590	8.3820	0.0000	0.4410	1.0000	0.1450	-3.8480	0.0000
2014	0.5000	-0.0090	0.0580	8.8400	0.0000	0.4390	1.0000	0.1620	-3.4550	0.0000
2015	0.5010	-0.0090	0.0580	8.7870	0.0000	0.4460	1.0000	0.1560	-3.5460	0.0000
2016	0.5020	-0.0090	0.0590	8.6880	0.0000	0.4550	1.0000	0.1440	-3.7890	0.0000
2017	0.4910	-0.0090	0.0590	8.4610	0.0000	0.4560	1.0000	0.1390	-3.9140	0.0000

资料来源：根据测算结果整理。

2. 绝对 β 收敛

本报告将空间因素引入制造业和服务业融合发展水平收敛性分析框架，分别构建绝对 β 收敛检验标准模型（OLS）、空间滞后模型（SAR）、空间误差模型（SEM）：

$$\frac{1}{T}\ln\left(\frac{D_{i,T}}{D_{i,0}}\right) = \alpha + \beta\ln(D_{i,0}) + \varepsilon \tag{6}$$

$$\frac{1}{T}\ln\left(\frac{D_{i,T}}{D_{i,0}}\right) = \alpha + \beta\ln(D_{i,0}) + \rho\frac{1}{T}\ln\left(\frac{D_{i,T}}{D_{i,0}}\right) + \varepsilon \tag{7}$$

$$\frac{1}{T}\ln\left(\frac{D_{i,T}}{D_{i,0}}\right) = \alpha + \beta\ln(D_{i,0}) + (1 - \lambda W)^{-1}\mu \tag{8}$$

长江经济带制造业和服务业融合发展水平相对较低的城市“追赶”效应尚不明显。如表 5 所示，绝对 β 收敛检验标准模型（OLS）估计系数为正，且通过了 5% 的显著性检验，长江经济带制造业和服务业融合发展水平不存在 β 收敛，这与长江经济带制造业和服务业融合发展水平空间相关性检验结果一致，表明制造业和服务业融合发展水平相对较低城市对产业融合发展水平领先城市的“追赶”效应尚不明显。但回归系数相对较小，这说明长江经济带沿线 108 个城市制造业和服务业融合发展水平增长速度与初始水平的经济意义显著性相对较低，制造业和服务业融合发展水平较低的城市仍有加速提高、“追赶”领先城市的可能。

表 5　长江经济带 108 个城市制造业和服务业融合发展水平的绝对 β 收敛检验结果

变量	OLS	SAR	SEM
β	0.00367 ** (0.00165)	0.000142 (0.00413)	0.000173 (0.00357)
_cons	0.00216 (0.00232)		−0.00253 (0.00518)
rho/lambda		0.727 *** (0.0212)	0.827 *** (0.0155)
sigma2_e		0.0000535 *** (0.00000223)	0.0000565 *** (0.00000245)
ln_phi			0.399 ** (0.187)
AIC	−6810.268	−8842.013	−8363.524
BIC	−6799.934	−8831.678	−8337.688
N(个)	1296	1296	1296
R^2	0.004	0.004	0.004

注：括号中为标准误，*、**、*** 分别表示在 10%、5% 和 1% 的统计水平下显著。
资料来源：根据测算结果整理。

利用邻接空间权重矩阵将空间因素纳入绝对 β 收敛检验模型，空间滞后模型（SAR）和空间误差模型（SEM）的赤池信息准则（AIC）值分别为 −8842.013和 −8363.524，小于不考虑空间效应的绝对 β 收敛检验标准模型（OLS）的 −6810.268，表明将空间因素纳入绝对 β 收敛检验标准模型能够提高模型拟合度。空间滞后模型的估计结果显示空间滞后项系数 ρ 为正且通过了 1% 的显著性检验，表明长江经济带沿线 108 个城市制造业和服务业融合发展对其相邻城市有显著正向影响；空间误差模型的估计结果显示空间误差系数 λ 为正且通过了 1% 的显著性检验，表明误差项具有显著空间自相关，将误差项纳入模型具有显著作用。

将空间因素纳入绝对 β 收敛检验标准模型后，估计系数降低且未通过显著性检验，长江经济带沿线 108 个城市制造业和服务业融合发展水平绝对 β 收敛的经济和统计显著性降低，产业融合领先城市扎堆的同时，也带动制造业和服务业融合水平相对靠后的城市加速融合发展。伴随长江经济带产业结构调整和产业融合发展政策的实施，长江经济带 108 个城市制造业和服务业融合发展水平空间差异缩小的可能较大。

3. 条件 β 收敛

产业集聚和转移是长江经济带制造业和服务业发展资源重新配置的重要途径。鉴于长江经济带城市产业集聚和转移的空间依赖性和差异性，构建条件 β 收敛检验标准模型（OLS）、空间滞后模型（SAR）、空间误差模型（SEM），考察产业集聚和转移对长江经济带 108 个城市制造业和服务业融合发展水平敛散性的影响，具体如下：

$$\frac{1}{T}\ln\left(\frac{D_{i,T}}{D_{i,0}}\right) = \alpha + \beta\ln(D_{i,0}) + \gamma X_{i,T-1} + \varepsilon \tag{9}$$

$$\frac{1}{T}\ln\left(\frac{D_{i,T}}{D_{i,0}}\right) = \alpha + \beta\ln(D_{i,0}) + \gamma X_{i,T-1} + \rho\frac{1}{T}\ln\left(\frac{D_{i,T}}{D_{i,0}}\right) + \varepsilon \tag{10}$$

$$\frac{1}{T}\ln\left(\frac{D_{i,T}}{D_{i,0}}\right) = \alpha + \beta\ln(D_{i,0}) + \gamma X_{i,T-1} + (1 - \lambda W)^{-1}\mu \tag{11}$$

其中，X 为长江经济带沿线 108 个城市制造业和服务业融合发展水平敛散性的影响因素，借鉴现有研究成果，基于 E－G 指数思路构建制造业和服务业产业集聚指数（AI），具体如公式（12）所示，其中 LQ_m 和 LQ_s 表示制造业和服务业区位熵；以制造业和服务业就业人数相对份额变化衡量制造业和服务业的产业转移指数（TI），具体如公式（13）所示，其中 M 和 S 表示制造业和服务业就业人数，$TI>0$ 表明制造业转入，$TI<0$ 则表示服务业转入。相关变量数据均整理自《中国城市统计年鉴》（2005～2018 年）、《中国统计年鉴》（2005～2018 年）、EPS 数据平台、中经网统计数据库等，其中，巢湖市 2011 年划归合肥市代管，将 2011 年之前巢湖市数据并入合肥市；部分缺失数据采用移动平均法补齐。

$$AI = 1 - \frac{|LQ_m - LQ_s|}{LQ_m + LQ_s} \tag{12}$$

$$TI = \frac{M_t - M_{t-1}}{M_{t-1}} \bigg/ \frac{S_t - S_{t-1}}{S_{t-1}} \tag{13}$$

产业集聚指数对长江经济带沿线108个城市制造业和服务业融合发展水平的空间收敛存在显著正向促进作用。在绝对β收敛检验的基础上，将产业集聚指数（*AI*）和产业转移指数（*TI*）纳入空间收敛检验模型，考察产业集聚指数（*AI*）和产业转移指数（*TI*）对长江经济带沿线108个城市制造业和服务业融合发展水平空间收敛的影响。如表6所示，在产业集聚指数和产业转移指数的作用下，条件β收敛检验标准模型（OLS）的估计系数为正，但估计系数和显著性水平均低于绝对β收敛结果，可见产业集聚和转移有利于长江经济带沿线108个城市制造业和服务业互动交流，制造业和服务业融合发展水平相对靠后的城市能够充分发挥学习作用，加快产业融合步伐，“追赶”制造业和服务业融合发展水平较高的城市。

表6 长江经济带沿线108个城市制造业和服务业融和发展水平的条件β收敛检验结果

变量	OLS	SAR	SEM
β	0. 00269 (0. 00169)	0. 0011525 (0. 00262)	-0. 000385 (0. 00355)
AI	0. 00712 *** (0. 00260)	0. 00635 *** (0. 00169)	0. 00447 *** (0. 00156)
TI	0. 0000102 (0. 0000296)	0. 0000142 (0. 0000129)	0. 00000725 (0. 0000124)
_cons	-0. 00484 (0. 00344)		-0. 00686 (0. 00536)
rho/lambda		0. 726 *** (0. 0212)	0. 827 *** (0. 0155)
sigma2_e		0. 0000529 *** (0. 00000221)	0. 0000561 *** (0. 00000243)
ln_*phi*			0. 391 ** (0. 188)
AIC	-6813. 986	-8853. 787	-8368. 328
BIC	-6793. 318	-8833. 119	-8332. 159
N(个)	1296	1296	1296
R^2	0. 010	0. 001	0. 007

注：括号中为标准误，**、*** 分别表示在5%和1%的统计水平下显著。

资料来源：根据测算结果整理。

利用邻接空间权重矩阵将空间因素纳入绝对β收敛检验模型，加入空间因素后，AIC值明显下降，可见纳入空间因素能够提高模型拟合程度。空间滞后模型（SAR）和空间误差模型（SEM）的估计结果显示空间滞后项系数ρ和空间误差系数λ均为正，且通过了1%的显著性检验，表明长江经济带108个城市制造业和服务业融合发展对其相邻城市制造业和服务业融合发展有显著正向影响；误差项显著空间自相关，将误差项纳入模型具有显著作用。比较影响长江经济带108个城市制造业和服务业融合发展的外部因素，产业集聚指数（*AI*）对长江经济带108个城市制造业和服务业融合发展水平的空间收敛具有显著正向促进作用，而产业转移指数（*TI*）对长江经济带108个城市制造业和服务业融合发展水平空间收敛的正向作用尚不显著。

与绝对β收敛检验结果一致，纳入空间因素和产业集聚、转移等因素的影响后，长江经济带108个城市制造业和服务业融合发展水平的空间收敛系数和显著性水平下降，纳入空间误差项后，条件β收敛系数出现负数，表明长江经济带108个城市制造业和服务业融合发展水平的增长速度与初始水平呈现弱负相关关系，存在低融合发展水平城市加速“追赶”优质协调融合发展水平城市的趋势，长江经济带108个城市制造业和服务业融合发展水平地区差异有缩小的可能。

（四）基于复合系统协调度模型的可信度检验

复合产业系统在融合发展过程中存在随机性和不确定性，制造业和服务业融合发展始终处于动态演进过程，因此有必要采用复合系统协调度模型考察制造业和服务业系统在不同阶段的动态互动关系，以检验空间耦合协调度模型的可信度。$t0$到$t1$，制造业和服务业系统从U_{t0}演化到U_{t1}，$U_{t0}-U_{t1}$表示制造业或服务业子系统功效系数的变化幅度，$U_{t0}-U_{t1}>0$表明制造业或服务业系统表现出正向协同演化趋势，$U_{t0}-U_{t1}<0$表明制造业或服务业系统表现出反向协同演化趋势。制造业和服务业复合系统协同度$C\in[-1, 1]$，取值越大，则制造业和服务业融合发展程度越高，$C<0$时，制造业和服务业融合发展程度相对较低：

$$C = \theta \sqrt{\left| \prod_{i=1}^{2} (U_{i,t1} - U_{i,t0}) \right|}, \quad \theta = \frac{\min(U_{i,t1} - U_{i,t0})}{|\min(U_{i,t1} - U_{i,t0})|} \tag{14}$$

长江经济带制造业和服务业复合系统协调度相对较低，与空间耦合协调度模型测算结果相似，制造业和服务业融合发展水平有待进一步提高。如表7所示，与全国285个地级及以上城市相比，长江经济带沿线108个城市制造业和服务业复合系统协调度相对领先，说明长江经济带制造业和服务业融合发展基础较好，在全国制造业和服务业融合发展过程中能够发挥引领作用。对比长江经济带上中下游地区制造业和服务业复合系统协调度，长江经济带下游地区制造业和服务业复合系统协调度长期领先于中上游地区；长江经济带中游地区制造业和服务业复合系统协调度均值相对较低，制造业和服务业融合发展有待进一步加强；长江经济带上游地区制造业和服务业发展起步较晚、发展基础相对不足，在制造业和服务业融合发展过程中存在一定后发优势。

表7　长江经济带制造业和服务业复合系统协调度测算结果

年份/指标	全国	长江经济带	长江经济带以外城市	长江经济带上游地区	长江经济带中游地区	长江经济带下游地区
2005	-0.0048	-0.0041	-0.0053	-0.0055	-0.0048	-0.0024
2006	-0.0028	-0.0025	-0.0029	-0.0016	-0.0058	-0.0003
2007	-0.0087	-0.0069	-0.0098	-0.0064	-0.0112	-0.0036
2008	-0.0094	-0.0066	-0.0111	-0.0072	-0.0115	-0.0019
2009	-0.0096	-0.0058	-0.0119	-0.0068	-0.0113	-0.0003
2010	-0.0093	-0.0047	-0.0121	-0.0075	-0.0096	0.0018
2011	-0.0104	-0.0053	-0.0135	-0.0087	-0.0123	0.0033
2012	-0.0132	-0.0074	-0.0167	-0.0092	-0.0152	0.0009
2013	-0.0157	-0.0145	-0.0163	-0.0105	-0.0184	-0.0142
2014	-0.0169	-0.0166	-0.0171	-0.0166	-0.0186	-0.0149
2015	-0.0183	-0.0170	-0.0191	-0.0189	-0.0207	-0.0124
2016	-0.0177	-0.0167	-0.0184	-0.0179	-0.0210	-0.0119
2017	-0.0190	-0.0154	-0.0212	-0.0132	-0.0218	-0.0114
平均值	-0.0120	-0.0095	-0.0135	-0.0100	-0.0140	-0.0052

资料来源：根据测算结果整理。

动态来看，伴随产业结构调整和现代产业体系重构，2005～2017 年长江经济带制造业和服务业复合系统协调度整体呈现下降趋势，但 2014 年后长江经济带下游地区制造业和服务业复合系统协调度出现上升趋势。

对比空间耦合协调度模型和复合系统协调度模型的测算结果，长江经济带能够在全国制造业和服务业融合发展过程中发挥生力军作用，但距优质协调融合阶段仍有较大差距，长江经济带制造业和服务业融合发展水平与复合系统协调度测算结果的绝对值和动态演变趋势相似，利用空间耦合系统协调度模型测算长江经济带制造业和服务业融合发展水平的结果可信。

二　长江经济带制造业和服务业融合发展驱动因素的实证分析

（一）模型构建与数据来源

1. 模型构建

制造业和服务业在空间上的集聚和转移，既影响本地区制造业和服务业融合发展进程，也能够对相邻地区制造业和服务业融合发展产生影响。据此构建空间面板杜宾模型，考察长江经济带制造业和服务业融合发展的影响因素和推进路径：

$$d = \rho Wd + \beta X + \gamma WX + \alpha + \nu + \varepsilon \qquad (15)$$

其中，d 表示制造业和服务业融合发展水平，Wd 表示制造业和服务业融合发展的空间滞后项，ρ 为制造业和服务业融合发展水平空间滞后系数，表示相邻地区对本地区制造业和服务业融合的空间溢出作用；X 为解释变量向量，β 为解释变量系数向量；WX 表示解释变量的空间滞后项，γ 为解释变量空间滞后项系数；W 为空间权重矩阵，采用邻接空间权重矩阵，α 为个体效应，ν 为时间效应，ε 为误差项。

2. 变量选取与数据来源

被解释变量为制造业和服务业融合发展水平（d），采用改进耦合协调度模型测算。

解释变量包括：①产业集聚指数（ai），借鉴现有研究成果，基于E－G指数思路构建制造业和服务业产业集聚指数；②产业转移指数（ti），以制造业和服务业就业人数相对份额变化衡量；③技术支出（si），选择科学技术支出占地方一般公共预算支出的比重表示；④政府行为（ga），采用地方一般公共预算支出占 GDP 的比重衡量；⑤对外开放（ol），选取当年实际使用外资总额占 GDP 的比重衡量；⑥通信水平（cl），选取移动电话年末用户的对数值衡量。相关变量数据均整理自《中国城市统计年鉴》（2005～2018年）、《中国统计年鉴》（2005～2018 年）、EPS 数据平台、中经网统计数据库等，其中，巢湖市 2011 年划归合肥市代管，将 2011 年之前巢湖市数据并入合肥市；部分缺失数据采用移动平均法补齐。相关变量描述性统计如表 8 所示。

表 8　长江经济带沿线 108 个城市各变量描述性统计

变量	符号	平均值	标准差	最小值	最大值
融合发展水平	d	0.2590	0.0981	0.1217	0.9286
产业集聚指数	ai	0.7803	0.5410	－18.2050	3.3945
产业转移指数	ti	0.8489	18.8655	－354.9632	179.2753
科技支出	si	0.0176	0.0183	0.0002	0.2091
政府行为	ga	0.1515	0.0707	0.0289	0.6488
对外开放	ol	0.0254	0.0230	0.0000	0.1253
通信水平	cl	5.4576	0.9008	2.9794	8.1014

注：样本量为 1404 个。

资料来源：根据测算结果整理。

（二）实证结果

本报告采用从一般到具体的思路，Wald 和 LR 检验结果拒绝原假设，空间滞后模型（SAR）和空间误差模型（SEM）不适用于对长江经济带制造业和服务业融合发展影响因素的检验；赤池信息准则（AIC）值和贝叶斯信息（BIC）值计算结果表明，SDM 模型相对于 SAC 模型更适合长江经济带制造业和服务业融合发展影响因素检验。Hausman 检验结果表明，长江经济带制造业和服务业融合发展影响因素检验应采用 SDM 固定效应模型。

1. 影响因素识别

长江经济带制造业和服务业融合发展受多种因素共同影响。如表 9 所示，产业集聚指数（*ai*）的提高有助于长江经济带制造业和服务业融合发展水平的提高，产业集聚指数的估计系数为正且通过了 1% 的显著性检验，制造业和服务业集聚发展有助于发展理念、生产方式、产业形态、商业模式的交流学习，弱化制造业和服务业产业边界，形成新的业态，加快制造业和服务业融合发展进程。对外开放（*ol*）的估计系数为正且通过了 5% 的显著性检验，伴随长江经济带 108 个城市对外开放水平的提高，各城市制造业和服务业积极参与国际竞争，有助于制造业和服务业相融相长、耦合共生发展。随着新一代信息技术的发展和推广，制造业和服务业发展对现代通信技术的依赖日益增强，通信水平（*cl*）的估计系数为正且通过了 10% 的显著性检验，通信水平对加快长江经济带制造业和服务业融合发展具有显著正向促进作用。产业转移指数（*ti*）的估计系数为负但未通过显著性检验，产业转移对长江经济带 108 个城市制造业和服务业融合发展的影响尚不明显。技术支出（*si*）的增长对长江经济带 108 个城市制造业和服务业融合发展水平的提高存在正向促进作用，但估计结果未通过显著性检验，技术进步对长江经济带制造业和服务业创新业态、融合共生的促进作用尚未完全显现。政府行为（*ga*）的估计系数为正，但未通过显著性检验，财税优惠政策能够降低企业生产成本，有效发挥政府引导作用，从而能够促进长江经济带制造业和服务业融合发展但政府引导作用尚不显著。

表 9　长江经济带制造业和服务业融合发展影响因素检验结果

变量	模型(1) OLS	模型(2) SAR	模型(3) SEM	模型(4) SAC	模型(5) SDM
ai	0.00602 (0.00366)	0.00373 *** (0.000504)	0.00262 *** (0.000478)	0.00309 *** (0.000503)	0.00375 *** (0.000502)
ti	0.0000555 (0.000105)	-0.000000882 (0.0000140)	0.00000663 (0.0000134)	0.00000586 (0.0000139)	-0.000000906 (0.0000139)
si	0.230 * (0.125)	0.00763 (0.0262)	-0.000803 (0.0299)	0.000429 (0.0291)	0.0137 (0.0294)
ga	-0.257 *** (0.0285)	0.00717 (0.00688)	0.00828 (0.00670)	0.00848 (0.00691)	0.00941 (0.00687)
ol	0.964 *** (0.0914)	0.0460 ** (0.0211)	0.0531 ** (0.0218)	0.0548 ** (0.0220)	0.0511 ** (0.0221)
cl	0.0548 *** (0.00248)	0.00300 * (0.00168)	0.00159 (0.00171)	0.00233 (0.00175)	0.00311 * (0.00178)
$W \times d$		0.763 *** (0.0185)		0.564 *** (0.0475)	0.760 *** (0.0186)
$W \times ai$					-0.00449 *** (0.00106)
$W \times ti$					-0.0000450 * (0.0000270)
$W \times si$					0.00430 (0.0478)
$W \times ga$					-0.0169 (0.0132)
$W \times ol$					0.0766 ** (0.0377)
$W \times cl$					-0.00329 (0.00248)
sigma2_e		0.0000900 *** (0.00000362)	0.0000915 *** (0.00000367)	0.0000987 *** (0.00000356)	0.0000884 *** (0.00000354)

注：括号中为标准误，*、**、*** 分别表示在 10%、5% 和 1% 的统计水平下显著。
资料来源：根据测算结果整理。

长江经济带制造业和服务业融合发展影响因素的空间溢出效应存在较大差异。相邻城市制造业和服务业融合发展水平（$W \times d$）的估计系数为正且通过了1%的显著性检验，相邻城市制造业和服务业融合发展水平对本城市制造业和服务业融合发展具有正向溢出效应，有助于推进本城市制造业和服务业融合发展。相邻城市产业集聚指数（$W \times ai$）和产业转移指数（$W \times ti$）对本城市制造业和服务业融合发展具有负向溢出效应，估计系数分别通过了1%和10%的显著性检验，产业集聚和产业转移依托于具体企业的集聚和转移进行，而企业的地理集聚和转移往往存在空间上的唯一性，即同一企业往往只在相邻城市中选择一个城市集聚或转移，相邻城市的产业集聚和转移在制造业和服务业融合发展过程中存在一定虹吸效应，对本地制造业和服务业融合发展呈现负向溢出效应。科技创新能够强化技术溢出效应，某城市技术进步水平的提高会带动相邻城市的科技发展，发挥技术支出（$W \times si$）对相邻城市制造业和服务业融合发展的正向溢出效应，但估计系数未通过显著性检验，技术支出的溢出效应有待进一步激发。政府政策和通信水平是制造业和服务业融合发展重要的基础环境，但由于其竞争性，一个城市的政策和通信优势凸显也意味着相邻城市的政策和通信优势削弱，政府行为（$W \times ga$）和通信水平（$W \times cl$）的溢出效应为负，但估计系数未通过显著性检验，政府行为和通信水平对相邻城市制造业和服务业融合发展的负向溢出效应尚不显著。

2. 直接效应和间接效应分析

长江经济带制造业和服务业融合发展影响因素的直接效应表示各影响因素对本城市制造业和服务业融合发展的影响，直接效应值与SDM模型各影响因素系数估计结果的差值表示相邻城市受本城市影响后的反馈结果；间接效应表示各影响因素对相邻城市制造业和服务业融合发展的“溢出”作用，鉴于二阶及以上邻近关系影响的存在，间接效应值与SDM模型各影响因素空间滞后项系数估计值存在较大差异。

长江经济带沿线108个城市制造业和服务业融合发展影响因素空间效应的三种分解效应存在较大差异。从直接效应来看，产业集聚指数（ai）、技术支出（*si*）、政府行为（*ga*）、对外开放（*ol*）、通信水平（*cl*）正向影响长江经济带制造业和服务业融合发展水平，但只有产业集聚指数（*ai*）的估计系数通过了1%的显著性检验；产业转移指数（*ti*）对制造业和服务业融合发展的直接效应为负，估计系数未通过显著性检验。从间接效应测度结果来看，产业集聚指数（*ai*）、技术支出（*si*）对长江经济带制造业和服务业融合发展的间接效应为正，产业集聚指数（*ai*）的估计系数通过了1%的显著性检验；产业转移指数（*ti*）、政府行为（*ga*）、对外开放（*ol*）、通信水平（*cl*）对长江经济带制造业和服务业融合发展的溢出效应为负，仅产业转移指数（*ti*）的估计系数通过了10%的显著性检验。从总效应来看，产业集聚指数（*ai*）对长江经济带108个城市制造业和服务业融合发展的总效应显著为正，产业集聚能够有效促进制造业和服务业融合发展；产业转移指数（*ti*）的总效应为负，且通过了10%的显著性检验，受产业政策、市场潜力、交易成本等多重因素的影响，制造业和服务业转移对长江经济带制造业和服务业融合发展存在一定抑制作用；技术支出（*si*）、政府行为（*ga*）、对外开放（*ol*）、通信水平（*cl*）对长江经济带108个城市制造业和服务业融合发展的总效应尚不显著。

表10 长江经济带制造业和服务业融合发展影响因素的直接、间接和总效应

效应类型	变量	模型(1) OLS	模型(2) SAR	模型(3) SEM	模型(4) SAC	模型(5) SDM
直接效应	*ai*	-0.00602 (0.00366)	0.00480*** (0.000671)	-0.00262*** (0.000478)	0.00346*** (0.000596)	0.00643*** (0.000807)
	ti	0.0000555 (0.000105)	-0.00000183 (0.0000173)	0.00000663 (0.0000134)	0.00000590 (0.0000149)	-0.0000185 (0.0000191)
	si	0.230* (0.125)	0.0132 (0.0321)	-0.000803 (0.0299)	0.00379 (0.0310)	0.0234 (0.0319)
	ga	-0.257*** (0.0285)	0.00916 (0.00861)	0.00828 (0.00670)	0.00941 (0.00752)	0.00606 (0.00922)
	ol	0.964*** (0.0914)	0.0588** (0.0261)	-0.0531** (0.0218)	0.0610*** (0.0237)	0.0372 (0.0272)
	cl	0.0548*** (0.00248)	0.00398* (0.00213)	0.00159 (0.00171)	0.00271 (0.00194)	0.00296 (0.00225)

续表

效应类型	变量	模型(1) OLS	模型(2) SAR	模型(3) SEM	模型(4) SAC	模型(5) SDM
间接效应	*ai*		0.0110 *** (0.00195)		0.00378 *** (0.00111)	0.0278 *** (0.00495)
	ti		-0.00000393 (0.0000402)		0.00000648 (0.0000167)	-0.000178 * (0.000104)
	si		0.0304 (0.0743)		0.00441 (0.0344)	0.0701 (0.158)
	ga		0.0209 (0.0199)		0.0101 (0.00851)	-0.0350 (0.0510)
	ol		0.135 ** (0.0624)		0.0661 ** (0.0300)	-0.146 (0.137)
	cl		0.00912 * (0.00506)		0.00296 (0.00229)	-0.00263 (0.00990)
总效应	*ai*		0.0158 *** (0.00255)		0.00724 *** (0.00163)	0.0342 *** (0.00561)
	ti		-0.00000576 (0.0000575)		0.0000124 (0.0000315)	-0.000196 * (0.000119)
	si		0.0436 (0.106)		0.00820 (0.0651)	0.0935 (0.175)
	ga		0.0301 (0.0284)		0.0196 (0.0159)	-0.0289 (0.0578)
	ol		0.193 ** (0.0881)		0.127 ** (0.0523)	-0.109 (0.156)
	cl		0.0131 * (0.00717)		0.00567 (0.00418)	0.000330 (0.0115)

注：括号中为标准误，*、**、*** 分别表示在 10%、5% 和 1% 的统计水平下显著。
资料来源：根据测算结果整理。

三　研究结论与政策启示

（一）研究结论

综合考察空间因素和功效函数，改进耦合协调度模型，纳入空间因素测算长江经济带沿线 108 个城市制造业和服务业融合发展水平，并采用空间面板杜宾模型检验长江经济带制造业和服务业融合发展影响因素，得出如下结论。

（1）长江经济带制造业和服务业融合发展水平高于全国均值，但距优质协调融合水平仍有一定差距。2010 年以来，长江经济带沿线 108 个城市制造业和服务业融合发展水平平均值超过全国平均值，在全国制造业和服务业融合发展过程中能够发挥引领作用。

（2）长江经济带制造业和服务业融合发展水平“追赶”效应尚不明显，制造业和服务业融合发展水平提升速度受空间位置、产业集聚和转移等因素影响。绝对 β 收敛和条件 β 收敛检验结果相似，在空间位置和产业集聚、转移等因素影响下，长江经济带沿线 108 个城市制造业和服务业融合发展水平 β 收敛系数的大小和显著性水平下降，制造业和服务业融合发展水平增长速度与初始水平呈现弱负向相关关系，低融合发展水平城市有加速“追赶”优质协调融合发展水平城市的趋势，长江经济带沿线 108 个城市制造业和服务业融合发展水平地区差异有缩小的可能。

（3）长江经济带制造业和服务业融合发展水平受多种因素共同影响，各因素空间溢出效应存在较大差异。产业集聚指数（ai）、对外开放（ol）、通信水平（cl）的提高能够显著促进长江经济带制造业和服务业融合发展，产业转移指数（ti）、技术支出（si）、政府行为（ga）对长江经济带制造业和服务业融合发展进程的作用尚不显著。相邻城市制造业和服务业融合发展水平（$W\times d$）的提高具有显著正向溢出作用，城市产业集聚指数（$W\times ai$）和产业转移指数（$W\times ti$）的溢出效应显著为负，技术支出（$W\times si$）、政府行为（$W\times ga$）和通信水平（$W\times cl$）对长江经济带制造业和服务业融合发展的空间溢出效应尚不显著。

（二）政策启示

（1）高度重视制造业和服务业融合发展。推动制造业和服务业融合发展是增强制造业和服务业核心竞争力，推进工业化进程，加快产业转型升级，构建现代产业体系，实现产业高质量发展的重要途径。长江经济带制造业和服务业融合发展水平绝对值相对较低，与优质协调融合发展阶段仍有较大差距，加快长江经济带制造业和服务业融合发展进程，充分发挥长江经济带引领全国高质量发展的生力军作用，必须高度重视制造业和服务业融合发展，科学引导制造业和服务业融合发展，尤其是先进制造业和现代服务业的深度融合、耦合共生。

（2）制定阶段性针对性支持政策。长江经济带沿线108个城市制造业和服务业发展基础存在较大差异，长江经济带上中下游地区之间、沿线11省市之间、各城市制造业和服务业融合发展水平之间存在较大差异，不同城市制造业和服务业融合发展处于不同阶段。推动长江经济带制造业和服务业融合发展应制定阶段性针对性支持政策，构建长江经济带制造业和服务业融合发展政策体系，加快推动《关于推动先进制造业和现代服务业深度融合发展的实施意见》在长江经济带落地。

（3）发挥产业空间外部性，加快制造业和服务业融合发展进程。长江经济带沿线108个城市制造业和服务业融合发展不仅受本地因素的影响，也受到相邻城市因素的影响，各因素空间溢出效应存在较大差异，加快长江经济带制造业和服务业融合发展，应充分发挥产业空间外部性，共享长江经济带制造业和服务业深度融合城市的外部溢出效应。建立多样化城市合作模式，推进长江经济带制造业和服务业融合发展市场一体化，充分发挥空间外部性以实现制造业和服务业融合发展要素在相邻城市或更大空间范围内的自由流动和优化配置，促进长江经济带制造业和服务业深度融合发展。

参考文献

陈建军、刘月、陈怀锦：《市场潜能、协同集聚与地区工资收入——来自中国151个城市的经验考察》，《南开学报》（哲学社会科学版）2016年第1期，第77~88页。

傅为忠、金敏、刘芳芳：《工业4.0背景下我国高技术服务业与装备制造业融合发展及效应评价研究——基于AHP-信息熵耦联评价模型》，《工业技术经济》2017年第

12 期，第 90 ~98 页。

桂黄宝、刘奇祥、郝铖文：《河南省生产性服务业与装备制造业融合发展影响因素》，《科技管理研究》2017 年第 11 期，第 92 ~97 页。

侯红昌：《中部地区生产性服务业和制造业高质量协同发展研究》，社会科学文献出版社，2018。

黄莉芳：《中国生产性服务业对制造业产业关联效应研究：基于制造业转型升级视角》，人民出版社，2015。

惠利、丁新新：《我国装备制造业与生产性服务业的产融发展分析》，《统计与决策》2019 年第 11 期，第 120 ~124 页。

金晟：《生产性服务业与制造业协同发展的理论与政策研究》，华南理工大学出版社，2018。

李宁：《京津冀生产性服务业与制造业协同发展研究》，经济科学出版社，2019。

李宁、韩同银：《京津冀生产性服务业与制造业协同发展实证研究》，《城市发展研究》2018 年第 9 期，第 16 ~22 页。

李晓钟、黄蓉：《工业 4.0 背景下我国纺织产业竞争力提升研究——基于纺织产业与电子信息产业融合视角》，《中国软科学》2018 年第 2 期，第 21 ~31 页。

李新宁：《生产性服务业与制造业融合：动态体系与治理模式》，《上海经济》2018 年第 2 期，第 21 ~32 页。

刘佳、代明、易顺：《先进制造业与现代服务业融合：实现机理及路径选择》，《学习与实践》2014 年第 6 期，第 23 ~34 页。

庞庆华、李铭珍、李涵：《长江经济带金融集聚、区域创新与生态效率的空间耦合协调发展研究》，《工业技术经济》2019 年第 2 期，第 68 ~76 页。

綦良群、蔡渊渊、王成东：《GVC 下中国装备制造业与生产性服务业融合影响因素研究》，《科技进步与对策》2017 年第 14 期，第 92 ~97 页。

乔均：《生产性服务业与制造业联动发展研究：来自江苏省生产性服务业与制造业发展的报告》，中国物资出版社，2011。

沈蕾、靳礼伟：《我国科技服务业与制造业技术融合对产业结构升级的影响》，《科技进步与对策》2015 年第 8 期，第 67 ~70 页。

史安娜、潘志慧：《长江经济带核心城市高技术制造业与知识密集型服务业共生发展研究》，《南京社会科学》2018 年第 6 期，第 33 ~38 页。

唐晓华、张欣珏、李阳：《中国制造业与生产性服务业动态协调发展实证研究》，《经济研究》2018 年第 3 期，第 79 ~93 页。

王成东：《装备制造业与生产性服务业融合动因驱动强度测度研究——基于效率视角的实证分析》，《科技进步与对策》2015 年第 3 期，第 60 ~64 页。

王小波：《生产性服务业和制造业融合发展水平解构——基于行业差异比较视角》，《求索》2016 年第 12 期，第 127 ~132 页。

王晓娟：《长三角地区制造业与服务业融合发展研究》，上海社会科学院出版社，2013。

许学国、王羊昕、杨文静：《知识密集型服务业与先进制造业协同度分析与评价》，《科技管理研究》2017年第22期，第52~59页。

杨仁发：《产业融合：中国生产性服务业与制造业竞争力研究》，北京大学出版社，2018。

张虎、韩爱华：《制造业与生产性服务业耦合能否促进空间协调——基于285个城市数据的检验》，《统计研究》2019年第1期，第39~50页。

张虎、周楠：《制造业与服务业协调发展及影响因素分析》，《统计与决策》2019年第11期，第86~90页。

张洁梅：《现代制造业与生产性服务业互动融合发展研究：以河南省为例》，中国经济出版社，2013。

郑长娟、张超、孙平：《金融服务业与制造业的共同集聚对地区劳动生产率的影响和空间溢出效应——基于浙江69个县域的面板数据》，《技术经济》2019年第1期，第97~103页。

周振华：《产业融合：产业发展及经济增长的新动力》，《中国工业经济》2003年第4期，第46~52页。

B.13
长江经济带生态保护效率与科技服务业发展效率研究报告

周中林　肖　博　郑　军*

摘　要： 本报告采用基于超效率DEA的时间窗口模型，测算长江经济带沿线11省市2010~2016年生态保护效率与科技服务业发展效率，通过空间计量模型分析二者的影响。研究结果表明：长江经济带沿线11省市生态保护效率与科技服务业发展效率具有显著差异性；科研技术服务业效率对本地区及周边地区生态保护效率有正影响；科技资本服务业效率对本地区生态保护效率有正影响，但对周边地区生态保护效率有抑制效应；科技宣传服务业未对生态保护效率产生显著影响。基于上述结果，建议加强生态保护科技人才队伍建设，组建长江经济带生态保护科技联盟；建立多元化市场化科技资本融资机制，提高科技资本总量；丰富推广平台，推动生态保护科技专题化。

关键词： 长江经济带　生态保护效率　科技服务业发展效率

一　引言

长江经济带是我国综合实力最强、科技创新最快的重要经济带，但随着

* 周中林，长江大学长江经济带发展研究院副院长、教授，从事低碳经济、区域经济、企业战略管理研究；肖博，长江大学经济与管理学院讲师，从事信息管理、产业经济学研究；郑军，长江大学长江经济带发展研究院院长，湖北第二师范学院校长、教授，从事区域经济、财务会计研究。

工业化和城镇化进程的加快，自然资源约束也日益加剧。2016 年，习近平总书记强调长江经济带要“共抓大保护、不搞大开发”。2016 年，《国家环境保护“十三五”科技发展规划纲要》明确指出“推进长江经济带战略，需要不断依靠科学技术发展，解决国家相关战略过程中面临的区域环境问题”。2018 年 4 月，习近平总书记在深入推动长江经济带发展座谈会上再次强调“把修复长江生态环境摆在压倒性位置，逐步解决长江生态环境透支问题”。长江经济带生态保护效率与科技服务业发展效率水平如何？两者之间是否存在显著影响？如何通过提升科技服务业发展效率来提高生态保护效率？探讨这些问题，对进一步加强长江经济带生态保护、推动长江经济带建成我国科技环保的先行示范带具有重要的理论价值和现实意义。

学术界关于生态效率的研究成果主要聚焦在三个方面。一是生态效率内涵的界定。德国学者 Schaltegger S 和 Burritt R（2000）首倡“生态效率”概念。世界可持续发展工商业委员会（WBCSD，2000）扩展了“生态效率”的概念，强调提升生活质量，提高资源利用率，减少资源使用量。二是生态效率的评测。通过构建系统性指标体系，综合度量经济、社会、环境等各方面的发展程度，涉及方法主要有因子分析法、层次分析法、数据包络分析法等。三是生态效率的影响因素研究，包括金融深化、产业结构升级、外商直接投资、城市化率、技术创新等影响因素。

学术界关于科技服务业研究成果主要围绕三个层面展开：一是科技服务业与经济发展的关系研究（李从欣等，2018；赵冬梅等，2016；冀鸿等，2018；Brenner et al.，2018）；二是科技服务业发展效率评测（倪芝青等，2017；牛静等，2016；Pina et al.，2016）；三是科技服务业的集聚与溢出效应及其影响因素研究（徐顽强等，2016；巫孝君，2018；齐芮等，2018；Freel，2016）。

总体而言，学术界关于生态效率和科技服务业的单维度研究成果较多，但缺乏两者的关联研究。科技服务业作为提高生产效率、减少环境负担、促进产业升级的重要产业，理论上对区域生态环境具有重要影响。基于此，本报告一方面界定“生态保护效率”概念，据此构建生态保护效率评价指标体系，科学测度长江经济带生态保护效率水平；另一方面采用空间计量模型探究科技服务业细分行业对生态保护效率的影响，进而提出长江经济带生态保护效率的提升路径。

二　研究方法与数据来源

（一）模型构建

1. 基于超效率 DEA 的时间窗口模型

超效率 DEA 模型（Super-Efficient DEA）不考虑被评价的决策单元（DMU），使得无效 DMU 的生产前沿面不变，而有效 DMU 的生产前沿面后移。根据模型原理，将投入增加的比例记为超效率值。公式为：

$$SE = \begin{cases} \min\{\theta - \varepsilon(e^T s^- + \hat{e}s^+)\} \\ \sum_{j=1}^{n} x_j\lambda_j + s^- \leqslant \theta x_{j0},\ j \neq j_0 \\ \sum_{j=1}^{n} y_j\lambda_j + s^+ \geqslant y_{j0},\ j \neq j_0 \\ \sum_{j=1}^{n} \lambda_j = 1 \\ \lambda_j \geqslant 0;\ j = 1,2,\cdots,n;\ j \neq j_0 \\ s^+ \geqslant 0; s^- \geqslant 0 \end{cases} \tag{1}$$

其中，x_{j0}和y_{j0}分别表示DMU_{j0}的实际投入值和实际产出值；θ 为 C^2R 模型下决策单元 DMU 的综合技术超效率值，该值在 BC^2 模型下可进一步分解为纯技术超效率值和规模超效率值的乘积，即综合技术超效率值 = 纯技术超效率值 × 规模超效率值。当 $\theta \geqslant 1$ 时，DMU_{j0} 为 DEA 有效；当 $\theta < 1$ 时，DMU_{j0}为 DEA 无效。

由于历年各 DMU 的前沿面并不相同，单独运用超效率 DEA 模型计算的效率值在年度间不具有可比性，因此必须将超效率 DEA 模型和其他方法相结合。Charnes 等（1983）首创 DEA 视窗分析法（DEA Window Analysis），其核心思想是把不同时期的决策单元作为不同的决策单元来处理，再利用移动平均法构建不同的参考集来评价一个决策单元的相对效率，实现了决策单元当期效率可与同期其他决策单元效率进行比较，还可以与自身在其他时期的效率进行比较的目的（Wang et al. , 2013）。本报告选择的窗口宽度为 3，样本长度为 7，对每一个决策单元建立 5 个窗口进行效率测算。每一个决策单元在第 m（$m=1, 2, 3, 4, 5$）个窗口上得到 3 个效率值，取各时点上的平均效率值作为被评价决策单元的当年效率值。

2. 空间计量模型

采用空间回归模型偏微分方法，以解决估计结果中的空间滞后项系数显著不为零所导致的回归系数不能直接用于解释自变量空间溢出效应的问题。公式为：

$$y = \alpha t_n + \rho W + \beta X + \theta WX + \varepsilon \tag{2}$$

$$(I_n - \rho W)y = \alpha t_n + \beta X + \theta WX + \varepsilon \tag{3}$$

$$y = \sum_{r=1}^{k} S_r(W)x_r + V(W)I_n\alpha + V(W)\varepsilon \tag{4}$$

$$\begin{bmatrix} y_1 \\ y_2 \\ \vdots \\ y_n \end{bmatrix} = \begin{pmatrix} S_r(W)_{11} S_r(W)_{12} & \cdots & S_r(W)_{1n} \\ \vdots & \ddots & \vdots \\ S_r(W)_{n1} S_r(W)_{2n} & \cdots & S_r(W)_{nn} \end{pmatrix} \begin{bmatrix} x_{1r} \\ x_{2r} \\ \vdots \\ x_{nr} \end{bmatrix} + V(W)_{l_n}\alpha + V(W)\varepsilon \tag{5}$$

$$y_i = \sum_{r=1}^{k} [S_r(W)_{i1} x_{1r} + S_r(W)_{i2} x_{2r} + \cdots + S_r(W)_{in} x_{nr}] + V(W)i_n\alpha + V(W)_i\varepsilon \tag{6}$$

$$\frac{\partial y_i}{\partial x_{jr}} = S_r(W)_{ij} \tag{7}$$

$$\frac{\partial y_i}{\partial x_{ir}} = S_r(W)_{ii} \tag{8}$$

其中，$S_r(W)_{ij} = V(W)(I_n\beta_t + W\theta_t)$，$V(W) = (I_n - \rho W)^{-1} = I_n + \rho W + \rho^2 + \cdots$，$I_n$ 是 n 阶单位矩阵，l_n 为 $N \times 1$ 阶单位矩阵；x_r 为第 r 个解释变量（$r=1, 2, \cdots, k$），β_r 为解释变量 x_r 的回归系数，θ_r 为 WX 的第 r 个变量的回归系数。$S_r(W)_{ij}$表示区域 j 的 x_r 对区域 i 被解释变量的影响，也

称为间接效应，即解释变量对被解释变量的区域间溢出；$S_r(W)_{ij}$反映区域 i 的 x_r 对本区域被解释变量的影响，又称为直接效应，即解释变量对被解释变量的区域内溢出。两者之和为总效应。

选择地理距离权重来表征长江经济带生态保护效率的空间关联模式，本报告采用地理距离平方的倒数来构造地理距离权重矩阵。假定 d 为地区间球面距离，则地理距离权重矩阵（W_1）的矩阵元素 $w_{ij}=1/d^2$，$i \neq j$；$w_{ij}=0$，$i=j$。在地理空间权重下对空间滞后模型（SAR）、空间误差模型（SEM）和空间 Durbin 模型（SDM）［见公式（10）～（12）］分别进行固定效应和随机效应回归。通过计算 AIC 值选择固定效应或随机效应，通过计算 Log Likelihood 与 R^2 值选择拟合优度较高的模型，检验 SDM 模型是否可以转化为 SAR 模型和 SEM 模型，若结果显著则拒绝原假设，选择 SDM 模型。

SAR 模型：

$$y = \alpha + \rho W y + \beta X + \varepsilon \tag{9}$$

SEM 模型：

$$y = \alpha + \beta X + \varepsilon \tag{10}$$

$$\varepsilon = \lambda W \varepsilon + \upsilon \tag{11}$$

SDM 模型：

$$y = \alpha + \rho W y + \beta X + \theta W X + \varepsilon \tag{12}$$

模型中的核心变量为生态保护效率（Y）、科研技术服务业发展效率（$X1$）、科技资本服务业发展效率（$X2$）和科技宣传服务业发展效率（$X3$），控制变量为人均生产总值（$X4$）和对外开放水平（$X5$）。

比较地理空间权重下三种空间计量模型的估计结果（见表 1），SDM 模型的 AIC 值最小，Log Likelihood 值和 R^2 最大，同时显著拒绝“SDM 可以转化为 SAR”和“SDM 可以转化为 SEM”的原假设，据此认为 SDM 模型优于 SAR 模型和 SEM 模型。单独比较 SDM 模型两种效应估计结果可知，固定效应模型更优。

表 1　地理权重下三种空间计量模型的估计结果

统计量及系数	SAR 模型		SEM 模型		SDM 模型	
	固定效应	随机效应	固定效应	随机效应	固定效应	随机效应
ρ	0. 153 *** (-4. 220)	0. 167 *** (-4. 370)			0. 192 *** (-4. 490)	0. 189 *** (-4. 430)
λ			0. 211 *** (-4. 210)	0. 218 *** (-4. 270)		
Log Likehood	1021. 398	811. 879	1030. 045	805. 257	1047. 409	838. 843
R^2	0. 140	0. 179	0. 143	0. 181	0. 210	0. 228
AIC	-2028. 975	-1592. 958	-2028. 110	-1585. 535	-2078. 825	-1638. 690
SDM →SAR					70. 130 ***	68. 890 ***
SDM →SEM					58. 680 ***	58. 910 ***

注：*** 表示在 1% 的统计水平下显著；括号内为 t 值。
资料来源：根据测算结果整理。

（二）数据来源与处理

生态保护一般指人类为解决环境问题，协调人类与环境的关系，保护人类生存环境，保障经济社会可持续发展而采取的各种行动总称。据此，本报告进一步提出“生态保护效率”的定义，即大气、水、土壤、动植物等自然环境的改善与所消耗的资本及人力投资之间的对比关系。该指标主要用来衡量有限投入对生态环境的最大保护程度。本报告从矿山、水土、林业、城镇环境基础设施以及工业污染治理等方面选取相关投入与产出指标（见表 2）。研究对象为长江经济带沿线 11 省市。研究时段为 2010 ~2016 年。相关数据来源于《中国统计年鉴》（2011 ~2017 年）、《中国科技统计年鉴》（2011 ~2017 年）、《中国环境统计年鉴》（2011 ~2017 年）。固定资本存量采用永续盘存法推导，折旧率取 9. 6%；缺失数据采用均值法补齐。所有涉及市场价值指标均以 2009 年为基期调整。

表 2　生态保护效率的投入与产出指标

投入	单位	产出	单位
矿山环境恢复治理投入资金	万元	本年矿山恢复面积	公顷
水土保持及生态项目本年完成投资	万元	本年新增水土流失治理面积	千公顷
天然林业完成投资	万元	森林管护面积增加值	公顷
防护林业投资完成额	万元	当年造林面积	公顷
林业系统野生动植物保护投资完成额	万元	城市污水处理率	%
水利、环境和公共设施管理业就业人数	万人	无害化处理能力	吨/日
城镇环境基础设施建设投资总额	亿元	工业烟(粉)尘排放量	吨
工业污染治理投资总额	万元	一般工业固体废物综合利用率	%
		工业废水排放量	万吨
		工业二氧化硫排放量	吨

资料来源：根据相关资料整理。

依据《国家科技服务业统计分类（2015）》，兼顾数据可得性，将科技服务业细分为科研技术服务业、科技资本服务业、科技宣传服务业。三大细分行业的投入与产出变量见表3，相关数据来源于《中国统计年鉴》（2011～2017年）、《中国科技统计年鉴》（2011～2017年）和《中国创业风险投资发展报告》（2011～2017年）。

表 3　科技服务业三大细分产业投入与产出变量

<table>
<tr><th>行业</th><th>代码</th><th>变量</th><th>单位</th><th>类型</th></tr>
<tr><td rowspan="3">科研技术服务业</td><td rowspan="3">T</td><td>城镇单位就业人数</td><td>万人</td><td rowspan="2">投入</td></tr>
<tr><td>固定资产投资</td><td>亿元</td></tr>
<tr><td>行业增加值</td><td>亿元</td><td>产出</td></tr>
<tr><td rowspan="3">科技资本服务业</td><td rowspan="3">C</td><td>风投机构数量</td><td>个</td><td rowspan="2">投入</td></tr>
<tr><td>管理资本总额</td><td>亿元</td></tr>
<tr><td>投资强度</td><td>万元/项</td><td>产出</td></tr>
<tr><td rowspan="5">科技宣传服务业</td><td rowspan="5">P</td><td>科普专职人员</td><td>人</td><td rowspan="3">投入</td></tr>
<tr><td>科技馆数量</td><td>个</td></tr>
<tr><td>年度科普经费筹集额</td><td>万元</td></tr>
<tr><td>科普图书出版</td><td>种</td><td rowspan="2">产出</td></tr>
<tr><td>科普专题活动</td><td>次</td></tr>
</table>

资料来源：根据相关资料整理。

三　实证结果与分析

（一）生态保护效率和科技服务业发展效率的时空演变特征

采用 EMS1. 3 软件计算 2010 ~2016 年长江经济带沿线 11 省市的生态保护效率及科技服务业各细分行业发展效率（见表4）。

表4　2010 ~2016 年长江经济带沿线 11 省市生态保护效率及科技服务业各细分行业发展效率

省市	指标	2010 年	2011 年	2012 年	2013 年	2014 年	2015 年	2016 年
上海	E	0. 920	1. 323	1. 278	0. 997	1. 103	1. 249	1. 198
	T	1. 208	0. 868	1. 169	1. 226	0. 907	0. 948	2. 558
	C	0. 588	0. 407	0. 501	0. 796	0. 674	1. 118	1. 609
	P	1. 026	1. 125	1. 130	1. 127	0. 883	0. 848	0. 738
江苏	E	0. 867	0. 720	1. 089	0. 983	1. 131	1. 173	1. 144
	T	0. 771	0. 901	1. 157	0. 891	0. 860	0. 985	1. 120
	C	0. 064	0. 081	0. 088	0. 077	0. 073	0. 115	0. 097
	P	1. 380	1. 676	0. 238	1. 467	0. 761	1. 337	1. 493
浙江	E	0. 731	0. 804	0. 966	1. 033	0. 993	1. 147	1. 128
	T	0. 583	0. 471	0. 493	0. 667	0. 734	0. 794	0. 830
	C	0. 175	0. 167	0. 200	0. 280	0. 272	0. 161	0. 163
	P	1. 010	1. 445	0. 561	0. 521	0. 863	0. 844	2. 336
安徽	E	0. 541	0. 598	0. 633	0. 665	0. 581	0. 779	0. 602
	T	0. 328	0. 367	0. 356	0. 366	0. 340	0. 322	0. 439
	C	1. 635	1. 397	0. 966	0. 764	1. 169	0. 978	0. 679
	P	1. 151	0. 993	0. 072	1. 021	0. 821	0. 803	1. 334
江西	E	0. 553	0. 590	0. 749	0. 613	0. 658	0. 802	0. 761
	T	0. 736	0. 883	0. 647	0. 921	1. 136	0. 853	0. 737
	C	0. 083	0. 112	0. 104	0. 128	0. 095	0. 088	0. 097
	P	1. 260	1. 338	1. 186	0. 957	1. 039	1. 152	0. 998
湖北	E	0. 749	0. 668	0. 803	0. 824	0. 782	0. 739	0. 881
	T	0. 639	0. 662	0. 738	0. 755	0. 814	0. 898	0. 951
	C	0. 948	1. 158	0. 937	0. 862	0. 904	1. 149	0. 885
	P	1. 058	1. 116	1. 102	1. 028	0. 920	0. 837	0. 858

续表

省市	指标	2010 年	2011 年	2012 年	2013 年	2014 年	2015 年	2016 年
湖南	E	0.532	0.683	0.725	0.851	0.974	1.103	1.158
	T	0.584	0.652	0.698	0.763	0.839	0.918	0.922
	C	1.180	1.127	0.969	0.857	0.914	0.883	0.905
	P	1.117	1.283	1.059	0.968	1.019	1.112	0.984
重庆	E	0.778	0.837	0.882	0.947	0.983	1.117	1.139
	T	0.852	0.833	0.926	1.038	0.895	0.827	0.913
	C	0.882	0.815	0.947	1.258	0.979	0.916	0.972
	P	0.978	1.105	1.037	1.229	1.206	1.184	1.082
四川	E	0.652	0.681	0.579	0.773	0.694	0.805	0.712
	T	0.927	1.185	1.297	0.964	1.371	0.902	1.228
	C	0.727	0.755	0.832	0.859	0.949	1.150	1.186
	P	1.307	1.285	1.269	1.136	1.058	1.212	1.195
贵州	E	0.579	0.638	0.719	0.848	0.903	1.086	1.172
	T	0.335	0.394	0.348	0.471	0.418	0.382	0.403
	C	0.031	0.045	0.039	0.025	0.033	0.049	0.515
	P	0.775	0.938	0.864	1.152	0.930	0.883	0.902
云南	E	0.792	0.855	0.894	0.938	0.996	1.175	1.208
	T	0.412	0.408	0.489	0.435	0.472	0.447	0.468
	C	0.108	0.094	0.081	0.117	0.102	0.095	0.081
	P	0.961	0.827	1.152	0.938	0.890	0.818	0.927

注：E 表示生态保护效率，T、C、P 分别表示科研技术服务业、科技资本服务业、科技宣传服务业发展效率。

资料来源：根据测算结果整理。

（1）长江经济带沿线 11 省市生态保护效率差异显著。2010 ~ 2016 年湖北、四川、安徽、江西 4 省综合技术超效率值均低于 1，且年增长率波动较大，表明这些省市生态保护效率一直处于非有效状态，且没有明显上升趋势。湖南、云南、贵州、重庆 4 省市综合技术超效率值稳健上升，到 2015 年超效率值突破 1，达到有效状态。上海、浙江、江苏 3 省市综合技术超效率值在多数年份大于 1，且年增长率波动较大，说明苏浙沪地区生态保护效率在大部分年份处于有效状态。

（2）长江经济带沿线 11 省市科研技术服务业发展效率差异显著。2010 ~

2016 年浙江、湖北、湖南 3 省综合技术超效率值呈上升趋势，但始终处于非 DEA 有效状态。上海、四川 2 省市综合技术超效率值在多数年份大于 1，说明这些地区科研技术服务业发展效率在多数年份处于 DEA 有效状态。江苏、江西、重庆 3 省市综合技术超效率值仅在个别年份大于 1，且年增长速率波动较大，说明这些地区科研技术服务业发展效率在大部分时间处于非有效状态，且没有明显增长趋势。安徽、云南、贵州 3 省市综合技术超效率值始终低于 1，且处于波动状态，说明这些地区科研技术服务业发展效率一直处于无效状态，且没有明显增长趋势。

（3）长江经济带沿线 11 省市科技资本服务业发展效率差异显著，增长态势不稳定。2010～2016 年江苏、浙江、江西、云南、贵州 5 省综合技术超效率值始终低于 1，且年增长率波动较大，说明这些地区科技资本服务业发展效率一直处于非有效状态，且没有明显上升趋势。上海、四川 2 省市的综合技术超效率值稳健上升，直到 2015 年突破 1，达到有效状态。安徽、湖北、湖南、重庆 4 省市综合技术超效率值虽在某些年份超过 1，但有下降趋势或波动较大，说明这些地区科技资本服务业发展效率处于不稳定状态。

（4）长江经济带沿线 11 省市科技宣传服务业发展效率差异显著，均没有明显增长趋势。2010～2016 年浙江、安徽、云南、贵州 4 省综合技术超效率值在大多数年份低于 1，且年增长率波动较大，说明这些地区科技宣传服务业发展效率呈现 DEA 非有效状态，且没有明显的增长趋势。上海、湖北 2 省市在 2010～2013 年的综合技术超效率值大于 1，从 2014 年起低于 1，说明这些地区科技宣传服务业发展效率呈下降趋势。江苏、重庆、湖南、江西、四川 5 省市综合技术超效率值多数年份大于 1，且年增长率波动较大，说明该行业在这些地区多数年份处于有效状态，但没有明显增长趋势。

（二）生态保护效率和科技服务业发展效率的空间关联效应

采用空间回归模型偏微分方法对空间溢出效应分解并进行解释，得出地理空间权重下 SDM 固定效应模型的空间溢出效应分解结果（见表 5）。

表5　地理空间权重下基于 SDM 固定效应模型的溢出效应分解结果

变量	直接效应	间接效应	总效应
X1	0.089** (-4.280)	0.043* (-1.780)	0.132** (-2.610)
X2	0.053* (-1.720)	-0.011* (-1.850)	0.042 (-0.310)
X3	0.002 (-0.650)	0.003 (-0.540)	0.005 (-1.220)
X4	0.005*** (-8.800)	-0.003*** (-4.880)	-0.008 (-0.140)
X5	-0.020*** (-2.990)	-0.012* (-1.680)	-0.022** (-2.780)

注：***、**、*分别代表在1%、5%、10%统计水平下显著；括号内数值为t值。

资料来源：根据测算结果整理。

（1）科研技术服务业发展效率的溢出效应分解。该变量的直接效应、间接效应、总效应均通过了10%的显著性水平检验。科研技术服务业发展效率与生态保护效率整体上呈正相关关系，即科研技术服务业发展效率的提高有助于生态保护效率的提升，这种正向关系在地区内和地区间都显著，意味着科研技术服务业发展效率的提高对本地及其他地区的生态保护效率均有促进作用。可能的经济学解释是：科研技术服务业效率的提高会加快技术进步，新技术的产生有助于提高生产效率和生态保护效率，通过技术的溢出效应，其他地区可享受技术进步所带来的环境改善。

（2）科技资本服务业发展效率的溢出效应分解。该变量仅直接效应与间接效应通过了10%的显著性水平检验。科技资本服务业发展效率与生态保护效率在地区内呈正相关关系，在地区间呈负相关关系，即科技资本服务业发展效率的提高有助于本地区生态保护效率的提升，但会在某种程度上抑制其他地区生态保护效率的提升。可能的经济学解释是：在既定的资本资源下，某个地区获得的科技资本充足，一方面会促进本地高科技企业的发展与产业结构的深化；另一方面，由于资本的有限性，其他地区获得的科技资本可能无法满足当地的科研需求，从而在一定程度上抑制该地区因科技进步所带来的生态保护效率的提高。

（3）科技宣传服务业发展效率的溢出效应分解。该变量的直接效应、间接效应、总效应均未通过显著性水平检验。科技宣传服务业发展效率与生态保护效率不存在明显的相关关系，即科技宣传服务业发展效率的提高并不会促进或抑制本地区和其他地区的生态保护效率的提升。可能的原因是：目前生态保护并不是我国科技宣传服务平台的核心内容。

（4）控制变量的溢出效应分解。人均生产总值与对外开放水平为控制变量，其空间计量模型的结果与同类研究结果相同。经济发展水平与生态保护效率之间存在“U”形关系，对外开放水平对本地区生态保护效率提升具有显著负向直接效应，存在“污染天堂假说”。

四　研究结论与政策建议

（一）研究结论

（1）长江经济带沿线11省市生态保护效率与科技服务业发展效率具有显著差异性。上海、浙江、江苏3省市生态保护效率较高，湖北、四川、安徽、江西4省生态保护效率在多数年份都未达到有效状态。上海、四川2省市科研技术服务业发展效率较高，安徽、云南、贵州3省科研技术服务业发展效率始终未达到有效状态。上海、四川2省市科技资本服务业发展效率较高，江苏、浙江、江西、云南、贵州5省科技资本服务业发展效率始终未达到有效状态 。上海、湖北2省市科技宣传服务业发展效率较高，浙江、安徽、云南、贵州4省科技宣传服务业发展效率在大部分年份未达到有效状态。综合来看，上海是生态保护和科技服务业协调发展最好的省市。

（2）科研技术服务业发展效率的提高对本地区生态保护效率有正向影响，对其他地区生态保护效率有正向溢出效应。科研技术服务业发展效率的提升能极大丰富科研成果，这些成果中有的直接与生态保护相关，通过减少原材料投入或生产环节的污染排放，提高生产效率，从而突破资源环境的约束，增强发展的可持续性。科研成果的增加不仅会显著改善本地生态保护效率，而且会随着产业链条的跨地区延展，提高其他地区的生态保护效率。

（3）科技资本服务业发展效率对本地生态保护效率有正向影响，但对其他地区的生态保护效率有抑制效应。科技资本服务业发展效率的提高会促进科技创新型企业与高科技人才集聚，从而加快科研成果转化。转化后的科研成果将通过直接与间接方式影响生态保护效率。由于资本的有限性，科技资本在某个地区的聚集必然意味着在其他地区的减少，企业与人力资源也会随着资本的流动而流动，进而对资本缺少的地区产生抑制作用。虽然新的科研成果会产生跨区域溢出效应，但由于人力资源与资本的缺乏，科研成果无法迅速在其他地区发挥效益。

（4）科技宣传服务业对生态保护效率的提高并未产生显著影响。科技宣传服务业主要面向公众开展科普教育活动，并不直接对生态保护产生作用。由于科技宣传服务业比科研技术服务业和科技资本服务业具有更广泛的大众参与度和连续性，很多环保类科研成果需要被大众广泛了解，并在生活中充分实践才能发挥效用。因此，科技宣传服务业对提高生态保护效率的促进效用存在一定的时滞性。

（二）政策建议

（1）加强生态保护科技人才队伍建设，组建长江经济带生态保护科技联盟。科技资本集聚在一定程度上会抑制周边地区的生态保护效率，应深化改革人才发展体制机制，吸引环保人才留驻当地。建立长江经济带生态保护科技联盟，通过构建技术成果信息公开机制和科技管理信息系统，强化科技示范作用，为生态保护科技资源的统筹管理和共享服务提供支撑，最大化实现科技服务业对生态保护效率的溢出效应。

（2）建立多元化市场化科技资本融资机制，提高科技资本总量。目前，社会资本进入环保产业主要有两种方式：一种是“联姻式”，即金融资本与环保企业深度结合推动行业发展；另一种是“派生式”，即环保企业涉足金融产业并形成产融结合的集团。为使环保企业充分发挥在生态保护方面的比较优势，应鼓励发展“联姻式”模式，建立多元化市场化科技资本融资机制，引导环保产业资本进入研发过程，完善科技市场转化机制，提高环保产业资本投入回报率。

（3）丰富推广平台，推动生态保护科技专题化。一是在科技博物馆内增设生态保护专题展区，利用科技博物馆打造生态保护科技传播平台。二是利用互联网与移动平台，以及大数据与虚拟现实等技术，加大生态保护科技宣传力度。三是在各级环保局宣传口设置“环保实用技术专栏”，及时发布先进适用的环保实用技术。

参考文献

蔡楠等：《基于层次分析法的城市河流生态修复评估》，《长江流域资源与环境》2010 年第 9 期，第 1092 ~ 1098 页。

陈傲：《中国区域生态效率评价及影响因素实证分析——以 2000 ~ 2006 年省际数据为例》，《中国管理科学》2008 年第 S1 期，第 566 ~ 570 页。

戴铁军、陆钟武：《钢铁企业生态效率分析》，《东北大学学报》2005 年第 12 期，第 1168 ~ 1173 页。

邓波、张学军、郭军华：《基于三阶段 DEA 模型的区域生态效率研究》，《中国软科学》2011 年第 1 期，第 92 ~ 99 页。

冯华、王智毓：《我国科技服务业与经济增长关系的实证研究》，《软科学》2018 年第 2 期，第 6 ~ 10 页。

付丽娜、陈晓红、冷智花：《基于超效率 DEA 模型的城市群生态效率研究——以长株潭“3 + 5”城市群为例》，《中国人口·资源与环境》2013 年第 4 期，第 169 ~ 175 页。

韩永辉、黄亮雄、王贤彬：《产业结构优化升级改进生态效率了吗?》，《数量经济技术经济研究》2016 年第 4 期，第 40 ~ 59 页。

洪开荣等：《农业生态效率的时空差异及影响因素》，《华南农业大学学报》（社会科学版）2016 年第 2 期，第 31 ~ 41 页。

冀鸿、柳烨：《基于 VAR 模型的科技服务业发展与经济增长关系研究——以吉林省为例》，《工业技术经济》2018 年第 2 期，第 66 ~ 73 页。

李从欣、李国柱：《科技服务业发展对绿色经济效率影响研究》，《科技管理研究》2018 年第 11 期，第 240 ~ 245 页。

李干杰：《坚持走生态优先、绿色发展之路　扎实推进长江经济带生态环境保护工作》，《环境保护》2016 年第 11 期，第 7 ~ 13 页。

李国平等：《产业转移与中国区域空间结构优化》，科学出版社，2016，第 305 ~ 330 页。

李惠娟、龙如银、兰新萍：《资源型城市的生态效率评价》，《资源科学》2010 年第 7 期，第 1296 ~ 1300 页。

刘华军、杨骞：《资源环境约束下中国 TFP 增长的空间差异和影响因素》，《管理科学》2014 年第 5 期，第 133 ~ 144 页。

罗超平等：《县域农村金融生态系统评价与比较研究——基于重庆 29 个区（县）的数据分析》，《农业现代化研究》2016 年第 2 期，第 298 ~ 303 页。

倪芝青等：《基于指数测评的浙江省科技服务业发展研究》，《科技与经济》2017 年第 5 期，第 66 ~ 70 页。

牛静、扈文秀、贾丽娜：《西安市科技服务业资源整合研究》，《科技进步与对策》2016 年第 12 期，第 73 ~ 77 页。

齐芮、祁明：《科技服务业集聚对工业效率提升的溢出效应研究——基于 2003 ~ 2015 年中国 215 个地级以上城市的经验证据》，《宏观质量研究》2018 年第 1 期，第86 ~ 94 页。

邱寿丰：《中国区域经济发展的生态效率研究》，《能源与环境》2008 年第 4 期，第 8 ~ 10、13 页。

上官绪明：《空间异质视阈下技术多维溢出、吸收能力与技术进步》，《科学学与科学技术管理》2018 年第 4 期，第 74 ~ 87 页。

汪克亮等：《基于环境压力的长江经济带工业生态效率研究》，《资源科学》2015 年第 7 期，第 1491 ~ 1501 页。

王兵、吴延瑞、颜鹏飞：《中国区域环境效率与环境全要素生产率增长》，《经济研究》2010 年第 5 期，第 95 ~ 109 页。

巫孝君：《协同视域下科技服务业集聚发展研究——基于 2012 ~ 2016 年四川科技服务业数据调查》，《科技管理研究》2018 年第 10 期，第 55 ~ 62 页。

吴继贵、叶阿忠、张月玲：《资本积累的空间溢出效应研究》，《系统工程学报》2018 年第 3 期，第 308 ~ 319 页。

吴小庆、徐阳春、陆根法：《农业生态效率评价——以盆栽水稻实验为例》，《生态学报》2009 年第 5 期，第 2481 ~ 2488 页。

徐顽强、孙正翠、周丽娟：《基于主成分分析法的科技服务业集聚化发展影响因子研究》，《科技进步与对策》2016 年第 1 期，第 59 ~ 63 页。

杨斌：《2000 ~ 2006 年中国区域生态效率研究——基于 DEA 方法的实证分析》，《经济地理》2009 年第 7 期，第 1197 ~ 1202 页。

赵冬梅、陈前前、吴士健：《双创环境下发展科技服务业助推经济转型升级问题研究——以江苏科技服务业为例》，《科技进步与对策》2016 年第 14 期，第 41 ~ 46 页。

Andersen P., Petersen N. C., "A Procedure for Ranking Efficient Units in Data Envelopment Analysis," *Management Science* 39 (1993): 1261 – 1264.

Brenner T., et al., "Causal Relations between Knowledge-intensive Business Services and Regional Employment Growth," *Regional Studies* 52 (2018): 172 – 183.

Charnes A., et al., "A Developmental Study of Data Envelopment Analysis in Measuring the Efficiency of Maintenance Units in the U. S. Air Forces," *Annals of Operations Research* 2 (1983): 95 – 112.

Doloreux D., et al., "Knowledge-intensive Business Services: Geography and Innovation," *Economic Development Quarterly* 25 (2010): 293 – 294.

Freel, M., *Knowledge – intensive Business Services: Geography and Innovation* (London: Routledge, 2016), p. 89.

Höh H., Schoer K., Seibel S., "Eco-efficiency Indicators in German Environmental Economic Accounting," *Statistical Journal of the United Nations Economic Commission for Europe* 19 (2002): 41 – 52.

Lesage J. P., Pace R. K., *Introduction to Spatial Econometrics* (Boca Raton: Taylor &Francis Group, 2009), pp. 34 – 48.

OH D. H., Heshmati A., "A Sequential Malmquist-Luenberger Productivity Index: Environmentally Sensitive Productivity Growth Considering the Progressive Nature of Technology," *Energy Economics* 32 (2010): 1345 – 1355.

Pina K., Tether B. S., "Towards Understanding Variety in Knowledge Intensive Business Services by Distinguishing Their Knowledge Bases," *Research Policy* 45 (2016): 401 – 413.

Schaltegger S., Burritt R., *Contemporary Environmental Accounting: Issues*, Concepts and Practice (Paris: Greenleaf Publishing, 2000), p. 19.

Tobler W. R., "A Computer Movie Simulating Urban Growth in the Detroit Region," *Economic geography* 46 (1970): 234 – 240.

Wang Ke, et al., "China's Regional Energy and Environmental Efficiency: A DEA Window Analysis Based Dynamic Evaluation," *Mathematical and Computer Modelling* 58 (2013): 1117 – 1127.

WBCSD, *Eco-efficiency: Creating More Value with Less Impact* (Geneva: World Business Council for Sustainable Development, 2000), pp. 5 – 36.

B.14
长江经济带文化产业发展报告

钟　晟*

摘　要： 长江流域文化资源富集、文化形态多样、文化价值显著，在中华文明形成和人类文明发展历程中扮演了核心角色。长江经济带作为我国重要的文化产业集聚区，具有较好的文化产业发展基础，上海市、江苏省、浙江省是长江经济带文化产业发展的龙头地区。本报告论述了长江经济带文化产业的发展格局、存在的突出问题及相关政策建议，指出目前长江经济带文化产业发展仍存在产业竞争力不突出、地区发展不平衡、合作机制不健全等突出问题。建设长江文化产业带，可有效推动长江流域地区丰富多彩的文化资源优势向经济优势转变。促进长江经济带文化产业蓬勃发展，需要构建文化产业协调发展机制，充分发挥文化市场作用，完善文化产业政策，实现长江经济带文化产业高质量发展。

关键词： 长江经济带　文化产业　长江文化

一　长江经济带文化产业发展格局

（一）总体发展概况

长江文化与长江经济发展有着包容统一的紧密关系。2018 年 4 月 26

---

* 钟晟，武汉大学国家文化发展研究院讲师，博士，从事文化战略、文化空间、文化旅游规划等研究。

日，习近平总书记在推动长江经济带发展座谈会上强调，共抓大保护、不搞大开发，要探索出一条生态优先、绿色发展的新路子，推动长江经济带高质量发展。

文化产业具有高知识性、高创意性、高增值性和低能耗、低污染等产业特性，具有撬动区域产业结构转型升级的杠杆效应，能够实现对传统农业、传统制造业和传统服务业等传统产业的“价值改造”。发展文化产业能够促进长江经济带的生态保护和文化保护，促进产业结构调整和增长方式转变，提高发展的质量和内涵，是实现长江经济带生态优先、绿色发展的重要途径。文化产业促进长江经济带绿色发展的概念模型见图1。

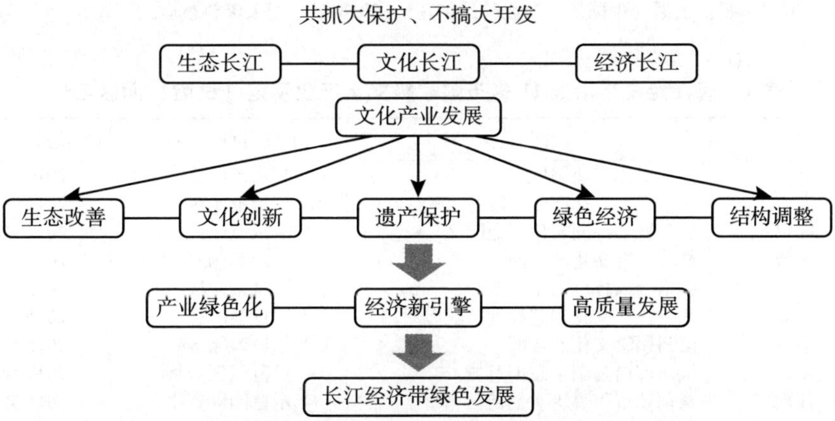

图1 文化产业促进长江经济带绿色发展的概念模型

资料来源：根据相关资料整理。

长江经济带文化产业发展基础较好，2017 年文化产业增加值达 16478 亿元，占全国文化产业增加值的 47.5%。其中，上海市、江苏省、浙江省的文化产业增加值占 GDP 的比重超过全国平均水平，2017 年长江经济带沿线 11 省市文化产业发展情况如图 2 所示。长江经济带拥有国家级文化产业示范园区 4 家，国家级文化产业试验园区 3 家，文化产业示范园区资格 4 家（见表1），分别占全国的 40%、50%、40%。长江经济带是我国文化产业的重心和活力所在，文化产业领域科技实力和自主创新能力位居全国前列，拥有国家级文化和科技融合示范基地 16 家，占全国的 47%。

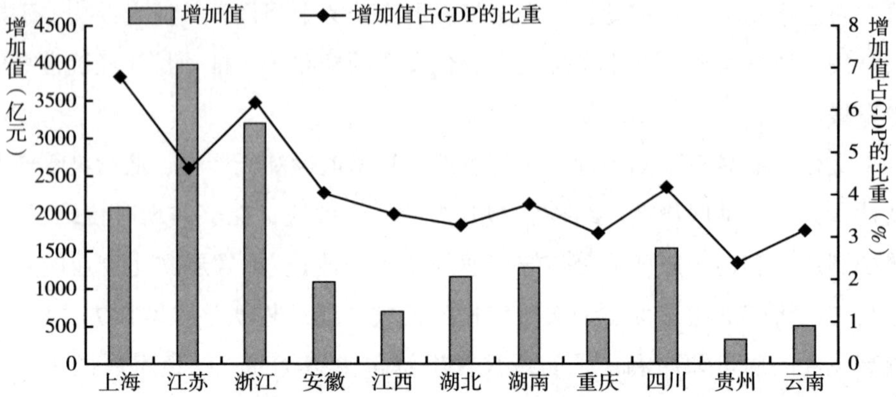

图 2　2017 年长江经济带沿线 11 省市文化产业增加值及其占 GDP 的比重

资料来源：根据《中国第三产业统计年鉴》（2018 年）相关资料整理。

表 1　长江经济带沿线 11 省市国家级文化产业示范（试验）园区名录

省市	园区名称	示范（试验）园区	获批年份
上海	张江文化产业园区	示范园区	2010 年
湖南	长沙天心文化产业园区	示范园区	2012 年
四川	成都青羊绿洲文化产业园区	示范园区	2012 年
安徽	蚌埠大禹文化产业园	示范园区	2015 年
江苏	南京秦淮特色文化产业园	试验园区	2015 年
湖北	武昌长江文化创意设计产业园	试验园区	2015 年
浙江	衢州儒学文化产业园	试验园区	2015 年
浙江	杭州市白马湖生态创意城	示范园区资格	2017 年
江西	景德镇市陶溪川文创街区	示范园区资格	2017 年
湖南	湘潭昭山文化产业园	示范园区资格	2017 年
云南	建水紫陶文化产业园区	示范园区资格	2017 年

资料来源：根据相关资料整理。

在长江经济带沿线 11 省市中，上海市、江苏省、浙江省是我国文化产业最发达的区域，文化产业增加值、文化产业增加值占 GDP 的比重、人均文化娱乐消费、文化及相关产业专利授权数、文化及相关产业固定资产投资、文化及相关产业企业数量多位居全国前列。湖南省、湖北省、安徽省、四川省 4 省文化产业发展位于第二梯队，文化产业增加值均突破 1000 亿元，综合实力较强。江西省、重庆市、贵州省、云南省 4 省市文化产业整体实力相对较弱，但发展潜力较大。2017 年长江经济带沿线 11 省市文化产业相关统计数据见表 2。

表 2　2017 年长江经济带沿线 11 省市文化产业相关统计数据

省市	人均文化娱乐消费(元)	文化及相关产业专利授权数(个)	文化及相关产业固定资产投资(万元)	文化及相关产业企业数量(个)
上海	2638.2	1421	2134231	2362
江苏	1311.8	8669	28242972	7571
浙江	1209.2	7262	16597737	4616
安徽	511.7	614	14627707	2880
江西	538.0	1370	16012504	1251
湖北	589.7	820	15988597	1814
湖南	915.2	1216	20009505	2937
重庆	681.4	462	17245903	946
四川	625.9	925	12568452	1543
贵州	519.5	118	8865502	565
云南	540.5	205	4740680	628

资料来源：根据《中国文化及相关产业统计年鉴》（2018 年）相关资料整理。

（二）长江经济带上游地区

长江经济带上游地区包括重庆、四川、云南、贵州 4 省市，重庆、成都、昆明、贵阳等城市是长江经济带上游地区文化产业发展的核心城市。

1. 发展优势

（1）文化资源丰富。长江经济带上游地区拥有较多富有特色的自然景观和民族文化，包括多处世界自然遗产与文化遗产，是我国世界遗产最集中的地区之一，拥有大量手工技艺、节事活动、民风民俗等原生态民族文化资源。

（2）文化类型多样。长江经济带上游地区包含独具特色的巴蜀文化、藏羌文化和西南少数民族文化等地域文化体系，民族形态丰富多彩，是西南文化产业集聚区的特色和魅力所在。

（3）生态环境良好。长江经济带上游地区地处中国内陆，集高原、山地、盆地、河谷等地貌于一身，地形复杂，生态良好，风景优美，形成了西南地区开发文化产业特有的生态优势。

2. 发展重点

长江经济带上游地区以多元民族文化特色和优美的自然环境为基础，积极发展特色化、差异化、多元化的文化内涵与产业形态；充分依托西南地区地缘优势，成为联结“一带一路”、藏羌彝文化产业走廊、辐射印缅的重要区位节点。重点发展工艺美术产业、文化旅游产业、文化养生产业、文化艺术品产业等具有民族和地域特色的文化产业（见表3）。

表3　长江经济带上游地区文化产业发展重点

省市	发展重点
重庆	• 巩固新闻出版发行、广播影视、文化艺术三个传统核心产业优势地位 • 壮大文化创意设计、文化用品生产、互联网文化服务三大新兴衍生产业 • 培育发展文化旅游、工艺美术、文化会展等后发特色业态 • 实现“三区一带”整体空间发展布局（“三区”指在都市功能核心区打造文化资本聚集区，在都市功能拓展区打造新兴文化拓展区，在城市发展新区打造文化生产配套区；“一带”指在渝东北、渝东南大生态区打造文化生态旅游带）
四川	• 壮大文化旅游产业、出版发行产业、影视产业、演艺娱乐产业和印刷复制产业 • 培育动漫游戏产业、创意设计产业 • 构筑“一核四带”文化产业区域布局（“一核”指成都文化产业核心发展区；“四带”指川西、川中、川南、川东北等四个文化产业特色发展带） • 实施大熊猫、茶文化、酒文化、川盐文化、彩灯文化、川菜文化等特色文化产业发展工程 • 加快藏羌彝文化产业走廊、丝绸之路文化产业带等建设
贵州	• 大力发展民族演艺、音乐、工艺、节庆、出版、广播影视、会展等特色文化产业 • 壮大提升文化艺术、广播影视、新闻出版、休闲娱乐等传统文化产业 • 培育扶持数字出版印刷、绿色印刷、互联网新媒体、三网融合、动漫游戏等新兴文化产业 • 搭建文化产业创意创新、投资融资、展示交易、产业联盟等发展平台
云南	• 推动云南民族文化特色产业与旅游、科技、金融融合发展 • 打造“文化云南”品牌，重点发展新闻传媒业、出版发行印刷业、歌舞演艺业、影视音像业、文化休闲娱乐业、文化信息传输业、文化创意和设计服务业、会展业、“金木土石布”民族民间工艺品业、珠宝玉石业等10大主导产业

资料来源：根据重庆、四川、贵州、云南4省市文化产业发展规划相关资料整理。

（三）长江经济带中游地区

长江经济带中游地区以“长江中游城市群”为核心，包括武汉城市圈、长株潭城市圈、环鄱阳湖城市圈。武汉、长沙、南昌是长江经济带中游地区文化产业发展的核心城市。

1. 发展优势

（1）文化资源丰富。长江经济带中游地区历史悠久，包含荆楚文化、湖湘文化和赣鄱文化等地域文化体系，鄂西、湘西地区还拥有别具特色的土家族、苗族等少数民族文化，文化种类繁多，人文自然景观丰富，拥有多处世界文化遗产和自然遗产。

（2）地理位置优越。长江经济带中游地区位居中国大陆版图中部，拥有独特地缘优势。高速公路网络密集，多条高铁动脉在此交汇，水运、空运条件发展良好，前往华东、华南、华北、西南地区方便快捷，消费市场覆盖范围广阔。

（3）人力资源丰富。长江经济带中游地区是我国高等院校较集中的区域之一，为文化产业发展提供了充足的人才资源。其中，“985 工程”高校有 4 所，“211 工程”高校有 11 所，区内还拥有一批高水平的文化产业科研机构，为该地区文化产业发展提供强有力的智库支持，并输送高水平的人才资源。

2. 发展重点

长江经济带中游地区要充分发挥承东启西的战略地位与区位优势，通过传统产业与新兴产业并举，夯实文化产业发展基础，促进文化产业与关联产业融合发展，重点发展新闻出版产业、影视传媒产业、创意设计产业、文化旅游产业、文化装备制造业等产业业态（见表 4）。

表 4　长江经济带中游地区文化产业发展重点

省市	发展重点
湖北	• 重点发展创意设计、网络文化等新兴业态和新闻出版、广播影视等传统产业 • 发挥襄阳、宜昌副中心的双轮驱动作用，重点发展文化旅游业、工艺美术品业、文化休闲娱乐业、文化用品和专用设备生产等 • 积极融入国家“长江经济带”建设，以长江湖北段为依托，着力发挥长江流域省域中心城市引领作用，建设黄石、黄冈、鄂州、咸宁、荆州等沿江文化产业带 • 鼓励各市（州）县探索发展特色文化产业，打造一批特色文化城市和文化村镇，形成一批非遗传承体验、生态文化旅游、演艺休闲娱乐等特色产业片区和园区

续表

省市	发展重点
湖南	• 重点打造影视传媒产业、新闻出版产业、动漫游戏产业、文化旅游产业、演艺娱乐产业、工艺美术产业、广告会展产业、创意设计产业、印刷复制产业、体育休闲产业、虚拟现实产业等 11 大优势文化产业 • 构建文化产业发展“一核两圈三板块”的总体空间布局（“一核”即长株潭文化产业核心，以长沙市、株洲市、湘潭市为支撑，以“新技术、新平台、新体系、新模式、新业态”为战略导向；“两圈”即协同圈和联动圈，以长沙为中心，按照产业集聚特征和经济辐射半径，分为内环协同圈和外环联动圈；“三板块”即大湘西板块、大湘南板块和环洞庭湖板块、在湖南全省形成三大文化产业发展特色功能区域）
江西	• 打造江西文化产业“三带四板块”的空间布局（“三带”即沪昆高速沿线文化产业增长带、京九铁路沿线文化产业增长带、向莆铁路沿线文化产业增长带；“四板块”即昌九核心板块、赣南等原中央苏区板块、赣东北板块、赣西板块，板块中布局若干个特色产业）

资料来源：根据湖北、湖南、江西 3 省文化产业发展规划相关资料整理。

（四）长江经济带下游地区

长江经济带下游地区文化产业发展以上海市为核心，包括江苏省、浙江省和安徽省。上海、杭州、南京、合肥等是长江经济带下游地区文化产业发展的核心城市。

1. 发展基础

（1）产业基础良好。长江经济带下游地区是中国综合实力最强的区域之一，区位条件优越、自然禀赋优良、经济基础雄厚，拥有较多实力强劲的领军企业，文化产业园区较多，文化资本市场活跃，文化产业领域的投资、并购、上市等资本活动规模较大，频率较高，在文化艺术、广播影视、出版发行、文化科技等方面优势明显。

（2）文化底蕴深厚。长江经济带下游地区文化体系丰富，文化特色鲜明，包含吴越文化、淮扬文化、徽派文化和海派文化等；拥有众多名胜古迹，多处列入世界文化遗产名录；拥有大量非物质文化遗产，开发潜力巨大。

（3）文化人才集聚。长江经济带下游地区拥有“985 工程”高校 8 所，“211 工程”高校 24 所，拥有文化部命名的国家文化产业研究中心 3 个、一批高校或科研院所设有专门研究文化产业的学术机构，为文化产业发展提供智库支持，并输送大量高水平人才。

（4）文化科技高端。长江经济带下游地区是全球重要的先进制造业基地，聚集了大量高新科技企业，拥有国家级文化和科技融合示范基地 8 处。长江经济带下游地区技术革新和创新成果纷纷涌现，数字媒体展示、大数据建设等新兴技术优势推动传统文化产业与科技不断融合。

2. 发展重点

长江经济带下游地区要充分发挥文化产业发展优势，进一步优化产业结构与空间格局，发挥对外文化交流合作的窗口作用，同时加强对中上游地区文化产业梯度转移与辐射带动作用。重点发展文化科技产业、文化传媒产业、创意设计产业、动漫游戏产业、文化旅游产业、文化装备制造业等业态，着重培育一批骨干型、外向型、主导型的具有核心竞争力的文化企业，通过文化产业与关联产业融合发展进一步推动传统产业转型升级（见表 5）。

表 5　长江经济带下游地区文化产业发展重点

省市	发展重点
上海	• 重点发展媒体、艺术、工业设计、建筑设计、时尚产业、网络信息、软件与计算机服务、咨询服务、广告与会展服务、休闲娱乐等十大文化创意产业，培育文化创意产业集群 • 打造具有重要影响力的创新、创意、创业中心 • 建设设计之都、时尚之都、品牌之都 • 推动建设联合国创意城市网络重要节点城市
江苏	• 推进文化与网络、科技、金融深度融合，充分发挥创意设计先导产业作用，进一步壮大传统文化产业 • 抓住国家实施“一带一路”倡议的契机，大力发展特色文化产业，着力发展创意设计、新兴媒体、动漫游戏、演艺娱乐、文化旅游等行业，带动引领相关产业提升质量，加快实现产业结构调整和优化升级，形成与相关产业全方位、深层次、宽领域的融合发展格局 • 建设一批高起点、规模化、代表文化产业发展方向的省级重点文化产业基地（园区），加强规划认定和动态管理 • 重点发展南京、无锡、常州国家广告产业园和国家文化科技融合示范基地，南京、苏州、无锡、常州国家动漫游戏产业基地

续表

省市	发展重点
浙江	● 聚力打造"三区"("三区"指全国文化内容生产先导区、全国文化产业融合发展示范区、全国文化产业新兴业态引领区) ● 构筑"一核三极三板块"的全省文化产业发展格局("一核"指以杭州为中枢的全省文化产业核心;"三极"指以宁波市、温州市、金华市为节点的区域文化产业增长极;"三板块"指浙中北文化内容生产与创意设计板块、浙东沿海沿湾文化产品智造板块、浙西南历史经典与文化旅游板块) ● 带动湖州、嘉兴、绍兴、衢州、舟山、台州、丽水等城市文化产业协同发展
安徽	● 推动出版发行、影视制作、印刷复制等传统产业数字化转型 ● 推动演艺娱乐、工艺美术、文化旅游、展览展示等传统业态产业链延伸 ● 加快发展创意文化产业,培育数字出版、动漫游戏、移动多媒体、网络视听等新型文化业态;推动骨干文化企业多形式兼并重组,支持民营文化企业发展 ● 加快建设国家级文化和科技融合示范基地、数字出版基地、动漫产业基地、广播影视科技创新基地 ● 实施皖版图书、皖产影视、地方戏曲海外推广计划

资料来源：根据上海、江苏、浙江、安徽 4 省市文化产业发展规划相关资料整理。

二　长江经济带文化产业发展存在的突出问题

（一）文化产业竞争力不突出

长江经济带文化与科技融合发展尚处于起步阶段，文化产品的生产以内容制作和内容复制为主，科技创新和文化创意含量较低。文化内涵体现不足，文化产品特色不鲜明，缺少拥有自主知识产权的文化产品，缺少知名文化产业品牌，低端同质化竞争现象明显。文化市场体系尚未健全，文化知识产权交易不充分，文化产业投融资机制不完善。文化产品国际竞争力弱，在国际文化贸易上存在较大逆差，制约了国际文化影响力的提升。

（二）文化产业发展不平衡

长江经济带横跨我国东、中、西部地区，资源、环境、交通、产业基础等发展条件差异较大，地区间发展差距明显，东部文化产业发展水平明显高于中西部地区。产业要素和创意人才向少数中心城市集聚，中小城市文化产业发展乏力，总体水平不高。区域内各省市之间、大城市与中小城市之间、城乡之间的文化产业发展差距出现扩大趋势，区域文化产业发展不平衡现象仍在加剧。

（三）文化产业合作机制不健全

长江经济带缺乏区域文化产业合作机制和整体性、专业性和协调性的大区域合作平台。区域一体化的文化市场体系尚未形成，依然存在阻碍要素合理流动的各种壁垒。文化产业分工协作体系不健全，地方文化产业发展各自为政、低水平重复建设问题较为严重。文化资源保护与利用存在“多龙治水”局面，相关部门权责不清，管理条块分割，缺乏对文化资源的高层次整合，缺乏对区域文化产业发展的分工协作，亟须完善顶层设计。

三　建设长江经济带文化产业带的思路措施

为进一步推进长江经济带发展，贯彻落实《长江经济带发展规划纲要》，将文化产业建设成为国民经济的支柱性产业。优化空间布局，打造长江文化产业带，将长江经济带建设成为具有全球影响力的大河文明带、推进绿色发展的生态文化带、引领转型升级的文化创新带。传承与弘扬长江文明核心价值、创新驱动长江文化产业发展、优化长江文化产业空间格局、构建长江文化产业一体化机制、推动长江文化走出去。

（一）战略定位

长江文化产业带建设以长江经济带发展为基础和依托，通过对长江文明的挖掘、保护、传承与创新，赋予长江经济带文化精神内涵和文化符号价值；通过长江文化产业的发展与繁荣，促进文化产业与相关产业的融合发展，调整长江经济带产业结构、转变增长方式；发挥长江的文化纽带和交通纽带作用，促进文化产业向长江经济带中上游地区梯度转移，实现文化产业在长江流域形成以点带线、以线带面的纵深发展体系；实现长江文化产业带与丝绸之路文化产业带的全面对接与互补，将长江文化产业带建设成为在21世纪引领中华文明全面复兴、提升中华文化软实力和影响力、在人类文明进程中发挥更加积极作用的重要平台。

（二）发展思路

1. 长江文化的保护、传承与创新

长江流域各族人民创造了丰富灿烂的文化遗产，这些文化资源是宝贵的精神财富，同时也是发展文化产业的基础。在长江文化产业带的发展过程中，尤其要注重长江文明所涉及的文化资源的保护、传承与创新，保护长江流域不同区域的民族和地域文化特质，深入挖掘不同区域文化的深层内涵，突出地域文化特色，以公共文化服务和文化产业为载体，传承、创新、弘扬长江文化。

2. 文化产业促进经济转型发展

充分发挥文化创意和设计服务对经济结构“提质升级”的引领作用，着力推进长江文化产业带的文化创意策划、文化产业规划、文化软件服务、建筑设计服务、专业设计服务、广告服务等文创设计服务与装备制造业、消费品工业、建筑业、信息业、旅游业、农业和体育产业等重点领域融合发展，引领长江经济带传统农业向现代农业转型升级，提升农产品的生态与文化附加值。

3. 文化产业梯度的转移与纵深发展

发挥长江黄金水道的文化纽带和交通纽带作用，推动文化产业发展所必需的资金、技术、人才、信息等生产要素资源自由流动，进而带动文化产业从长三角发达地区向长江中游城市群和成渝城市群梯度转移，从一线城市向二、三线城市转移，实现不同区域之间、城乡之间文化产业纵深发展和均衡发展。

4. 塑造区域文化产业发展特色

长江文化产业带横跨藏羌文化、巴蜀文化、荆楚文化和吴越文化四大主题文化区域，具有很强的文化多样性和多元化特征。在长江文化产业带各区域文化产业的发展过程中，应充分依托各区域独具特色的地域文化和民族文化，深入挖掘区域文化的深层文化特质与内涵，凝练具有影响力的文化主题形象和文化符号，塑造各个区域自身的文化产业发展特色。

（三）保障措施

1. 构建文化产业协调发展机制

在制度安排上，成立国家层面的长江文化产业带协调发展委员会，统筹长江文化产业带建设，打破行政区划和地理版图的局限，立足全局、统筹“落子”，通过文化基础设施共建共享，促进文化产业要素和文化产品自由流通，促进文化产业结构调整优化，形成统一开放的文化市场体系。推动文化产业与相关产业联动，融入城市、区域的整体发展进程中。充分借助数字信息技术发展对于文创设计产业的发展机会，促进文化创意和设计服务与相关产业深度融合，催生新技术、新工艺、新产品、新材料，最终形成技术创新、业态创新、内容创新、模式创新和管理创新的孵化器，建立线上与线下文化创意和设计服务相融合的综合体；充分发挥文化创意与设计轻资产的产业特征，建立区域间合作、产业联动的综合体。同时，联动建立以“政府主导、学术领头、基金支持、部门协作、企业操作”为原则的“政产学研一体化”的“融合发展模式”。

2. 充分发挥文化市场作用

文化产业是创意驱动型产业，文化市场的繁荣能充分调动地方、企业、团队和个人的创新、创业和创意的活力。进一步深化文化体制改革和文化国有企业改革，发挥市场在文化资源配置中的决定性作用，释放由市场活力引发的地方文化产业发展活力和文化创意活力。一是要放宽、鼓励并引导民间资本进入文化产业领域，民间资本参与国有文化企业改革，充分激发民间资本在文化产业领域内的积极性和创造性。二是充分释放国有文化企业自身的创新活力，鼓励进行产品创新和商业模式创新，市场活力的释放能够充分带动地方尤其是中西部地区文化产业的发展活力。三是积极鼓励全民创意、创造和创新的活力，建设创新型社会，为文化产品的创意和创新提供最直接的源头，并培养出更高素质与更高水平的文化消费市场群体。

3. 完善文化产业政策

长江文化产业带中上游地区文化产业整体处于小、散、弱的发展态势，规模效益不明显，受到外部文化产品的冲击与竞争威胁较大，需要采取文化政策工具保障文化企业快速成长。一是放宽文化企业的工商注册条件，促进文化资本的流动，为文化企业融资创造便利条件，鼓励并扶持民间资本进入文化产业领域，鼓励发展多样化的文化融资手段。二是积极培育企业的核心竞争能力，对企业所取得的技术专利、知识产权、核心产品与品牌等进行奖励。三是鼓励形成龙头企业和平台企业，采取阶梯式的企业扶持政策，积极扶持有条件的企业采取并购、重组等方式成为行业内的龙头企业和平台企业，发挥这类企业在区域产业中的带动作用。四是利用政府采购政策，地方政府优先购买本地文化产品，通过政府购买扶持本土文化企业快速成长。

参考文献

安徽省人民政府：《安徽省国民经济和社会发展“十三五”规划纲要》，2016 年。

重庆市文化局：《重庆市文化产业“十三五”发展规划》，2016 年。

贵州省发改委：《贵州省国民经济和社会发展“十三五”规划纲要》，2016 年。

《国务院关于推进文化创意和设计服务与相关产业融合发展的若干意见》，2014 年。

湖北省文化厅：《湖北省“十三五”时期文化事业发展规划》，2016 年。

湖南省文化厅：《湖南省“十三五”时期文化改革发展规划纲要》，2016 年。

江苏省文化厅：《江苏省文化厅“十三五”文化发展规划》，2016 年。

江西省文化厅：《江西省文化产业发展“十三五”规划》，2016 年。

上海市文化创意产业推进领导小组办公室：《上海市文化创意产业发展三年行动计划（2016～2018 年）》，2016 年。

四川省发改委：《四川省国民经济和社会发展“十三五”规划纲要》，2016 年。

云南省文化厅：《云南省“十三五”时期文化产业发展规划》，2016 年。

浙江省人民政府办公厅：《浙江省文化产业发展“十三五”规划》，2016 年。

B.15

破解“化工围江”难题的“湖北样本”和“江苏样本”*

叶云岭　黄 成　张冰倩　尹诚明　熊 珊　张 玲**

摘　要： 长江经济带化工产业在全国化工发展格局中占据重要地位。在长江经济带沿线11省市中，湖北省和江苏省化工产业规模位居前列，然而，在化工产业快速发展的同时，“化工围江”难题也日益凸显。湖北省和江苏省先后颁布实施了一系列规

* 基金项目：国家社会科学基金一般项目“推动长江经济带制造业高质量发展研究”（项目编号：19BJL061）。

** 叶云岭，武汉大学经济与管理学院区域经济学专业博士研究生，从事区域经济学研究；黄成，武汉大学中国中部发展研究院区域经济学专业博士研究生，从事区域经济学研究；张冰倩，武汉大学经济与管理学院区域经济学专业硕士研究生，从事区域经济学研究；尹诚明，武汉大学经济与管理学院国际经济与贸易专业本科生，复旦大学大数据学院国际商务专业硕士推免生，从事区域经济学研究；熊珊，中共宜昌市委党校副教授，四川大学区域经济学专业硕士，从事区域经济学研究；张玲，江苏省南京市秦淮区发展和改革委员会规划科科长，武汉大学区域经济学专业硕士，美国奥本大学规划学硕士，从事区域经济学研究。

划与政策，引导化工产业转型升级高质量发展，形成了破解“化工围江”难题的“湖北样本”和“江苏样本”。本报告总结分析了这两个省份的经验，并指出其对推动长江经济带化工产业高质量发展的启示：科学理念引导化工产业绿色发展、规划先行推动化工产业创新发展、政策支持保障化工产业健康发展。

关键词： 长江经济带　化工产业　化工围江　湖北样本　江苏样本

长江拥有独特的生态系统，是我国重要的生态宝库，其河湖水域岸线等生态空间是长江生态系统的重要组成部分。2012～2016 年，长江经济带沿线 11 省市规模以上化学工业企业主营业务收入分别为 48167.85 亿元、53690.08 亿元、57364.78 亿元、58448.5 亿元、61954.85 亿元，呈逐年增长趋势（见表 1）。2016 年，长江经济带沿线 11 省市规模以上化学工业企业主营业务收入占全国的比重为 48.58%。在化工产业高速发展的同时，废水、化学需氧量、氨氮等污染物的排放严重威胁长江经济带生态安全。2016 年，长江经济带沿线 11 省市废水排放总量为 341.53 亿吨，占全国的比重为 48.02%；化学需氧量排放量为 506.55 万吨，占全国的比重为 48.42%；氨氮排放量为 67.41 万吨，占全国的比重为 47.54%。长江沿线已形成近 600 公里的岸边污染带，约 60% 的水体都受到不同程度的污染，多种重金属严重超标。化学污染物的排放严重危害长江经济带生态安全，造成“化工围江”困局。

2018 年 4 月 26 日，习近平总书记在深入推动长江经济带发展座谈会上指出，长期以来，长江沿岸重化工业高密度布局，是我国重化工产业的集聚区，沿江产业发展惯性较大，污染物排放基数大，“化工围江”问题突出。湖北省和江苏省规模以上化学工业的规模在长江经济带位居前列，两省近年来就破解“化工围江”难题积极探索，成效显著。

表1　2012～2016年长江经济带沿线11省市规模以上化学工业企业主营业务收入

单位：亿元

地区	2012年	排名	2013年	排名	2014年	排名	2015年	排名	2016年	排名
上海	3560.64	8	3731.62	8	3799.33	9	3565.36	10	3633.46	11
江苏	17827.35	1	20059.03	2	21355.37	2	22116.90	2	23905.66	2
浙江	10015.50	3	10800.65	3	11180.20	3	10357.37	4	10495.50	4
安徽	2627.39	13	3057.81	13	3332.97	12	3593.71	9	3981.68	9
江西	2186.41	14	2497.82	14	2890.85	14	3101.62	13	3398.40	13
湖北	3585.79	7	4328.69	7	4938.39	6	5220.72	6	5366.05	6
湖南	2794.30	12	3161.83	12	3311.65	13	3495.61	12	3626.27	12
重庆	1004.77	18	1119.91	18	1266.51	18	1366.61	20	1481.09	19
四川	2972.84	10	3195.74	11	3389.69	11	3513.63	11	3905.60	10
贵州	682.01	24	830.07	24	968.97	21	1148.34	21	1247.16	21
云南	910.85	20	906.91	21	930.85	22	968.63	22	913.98	23
长江经济带	48167.85	—	53690.08	—	57364.78	—	58448.50	—	61954.85	—

注：排名为全国排名。

资料来源：整理自《中国统计年鉴》（2013～2017）、《中国工业统计年鉴》（2013～2017）。

一　破解“化工围江”难题的“湖北样本”

（一）湖北省化学工业发展概况

湖北省地处长江中游，拥有1061公里长江岸线，是拥有长江干线最长的省市。自改革开放以来，湖北省化学工业快速发展，形成了以农用化工、基本化工原料、橡胶加工、石油化工等行业为主体，化工科研、教育、安装施工相互配套的生产建设体系。2016年，湖北省多种化工产品产量排名领先。其中，苯甲酸、季戊四醇、对位酯产量居世界第1位，活性染料产量居亚洲第1位，磷矿石、化肥、磷肥、磷酸一铵、精细磷酸盐、氯化苄、苯甲醇产量居全国第1位。

《湖北统计年鉴》（2018年）显示，2017年，湖北省化学工业主营业务收入为5375亿元，占长江经济带的比重为12.97%，居长江经济带沿线11省市第3位、全国第6位。截至2018年6月，湖北省共有化工园区58个，主要分布在武汉、宜昌、襄阳、荆门、黄冈、潜江、仙桃等地；共有化工企业1021家，其中，园区外化工企业456家，园区内565家，化工企业入园率为55.34%；沿江1公里范围内化工企业105家，沿江1~15公里范围内化工企业455家。

化学工业为湖北省经济社会发展做出巨大贡献，但由于产业技术落后、园区布局分散、装备技术水平较低，以及环保安全标准执行不严等，部分化工企业偷排或超标排污等问题时有发生，一些地区化工产业与城市发展开始由共生走向互斥。2013~2017年，湖北省“三废”排放量较高，其中，工业废水排放量波动上升，2017年呈下降趋势，工业二氧化硫排放量、工业烟（粉）尘排放量总体呈下降趋势，工业固体废物产生量基本持平。粗放式发展导致“化工围江”问题突出，成为化学工业可持续发展的瓶颈（见表2）。

表2　2013~2017年湖北省工业“三废”排放量

单位：万吨

年份	工业废水排放量	工业二氧化硫排放量	工业烟(粉)尘排放量	工业固体废物产生量
2013	77354	50	28	8181
2014	78183	41	31	8006
2015	76394	45	28	7750
2016	182058	17	20	8193
2017	151184	11	14	8112

资料来源：整理自《湖北统计年鉴》(2014~2018年)、《中国城市统计年鉴》(2014~2018年)。

（二）湖北省破解“化工围江”难题的实践进展

为做好环境保护、生态修复、绿色发展“三篇文章”，湖北省积极践行“绿水青山就是金山银山”理念，贯彻落实“共抓大保护，不搞大开发”指示精神，着力破解“化工围江”难题。

1. 加强顶层设计

湖北省先后出台一系列发展规划与政策，推动化学工业转型升级和绿色发展（见表3）。2017年，湖北省委、省政府出台的《湖北长江经济带生态保护和绿色发展总体规划》从源头上立起湖北长江经济带生态保护和绿色发展的规矩。2017年11月13日，湖北省发改委发布《湖北长江经济带产业绿色发展专项规划》，强调破解重化工等污染型产业沿江布局困境，推动长江经济带产业绿色发展。2018年4月16日，湖北省政府发布的《湖北省工业经济稳增长快转型高质量发展工作方案（2018—2020年）》指出传统制造业要以绿色化改造为目标，实现工业绿色转型。2018年12月17日，湖北省政府办公厅发布的《支持全省沿江化工产业转型升级实施意见》进一步强调化工产业要以产品高端化、生产集约化、产业绿色化为目标，推进化工产业高质量发展。

表3　湖北省有关化学工业绿色发展的规划与政策

文件名称	主要相关内容
《湖北省水污染防治行动计划工作方案》(湖北省政府办公厅2016年1月10日颁布)	•到2020年,全省水环境质量得到阶段性改善 •到2030年,全省水环境质量明显改善,水生态系统功能基本良好 •到2050年,全省水环境质量全面改善,生态系统实现良性循环
《省人民政府关于进一步加强危险化学品安全生产工作的意见》(湖北省政府2016年5月24日颁布)	•重点监管“两重点一重大”(重点监管危险化工工艺、重点监管危险化学品、重大危险源)危险化学品企业 •建立化工园区产业升级与退出机制 •新建化工项目必须进园区
《省人民政府办公厅关于促进全省石化产业转型升级绿色发展的实施方案》(湖北省政府办公厅2016年11月4日颁布)	•加快发展精细化工,培育壮大先进化工新材料 •优化石化产业园区布局,建立石化产业园区产业升级与退出机制 •城镇人口密集区的危险化学品生产企业搬迁改造 •加快淘汰落后化工产能 •“三废”处置全面落实减量化、无害化、资源化要求
《湖北长江经济带生态保护和绿色发展总体规划》(湖北省委、省政府2017年颁布)	•维护长江水生态安全、提升生态系统综合服务能力、加强生态保护制度建设 •强化生态红线约束和资源总量约束 •发展绿色智能交通、推动产业融合发展
《湖北长江经济带产业绿色发展专项规划》(湖北省发改委2017年11月13日颁布)	•2018年底前,全面启动城镇人口密集区和化工园区外的所有危险化学品生产企业搬迁改造,2025年底前完成 •2020年底前,完成中小型企业和存在重大风险隐患的大型企业的搬迁改造 •2025年底前,完成其他大型和特大型企业搬迁改造

续表

文件名称(颁布机构、时间)	主要相关内容
《湖北省危险化学品生产企业搬迁改造实施方案》(湖北省政府办公厅 2017 年 12 月 31 日颁布)	• 到 2020 年,战略性新兴产业占比明显提高,能源利用效率、资源利用水平、清洁生产水平大幅提升,绿色产业发展体系初步建立 • 到 2030 年,绿色发展产业体系全面建成,湖北成为长江经济带的绿色增长极
《湖北省工业经济稳增长快转型高质量发展工作方案(2018—2020 年)》(湖北省政府 2018 年 4 月 16 日颁布)	• 到 2020 年,绿色制造水平明显提升,能耗、水耗、污染物排放强度显著下降 • 全面推进危化品企业搬迁 • 加强化学工业固体废物综合利用,加大工业园区循环化改造力度,发展循环经济
《湖北省沿江化工企业关改搬转工作方案》(湖北省政府 2018 年 6 月 8 日颁布)	• 对于不符合规划或安全环保条件、存在环境污染风险的化工企业,一律实施关停或入园、改造升级 • 2020 年底前,完成沿江 1 公里范围内化工企业"关改搬转" • 2025 年底前,完成沿江 1 ~ 15 公里范围内的化工企业"关改搬转"
《关于印发湖北省化工园区确认指导意见的通知》(湖北省发改委、环保厅、住建厅、安监局 2018 年颁布)	• 明确化工园区规划布局、申请设立、调规扩容、产业规划、基础设施、安全环保条件 • 高标准高质量推进化工园区建设
《支持全省沿江化工产业转型升级实施意见》(湖北省政府办公厅 2018 年 12 月 17 日颁布)	• 推动化工产业产品高端化、生产集约化、产业绿色化 • 促进全省沿江化工企业安全环保达标升级、入园集群发展 • 对化工企业"关改搬转"加大财税政策支持、金融政策支持、土地政策支持,强化安全环保监管,妥善化解各类风险

资料来源：整理自湖北省人民政府网站。

2. 组建工作专班

2017 年 12 月 31 日，湖北省政府办公厅发布《湖北省危险化学品生产企业搬迁改造实施方案》，成立省推进危险化学品生产企业搬迁改造工作领导小组和攻坚指挥部，明确由分管副省长任组长，省经信委和省安监局主要负责人任副组长，领导小组办公室设在省经信委。

2018 年 6 月 8 日，湖北省政府颁布《湖北省沿江化工企业关改搬转工作方案》，根据其要求，成立全省沿江化工企业关改搬转专项战役指挥部，将沿江化工企业"关改搬转"工作纳入省推进危险化学品生产企业搬迁改造工作领导小组和攻坚指挥部统筹管理，明确省经信委、省发改委确定为牵头单位，各地市州承担“关改搬转”工作主体责任，领导小组办公室设在省经信委。

3. 分类实施“关改搬转”

2018 年 6 月 8 日，湖北省政府出台的《湖北省沿江化工企业关改搬转工作方案》明确 2020 年、2025 年底前分别完成沿江 1 公里范围内化工企业“关改搬转”、沿江 1～15 公里范围内的化工企业“关改搬转”，为破解“化工围江”难题列出时间表，绘出路线图。

2018 年 12 月，湖北省沿江化工企业关改搬转专项战役指挥部发布的《湖北省沿江化工企业关改搬转任务清单》针对不同化工企业的实际情况，列出 2018～2025 年化工企业“关改搬转”的具体任务清单（见表 4）。

表 4　2018～2025 年湖北省化工企业“关改搬转”目标任务

单位：家

整治类型	2018 年	2019 年	2020 年	2021～2025 年	共计
关停	26	10	25	5	66
改造	55	38	55	90	238
搬迁	8	30	58	25	121
转产	12	13	19	10	54

资料来源：整理自《湖北省沿江化工企业关改搬转任务清单》。

截至 2018 年 12 月，湖北省已完成 101 家化工企业“关改搬转”任务，其中，关闭化工企业 26 家，改造 56 家，搬迁 7 家，转产 12 家，全面完成 2018 年化工企业“关改搬转”目标任务。

4. 提升化工产业安全水平

2016 年 5 月 24 日，《省人民政府关于进一步加强危险化学品安全生产工作的意见》明确要求重点监管危险化工工艺、危险化学品和重大危险源，提升化工产业安全水平。2017 年 12 月 31 日，湖北省政府办公厅发布的《湖北省危险化学品生产企业搬迁改造实施方案》清晰地列出全省 144 家危险化学品生产企业搬迁改造任务清单，全面启动危险化学品生产企业搬迁、改造、关闭、转产工作。截至 2019 年 8 月，湖北省已基本完成人口密集区危险化学品生产企业搬迁改造工作。

2019 年 3 月 21 日，江苏省响水县天嘉宜化工有限公司“3·21”特大爆炸事故发生后，湖北省汲取经验教训，陆续发布一系列关于化工产业安全整治的紧急通知和实施方案（见表 5）。

表 5　2019 年湖北省关于提升化工产业安全水平的紧急通知和实施方案

名称	发布机构	发布时间	主要内容
《省安委办关于认真吸取江苏响水县天嘉宜化工有限公司“3·21”爆炸事故教训切实做好化工（危化品）安全生产工作的紧急通知》	湖北省安全生产委员会办公室	2019 年 3 月 22 日	•强化监管危险化学品安全生产 •化工企业增强主体责任意识 •进行重点工艺和重大危险源企业的排查
《湖北省开展危险化学品等重点行业领域安全生产专项执法检查实施方案》	湖北省安全生产委员会办公室、应急管理厅	2019 年 4 月 4 日	•开展危险化学品执法检查 •对化工园区安全风险进行评价检查
《关于加强全省沿江化工和危险化学品生产企业安全管理工作的紧急通知》	湖北省推进危化品生产企业搬迁改造攻坚指挥部办公室、沿江化工企业关改搬转专项战役指挥部办公室	2019 年 4 月 15 日	•对化工园区进行风险评估 •对危险化学品生产企业搬迁进行执法检查 •对任务清单中的化工企业“一企一策”实施方案中安全管理相关内容进行审核评估

资料来源：整理自湖北省应急管理厅官方网站。

5. 提高化工园区规范标准

2018 年，湖北省发改委、环保厅、住建厅、安监局发布的《关于印发湖北省化工园区确认指导意见的通知》为化工园区制定出明确的安全要求、环保要求、执行标准，要求全省各地市州对化工园区进行考核和认定，省发改委定期进行复审。截至 2019 年 8 月，湖北省共认定合规化工园区 22 家，其中，武汉市 1 家、十堰市 1 家、宜昌市 6 家、襄阳市 3 家、荆门市 1 家、孝感市 1 家、黄冈市 4 家、仙桃市 3 家、潜江市 2 家（见表 6）。

表6 湖北省合规化工园区

所在城市	化学工业园区
武汉市(1家)	武汉化工园区
十堰市(1家)	湖北竹溪金铜岭化工园
宜昌市(6家)	湖北枝江经济开发区姚家港化工园
	湖北宜都化工园
	远安县万里化工工业园
	湖北兴山经济开发区白沙河化工园
	湖北兴山经济开发区六草坡化工园
	猇亭化工园区
襄阳市(3家)	枣阳市化工工业园区
	襄城经济开发区(含余家湖保康工业园)
	老河口市陈埠组团(科技产业园)
荆门市(1家)	荆门化工循环产业园
孝感市(1家)	云梦县盐化工产业园
黄冈市(4家)	黄冈市黄州区火车站经济开发区黄冈化工园
	武穴市田镇“两型”社会建设循环经济试验区
	武穴市经济开发区火车站工业园广济生物产业园
	湖北罗田经济开发区化工企业集中区
仙桃市(3家)	仙桃高新区新材料产业园
	仙桃高新区何坝化工园
	仙桃高新区钛工业园
潜江市(2家)	潜江国家高新区·泽口工业园(原潜江经济开发区)
	潜江国家高新区·江汉工业园(原江汉盐化工业园)

资料来源：整理自《关于印发湖北省化工园区确认指导意见的通知》等相关资料。

通过一系列有效措施，湖北省化工产业高质量发展初显成效，生态环境逐步改善。2018年，湖北省规模以上化学工业增加值增长8.2%，利润增长22.9%，分别高于全省工业增速1.1个、10.9个百分点。PM10累计浓度均值、PM2.5累计浓度均值分别为69微克/米^3、43微克/米^3，同比下降8.2%、8.0%，达到国家相关要求；水环境质量呈持续改善趋势，在纳入国家考核的114个水质断面中，水质优良断面有95个，所占比重为83.3%，劣V类水质断面仅有2个，所占比重为1.8%。

（三）宜昌样本

湖北省宜昌市有130公里的长江岸线，磷矿资源丰富，是全国五大磷矿基地之一、长江流域最大的磷矿基地。化工产业是宜昌市的支柱产业和首个产值过千亿元的产业。然而，由于“三废”排放量较高，生态环境保护压力巨大，宜昌市陷入“化工围江”困局。

宜昌市从2016年起启动长江生态治理“宜昌试验”，出台《宜昌化工产业专项整治及转型升级三年行动方案》《宜昌市化工产业绿色发展规划（2017—2025年）》《宜昌市化工产业项目入园指南》等一系列关于化学工业绿色发展规划与政策，加强规划引领、组建工作专班、优化产业布局、完善政策配套多措并举，破解“化工围江”难题取得显著成效（见表7）。2018年，宜昌市空气质量优良天数达到274天，同比增加16天，PM10、PM2.5浓度分别下降12.5%、8.6%，国考、省考断面水质保持优良。

表7　宜昌市破解“化工围江”难题的主要经验做法

经验做法	主要内容
加强规划引领	•引导全市134家化工企业根据不同情况分类施策，进行“关改搬转” •以安全环保标准倒逼34家化工企业关停 •以市场机制推动57家企业自主改造 •以政策资金扶持引导36家企业搬迁 •以政策资金引领7家化工企业转产改造升级
组建工作专班	•宜昌市政府成立由市长任组长、分管副市长任副组长的工作领导小组，各部门和区县设立相应领导机构和专班，明确工作责任
优化产业布局	•按照优化提升区、控制发展区、整治关停区、禁止发展区四类不同发展类型，对全市化工产业布局进行调整 •促进化工产业向上下游产业链延伸，构筑循环对接、互补发展的产业链条，实现园区内部循环发展和集群发展
完善政策配套	•宜昌市政府3年设立10亿元化工产业转型升级引导基金，每年统筹安排2亿元省级沿江化工企业“关改搬转”专项资金，引导30亿元化工产业股权投资基金，为化工产业转型升级提供信贷支持

资料来源：整理自相关资料。

二　破解“化工围江”难题的“江苏样本”

（一）江苏省化学工业发展概况

江苏省地处长江下游，南北横跨长江，拥有800公里长江岸线。依托长江独特的资源优势，化学工业发展成为江苏省重要的基础性产业和支柱性产业，形成以长江为中轴线向苏南、苏北两侧延伸的化学工业格局。江苏省基础化学原料制造业、化学农药制造业、涂料、合成树脂及其共聚物制造业产量位居全国首位。

根据《江苏统计年鉴》（2018年），2017年，江苏省化学工业主营业务收入为17602亿元，占长江经济带的比重为42.47%，在全国排名第二，在长江经济带11省市中排名第一；化工企业超过6000家，规模以上化工企业4069家，占长江经济带的比重为32.33%，居长江经济带11省市之首。

长江岸线集中了大量化工企业，使得资源环境承载能力饱和。2013～2017年，江苏省“三废”排放量较高，其中，工业废水排放量、工业二氧化硫排放量、工业烟（粉）尘排放量总体呈下降趋势，工业固体废物产生量呈上升趋势。2017年，江苏省工业废水排放量为151184万吨，居长江经济带首位，长江江苏段水质降为Ⅲ类（见表8）。

表8　2013～2017年江苏省工业“三废”排放量

单位：万吨

年份	工业废水排放量	工业二氧化硫排放量	工业烟（粉）尘排放量	工业固体废物产生量
2013	220558	91	46	10856
2014	204888	87	72	10925
2015	204917	81	61	10701
2016	182058	52	43	11649
2017	151184	19	33	12003

资料来源：整理自《中国城市统计年鉴》（2014～2018年）。

（二）江苏省破解“化工围江”难题的实践进展

近年来，江苏省接连开展了一系列化工整治行动，以安全第一、生态优先、绿色发展为理念，推动化工产业转型升级和高质量发展。

1. 加强顶层设计

江苏省先后出台了一系列发展规划与政策，推动化学工业转型升级和绿色发展（见表9）。2016 年 10 月 19 日，《省政府关于深入推进全省化工行业转型发展的实施意见》提出发展四大领域化工产业，并严格贯彻“三个一律不批”，为化工产业转型升级、绿色发展指明方向、划出红线。2018 年 8 月 7 日，江苏省委办公厅、省政府办公厅发布《关于加快全省化工钢铁煤电行业转型升级高质量发展的实施意见》，进一步明确化工园区和化工企业发展的“负面清单”，为化工企业转型升级、高质量发展明晰方向。2019 年 4 月 27 日，江苏省政府办公厅颁布《江苏省化工产业安全环保整治提升方案》，提出深刻汲取响水天嘉宜化工有限公司“3·21”特大爆炸事故教训，统筹兼顾安全环保整治与产业转型的关系，大幅压缩化工园区和化工企业数量。

2. 组建工作专班

2017 年 1 月 7 日，《省政府办公厅关于开展全省化工企业“四个一批”专项行动的通知》提出组成多部门联合工作组，建立联席会议制度，由分管副省长作为召集人，省经信委、环保厅等 27 个部门作为联席会成员，联席会议办公室设在省经信委。

表 9　江苏省有关化学工业绿色发展的规划与政策

文件名称（颁布机构、时间）	主要相关内容
《省政府关于深入推进全省化工行业转型发展的实施意见》（江苏省政府 2016 年 10 月 19 日颁布）	• 发展“四大化工产业”（即一体化石油化工、化工新材料、高端专用化学品、化工节能环保产业） • 贯彻“三个一律不批”（即一律不批新的化工园区，一律不批化工园区外化工企业，一律不批化工园区内环境基础设施不完善或长期不能稳定运行企业的新改扩建化工项目） • 严禁长江干流及主要支流岸线 1 公里范围内布局化工产业 • 2020 年底前，化工企业入园率不低于 50%

续表

文件名称（颁布机构、时间）	主要相关内容
《“两减六治三提升”专项行动方案》（江苏省委、省政府2016年12月1日颁布）	•到2020年，全省化工企业数量大幅减少 •到2020年，化工行业主要污染物排放总量大幅减少 •到2020年，化工企业入园率不低于50%
《省政府办公厅关于开展全省化工企业“四个一批”专项行动的通知》（江苏省政府办公厅2017年1月7日颁布）	•对全省所有化工生产企业、危险化学品经营仓储企业、港区范围内危险化学品仓储企业和码头开展“四个一批”专项行动
《江苏省危险化学品安全综合治理实施方案》（江苏省政府办公厅2017年1月23日颁布）	•化工行业安全风险得到管控 •基本完成人口密集区危险化学品生产企业的搬迁改造工作 •淘汰低端落后化工产能
《江苏省推进城镇人口密集区危险化学品生产企业搬迁改造实施方案》（江苏省政府办公厅2018年1月12日颁布）	•到2025年，完成全省所有中小型人口密集区危险化学品生产企业、存在重大风险隐患的大型人口密集区危险化学品生产企业的搬迁改造工作
《关于加快全省化工钢铁煤电行业转型升级高质量发展的实施意见》（江苏省委办公厅、省政府办公厅2018年8月7日颁布）	•严禁在长江干流及主要支流岸线1公里范围内新建化工园区和化工企业 •鼓励1公里范围内化工企业搬离 •对排放不达标的1公里范围内化工园区和化工企业依法关停
《中共江苏省委江苏省人民政府关于全面加强生态环境保护坚决打好污染防治攻坚战的实施意见》（江苏省委办公厅、省政府办公厅2018年10月7日颁布）	•加快淘汰落后化工产能 •构建绿色技术创新体系，推进制造业绿色化、生态化改造 •打赢蓝天、碧水、净土保卫战
《省政府办公厅关于江苏省化工园区（集中区）环境治理工程的实施意见》（2019年2月3日颁布）	•到2020年底，化工园区环保基础设施和企业污染排放全面达标 •园区环境绩效评价达到80分以上
《江苏省化工产业安全环保整治提升方案》（江苏省政府办公厅2019年4月27日颁布）	•提升化工行业本质安全水平 •优化化工产业布局，破解“化工围江”难题 •淘汰低端落后化工产能

续表

文件名称（颁布机构、时间）	主要相关内容
《江苏省长江保护修复攻坚战行动计划实施方案》（江苏省政府办公厅 2019 年 6 月 10 日颁布）	• 严禁在长江干支流 1 公里范围内新建化工园区和化工企业 • 长江干支流 1 公里范围内且在化工园区外的化工企业在 2020 年底前全部搬迁或退出 • 到 2020 年底，全省化工企业入园率不低于 50%

资料来源：整理自江苏省人民政府网站。

2018 年 8 月 7 日，江苏省委办公厅、省政府办公厅发布《关于加快全省化工钢铁煤电行业转型升级高质量发展的实施意见》，根据其要求提出由省分管领导牵头，省发改委等部门组成工作专班。

2019 年 4 月 27 日，江苏省政府办公厅发布《江苏省化工产业安全环保整治提升方案》，根据其要求组建省化工产业安全环保整治提升领导小组，由分管副省长任组长，省发改委、工信厅等多个部门单位为成员，领导小组办公室设在省工信厅，定期督查通报各地化工产业安全环保整治提升进展。

3. 出台行动方案

2016 年 12 月 1 日，江苏省委、省政府发布《“两减六治三提升”专项行动方案》，在全省范围内正式启动“两减六治三提升”（简称“263”）专项行动。2017 年 1 月 7 日，《省政府办公厅关于开展全省化工企业“四个一批”专项行动的通知》针对化工产业实行“四个一批”专项行动。江苏省以“263”专项行动、“四个一批”专项行动为路径，推动化工企业高端、绿色、安全发展（见表 10）。

表 10　江苏省“263”专项行动、“四个一批”专项行动主要内容

专项行动	主要内容
“263”专项行动	•“两减”：减少煤炭消费总量、减少落后化工产能 •“六治”：治理太湖及长江流域水环境、生活垃圾、黑臭水体、畜禽养殖污染、挥发性有机物、环境隐患 •“三提升”：提升生态保护水平、环境经济政策调控水平、环境执法监管水平

续表

“四个一批”专项行动	● 关闭一批：对生产工艺装备、产品落后的，安全环保不达标的化工企业，予以取缔关闭 ● 转移一批：对城市人口密集区的危险化学品生产企业，不符合主体功能定位的化工企业，化工园区以外的化工企业，加快搬迁转移 ● 升级一批：对产品质量不稳定、安全环保风险高、采用毒害原料、高能耗的化工企业，支持改造升级 ● 重组一批：对有条件、有实力、管理能力较强的化工企业，推动重组转型

资料来源：整理自《“两减六治三提升”专项行动方案》《省政府办公厅关于开展全省化工企业“四个一批”专项行动的通知》。

2017 年，江苏省关停化工企业 1421 家、转移化工企业 16 家、升级化工企业 461 家、重组化工企业 99 家（见表 11），化工企业入园率由 2016 年的 30% 提升至 38%。2018 年，江苏省关停化工企业 750 家、转移化工企业 54 家、升级化工企业 950 家、重组化工企业 174 家，化工企业入园率由 2017 年的 38% 提升至 43%。

表 11　2017 ~ 2020 年江苏省关停、转移、升级、重组化工企业及目标任务

单位：家

整治类型	2017 年	2018 年	2019 ~ 2020 年	总目标任务
关停	1421	750	0	2077
转移	16	54	202	272
升级	461	950	2916	4327
重组	99	174	423	696

资料来源：根据《省政府办公厅关于开展全省化工企业“四个一批”专项行动的通知》《关于下达 2018 年全省化工企业“四个一批”专项行动目标任务的通知》等相关资料整理。

对总目标任务进行分解可见，2019 ~ 2020 年，江苏省已完成化工企业关停任务，还需转移化工企业 202 家、升级化工企业 2916 家、重组化工企业 423 家。可见，2017 ~ 2018 年，江苏省对化工企业进行“铁腕治理”，提前完成化工企业关停任务，但是对化工企业升级、重组的引导和支持力度有待加强。

4. 明确园区评价标准

2018年8月7日，江苏省委办公厅、省政府办公厅颁布的《关于加快全省化工钢铁煤电行业转型升级高质量发展的实施意见》提出“江苏省化工园区规范发展综合评价指标体系”，设置规划发展、规范管理、安全生产、环境保护、基础建设5个一级指标和规划布局等18个二级指标，明确了化工园区规范发展综合评价标准（见表12）。

表12　江苏省化工园区规范发展综合评价指标体系

一级指标	二级指标
规划发展 A_1（20分）	园区布局满足生态保护红线管控要求并符合城市总体规划（一票否决）
	规划布局 A_{11}（6分）
	经济发展 A_{12}（5分）
	绿色发展 A_{13}（5分）
	产业耦合 A_{14}（4分）
规范管理 A_2（20分）	有园区管理机构（一票否决）
	园区管理 A_{21}（12分）
	项目管理 A_{22}（8分）
安全生产 A_3（25分）	未发生安全生产事故（一票否决）
	风险防控 A_{31}（13分）
	应急能力 A_{32}（12分）
环境保护 A_4（25分）	未发生重特大环保安全事故或环境污染事件，且不存在恶意违法或造成恶劣影响的行为（一票否决）
	环境质量 A_{41}（1分）
	污染强度 A_{42}（6分）
	污染防治 A_{43}（12分）
	监测监控 A_{44}（6分）
基础建设 A_5（10分）	五个一体化（产业发展、安全环保、公用设施、物流输送、管理服务一体化）A_{51}（5分）
	两化融合 A_{52}（5分）

资料来源：整理自《江苏省化工园区规范发展综合评价指标体系》。

2019年2月3日，《省政府办公厅关于江苏省化工园区（集中区）环境治理工程的实施意见》提出“江苏省化工园区（集中区）环境绩效评价体系”，设置废水的收集与处理、废气的收集与处理、危废的收集与处理、能源清洁化利用能力、环境监测监控能力、园区管理水平 6 个一级指标和企业废水收集等 14 个二级指标，对园区进行综合考评、量化打分，倒逼部分化工园区和化工企业主动关停转型（见表 13）。

表 13　江苏省化工园区（集中区）环境绩效评价体系

一级指标	二级指标
A:废水的收集与处理(24 分)	A1:企业废水收集(5 分)
	A2:企业废水预处理系统(5 分)
	A3:园区废水收集系统(5 分)
	A4:园区集中污水处理厂(7 分)
	A5:园区雨水收集系统(2 分)
B:废气的收集与处理(22 分)	B1:园区废气治理与管理(6 分)
	B2:企业废气收集与治理(16 分)
C:危废的收集与处理(18 分)	C1:危险废物收运体系(6 分)
	C2:危险废物利用处置系统(12 分)
D:能源清洁化利用能力(4 分)	D1:集中供热及能源清洁化(4 分)
E:环境监测监控能力(15 分)	E1:监测能力(7 分)
	E2:监控能力(8 分)
F:园区管理水平(17 分)	F1:污染综合治理水平(7 分)
	F2:环境管理水平(10 分)

资料来源：整理自《江苏省化工园区（集中区）环境绩效评价体系》。

5. 提升园区发展水平

2018 年 8 月 7 日，江苏省委办公厅、省政府办公厅颁布《关于加快全省化工钢铁煤电行业转型升级高质量发展的实施意见》，提出坚决取消不达标化工园区，建立化工园区市场退出机制，提升化工园区发展水平。

2019 年 2 月 3 日，《省政府办公厅关于江苏省化工园区（集中区）环境治理工程的实施意见》指出严格化工产业项目准入和环境治理标准，倒逼化工园区提高环保水平，并在附件中列出了江苏省 53 家化工园区（集中区）名录（见表 14）。

表 14　江苏省 53 家化工园区（集中区）名录

序号	所在城市	园区名称
1	南京市(1 家)	南京化学工业园区
2	徐州市(4 家)	新沂化工产业集中区
3		邳州经济开发区化工产业集中区
4		徐州睢宁桃岚化工园区
5		徐州工业园区(贾汪)
6	无锡市(6 家)	江阴高新技术产业开发区化工集中区
7		江阴临港经济开发区石化新材料产业园
8		江阴临港经济开发区利港化工园区
9		宜兴市化学工业园
10		宜兴市官林化工集中区
11		锡山经济开发区新材料产业园
12	常州市(5 家)	常州滨江经济开发区新港片区
13		金坛经济开发区盐化工区
14		金坛市*金城镇培丰化工集中区
15		溧阳市南渡新材料工业集中区
16		武澄工业园
17	苏州市(9 家)	吴中经济技术开发区化工集中区
18		苏州浒东化工集中区
19		江苏省常熟经济开发区(东区)化工集中区
20		昆山市千灯精细化工区
21		常熟新材料产业园
22		江苏扬子江国际化学工业园
23		张家港飞翔化工集中区
24		太仓港区化工园区
25		吴江经济技术开发区化工集中区
26	南通市(6 家)	南通经济技术开发区化工片区
27		海门灵甸工业集中区(海门灵甸工业集中区青龙片区)
28		启东经济开发区精细化工园区
29		如东沿海经济开发区洋口化学工业园
30		江苏海安经济开发区精细化工园
31		如皋港化工新材料产业园

续表

序号	所在城市	园区名称
32	连云港市(4家)	连云港徐圩新区化工产业集中区(连云港市徐圩新区板桥片区)
33		灌云县临港产业区
34		连云港市(堆沟港)化学工业园
35		柘汪临港产业区
36	淮安市(3家)	淮安盐化新材料产业园区
37		淮安市洪泽经济开发区化工集中区
38		涟水县薛行化工园区
39	盐城市(4家)	江苏滨海经济开发区沿海工业园
40		大丰港石化新材料产业园
41		阜宁高新技术产业园
42		响水生态化工园区
43	扬州市(1家)	扬州化学工业园
44	镇江市(3家)	镇江新区新材料产业园
45		江苏省丹徒经济开发区
46		索普化工基地
47	泰州市(5家)	姜堰经济开发区化工园区
48		泰州滨江工业园区
49		靖江经济开发区新港工业园
50		泰兴经济开发区
51		泰州高永化工集中区
52	宿迁市(2家)	沭阳循环经济产业园
53		宿迁生态化工科技产业园

注：*金坛市已改为金坛区。

资料来源：整理自《省政府办公厅关于江苏省化工园区（集中区）环境治理工程的实施意见》。

2019年5月23日，江苏省化工产业安全环保整治提升领导小组办公室发布《关于全省化工园区规范发展综合评价情况的通报》，对全省50个化工园区规范发展进行综合评价①。

① 在《省政府办公厅关于江苏省化工园区（集中区）环境治理工程的实施意见》发布的53家化工园区中，常州市的金坛市金城镇培丰化工集中区、武澄工业园，泰州市的靖江经济开发区新港工业园3个园区未参与综合评价。

2019 年 4 月 27 日，江苏省政府办公厅发布《江苏省化工产业安全环保整治提升方案》，进一步强调：对化工园区进行再评价，压减化工园区数量和化工企业数量；2019 年底前实现化工园区封闭管理，2020 年底前实现整体封闭管理。

随着破解“化工围江”难题实践的不断深入，江苏省化工产业正逐步迈向高端化、绿色化。截至 2018 年 12 月，江苏省有 1926 家化工企业分布在园区内，2354 家化工企业分布在园区外，化工企业入园率为 45%，更加接近 2020 年入园率达到 50% 的目标；化工园区对化工行业主营业务收入总额贡献率为 65%，提前实现 2020 年贡献率达到 65% 的目标；全省 53 家化工园区中年销售收入 1000 亿元以上的有 5 家，年销售收入 500 亿元以上的有 20 家，园区专业化、智能化、绿色化建设水平明显提升。在中国石油和化学工业联合会公布的 2019 年中国化工园区 30 强名单中，江苏省占据 8 席。2018 年，江苏省 PM2.5、PM10、二氧化硫、二氧化氮和一氧化碳浓度同比有所下降，臭氧浓度同比持平；江苏省长江流域水质总体为轻度污染，国考断面水质优Ⅲ类、劣Ⅴ类比例分别为 68.3%、1.0%，达到国家年度考核目标。

（三）泰兴样本

化工产业是江苏省泰兴市的支柱产业和主导产业。泰兴经济开发区成立于 1991 年，是全国首批专业性精细化工园区之一，总规划面积为 59.8 平方公里，聚集了泰兴市主要化工产业。泰兴经济开发区紧扣“创新转型、绿色发展、能级提升”三大主题，持续推进化工园区提档升级和化工企业改造升级，着力建设国家级智慧园区和生态园区。目前已拥有中国精细化工（泰兴）开发园区、国家火炬计划泰兴精细与专用化学品产业基地、国家循环化改造示范试点园区等多个“国字号”品牌（见表 15），在 2019 年中国化工园区 30 强名单中居第 10 名。

表 15　泰兴经济开发区所获“国字号”品牌

名称	颁发机构	颁发时间
中国精细化工(泰兴)开发园区	中国石油和化学工业联合会	2002 年 4 月
国家火炬计划泰兴精细与专用化学品产业基地	科技部	2005 年 8 月
国家循环化改造示范试点园区	国家发改委、财政部	2013 年 6 月
中国产学研合作创新示范基地	中国产学研合作促进会	2014 年 11 月
国家知识产权试点园区	国家知识产权局	2015 年 12 月
全国产业集群区域品牌建设精细化工产业试点园区	工信部	2016 年 3 月
国家循环化改造重点支持园区	国家发改委、财政部	2016 年 6 月
国家外贸转型升级基地	商务部	2018 年 2 月
国家级新型工业化产业示范基地	工信部	2018 年 2 月

资料来源：整理自相关资料。

2018 年，园区共有化工企业 82 家，其中，高新技术企业 23 家，外资企业 29 家，世界 500 强企业 18 家，园区化工产业精细化率达 52%、关联度达 66%；工业开票销售 855.9 亿元，占泰兴市工业经济总量的 50%。园区深入开展“净土、碧水、蓝天”三大保卫战，土壤环境质量稳定，PM2.5 平均浓度、空气质量优良率、地表水断面达标率均达到江苏省考核目标。

2019 年 7 月 29 日，泰兴市委办公室、市政府办公室印发《关于深入推进泰兴经济开发区化工产业转型升级高质量发展的实施方案（2019—2022）》，从产业规划、空间布局、创新驱动、绿色转型、安全监管五个方面提出一系列泰兴经济开发区化工产业转型升级高质量发展的战略任务（见表 16）。

表 16　泰兴经济开发区化工产业转型升级高质量发展的战略任务

维度	名称	主要内容
产业规划	“1+2+X”现代产业体系	●1:精细化工产业 ●2:新材料产业和医药日化产业 ●X:生产性服务业
空间布局	四区域、四园区	●建设化工产业区、非化工产业区、政务商务中心区、济川健康科技小镇四个区域 ●建设精细化工园、医药健康产业园、新材料产业园、国际合作区四个园区

续表

维度	名称	主要内容
创新驱动	“1+N”科技研发中心	•1:建设精细化工产业研究院 •N:设立产业政策研究室和公共检测检验、公共保全、公共技术交易、产品展示中心等四个中心
	“5+5”引领项目计划	•5个院士和5个高校校长分别领衔实施引领开发区产业创新发展、提升效益水平的高端项目
绿色转型	“1133”转型升级工程	•1个减少:减少企业数量 •1个拉长:拉长产业链条 •3个提升:提升工艺装备水平、项目准入门槛、环保能效水平 •3个加强:加强环境基础设施建设、应急处置能力建设、安全环境监管和执法
安全监管	“5分钟、5公里”消防圈	•按照“分区建站、联合组队、统筹联防”原则,在南、中、北片区建成三个消防站,组建拥有30辆消防车和120名消防队员的化工专业救援队

资料来源：整理自《关于深入推进泰兴经济开发区化工产业转型升级高质量发展的实施方案(2019—2022)》。

为提升产业层次，打造绿色发展样板区，泰兴经济开发区大力发展循环经济，建设静脉产业园，构建化工横生和代谢生态链，提升“三废”处置能力，采用PPP合作模式，成立管委会全资废水处理企业——泰兴市滨江污水处理有限公司，参股10余家固废处置公司，引导企业开展废气减量化和资源化综合利用，并建设泰兴市长江生态湿地和绿色廊道。

同时，泰兴经济开发区建立一系列制度和标准，如“负面清单”管理制度、四大认证体系，确保化工产业可持续发展。2019年4月29日，泰兴市政府办公室发布《泰兴市化工生产企业“三评级一评价”工作实施方案（试行)》，建立“三评级一评价”制度，明确综合评价标准，对所有化工企业进行综合考评、量化打分，提出“一企一策”具体处置意见（见表17)。

表 17　泰兴经济开发区化工产业转型升级高质量发展相关制度和标准

名称	主要内容
三评级一评价	• 三评级：安全生产、环境保护、节能降耗评级 • 一评价：企业综合评价 • 评价内容：规划设计和选址布局（12 分），机构设置、人员配备及责任落实（10 分），工艺及运行安全（14 分），装置、设备设施安全（28 分），风险管理（11 分），储存和包装（11 分），直接作业安全（7 分），其他（7 分）
"负面清单"管理制度	• 禁止新（扩）建农药、医药和染料中间体化工项目 • 禁止新上非产业链基础化工项目 • 禁止沿江干流岸线一公里和区外新（扩）建化工生产项目
四大认证体系	• 建立健全园区 ISO14000 环境管理、ISO9000 安全管理、OHSAS18000 职业健康安全管理、SA8000 社会责任管理四大认证体系

资料来源：整理自《关于深入推进泰兴经济开发区化工产业转型升级高质量发展的实施方案（2019—2022 年）》《泰兴市化工生产企业"三评级一评价"工作实施方案（试行）》。

（四）镇江样本

镇江新区新材料产业园位于江苏省镇江市镇江新区，主导产业为高端精细化工、功能性新材料，总规划面积为 11.06 平方公里。园区以"生态领先、特色发展"为主线，大力推进智慧园区建设，着力实现园区经济集约发展和绿色增长，目前拥有中国智慧化工园区试点示范（创建）单位、国家火炬计划沿江绿色化工特色产业基地、联合国工业发展组织清洁生产试点单位、国家循环经济标准化试点单位、海峡两岸（镇江）新材料产业合作示范区等多个荣誉品牌（见表 18），在 2019 年中国化工园区 30 强名单中位居第 21 名。

表 18　镇江新区新材料产业园所获荣誉品牌

荣誉品牌	颁发机构	颁发时间
国家火炬计划沿江绿色化工特色产业基地	科技部	2004 年 1 月
国家循环化改造示范试点园区	国家发改委、财政部	2012 年 7 月
海峡两岸（镇江）新材料产业合作示范区	国务院台湾事务办公室	2013 年 3 月

续表

荣誉品牌	颁发机构	颁发时间
联合国工业发展组织清洁生产试点单位	联合国工业发展组织	2013 年 5 月
国家循环经济标准化试点单位	国家标准化管理委员会、国家发改委	2015 年 1 月
中国智慧化工园区试点示范(创建)单位	中国石油和化学工业联合会	2018 年 12 月

资料来源：整理自相关资料。

2018 年，镇江新区新材料产业园共有化工企业 55 家，其中，规模以上化工企业 47 家。园区应税销售额 245 亿元，同比增长 14.2%，应税销售额超过 10 亿元化工企业 9 家，应税销售额超过 1 亿元化工企业 38 家。

为推动化工产业转型升级、绿色发展，镇江新区先后出台《镇江新区“两减六治三提升”专项行动工作计划》《镇江新区新材料产业园项目准入评价办法》《镇江新区优化创新生态八项措施》《镇江新区化工产业安全环保整治提升行动方案》等一系列化学工业绿色发展相关规划与政策，推进“116”专项行动，实施“三级网格化监管”，开展“三色企业检查”，严格项目准入，实施“负面清单制度”，大力发展循环经济，就破解“化工围江”难题形成特色经验（见表 19）。

表 19　镇江新区新材料产业园破解“化工围江”难题的特色经验做法

特色经验做法	主要内容
“116”专项行动	• 1 江：长江生态保护 • 1 河：京杭运河水质提升 • 6 行业：化工、碳素、电镀、尾气扬尘、畜禽养殖、“散乱污”企业的生态环境综合整治
三级网格化监管	• 将园区生产经营单位划分为三级安全生产监管网格的架构体系，实现安全监管点对点、全覆盖 • 第一级网格以园区为单位，网格负责人为园区管委会主任 • 第二级网格以园区安全监管单位数量及分布情况为划分依据，将园区划分为若干二级网格，网格负责人为园区管委会领导班子成员 • 第三级网格以社区为单位，网格负责人为社区负责人

续表

特色经验做法	主要内容
三色企业检查	• 对化工企业按照风险等级划分为红、黄、蓝三色,定期开展安全检查,排查风险隐患 • 红色代表企业风险系数较高,实施重点管控,加大检查频率 • 黄色代表企业风险系数中等,督促其稳步提升,提升安全水平 • 蓝色代表企业风险系数较低,鼓励其继续保持
严格项目准入	• 新建项目要围绕高端精细化学品、功能性新材料两大产业领域 • 提高项目准入门槛,突出企业“亩均效益”,世界 500 强、全球化工前 50 强、知名上市公司等优质化工企业固定资产投资规模不低于 3 亿元,投资强度不低于 450 万元/亩,产出强度不低于 400 万元/亩,税收贡献度不低于 30 万元/亩 • 其他化工企业固定资产投资规模不低于 10 亿元,投资强度不低于 450 万元/亩,产出强度不低于 400 万元/亩,税收贡献度不低于 30 万元/亩 • 项目综合能耗优于镇江新区平均水平
负面清单制度	• 限制新建剧毒化学品、有毒气体类项目 • 禁止新建光气等超高危险化学品类生产装置项目 • 禁止建设产生含致癌、致畸、致突变物质的化工项目 • 禁止新(扩)建农药、医药和染料中间体化工项目 • 禁止沿江干流岸线一公里和区外新(扩)建化工项目
发展循环经济	• 依托智慧监控管理平台,实现企业生产线“小循环”、企业间产业链“中循环”、园区“大循环”的三级循环经济体系 • 基本建成能源高效阶梯使用、水资源充分回用、土地集约利用、环境污染长效治理的循环化产业集聚区

资料来源：整理自相关资料。

三 “湖北样本”和“江苏样本”的启示

（一）科学理念引导化工产业绿色发展

1. 提高环保标准

化工产业发展既要算经济账，又要算生态账，应禁止新建污染严重、产能过剩、工艺落后的项目，严禁在长江干流及重要支流岸线新建化工园区和化工企业，对污染企业和偷排行为零容忍，倒逼不符合安全环保条件、存在环境污染风险的化工企业关闭停产或改造升级，走高效、清洁、循环、安全的绿色发展之路。

2. 坚持科学治理

在化工行业整治工作中，应坚决杜绝“一关了之”“一搬了之”“一律关停”“先停再说”等敷衍做法，不搞“一刀切”，避免“层层加码”“级级提速”，而要实事求是、分类施策、系统推进，以全面、科学的考核评价体系对化工园区、化工企业进行综合考评、量化打分，实施“一园一档”“一企一策”，重视企业合理诉求，加强帮扶指导。

3. 发展循环经济

围绕重点污染物开展清洁生产技术改造，降低污染排放强度，全面建设静脉产业园，强化产业链培育，推广绿色生产技术，加快构建化工产业绿色发展体系。提升化工园区服务能力和基础设施，大力发展“企业内小循环、企业间中循环、园区内大循环”一体化循环经济，实现资源利用无缝对接，形成化工横生与代谢生态链。

（二）规划先行推动化工产业创新发展

1. 加强整体规划布局

长江经济带化工产业合理布局不能局限于“谋一域”，而要“谋全局”，应立足主体功能区战略，按照各地区产业基础、环境容量、资源承载力，对化工产业发展进行整体规划布局，提前规避产能过剩、同质化竞争等问题，形成价值链分工合作、产业链配套协同、创新链流域耦合的化工产业协同发展格局。

2. 加快新旧动能转换

明确化工产业退出产能和重点发展产能清单，一手抓落后产能淘汰，一手抓新动能培育。一方面，倒逼技术落后、污染严重的化工企业关闭停产或改造升级；另一方面，发展精细化工、高端专用化学品、新型合成材料等高端产能，培育新技术、新业态、新模式，培育一批“专精特新”化工企业，提高化工产业的“含新量”。

3. 健全协同创新体系

充分整合企业、高校和科研机构的智力资源，健全以企业为主体的产学研用协同创新体系，组建长江经济带化工产业技术创新联盟，解决关键共性技术问题，提升技术装备水平，推动化工产业绿色技术创新。

（三）政策支持保障化工产业健康发展

1. 完善财政政策

安排专项资金用于支持沿江化工企业搬迁改造，对搬迁改造的化工企业予以贴息贷款、基建投资补助、职工安置等支持；列入搬迁改造计划的项目在运营后可享受一定期限的地方财政收入返还；探索设立化工产业安全环保整治提升专项补助资金，分年度对完成任务的市县给予资金补助；将战略性新兴化工产业项目、先进技术改造传统产业项目、共性重大技术攻关项目纳入财政专项资金。

2. 拓宽融资渠道

对污染严重、产能过剩、工艺落后的化工企业，不得授信、发债、上市融资；对实施搬迁改造的化工企业，鼓励金融机构对企业给予信贷支持，支持其发行项目收益债券融资，鼓励运用绿色贷款、绿色债券、绿色保险、绿色基金等绿色金融工具，以减轻企业资金压力。

3. 强化要素保障

严格执行工业用地最低出让价标准，探索建立工业用地弹性出让和租赁制度，根据化工企业搬迁改造的规模和时间，在用地指标上对其予以适当倾斜。坚持企业主体责任与地方组织、社会保障相结合，妥善解决关停化工企业职工分流安置问题，积极做好再就业服务。

参考文献

李会：《破解“化工围江”迈向绿色发展》，《经济日报》2018 年 8 月 1 日，第 4 版。

李寿生主编《潮头跨越——中国石油和化学工业强国梦时代报告》，化学工业出版社，2019，第488～505页。

聂欣：《江苏着力源头整治提升化工产业》，《中国应急管理报》2019年5月31日，第4版。

泰兴经济开发区管委会：《关于化工产业高质量发展情况汇报》，2019年8月19日。

王峰：《江苏重典整治化工：长江经济带如何与化工园区共存》，《21世纪经济报道》2019年4月9日，第2版。

王自宸：《湖北：沿江化工产业转型升级》，《人民政协报》2019年1月10日，第7版。

朱建华：《开泰图兴——泰兴经济开发区践行新发展理念的绿色崛起之道》，《人民日报》（海外版）2017年12月22日，第6版。

朱妍：《江苏重拳整治化工环保隐患》，《中国能源报》2019年4月22日，第19版。

宗文：《化工园区“停摆”就安全了?》，《中国化工报》2019年8月13日，第1版。

B.16

湖南株洲轨道交通装备制造业发展调研报告*

吴传清　高　坤　邓明亮　谭雨希**

摘　要： 株洲是我国最大的电力机车研发和制造产业基地，是全国轨道交通产业的增长极之一。本报告从株洲轨道交通装备制造业总体发展情况及产业链发展现状进行调研分析，研究结果显示：株洲轨道交通装备制造业作为湖南省重点发展产业，通过推进“一城、四区、四园”联动发展布局，已形成较为完整的产业链，在创新中心建设、技术创新能力、市场品牌影响方面具有一定的国内和国际影响力。为进一步促进株洲轨道交通装备制造业高质量发展，应推动产业集群发展的机制体制创新，促进产业链协调发展，不断提升产业创新能力和国际竞争力。

关键词： 装备制造业　轨道交通装备产业　高质量发展

轨道交通装备制造业是国家战略性新兴产业发展的重点领域，也是《中国制造2025》规划的十大重点发展领域之一。根据国家统计局颁布的

---

* 基金项目：国家社会科学基金一般项目“推动长江经济带制造业高质量发展研究”（项目编号：19BJL061）。

** 吴传清，武汉大学经济与管理学院、中国发展战略与规划研究院教授，博士生导师，从事区域经济学研究；高坤，武汉大学经济与管理学院区域经济学专业硕士研究生，从事区域经济学研究；邓明亮，武汉大学经济与管理学院区域经济学专业硕士研究生，从事区域经济学研究；谭雨希，武汉大学经济与管理学院国家经济学基础人才培养基地本科生，从事区域经济学研究。

《战略性新兴产业分类（2018）》标准，轨道交通装备产业分为铁路高端装备制造、城市轨道装备制造、其他轨道交通装备制造和轨道交通相关服务四大类。

湖南省株洲市是中国中车股份有限公司重点布局的轨道交通装备生产基地，株洲市轨道交通装备制造产业集群是科技部认定的首批国家级创新型产业集群，已申报工信部重点培育的世界级先进制造业集群。株洲国家先进轨道交通装备创新中心已被工信部认定为国家级制造业创新中心，株洲国家高新技术产业开发区下辖的田心高科技工业园是株洲轨道交通装备制造业发展的主要空间载体。

一 株洲轨道交通装备制造业发展概况

株洲市是中华人民共和国成立后首批重点建设的15个大工业城市之一，已发展成为全国最大的电力机车研发与制造产业基地。株洲轨道交通装备制造业的高速发展为株洲新能源汽车产业、通用航空产业发展提供了关键零部件配件和核心技术支持，促进了株洲轨道交通产业融合发展。

（一）顶层设计

为加快推动株洲轨道交通装备制造业发展，湖南省人民政府、株洲市人民政府相继出台了一系列规划和政策（见表1），为株洲轨道交通装备制造业发展营造了良好的环境。

表1 株洲轨道交通装备制造业发展规划与政策

文件名称	主要内容
《湖南省贯彻〈中国制造2025〉建设制造强省五年行动计划（2016—2020年）》	• 依托核心企业将湖南智能轨道交通装备技术和智能工程机械技术提升至国际领先水平 • 加强先进轨道交通装备产业与新材料、新一代信息技术等新兴产业的对接合作、协同发展，促使优势产业更新、新兴产业加快成长 • 发挥轨道交通装备产业的创新资源、人才资源、市场资源等优势，加强自主创新，提升国际市场开拓和国际竞争能力

续表

文件名称	主要内容
《湖南省人民政府办公厅关于印发加快轨道交通装备产业发展若干政策措施的通知》	• 重点支持株洲建设具有世界先进水平的轨道交通装备产业基地 • 鼓励轨道交通装备企业"走出去",支持企业拓展国际市场,提升增值服务 • 鼓励行业协会、中介机构和企业联盟为企业走出去提供法律、政策、商机和预警等咨询服务
《湖南省装备制造业"十三五"发展规划及四个子规划》	• 实现"高速、重载"技术创新战略向"绿色、智能"技术引领战略的提升 • 打造国家级轨道交通装备产业链和全球领先的先进轨道交通装备产业集群
《株洲市贯彻"中国制造2025"建设制造强市五年行动计划(2016—2020)》	• 重点发展先进轨道交通装备,实施高端装备创新工程 • 加强电力机车、动车组、储能式现代有轨或无轨电车、新一代磁悬浮列车和关键零部件制造五大行业发展 • 发挥龙头企业牵引作用,提升本地产业链配套能力
《株洲市人民政府关于支持轨道交通装备产业发展的若干意见》	• 支持轨道交通装备产业基地建设 • 推进轨道交通装备产业集聚发展 • 促进轨道交通装备产业科技创新 • 提升轨道交通装备产业保障服务能力
《株洲市产业转型升级示范区建设五年行动方案(2017—2021年)》	• 加大轨道交通产业链强链、延链、补链力度 • 以重点企业为核心,充分发挥轨道交通装备产业技术、人才品牌优势 • 打造世界级轨道交通产业集群,建立世界领先的现代轨道交通产业体系,培育一批具有国际竞争力的跨国企业,发展形成完善的先进轨道交通产业链

资料来源:整理自湖南省人民政府、株洲市人民政府网站等提供的相关资料。

2015年,湖南省人民政府颁布的《湖南省贯彻〈中国制造2025〉建设制造强省五年行动计划(2016—2020年)》提出,将先进轨道交通装备制造业列为湖南省首要的重点发展产业,确定了先进轨道交通装备产业作为湖南省领先优势产业的重要发展地位。2016年,湖南省经济和信息化委员会印发的《湖南省装备制造业"十三五"发展规划及四个子规划》提出,打造以轨道交通整车研制为龙头、以电力牵引技术为基础的国家级轨道交通装备产业链和全球领先的先进轨道交通装备产业集群的总体战略目标。

（二）空间布局

根据株洲·中国动力谷轨道交通产业工作组2019年6月制定的《株洲市轨道交通产业发展规划（2019—2025年）》，株洲市重点推进轨道交通装备制造业“一城、四区、四园”联动发展布局（见表2）。“一城”即轨道交通城；“四区”即四类产业功能区（核心集聚区、配套服务区、科教创新区和产业延伸区）；“四园”即四个特色产业园（主机产业园、创新创业园、物流产业园、功率器件产业园）。

表2　株洲轨道交通装备制造业空间布局

空间布局	涵盖地区	主要功能
轨道交通城	以石峰区为主体，涵盖株洲经开区（云龙示范区）	整体布局世界级轨道交通产业集群，支撑株洲·中国动力谷“动力产业核心区”，配套建设田心轨道交通特色小镇
核心集聚区	石峰区田心片区	集聚主机龙头企业和核心部件骨干企业，重点发展机车、城轨、动车等谱系化运载装备以及核心部件和关键系统
	经开区（云龙示范区）	重点布局轨道交通及零部件配套产业、现代物流等产业，依托国投轨道交通城，建设运动轨道交通配件产业园
	天元区	重点布局智轨整车、新能源汽车及相关关键零部件产品
	荷塘区	重点布局铁路货车、轨道工程机械整机及相关零部件产品
配套服务区	荷塘区	建设金山轨道交通配套产业基地和生产性服务业基地
	石峰区清水塘工业园区	依托区域内优越交通优势，建设轨道交通物流服务中心
	天元区	重点发展轨道交通减振和减重材料
	渌口区、醴陵市	推进轨道交通装备新材料研发和生产，提供配套服务
科教创新区	经开区（云龙示范区）	整合科研院所及高校的人才、学科、平台等创新资源，培养创新型、复合型、技能型轨道交通人才；建立“大数据＋轨道交通”研发中心，加快发展轨道交通大数据产业
产业延伸区	—	依托中国动力谷自主创新园，重点建设一批国家级创新载体，构建轨道交通装备制造业融合发展新模式
主机产业园	—	以整车制造为引领主体，拓展干线轨道交通、区域轨道交通和城市轨道交通的谱系化远在装备及核心部件与关键系统
创新创业园	—	整合利用开发科技创新成果，建设专业化检验检测平台，发展生产性服务业，培育发展壮大轨道交通配套企业

续表

空间布局	涵盖地区	主要功能
物流产业园	—	为轨道交通企业及配套的供应商群体,乃至长株潭地区轨道交通、机械、汽车制造行业等提供专业化的供应链物流服务
功率器件产业园	田心高科园	建设功率半导体器件及应用创新中心,布局功率器件核心产品制造产业
	清水塘循环经济工业区	布局功率器件配套应用产业

注:“—”表示规划文件中尚无相关明确说明。

资料来源:整理自《株洲市轨道交通产业发展规划(2019—2025 年)》。

(三)发展进展

目前,株洲轨道交通装备制造业规模以上企业达 96 家,高新技术企业 80 家,配套企业 160 多家,已形成整车、核心零部件及配套产品、设施、服务集群化发展的格局,产业集群营业收入突破 1200 亿元。

(1)创新中心建设。株洲国家先进轨道交通装备创新中心(国家级制造业创新中心)由 12 家股东单位组建,通过打造国家级标准和知识产权运营平台、轨道交通工业互联网云平台、国际一流水平检测评估认证机构平台、磁动力科技产业重大关键共性技术创新平台、学术与人才交流创新平台,加快完成关键共性技术研究、技术转移成果转化、创新人才队伍建设、产业创新公共服务供给、开展国际合作交流五大任务。

(2)技术创新能力。株洲轨道交通装备制造业拥有 3 个国家级工程技术(研究)中心、3 个国家级重点实验室、5 个国家级企业技术中心、6 个企业博士后工作站等创新平台;在整车生产领域具备国际领先的核心技术,尤其是在转向架、车体、受电弓、电器柜、电气系统集成技术等关键核心技术方面具有一定创新引领能力。

(3)市场品牌影响。株洲轨道交通装备制造业拥有韶山、时代新材、TMT、联诚及图等中国驰名商标品牌,在交流传动电力机车、铁路敞车及机车电机领域的实际市场占有率居全国第一,轨道交通相关产品已出口至 70 多个国家和地区,具有一定国际影响力。2016 年,株洲电力机车产品占据全球市场份额的27%，居全球首位。

2015～2017年株洲轨道交通装备制造产业集群主要指标见表3。

表3　2015～2017年株洲轨道交通装备制造产业集群主要指标

指标	2015年	2016年	2017年
企业总数(家)	44	44	44
高新技术企业数(家)	44	44	44
年末从业人员(人)	56543	57645	62124
大专及以上学历从业人员(人)	41718	42605	45712
营业收入(万元)	9710536	10812456	12015636
出口总额(万元)	—	—	154586
净利润(万元)	629723	695860	751527
上缴税费(万元)	658074	718242	772545
当年发明专利申请(件)	1607	1791	2021
当年发明专利授权(件)	581	677	735
拥有注册商标(件)	257	257	267
拥有软件著作权(件)	390	426	485
拥有集成电路布图(件)	1	1	1
拥有植物新品种(件)	—	—	—
当年形成国家行业标准(项)	44	28	36

注："—"表示该项统计指标数据不足最小单位数、数据不祥或无数据。

资料来源：整理自《中国火炬统计年鉴》(2016～2018年)。

二　株洲轨道交通装备制造业产业链

目前株洲田心高科技工业园已集聚了一批轨道交通装备制造企业，在全国轨道交通产业体系中，株洲轨道交通装备制造业分布于产业链上游环节（桥梁隧道工程、大型工程机械）、产业链中游环节（包括机车装备、电气装备、车辆系统、牵引供电、机车零部件、通信设备、机车城轨车辆制造、地铁屏蔽门、信号处理、箱式变电站等）和产业链下游环节（包括运营设备、车辆维护管理）。

株洲轨道交通装备制造业产业链重点企业（机构）名录见表4。

表 4　株洲轨道交通装备制造业产业链重点企业（机构）名录

厂商/服务机构	企业名称	主要产品/服务
整车生产商	中车株洲电力机车有限公司	电力机车、城轨车辆、城际动车组、磁悬浮列车
	中车长江车辆有限公司株洲分公司	铁路货车
零部件配件供应商（核心部件）	株洲国创轨道科技有限公司	3D 打印、无人驾驶、新能源动力包集成技术
	株洲变流技术国家工程研究中心有限公司	模块化设计、核心技术系统化应用、高压变频装置
	中车株洲电机有限公司	牵引电机和牵引变压器
	株洲联诚集团控股股份有限公司	结构件、通风冷却、制动系统电子电器
	株洲九方装备股份有限公司	轨道交通装备精密部件
零部件配件供应商（关键系统）	中车株洲电力机车研究所有限公司	电气传动与自动化、高分子复合材料应用
	株洲中车时代电气股份有限公司	通信与信息、车载控制诊断、变流、列车控制
	株洲时代电子技术有限公司	大型养路机械电气系统、高档列车网络控制系统
公共服务平台	株洲市中科智造孵化器管理有限公司	互联网公共服务平台、实验室建设及运营
	国家轨道交通高分子材料及制品质量监督检验中心	轨道交通高分子材料及制品监测

资料来源：整理自《株洲市“十三五”轨道交通装备制造产业发展规划》、相关企业（机构）官方网站提供的相关资料。

（一）整车生产商

中车株洲电力机车有限公司和中车长江车辆有限公司株洲分公司是株洲轨道交通装备制造业整车制造核心生产商。中车株洲电力机车有限公司是株洲轨道交通装备制造业重点发展企业，也是我国轨道电力牵引装备主要研制生产商、城轨交通设备国产化定点企业、我国唯一的电力机车整车出口企业。中车长江车辆有限公司株洲分公司源于中国南车株洲车辆厂（1958 年建立），是我国重要的铁路货车生产商和出口厂商。

（二）零部件配件供应商

轨道交通装备制造零部件配件主要包括核心部件（电机、电源、变压器、结构件、精密部件等）和关键系统（电机及管理系统、电气系统、通信控制系统等）。

1. 核心部件配件供应商

株洲轨道交通装备制造业核心部件配件供应商包括株洲国创轨道科技有限公司、株洲变流技术国家工程研究中心有限公司、中车株洲电机有限公司、株洲联诚集团控股股份有限公司和株洲九方装备股份有限公司等。

（1）株洲国创轨道科技有限公司是国家先进轨道交通装备创新中心的主要发起和建设单位，与轨道交通装备制造业产业联盟联合创办《电力机车与城轨车辆》期刊，致力于打造株洲轨道交通装备制造业技术创新智库，整合有关创新研究平台，建设涵盖材料分析等试验验证平台。

（2）株洲变流技术国家工程研究中心有限公司于 1995 年依托中车株洲电力机车研究所有限公司成立，并于 2007 年正式注册成为独立运营公司，拥有现代化的工业变流器生产制造基地和轨道交通技术研发实验室，并已通过 ISO9001 质量管理体系、ISO14000 环境体系认证。

（3）中车株洲电机有限公司是国家技术创新示范企业、国家认定企业技术中心，拥有湖南省轨道牵引电机工程技术研究中心、国家风电技术研究中心电机研究室、国家级检测试验站、电气绝缘电力设备国家重点实验室、博士后工作站等技术创新载体。

（4）株洲联诚集团控股股份有限公司是中国目前最大的轨道交通装备部件制造和供应商之一，拥有超过 30 年的轨道交通装备部件研制历程，重点发展铁路机车、动车组和城轨车辆三大产业领域，已通过 IRIS 国际铁路工业标准、ISO9001、ISO14001、OHSMS18001、EN15085 体系认证，并获得 ISO/IEC17025 国家实验室认可。

（5）株洲九方装备股份有限公司是中车株洲电力机车有限公司的核心配套供应商，2016 年获批株洲市企业技术创新中心，已通过多个铁路行业标准质量管理体系、技术质量标准体系、环境管理体系认证。

2. 关键系统零部件配件供应商

株洲轨道交通装备制造业关键系统零部件配件供应商包括中车株洲电力机车研究所有限公司、株洲中车时代电气股份有限公司、株洲时代电子技术有限公司等。

（1）中车株洲电力机车研究所有限公司是株洲轨道交通装备制造业的主要技术研发公司，下辖 11 家子公司分布在株洲、北京、上海、襄阳等地区，已形成“芯片—模块—组建—系统”的全套技术体系，拥有大功率 IGBT 等一系列核心技术，所生产的核心装备覆盖国内 900 多列高速动车组、2000 多台电力机车和 10000 余辆电力机车。

（2）株洲中车时代电气股份有限公司是中车株洲电力机车研究所有限公司的子公司，主导制定多项轨道交通装备制造业国际标准，拥有多家“国字号”技术创新和工程研究中心，已形成“基础器件 + 装置与系统 + 整机与工程”的产业体系。

（3）株洲时代电子技术有限公司是株洲中车时代电气股份有限公司的全资子公司，已取得 70 余项国家专利，开展 20 余项国家、省部级重点科研项目，拥有两家省级技术中心，具备多项轨道交通装备关键系统核心技术。

（三）公共服务平台

公共服务平台包括为产业服务的本地政府部门、技术检测监督机构、技术创新和成果转化平台等。株洲市中科智造孵化器管理有限公司由中国科技开发院有限公司（国家级科技企业孵化器）参股建立，着力打造中国科技开发院株洲创新孵化基地，为株洲科技企业提供互联网平台管理以及科技成果转移转化等服务。为促进株洲轨道交通装备制造业高质量发展，株洲市专门成立由株洲市经信局负责的轨道交通产业发展领导小组办公室，制定轨道交通装备产业重大政策，促进产业协调发展。国家轨道交通高分子材料及制品质量监督检验中心是株洲轨道交通装备产业主要的公共服务平台，是全国唯一法定授权的轨道交通高分子材料及制品质量监督检验中心，也是株洲首家国家级质检中心，着力打造功能齐全、规模统一、全国唯一的轨道交通高分子材料及制品检测基地。

三　促进株洲轨道交通装备制造业高质量发展的对策建议

（一）推动产业集群发展的机制体制创新

完善“企业主导、政府引导、市场服务”的产业集群体制机制，强化产业链、创新链、资金链、人才链、政策链协同发展。加快服务型政府建设，设立轨道交通装备产业发展基金，优先支持重点项目和产品发展；制定出台高技术人才引进政策，加强轨道交通装备产业集群的人才集聚力；加快构筑集基础创新、资源共享、企业孵化、信息服务等主体功能为一体的公共服务平台。推动轨道交通装备制造业企业集聚化、集群化发展，强化行业龙头企业带动辐射作用，加快制定形成行业标准，提高工艺、流程、产品标准化水平，提升中小配套企业专业化生产水平，强化产业发展基础。充分发挥行业协会等市场主体职能，加快完善行业产品认证制度，加强市场综合管理监控，依托公共服务平台提供产品质量检测监测、综合业务智能管理、科技型人才信息共享等服务，为轨道交通装备产业高质量发展营造良好的发展环境。

（二）促进产业链协调发展

依托行业公共服务平台加快推动技术研发、工业设计、检验检测、知识产权、科技金融、会展服务、人才培养等轨道交通装备产业链各环节的协调发展。加快跨行业资源整合，促进产业链上下游企业集聚发展，支持工业设计、产品检测、技术中试、市场运营等产业链上下游环节及配套服务建设，加快推动龙头企业从生产型制造向服务型制造转变，增强中小企业的核心配套能力，提升产业链上下游环节的整体协作水平。深入株洲轨道交通装备制造业规划设计咨询、基建施工、工程机械等领域，鼓励产业链上游环节科技型中小型企业打造核心产品优良、专项服务卓越的市场体系，培育一批在细分行业领域竞争力强、成长潜力大、产业关联性强的先驱性企业和隐形冠军。加大对整车企业采购本地配套产品的优惠力度，吸引高技术零部件制造配套企业本地落户。拓展轨道交通高端服务业，提升全产业价值链核心竞争力。

（三）提升产业创新能力和国际竞争力

依托长株潭国家自主创新示范区建设，加快整合中南地区轨道交通产业创新资源。建设政产学研用协同创新平台，打造“基础研究—技术研究—应用研究—成果转化—规模生产—商业创新”的创新链。在“院士经济”的带领下，吸引培育一批行业领军人才。加强龙头企业的协同创新带领作用，推进建设以轨道交通装备制造业龙头企业和国内外高校、科研院所等为主体的产业技术创新联盟。提升株洲轨道交通装备制造业的国际竞争力，拓宽全球化视野，提升国际要素配置能力，打造国际化轨道交通装备产品生产和出口基地。整合本地优势资源，实现由零部件产品、技术出口向系统制造、管理模式出口转变，联合株洲风力发电、新能源汽车、通用航空等领域的突出成果，利用轨道交通产业的品牌效用，开拓产业融合发展的新兴市场。鼓励株洲轨道交通装备制造企业“走出去”，支持行业龙头企业在海外设立研发机构、生产基地，大力开拓海外市场，提升产品国际影响力。

参考文献

贺正楚、刘亚茹：《集群创新网络、核心企业与轨道交通装备制造业的发展》，《湖南科技大学学报》（社会科学版）2019 年第 1 期，第 162 ~ 174 页。

湖南省经济和信息化委员会：《湖南省装备制造业“十三五”发展规划及四个子规划》，2016。

湖南省人民政府：《湖南省贯彻〈中国制造 2025〉建设制造强省五年行动计划

（2016—2020年）》，2015。

湖南省人民政府：《湖南省人民政府办公厅关于印发加快轨道交通装备产业发展若干政策措施的通知》，2016。

冷德熙：《打造轨道交通装备制造新平台》，《科技日报》，http：//scitech. people. com. cn/n/2015/1101/c1057 -27761833. html，2015年11月1日。

罗伟：《抢抓机遇，科学规划，把株洲建设成中国轨道交通装备制造之都》，《中国经贸导刊》2010年第1期，第42~43页。

邵立国：《株洲轨道交通产业集群发展启示录》，《中国工业和信息化》2019年第7期，第66~71页。

王罗群、陈洲平：《株洲电力机车领跑世界 市场份额全球第一，占27%》，株洲新闻网，http：//www. zznews. gov. cn/news/2016/0312/205428. shtml，2016年3月12日。

于玲玲：《我国轨道交通装备制造企业国际竞争力研究》，硕士学位论文，北京交通大学，2016，第22~37页。

周康波、潘庆：《人才合作撑起株洲轨道交通装备制造业》，《中国人才》2011年第2期，第67~68页。

株洲·中国动力谷轨道交通产业工作组：《株洲市轨道交通产业发展规划（2019—2025年）》，2019。

株洲市高新区管委会：《株洲高新区轨道交通装备制造产业发展情况简介》，2019。

株洲市人民政府：《株洲市产业转型升级示范区建设五年行动方案（2017—2021年）》，2018。

株洲市人民政府：《株洲市贯彻“中国制造2025”建设制造强市五年行动计划（2016—2020）》，2016。

株洲市人民政府：《株洲市人民政府关于支持轨道交通装备产业发展的若干意见》，2015。

株洲市石峰区人民政府：《株洲市石峰区轨道交通产业发展情况简介》，2019。

B.17

安徽合肥综合性国家科学中心信息技术产业发展调研报告*

吴传清　叶云岭**

摘　要： 合肥综合性国家科学中心产业发展聚焦“信息、能源、健康、环境”领域，其中，人工智能产业、量子信息技术产业是合肥综合性国家科学中心着力发展的特色产业。本报告以信息技术产业为调研对象，提出促进合肥综合性国家科学中心信息技术产业高质量发展的对策建议：统筹“创新链—产业链—资金链—人才链—政策链”，打通“科技强—产业强—经济强”通道，促进产业集聚—集群化发展。

关键词： 人工智能产业　量子信息技术产业　高质量发展

安徽省合肥市是全国重要的科教基地之一。截至2017年12月，合肥市拥有高等院校60所、研发机构1400余家、专业技术人才86万人、两院院士108名。

2004年11月12日，科技部复函安徽省人民政府，同意其提出的《合肥国家科技创新型试点市实施方案》。2010年1月，合肥市获批国家创新型试点城市。2016年6月，国务院批复《安徽省系统推进全面创新改革试验

* 基金项目：国家社会科学基金一般项目“推动长江经济带制造业高质量发展研究”（项目编号：19BJL061）。

** 吴传清，武汉大学经济与管理学院、中国发展战略与规划研究院教授，博士生导师，从事区域经济学研究；叶云岭，武汉大学经济与管理学院区域经济学专业博士研究生，从事区域经济学研究。

方案》，批复建设合芜蚌国家自主创新示范区。2017 年 1 月，合肥市获批综合性国家科学中心。2017 年 6 月，合肥市获批“中国制造 2025”试点示范城市。2018 年 6 月，合肥市成为长三角 G60 科创走廊节点城市。目前，合肥市集综合性国家科学中心、国家自主创新示范区、国家创新型试点城市、《中国制造 2025》试点示范城市等“国字号”创新品牌于一身，正在全面建设具有国际影响力的创新之都。

一　合肥综合性国家科学中心建设的战略任务

（一）建设滨湖科学城

合肥滨湖科学城作为合肥综合性国家科学中心的重要载体和集中展示窗口，于 2018 年 10 月正式挂牌。根据《合肥滨湖科学城（国家级合肥滨湖新区）总体规划（2018—2035 年）项目公开招标公告》，滨湖科学城规划面积为 491 平方公里，空间范围覆盖合肥高新技术产业开发区（本文以下简称“高新区”）、合肥经济技术开发区、合肥出口加工区 3 个国家级开发区，合肥空港经济示范区、蜀山经济开发区、包河经济开发区、安徽合肥商贸物流开发区 4 个省级开发区，以及包河区、蜀山区、庐阳区和肥东县、肥西县的部分区域。滨湖科学城由以下“四个先行区”组成。

（1）国家实验室核心区。拥有量子信息科学国家实验室、中国科学技术大学先进技术研究院、中国科学院合肥创新院等创新平台，位于高新区。

（2）大科学装置集中区。拥有全超导托卡马克、稳态强磁场，拟建的聚变堆主机关键系统综合研究设施、大气环境立体探测实验研究设施，位于董铺岛和三十岗乡。

（3）教育科研集聚区。包括中国科学技术大学（本文以下简称“中科大”）、合肥工业大学、安徽大学。

（4）产学研用创新成果孵化加速转化区。拥有中科大高新园区等成果转化平台，位于高新区。

（二）建设多层次创新体系

根据2017年9月安徽省委、省政府和中国科学院（本文以下简称“中科院”）联合印发的《合肥综合性国家科学中心实施方案（2017—2020年）》，合肥综合性国家科学中心将建设“2+8+N+3”多层次创新体系。

“2”指：量子信息科学国家实验室、新能源国家实验室2个国家实验室。

“8”指：建设5个大科学装置、提升3个重大科技基础设施性能。其中，5个大科学装置为：聚变堆主机关键系统综合研究设施、未来网络试验设施、高精度地基授时系统、合肥先进光源（HALS）及先进光源集群、大气环境立体探测实验研究设施；提升性能的3个重大科技基础设施为：全超导托卡马克、同步辐射装置、稳态强磁场装置。

“N”指：建设一批交叉前沿研究平台和产业创新转化平台。依托大科学装置集群，建设交叉前沿研究平台和产业创新转化平台（见表1），推动大科学装置与交叉前沿研究深度融合。

“3”指：中国科学技术大学、合肥工业大学、安徽大学3个“双一流”高校。

表1　合肥综合性国家科学中心交叉前沿研究平台和产业创新转化平台

平台名称	成立时间	重点领域
中科院合肥技术创新工程院	2014年6月	• 节能环保、高端医疗健康、物联网、先进制造、超导应用技术
中科大量子信息技术协同创新平台	2015年7月	• 确保信息安全、提高运算速度、提升测量精度
质子重离子公共医学平台	2015年7月	• 新型质子治疗设备，超导、低温、射频和控制技术
合肥离子医学中心	2015年10月	• 高端医疗装备研发、关键部件制造、系统集成和产业化
类脑智能技术及应用国家工程实验室	2017年5月	• 类脑认知与神经计算、类脑多模态感知与信息处理、类脑芯片与系统、量子人工智能、智能机器人等技术的研发与工程化

续表

平台名称	成立时间	重点领域
合肥智慧能源创新平台	2017 年 6 月	• 实现智慧能源重点难题的攻关,促进其推广应用和发挥示范作用
合肥微尺度物质科学国家研究中心	2017 年 11 月	• 聚焦未来信息、新能源和生命健康等重大创新领域,以多学科交叉创新为导向,建设学科交叉型国家科技创新基地
天地一体化信息网络合肥中心	2017 年 12 月	• 规模化发展大数据分析处理、数据应用服务领域,培育天地一体化信息产业集群
大气环境污染监测先进技术与装备国家工程实验室	2017 年 12 月	• 环境空气和污染源细颗粒物监测、气态污染物监测、挥发性有机污染物监测、重金属监测等关键技术和装备研发
合肥综合性国家科学中心人工智能平台	2018 年 1 月	• 建设脑科学研究中心、类脑智能研究中心、人工智能研究中心、智能机器人研究中心四大中心 • 打造脑科学与类脑智能开放研究平台、人工智能开放服务及产业支撑平台、机器人云智能开放服务及支撑平台三大平台
联合微电子中心	2018 年 6 月	• 促进集成电路产业集聚,将合肥打造为"IC 之都"
合肥超导核聚变中心	2018 年 12 月	• 围绕聚变堆主机关键系统综合研究设施建设和运行开展聚变科学和工程研究、技术转移转化和国际合作
合肥大基因中心	2019 年 5 月	• 搭建绿色超算云平台及 DNA 存储系统 • 新药创制、精准医疗及生物合成等技术的研发和应用
合肥地球和空间科学前沿研究中心	2019 年 6 月	• 建设地球和空间科学基础前沿与应用综合研究基地,开展相关领域探测和研究工作
合肥物质科学交叉前沿研究中心	2019 年 6 月	• 从物质的微尺度层面探索信息、能源、健康、环境、材料等领域的重大基础科学问题
合肥医学前沿科学和计算智能前沿技术研究中心	2019 年 6 月	• 建设生命科学与医学、信息、人工智能等多学科前沿交叉研究平台 • 开展"生命健康 +"新兴前沿领域研究

资料来源：整理自合肥综合性国家科学中心官方网站。

2019 年 2 月，中科院合肥物质科学研究院召开“强光磁集成实验装置”建设方案咨询会，计划增添强光磁集成实验大科学装置，合肥综合性国家科学中心的创新体系由“2 + 8 + N + 3”拓展为“2 + 9 + N + 3”。

2018 年 7 月 13 日，安徽省政府发布的《安徽省人民政府关于进一步加强基础科学研究的实施意见》提出，到 2020 年，合肥综合性国家科学中心将建成“1+6+N+3”多层次创新体系（1个国家实验室、6个重大科技基础设施、N个国家科技创新基地及交叉前沿研究平台、3个“双一流”高校）；到2035年，将建成“2+10+N+3”多层次创新体系（2个国家实验室、10个重大科技基础设施、N个国家科技创新基地及交叉前沿研究平台、3个“双一流”高校）。

（三）建设四大产业体系

根据《安徽省人民政府关于进一步加强基础科学研究的实施意见》，“信息、能源、健康、环境”是合肥综合性国家科学中心重点发展的四大产业，计划到2035年，合肥综合性科学中心将在四大产业领域引领世界科技发展。

（1）信息产业。聚焦人工智能、量子信息技术等原创性先导产业，依托“中国声谷”、中科院量子信息与量子科技创新研究院，建设国际一流的人工智能、量子信息技术重大创新基地。

（2）能源产业。聚焦磁约束核聚变、智慧能源等原创性先导产业，建设国际一流的综合性超导核聚变研究中心、分布式智慧能源创新平台，为我国能源高效利用提供可行方案。

（3）健康产业。聚焦精准靶向药物、高端医疗器械、生物制造等新型健康产业，建设国际一流的大基因中心、离子医学中心，推进健康产业与人工智能深度融合。

（4）环境产业。聚焦环境科技产业，建设国际一流的大气环境物理研究中心，大气环境探测技术研发基地，为我国大气污染防治、气候变化应对提供科技支撑。

二 合肥综合性国家科学中心人工智能产业发展现状

（一）产业发展概况

合肥综合性国家科学中心的人工智能产业主要集中于合肥高新区的

“中国声谷”。2012 年 8 月 1 日，工信部与安徽省政府签署《关于共同推进安徽省语音产业发展合作备忘录》，以建设全国语音产业发展示范区为目标，正式启动“中国声谷”的建设。安徽省政府、合肥市政府出台一系列规划和政策文件，支持合肥综合性国家科学中心的人工智能产业发展和“中国声谷”建设（见表 2）。2018 年 5 月 10 日，工信部与安徽省政府签署《进一步共同推进安徽智能语音产业发展合作协议》，进一步强调将“中国声谷”打造成全国智能语音领域产业发展高地。

表 2　合肥综合性国家科学中心人工智能产业发展相关规划与政策

文件名(颁布机构、时间)	主要相关内容
《安徽省新一代人工智能产业发展规划(2018—2030年)》(安徽省政府 2018 年 5 月颁布)	• 构建“一核、两地、多点”的人工智能产业布局:“一核”为中国(合肥)智能语音及人工智能产业基地(中国声谷),“两地”为芜湖和马鞍山,“多点”为宿州市、淮南市、蚌埠市等地 • 大力发展人工智能产业,培育具有核心竞争力的人工智能产业集群
《合肥市关于加快人工智能产业发展的实施意见》(合肥市政府 2019 年 4 月 18 日颁布)	• 发展人工智能产业三大核心领域:智能软件、智能芯片、智能传感器 • 发展人工智能产业五大重点领域:智能语音、智能机器人、智能汽车、智能终端、智能家居
《支持中国声谷建设若干政策》(安徽省政府 2017 年 9 月 12 日颁布)	• 2017 ~ 2020 年,安徽省政府每年出资 2 亿元,合肥市政府每年出资 6 亿元,专门用于支持“中国声谷”人工智能产业发展
《中国(合肥)智能语音及人工智能产业基地(中国声谷)发展规划(2018—2025年)》(安徽省政府办公厅 2017 年 12 月 29 日颁布)	• 到 2020 年,“中国声谷”人工智能产品用户达到 12 亿人,营业收入达到 1000 亿元,入驻企业超过 400 家 • 到 2025 年,“中国声谷”人工智能产品用户达到 15 亿人,营业收入超过 2000 亿元,入驻企业超过 800 家 • 重点发展人工智能基础产业、产业智能化升级、智能服务、社会治理智能化、智能语音及人工智能服务

资料来源：整理自安徽省人民政府网站、合肥市人民政府网站。

“中国声谷”作为全国唯一定位于人工智能产业的国家级产业基地，依托合肥综合性国家科学中心人工智能平台、类脑智能技术及应用国家工程实验室等创新平台，围绕“技术驱动 + 应用引领”，已形成“基础研究

—技术研发—平台支撑—产业发展”全产业链。2014～2018年，“中国声谷”人工智能产业呈现蓬勃发展态势，人工智能相关产业产值由60亿元上升至650亿元（见表3），总增幅达983.3%，年均增幅为81.4%；入驻企业数由30家上升至433家，总增幅达1343.3%，年均增幅为94.9%；人工智能产品用户数由5亿人上升至11亿人，总增幅达120.0%，年均增幅为21.8%。

表3　2014～2018年“中国声谷”人工智能产业发展相关指标及预期值

指标	2014年	2015年	2016年	2017年	2018年	2020年	2025年
核心产业产值(亿元)	—	—	—	50	70	150	300
相关产业产值(亿元)	60	234	327	510	650	1000	2000
入驻企业数(家)	30	50	120	214	433	1000	800
人工智能产品用户数(亿人)	5	6	9	10	11	12	15

资料来源：整理自《中国（合肥）智能语音及人工智能产业基地（中国声谷）发展规划（2018—2025年）》、《安徽省新一代人工智能产业发展规划（2018—2030年）》、《合肥市关于加快人工智能产业发展的实施意见》、合肥市人民政府网站相关报道。

2018年，“中国声谷”人工智能核心产业产值超过70亿元，带动相关产业产值达1000亿元，入驻企业包括科大讯飞股份有限公司（简称“科大讯飞”）、科大国创软件股份有限公司（简称“科大国创”）、合肥中科类脑智能技术有限公司（简称“中科类脑”）、安徽华米信息科技有限公司、合肥赛为智能有限公司等433家，人工智能产品用户数达11亿人。根据赛迪顾问股份有限公司2018年发布的《中国人工智能城市发展白皮书》，合肥市居中国人工智能产业发展水平城市排名第5（见表4）。

表4　我国人工智能产业发展水平前15名城市

城市	得分	排名	城市	得分	排名	城市	得分	排名
北京	9.2	1	深圳	7.2	4	重庆	7.0	7
上海	8.1	2	合肥	7.2	5	苏州	6.8	8
杭州	7.4	3	广州	7.1	6	武汉	6.7	9

续表

城市	得分	排名	城市	得分	排名	城市	得分	排名
南京	6.3	10	西安	5.9	12	厦门	5.5	14
成都	5.9	11	天津	5.7	13	沈阳	4.9	15

资料来源：整理自赛迪顾问股份有限公司《中国人工智能城市发展白皮书》，2018。

预计到2020年，合肥综合性国家科学中心人工智能产业整体竞争力大幅提升，形成具有国际竞争力和技术主导权的人工智能产业集群，产业规模将突破1000亿元，入园企业将达到1000家。

（二）代表性企业

合肥综合性国家科学中心人工智能产业代表性企业有科大讯飞、科大国创、中科类脑，均为“中科系”企业，其中，科大讯飞、科大国创源于中国科学技术大学，中科类脑源于中国科学院（见表5）。

表5　合肥综合性国家科学中心人工智能产业代表性企业

企业名称	成立时间	相关情况
科大讯飞	1999年12月30日	• 源于中国科学技术大学 • 从事智能语音及语言技术研究、软件及芯片产品开发、语音信息服务及电子政务系统集成 • “讯飞超脑”等人工智能产品已占全国70%的市场份额
科大国创	2000年11月6日	• 源于中国科学技术大学 • 为电信、电力、金融、交通、政府、教育和医疗卫生等七大行业领域提供智能软件和人工智能产品
中科类脑	2017年9月15日	• 源于中国科学院 • 国内首家类脑智能类公司 • 依托类脑智能技术及应用国家工程实验室，推动脑认知、类脑信息处理、类脑芯片、类脑机器人等类脑智能技术发展和应用

资料来源：整理自合肥综合性国家科学中心官方网站、企业网站等相关报道。

三　合肥综合性国家科学中心量子信息技术产业发展现状

（一）产业发展概况

2016年5月19日，中共中央、国务院印发《国家创新驱动发展战略纲要》，所强调的引领产业变革的颠覆性技术名单中，专门提及“量子信息技术”。2017~2019年，安徽省陆续出台了一系列规划和政策文件，支持合肥综合性国家科学中心的量子信息技术产业发展（见表6）。

表6　合肥综合性国家科学中心人工智能产业发展相关规划与政策

文件名（颁布机构、时间）	主要相关内容
《安徽省贯彻落实〈国家创新驱动发展战略纲要〉实施方案》（安徽省委、省政府2017年5月颁布）	• 量子信息国家实验室建设是安徽科技创新“一号工程” • 培育量子通信产业 • 打造具有重要国际话语权的量子信息产业基地
《关于支持创建量子信息科学国家实验室的意见》（安徽省委、省政府2017年7月颁布）	• 依托中科大，创建量子信息科学国家实验室
《安徽省人民政府关于推进安徽省实验室安徽省技术创新中心建设的实施意见》（安徽省政府2019年8月5日颁布）	• 积极创建量子信息科学国家实验室 • 支持量子创新研究院建设 • 夯实量子信息科学研究物质和技术基础，推动量子科技领域创新突破

资料来源：整理自安徽省人民政府网站。

依托中科大在量子信息技术方面长年深入的研究，合肥市具备发展量子信息技术产业的良好基础和独到优势。中科大的郭光灿、杜江峰、潘建伟三位院士（取三位院士姓氏拼音的首字母，被誉为“量子GDP”）早在20世纪90年代就已启动量子信息技术研究工作；2003年，潘建伟院士首倡利用卫星实现远距离量子纠缠分发的方案；2005年，这一方案成为现实，中科大实现全球首次水平距离13公里的自由空间双向量子纠缠分发；2009年，中国第一家量子信息技术公司（安徽量子通信技术有限公司，现更名为“科大国盾量子技术股份有限公司”）成立于安徽省合肥市；2010 年，中科大实现全球首次水平距离 16 公里的量子纠缠分发和量子隐形传输；2012 年，中科大实现全球首次百公里的双向量子纠缠分发和量子隐形传态；2016 年，中科大发射全球首颗量子科学实验卫星——“墨子号”，从空间尺度验证量子技术的科学性。自合肥综合性国家科学中心获批以来，大批有关量子信息技术重大成果相继问世（见表 7）。

表 7　合肥综合性国家科学中心量子信息技术研究重大成果

重大成果	时间	主要内容
异地数据千公里级量子加密传输	2017 年 3 月	应用量子通信技术实现了网上银行京沪异地数据的量子加密传输，是全球银行业首次应用千公里级量子通信技术
“墨子号”提前完成三大任务	2017 年 8 月	“墨子号”提前完成三大科学实验任务：①量子纠缠分发以及贝尔不等式的验证；②量子密钥分发；③量子隐形传态
量子保密通信“京沪干线”	2017 年 9 月	搭建连接北京、济南、合肥、上海的全长 2000 余千米的量子保密通信骨干线路，是世界首条量子保密通信干线
大容量商业化超长距离量子共纤传输应用	2017 年 9 月	全球首个大容量商业化超长距离量子共纤传输应用，实现 100 公里以上单跨传输
半导体量子比特高效调控	2018 年 1 月	在保证新型杂化量子比特相干性的前提下，成功实现了量子比特能级的连续调节，增强杂化量子比特的可控性
半导体量子芯片	2018 年 2 月	在国际上首次实现了半导体体系中的三量子比特逻辑门操控，为可扩展、可集成化半导体量子芯片的研制奠定了坚实基础
非互易多功能光子器件	2018 年 5 月	利用回音壁模式微腔中腔光力的非互易特性，实现全光控制的非互易多功能光子器件，并首次实现集成光学定向放大器
多功能固态量子存储器	2018 年 8 月	在国际上首次实现跨越三个自由度的复用量子存储，有效克服信道损耗，拓展量子通信的工作距离

续表

重大成果	时间	主要内容
量子纠缠态自检验	2018 年 12 月	实现了两比特和三比特量子纠缠自检验，在测量设备不可信条件下获得未知量子态的保真度信息，是国际上首个具有“高可靠、抗干扰”特性的纠缠态自检验实验
首款国产量子计算机控制系统	2018 年 12 月	首款国产量子计算机控制系统，应用于量子芯片的测试研究与量子计算机的原理搭建
超低温度下基态分子与原子之间的散射共振	2019 年 1 月	在国际上首次发现超低温度下基态分子与原子之间的散射共振，是超冷量子化学研究的重大突破
实现量子纠缠交换过程自检验	2019 年 3 月	首次实现量子纠缠交换过程的自检验，为实现量子纠缠网络的自检验、保障量子网络的安全性解决了关键难题
24 个比特超导量子处理器	2019 年 8 月	以 24 个比特超导量子处理器为平台，观测单激发和双激发两种模式下完全不同的独特动力学过程，为利用多量子比特系统研究多体物理系统奠定了基础

资料来源：整理自合肥综合性国家科学中心官方网站等。

截至 2018 年 12 月，合肥综合性国家科学中心已拥有量子信息技术相关国家级“优秀人才计划”和科学技术荣誉入选者 189 人，两院院士 23 名，以及中科院量子信息重点实验室、中科院微观磁共振重点实验室等多家重点科研平台（见表 8），其中，量子信息科学国家实验室作为安徽省、中科院、中科大的“一号工程”，承载重大国家发展战略，正在积极筹建中。

表 8　合肥综合性国家科学中心量子信息技术重点科研平台

科研平台	成立时间	研究领域
中科院量子信息重点实验室	1999 年	量子密码、半导体量子芯片、量子纠缠网络、光量子集成芯片、量子理论基础
中科院微观磁共振重点实验室	2000 年	量子计算、量子模拟、量子精密测量、固体量子器件、量子物理基础、量子技术

续表

科研平台	成立时间	研究领域
中科院量子信息与量子科技创新研究院	2017 年	量子力学基本问题研究、量子信息前沿基础研究、量子信息应用技术研究和核心器件研发
合肥微尺度物质科学国家研究中心	2018 年	以量子调控及量子信息为主导的原始创新和基于纳米科技、生物科技、信息科技和认知科学的交叉创新
量子信息科学国家实验室	在建	保障国家信息安全、提高计算能力、突破第二次量子革命的前沿科学问题和核心关键技术

资料来源：整理自合肥综合性国家科学中心官方网站、各相关科研平台官方网站。

伴随着雄厚的研发实力，量子信息技术产业也正蓬勃发展，成为合肥综合性国家科学中心的特色产业，合肥高新区的云飞路上（被誉为“量子大道”）集聚了多家量子信息技术企业。截至 2018 年 12 月，合肥综合性国家科学中心拥有合肥本源量子计算科技有限责任公司（简称“本源量子”）、国仪量子（合肥）技术有限公司（简称“国仪量子”）、科大国盾量子技术股份有限公司（简称“国盾量子”）、国科量子通信网络有限公司（简称“国科量子”）、安徽中创为量子通信工程有限公司（简称“中创为量子”）5 家主营量子信息技术企业，29 家量子信息技术关联企业；从事量子领域的科研人员突破 600 人；量子信息技术产业相关专利数量位居全国第二，占全国的比重为 12.1%。

（二）代表性企业

在合肥综合性国家科学中心的 5 家主营量子信息技术企业中，本源量子、国仪量子、国盾量子、国科量子四家为“中科系”企业（见表 9）。其中，国盾量子是我国第一家从事量子信息技术产业化的企业，也是我国最大的量子通信设备制造商，拥有量子通信领域技术专利数量位居全国第一。在我国已建成的实用化光纤量子保密通信网络中，85% 以上的产品由国盾量子提供。

表9　合肥综合性国家科学中心量子信息技术产业代表性企业

企业名称	成立时间	相关情况
本源量子	2017年9月11日	●聚焦量子计算领域 ●发源于中科大，研发团队为中科大郭光灿院士团队 ●研制出全球首个基于半导体量子芯片的量子计算云平台 ●研制出首个国产量子控制系统——本源量子测控一体机 ●经营范围为量子信息处理设备、系统集成验证技术服务、量子科学应用领域技术服务
国仪量子	2016年12月26日	●聚焦量子测量领域 ●发源于中科大，研发团队为杜江峰院士团队 ●研制出国内首台脉冲式电子顺磁共振波谱仪 ●经营范围为增强型量子传感器、分析测试科学仪器装备、核心技术解决方案
国盾量子	2009年5月27日	●聚焦量子通信领域 ●发源于中科大，研发团队为潘建伟院士团队 ●研制出全球首个使用量子密钥加密手机 ●为全球首条城际量子保密通信干线——国家量子保密通信"京沪干线"提供技术支撑 ●经营范围为量子保密通信网络核心设备、量子安全应用产品、通用量子技术开发、科学与科研仪器
国科量子	2016年11月29日	●聚焦量子通信领域 ●发源于中科大、中科院 ●经营范围为量子保密通信网络、量子通信综合服务
中创为量子	2017年4月7日	●聚焦量子通信领域 ●依托中科院半导体所团队开展研发 ●经营范围为量子通信设备、通信保密设备、通信工程

资料来源：整理自合肥综合性国家科学中心官方网站、相关企业网站。

四　促进合肥综合性国家科学中心信息技术产业高质量发展的对策建议

（一）统筹"创新链—产业链—资金链—人才链—政策链"

合肥综合性国家科学中心应依托多层次创新体系，促进创新链与产业链、资金链、政策链、人才链深度融合，构建“五链统筹”的产业创新体系。集成各类创新资源，突破共性关键技术，以科技创新引领全面创新，以创新发展产业，促进创新链与产业链的对接融合，加快科技成果从样品到产品再到商品的转化。推进“信息、能源、健康、环境”四大领域产业融合发展，推动产业结构提质升级。大力发展“院士经济”，将PPP模式深入引入创新领域，探索建立服务科技创新的政策性银行，促进科技创新与资本结合。将《关于合肥综合性国家科学中心建设人才工作的意见（试行）》《关于建设合肥综合性国家科学中心打造创新之都人才工作的意见》等人才政策落到实处，完善多层次人才保障体系，发挥人才集聚效应，建设创新创业人才高地。从税收、土地等方面强化要素保障，加强知识产权保护，优化营商环境，完善运行管理机制。

（二）打通“科技强—产业强—经济强”通道

合肥综合性国家科学中心应坚持“面向国家重大需求、面向世界科技前沿、面向经济主战场”的发展方向，以科技创新支撑产业发展，以产业技术变革为科技创新加注动力，破解科技与产业“两张皮”现象，打通“科技强—产业强—经济强”通道。支持重大成果加快研发和产业化应用，建设一站式科技成果市场转化平台，形成布局合理、功能齐全、开放高效、体系完备的科技成果市场转化体系。加快构建合肥综合性国家科学中心“创新成果 + 园区 + 基金 + 三重一创”项目对接机制，搭建从科学到技术再到产业的桥梁，促进科技成果转化为现实生产力，实现“科学研究、实验开发、推广应用”三级跳，从而辐射带动地方经济发展。

（三）促进产业集聚—集群化发展

进一步发挥合肥综合性国家科学中心的人工智能、量子信息技术等优势产业的创新驱动作用，以“中国声谷”、中国（合肥）人工智能产业园、量子产业园等信息技术产业集聚区与科大讯飞、华米科技、国仪量子等行业龙头企业为载体，健全以企业为主体的产学研用协同创新体系，发挥企业知识溢出效应和协同创新效应，解决关键共性技术问题，提升产业核心竞争力，带动合肥综合性国家科学中心的信息技术产业向上下游产业链延伸，实现集聚发展。不断提升科技创新源头驱动力，继续加大品牌培育力度，以迈向全球高端价值链为目标，加快形成一批具有国际竞争力的信息技术产业集群，将合肥综合性国家科学中心打造成为新经济策源地。

参考文献

《安徽合肥：加快建设综合性国家科学中心 打造具有国际影响力的创新之都》，《人民日报》2019 年 7 月 29 日第 15 版。

安徽省发改委科学中心处：《合肥综合性国家科学中心有关情况介绍》，2019。

高芳、徐峰：《全球量子信息技术最新进展及对中国的启示》，《中国科技论坛》2017 年第 6 期，第 164～170 页。

彭小宝：《合肥综合性国家科学中心建设的对策》，《安徽日报》2018 年 9 月 25 日第 6 版。

赛迪顾问股份有限公司：《中国人工智能城市发展白皮书》，2018。

吴长锋：《合肥综合性国家科学中心：平添创新发展强力引擎》，《科技日报》2017 年 3 月 9 日第 12 版。

徐文华：《合肥综合性国家科学中心“施工图”出炉》，《中国经济导报》2017 年 9 月 20 日第 A01 版。

许阳：《合肥推进综合性国家科学中心建设 聚焦量子通信》，《21 世纪经济报道》2017 年 2 月 22 日第 7 版。

赵宇：《合肥综合性国家科学中心：打造世界一流国家创新平台》，《国际商报》2017 年 9 月 21 日第 B03 版。

郑莉：《合肥综合性国家科学中心取得“六个一批”创新成果》，《安徽日报》2019 年 1 月 18 日第 3 版。

郑言：《承载国家使命对标世界一流汇聚高端人才 高质量推进合肥综合性国家科学中心建设》，《安徽日报》2018 年 12 月 15 日第 1 版。

郑言：《全力推进合肥综合性国家科学中心建设 为建设五大发展美好安徽打造强大引擎》，《安徽日报》2017 年 2 月 28 日第 1 版。

朱策：《加快建设合肥综合性国家科学中心的实践与思考》，《安徽日报》2017 年 4 月 10 日第 7 版。

B.18

高端航运服务业发展的“武汉样本”

李言蹊　尹礼汇　许雄琛*

摘　要：　高端航运服务业侧重提供高附加值的航运服务内容，是提升航运中心综合竞争力和集聚辐射力的重要支撑。武汉航运交易所是武汉高端航运服务业的重要主体和推动者，主要业态有航运物流交易、船舶资产交易、航运知识产权交易、航运金融、航运信息、航运教育、航运文化、海事法务等。本报告以航运交易所为重点，通过对比分析武汉、上海、重庆高端航运服务业发展情况，发现武汉高端航运服务业态更加丰富，但政策扶持力度不足。促进高端航运服务业高质量发展的关键是培育发展高端特色航运服务业态，加强高端航运服务业与制造业融合发展。

关键词：　长江经济带　高端航运服务业　武汉航运交易所

高端航运服务业即指智力化、资本化、专业化、效率化的航运服务业，侧重提供高附加值的航运服务内容，具有价值链高端发展、服务需求多样、服务周期较长等特点。高端航运服务业的成功发展模式以“伦敦模式”和“新加坡模式”最为典型。“伦敦模式”以市场交易为主，一方面以良好的

---

* 李言蹊，中南财经政法大学工商管理硕士，武汉航运交易所文秘主管，从事区域经济学研究；尹礼汇，武汉大学经济与管理学院区域经济学专业博士研究生，从事区域经济学研究；许雄琛，武汉大学经济与管理学院国家经济学基础人才培养基地本科生，从事区域经济学研究。

市场定位为前提，随着市场需求的扩大化和高端化，价值链地位得以提升；另一方面，传统航运产业和高技术制造业、生产性服务业融合发展，形成完整的航运产业链条。“新加坡模式”以知识驱动为主，依托良好的区位优势和政策支持，致力于建立全球海洋知识枢纽，发展海洋研发，吸引全球航运公司集聚，推动航运业集群发展。

一　武汉高端航运服务业发展现状

2014 年 9 月 25 日颁布的《国务院关于依托黄金水道推动长江经济带发展的指导意见》提出要加快武汉长江中游航运中心建设。2016 年，湖北省人民政府发布《关于加快武汉长江中游航运中心建设的实施意见》，强调建设武汉长江中游航运中心是贯彻落实国家长江经济带发展战略的重要举措。2018 年，湖北省人民政府批复的《武汉长江中游航运中心总体规划》提出“三中心、一门户”的战略定位，即：以长江黄金水道为主轴、港口为核心的综合交通运输中心；以铁水联运、江海直达为主的多式联运物流中心；以航运交易、科技研发、投融资、保险、人才培训、信息交流为服务重点的现代航运服务中心；以综合保税区、临港产业物流园区、国际航线为抓手的对外开放水上门户。2019 年，交通运输部发布《关于推进长江航运高质量发展的意见》，强调要大力提升航运金融、保险、海事仲裁、航运交易、航运信息咨询、航运指数研发等服务能力，研究开展期货交易。

武汉航运交易所（简称“武汉航交所”）于 2011 年挂牌成立，隶属武汉市交通运输委员会。2014 年，经全国清理整顿各类交易场所部际联席会审核同意，由湖北省人民政府批复设立。2015 年 7 月，武汉市人民政府办公厅印发《武汉航运交易所筹建工作方案》，明确将武汉航交所设定为事业单位，实行企业化管理，全面建成立足长江中游、辐射长江流域的国家级航运交易所。

武汉航交所内设综合部、法务部、财务部、金融事业部、资产交易事业部、物流交易事业部、人才服务事业部 7 个部门（见图 1），下设岳阳办事处、南京办事处和泸州分所（筹）3 个分支机构，独资设立武汉航易集团有限责任公司，与武汉航交所实行一体化运营，开展航运配套和创新服务。

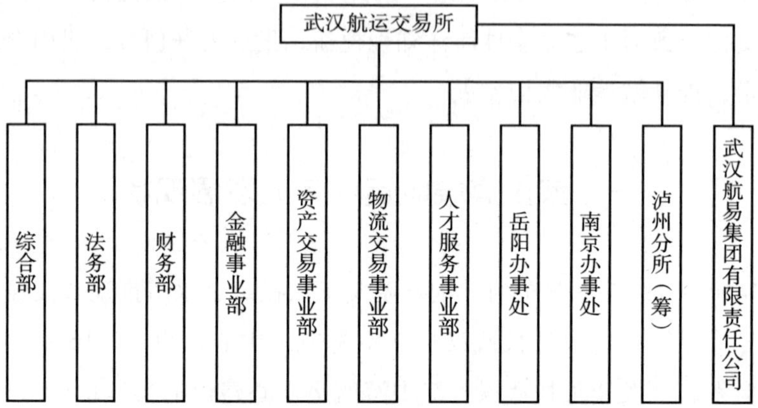

图 1　武汉航运交易所组织架构

2016 年以来，以武汉航交所为重要平台的武汉高端航运服务业快速起步，航运交易、航运法务、航运信息、航运金融、航运人才教育等特色服务加快发展，初步形成共生耦合的高端航运服务体系。截至 2019 年 6 月底，武汉航交所累计交易额近 140 亿元。武汉高端航运服务业的主要业态有以下几种。

（1）航运物流交易。研究推出国内首家基于区块链技术的综合物流信息平台，提供航运物流交易全过程服务。在政策引导下，加快聚集集装箱、大宗散货、商品汽车滚装运输三大货种要素。积极开展川汉、江海直达以及智慧船舶、充电船等船型研发，为长江内河船型标准化提供“武汉方案”，进一步提高综合运输效率。

（2）实物资产交易。搭建资产交易平台，开展武汉长燃、武汉港口运输集团、昆仑金融租赁、南京油运等港航类国有企业资产处置业务，组建船舶技术专家团队，提供船舶评估、勘验、监造等专业服务，为船舶交易提供全过程服务。谋划实施“北粮南运”多式联运、华中煤炭航运交易平台、武汉油品储运交易中心等项目，开展依托水运物流的玉米、煤炭、成品油

（气）等大宗商品交易研究，进一步拓展实物资产交易种类。

（3）航运知识产权交易。联合横琴国际知识产权交易中心，搭建国内首个航运知识产权综合交易平台。发挥武汉科教、人才优势，连接船舶科研机构、院校、企业等多方要素，开展航运知识产权确权运营、交易和服务。举办知识产权论坛、培训、讲座等活动，扩大航运知识产权服务影响力。通过川汉、江海直达等研发船型专利申请，加强航运知识产权保护。

（4）航运金融服务。设立航运绿色产业基金，组建融资租赁公司，参股融资担保公司，协助为物流企业授信，开展供应链融资服务，构建多层次融资渠道。联合金融机构和保险机构，研究推出适合长江内河的特色金融产品和航运保险产品，打造金融服务品牌。

（5）航运信息服务。研究推出中国长江商品汽车滚装运输综合运价指数、武汉航运中心出口集装箱运价指数、中国长江煤炭运输综合运价指数及中国长江（商品）汽车滚装运输景气指数。基于交易数据，建设长江航运大数据中心，安装船载智能终端，搭建长江航运物联网，发展智慧航运服务。

（6）航运人才教育服务。连接学校、服务机构和用工企业等相关单位，形成“招、学、考、工、养、保、护”一条龙航运人才服务模式。建设“中西部航运人才服务中心”，开展全国船员培训、考试和发证第三方评估课题研究。

（7）航运文化服务。以“一刊、一号、一书、一馆”为重点，强化航运文化宣传，即：发行《新航运》杂志，推出“今日航运”公众号，撰写《长江航运史》，建设长江航运博物馆。

（8）海事法务服务。联合大连海事大学，建立长江海事司法鉴定中心；与大连海事大学、武汉海事法院等单位共同研究制定内河运输系列示范合同文本；与武汉仲裁委合作，推动设立长江航运仲裁中心；参与修改《中华人民共和国海商法》，填补内河航运规则空白，逐步构建长江内河规则体系；组建专业律师团队，为港航企业提供法务咨询，为弱势群体提供法律援助。

二　长江经济带三大航运中心高端航运服务业发展比较

在区位优势方面，上海地处长江出海口，通江达海优势明显，是全国唯一的国际航运中心；重庆地处长江上游，港口服务范围辐射云、贵、川等地，水运货运量约占长江上游地区的70%；而武汉地处长江中游，发挥着长江内河承上启下的“龙腰”作用，发展多式联运具有得天独厚的优势。

在发展定位方面，上海、重庆、武汉高端航运服务业均随着航运交易所的成立而起步，上海航运交易所成立于1996年，重庆航运交易所成立于2010年，武汉航运交易所成立于2011年。根据长江经济带发展战略布局，上海是国际航运中心，重庆、武汉分别是长江上游和中游地区的航运中心。

在政策扶持方面，上海、重庆、武汉等地均出台政策，对航线、货物等航运要素进行补贴，通过航运交易所实施。上海航交所注册资金达到1900万元，重庆航交所开办资金为2000万元，每年安排发展专项资金5000万元，而武汉航交所注册资金仅300万元，与国内同类交易场所相比，政策扶持力度相距甚远。

在发展业态方面，上海高端航运服务业侧重于航运指数的编制以及航运金融服务，重庆高端航运服务业偏向于发展航运交易及港口服务，而武汉高端航运服务业态丰富，包含各种高端航运服务业态（见表1）。

表1　长江经济带三大航运中心城市高端航运服务业态比较

城市	业务类型	主要内容
上海	航运信息	航运指数、市场报告、薪酬报告、市场数据、企业资信、运价备案、运力备案、提单查询
	航运文化	航运交易论坛、航运企业宣传策划、港航企业广告代理、航运交易公报、中华航运网
	航运金融	境内美元运费支付、航运衍生品交易、专业保险代理、融资租赁功能
	船舶交易	船舶交易鉴证、船舶招投标、船舶价格指数、船况勘验价格评估、船舶买卖标准合同、游艇交易平台

续表

城市	业务类型	主要内容
武汉	物流交易	集装箱订舱、大宗散货运输、滚装运输订舱
	资产交易	船舶等资产交易评估、鉴证；船用产品和港口设备买卖；国有和非国有资产处置
	知识产权	知识产权申报、评估、运营、维权、融资和交易
	航运人才	发布招聘、求职信息、组织培训考试、劳务中介及派遣、纠纷调解
	航运信息	航运指数、航运动态信息、水情、气象信息
	法务咨询	法律法规咨询、航运政策咨询、海事仲裁、海事司法鉴定、法律援助
	航运金融	航运绿色产业基金、融资服务、金融产品、保险产品
重庆	物流交易	航运交易电子商务平台、重庆港航口岸物流服务系统
	船舶交易	船舶交易平台
	金融服务	融资担保、船东互保
	航运技术	船舶建造监理、船舶监造和技术咨询、船舶价值评估、船舶无损探伤、安全生产标准化考评、船舶保险公估
	航运人才	双万工程、151 工程、航运人才发展报告

三　促进武汉高端航运服务业高质量发展的对策建议

（一）培育发展高端特色航运服务业态

树立品牌意识，重点发展航运交易服务、航运金融服务、航运信息服务、海事法务服务、航运人才教育服务等高端特色航运服务业态。

（1）航运交易服务。建立标准化交易规则，进一步规范航运交易市场。以物流交易、资产交易为重点，研究发布标准化合约交易产品，推动交易服务产品化。支持武汉航交所以国有资产处置、大宗商品交易为重点拓展交易品类，向综合性交易场所转型发展，增强汇聚航运要素的向心力。

（2）航运金融服务。以武汉航交所为主体，联合银行、保险等金融机构，构建集信息互通、交易互联、结算安全、线上融资以及信用评价为一体的航运金融服务体系；推动长江绿色产业基金尽快落地，为长江航运产业绿色发展提供资金支持；创新发展融资租赁、融资担保、再担保等航运金融服务业态，进一步拓展航运产业融资渠道。

（3）航运信息服务。建设基于标准化的交易系统，提升交易信息化服务水平。加快推动航运指数研发，形成内河指数品牌。依托专家库和科研机构智库，发展航运类公估、鉴定、检测、知识产权等咨询服务，不断丰富咨询服务内容。

（4）海事法务服务。加快建设“一院三中心”，即长江海法研究院、长江海事司法鉴定中心、长江航运仲裁中心及法律援助中心，坚持法律研究和法务服务同步推进，不断提升海事法务服务能力。

（5）航运人才教育服务。做实“招、学、考、工、养、保、护”船员一条龙服务体系，打造船员服务特色品牌；积极发展航运高等教育，扩大武汉未来航运和高端航运服务人才储备；创新船员职业教育和培训方式，坚持知识与实践并举，不断提高船员综合素质。

（二）加大高端航运服务业发展政策支持力度

配套专项基金，引导企业进驻武汉新港航运总部经济区，支持武汉高端航运服务业发展。统筹安排省级、市级服务业发展引导资金，对符合条件的高端航运服务业项目或企业优先给予支持。建立完善武汉高端航运服务业税收优惠政策，免征在武汉注册的高端航运服务业企业从事相关业务收入的营业税，给予具有国际竞争力的企业增值税优惠政策。对从事高端航运服务业的高技能人才实施个人所得税减免政策和住房优惠政策，吸引人才集聚。

（三）促进高端航运服务业与制造业融合发展

坚持把高端航运服务业和制造业的发展紧密结合起来，建立融合发展的产业体系。

（1）以资源整合和功能改造为重点，大力推动航运产业集聚区建设，不断延伸航运产业链条，促进船舶设计、制造和维修、交易、拆除等航运产业与高端航运服务业融合发展。

（2）以信息技术为支撑动力，充分发挥通信网络、物联网、三网融合、新型平板显示、高性能集成电路和云计算等高技术产业对高端航运服务业发展的推动作用，促使两种产业实现技术融合，消除产业壁垒，实现融合发展。

（3）以货物、船舶、港口、航线等航运要素为焦点，通过航运产业精细化分工和高端航运服务业定制化服务，把产业链条与服务业态在航运要素处叠加与延伸，逐步重构形成融合发展、无缝对接的新型产业链条，逐步提升融合产业竞争力。

参考文献

邱焱林：《武汉长江中游航运中心高端航运服务业发展研究》，《港口经济》2017 年第 6 期，第 10 ~ 12 页。

任声策、宋炳良：《航运高端服务业的发展机理——服务业融合的视角》，《上海经济研究》2009 年第 6 期，第 112 ~ 117 页。

王列辉、宁越敏：《国际高端航运服务业发展趋势与宁波的策略》，《经济地理》2010 年第 2 期，第 268 ~ 272 页。

王晓娟：《长江黄金水道功能提升与航运现代化战略研究》，上海人民出版社，2018，第 78 ~ 103 页。

吴向鹏：《高端航运服务业发展机理、模式与启示》，《港口经济》2010 年第 3 期，第 24 ~ 27 页。

徐乐灵、刘博：《我国高端航运服务业发展现状及对策建议》，《港口经济》2015 年第 10 期，第 7 ~ 9 页。

张兆民、王雪：《高端航运服务业发展机理研究——推进深圳高端航运服务业发展的思考》，《物流技术》2014 年第 9 期，第 31 ~ 35 页。

B.19

江苏泰州医药产业发展调研报告*

吴传清　杜　宇　张冰倩　尹诚明**

摘　要： 江苏泰州是我国重要的医药产业集聚区，已形成以疫苗、生物药、诊断试剂、化学药新型制剂、高端医疗器械等为特色的医药产业体系。本报告从发展概况、龙头企业、对策建议等方面对江苏泰州医药产业进行了相关研究，提出进一步推动泰州医药产业高质量发展，应完善医药产业创新体系、健全医药科技成果转化机制、加强医药产业集聚发展。

关键词： 医药产业　集聚区　高质量发展

医药产业具备知识技术密集、物质资源消耗少、成长潜力大等一系列特征，既是高技术制造业、战略性新兴产业的重要组成部分，也是健康产业的重要组成部分（见附录）。泰州市是江苏省医药产业发展的重镇，《江苏泰州大健康产业集聚发展试点方案》于2017年获中央推动长江经济带建设领导小组办公室批复实施，泰州生物医药产业集群是国家级创新型产业集群。

---

* 基金项目：国家社会科学基金一般项目“推动长江经济带制造业高质量发展研究”（项目编号：19BJL061）。

** 吴传清，武汉大学经济与管理学院、中国发展战略与规划研究院教授，博士生导师，从事区域经济学研究；杜宇，武汉大学经济与管理学院区域经济学专业博士研究生，从事区域经济学研究；张冰倩，武汉大学经济与管理学院区域经济学专业硕士研究生，从事区域经济学研究；尹诚明，武汉大学经济与管理学院国际经济与贸易专业本科生，复旦大学大数据学院国际商务专业硕士推免生，从事区域经济学研究。

一　泰州医药产业发展概况

（一）顶层设计

江苏省医药产业规模占全国的比重超过10%，已基本形成以泰州“中国医药城”为核心，南京、常州、无锡、苏州、南通等沿江城市为南翼，连云港、徐州为北翼的“一核两翼”产业发展格局。

泰州医药产业主要分布在泰州医药高新技术产业开发区、泰州高港区、泰兴经济开发区。为促进泰州医药产业发展，江苏省人民政府、泰州市人民政府相继出台一系列规划和政策，明确泰州市医药产业发展的重点领域（见表1）。

表1　促进泰州市医药产业发展的相关规划与政策

文件名称	主要内容
《关于加快中国医药城“人才特区”建设的若干规定》（泰州市人才工作领导小组2011年12月6日颁布）	• 设立每年6000万元的专项资金，为入驻医药城的高层次人才（团队）提供100万~500万元的创新创业资助
《泰州市战略性新兴产业发展“十三五”专项规划》（泰州市人民政府办公室2017年1月22日颁布）	• 优先扶持生物医药、高性能医疗器械等主导产业发展，大力发展生物制药、新型疫苗、化学药新型制剂、现代中药、高性能医疗器械（含诊断试剂）等产业 • 到2020年，泰州市生物制药等若干领域位居全国前列，生物医药及高性能医疗器械产值达到2000亿元
《泰州市科技创新“十三五”专项规划》（泰州市人民政府办公室2017年2月12日颁布）	• 到2020年，基本形成以“中国医药城”为龙头，以高新技术企业为主体，政产学研金介协调配合，布局合理、良性互动、开放配置、服务高效的区域创新体系
《江苏省政府关于推动生物医药产业高质量发展的意见》（江苏省人民政府2018年12月1日颁布）	• 在南京、苏州、泰州、连云港等地区打造形成千亿级生物医药产业创新集群 • 支持泰州医药高新区抢抓长江经济带大健康产业集聚发展试点机遇，努力建成全国知名的现代化大健康产业基地 • 以泰州医药高新区、连云港、苏州、南京等产业集聚区为重点，围绕生物医药产业的重点优势领域实施专利导航工程，推进专利导航产业发展实验区建设

资料来源：根据相关资料整理。

（二）泰州医药产业集聚区

泰州医药产业集聚区（简称“中国医药城”）是泰州医药高新技术产业开发区（中国首个国家级医药产业高新区）的重要组成部分，产业特色鲜明，先后获得了一系列“国字号”荣誉（见表2）。

表2　泰州市“中国医药城”发展大事记

时间	重大事件
2005年2月	江苏省委、省政府做出“加快建设医药产业园，打造中国医药城”的医药战略部署，旨在加快产业结构调整、促进产业结构升级，完善医药产业基础
2006年11月	江苏省泰州市中国医药城启动建设
2009年3月	国务院下文批复泰州医药高新技术产业开发区正式成为首家医药类国家级高新区，标志着医药高新区正式被纳入国家科技创新体系，成为创新型国家建设的重要组成部分
2010年2月	科技部、卫生部、国家食品药品监管局、国家中医药管理局与江苏省人民政府确认联合共建中国医药城，使其成为全国唯一部省共建高新区
2010年12月	成功举办以“创新医药发展、引领健康未来”为主题的首届中国（泰州）国际医药博览会，为来自世界各地的医药行业研究人员、供应商、采购方等提供交流合作平台
2012年12月	向科技部火炬中心申请创建国家创新型特色园区
2017年12月	江苏泰州生物医药创新型产业集群入选科技部第三批创新型产业集群试点名单
2018年4月	江苏泰州医药高新区创建规划方案通过专家论证
2018年12月	科技部下文批准，江苏泰州医药高新区获批建设国家创新型特色园区，努力打造“中国第一、世界有名”的生物医药产业集群新高地。

资料来源：根据相关资料整理。

目前，泰州市“中国医药城”建成区面积已超过20平方公里，科研开发区基本建成，生产制造区加速推进，会展交易区投入运营，综合配套区日趋完善，教育教学区一期建成，康健医疗区启动建设（见表3）。

表3　泰州市“中国医药城”的功能区建设进展

功能区	建设进展
科研开发区	总体规划面积2平方公里，目前已进驻60余家医药研发机构，一批公共技术服务平台相继搭建成功，未来将进一步加强与国内外高校、科研机构、创新型企业合作，推动创新成果产业化，形成高新区持续发展的主要动力

续表

功能区	建设进展
生产制造区	已建成200万平方米,先后有500多个创新创业类项目入驻,始终坚持"资源互补、链式发展"的思路,坚持集中、集约、集群发展原则,计划成为疫苗、诊断试剂及高端医疗器械、生物制药、化学药新型制剂、中药现代化、保健品等六大具有国际竞争力的产业基地
会展交易区	按照"以研引会、以会带展、以展促销、以销助研"的循环发展模式,致力于打造医药产品交易、医药科技交流、医药科研成果交易为一体的医药专业展览平台
康健医疗区	以打造健康服务产业链为目标,以特色诊断医疗技术应用与高端个性化医疗服务为核心,发展康复护理、养老服务、健康评估等高端业务
教育教学区	集聚国内外知名高校研究生院,坚持"教学与科研结合、科研与产业互动、校区与产业融合"理念,2010年秋季南京中医药大学翰林学院入驻中国医药城,2016年秋季泰州高职院校新区投入使用
综合配套区	围绕"建成产城一体医药名城"发展目标,正加快完善相关配套设施,东方温莎小镇白领公寓已投入使用,生活服务项目已进驻100余个

资料来源:整理自泰州市"中国医药城"官方资料。

经过多年的建设,泰州市"中国医药城"发展成就显著,呈现良好发展态势,已成为国内规模最大、产业链较为完整的生物医药产业基地。2013~2018年泰州市"中国医学城"发展规模见表4。

表4　2013~2018年泰州市"中国医药城"发展规模

指标	2013年	2014年	2015年	2016年	2017年	2018年
入园企业数(家)	378	482	605	742	878	1138
公共财政预算收入(亿元)	22.32	25.56	30.17	40.15	40.84	42.81
规模以上工业产值(亿元)	204	251	304	381	478	565
获得生产许可证(件)	43	67	98	123	140	153
获得生产批件数(件)	108	250	624	959	1138	1401

资料来源:整理自泰州市"中国医药城"官方资料。

"中国医药城"自2018年12月获批建设国家创新型特色园区以来,坚持将创新驱动、资源集约、产城一体相结合,不断完善园区的城市功能、产业功能、平台功能,基本形成了"以城促产、以产兴城、产城一体、产城共荣”的发展格局。

(1) 产学研合作。“中国医药城”通过与一大批科研院所合作，建立了一系列医药产业创新载体，积极推进科研、教育、生产的对接与耦合。目前“中国医药城”已与中科院大连化物所、复旦大学、四川大学华西医院、中国医科院医学实验动物研究所、北京大学药学院、东南大学、中国药科大学等12家全国知名科研院所进行深入合作，共建高端研发载体（见表5）。

表5　泰州市“中国医药城”主要创新载体

载体名称	发展特色	合作机构
中科院大连化物所－中国医药城生物医药创新研究院	实现中药标准化、现代化、国际化、绿色化制造和开发，致力打造全球一流的中药研究平台	中科院大连化物所
复旦大学泰州健康科学研究院	探索重大疾病的病因、治疗和预防	复旦大学
中国医药城药物安全性评价中心	对药物临床前安全性进行评价	四川大学华西医院
中国医药城实验动物基地	打造综合性实验动物研发、生产基地	中国医科院医学实验动物研究所
ICGEB-CMC 区域研究中心	实现疫苗、抗体及生物仿制药的创新	中国生物技术发展中心、国际遗传工程和生物技术中心
北京大学药学院中国医药城创新创业产业园	进行成果转化、人才培养、课程实践	北京大学药学院

资料来源：整理自泰州市“中国医药城”官方资料。

(2) 支撑体系建设。“中国医药城”遵循产业资本和金融资本共生特性，已建立起由政府扶持、信贷支撑、股权投资、上市培育组成的金融支撑体系，建设了一批“功能优、时效快”的产业公共服务平台（见表6）。“中国医药城”通过不断优化人才创新创业环境，举办一系列精品化人才交流活动，加快人才创新创业载体建设，致力于打造医药人才集聚区。

(3) 产业基地建设。重点建设疫苗产业、诊断试剂产业、高端医疗器械产业、生物制药产业、化学药新型制剂产业、保健品产业、中药产业等特色产业基地。“中国医药城”生物医药产业重点发展领域包括：新型疫苗和改造传统疫苗、体药物和蛋白质药物等生物技术药物的产业化；重大疾病诊断和检测技术研究与产品开发；基因治疗和细胞治疗等生物治疗技术、再生医学技术的研究与应用。

表 6 泰州市“中国医药城”的支撑体系

支撑体系	主要服务内容	
金融支撑体系	成立创投公司和小额贷款担保公司为园内企业提供金融服务	
平台支撑体系	疫苗工程中心	一站式疫苗研发技术服务
	高端制剂技术平台	新型制剂新药的研发
	免疫治疗技术平台	肿瘤免疫治疗
	危化品服务平台	危化品、剧毒品统一配送与管理服务
	大分子药物公共服务平台	拥有原核、酵母和哺乳动物细胞表达三个独立的原液生产线
	细胞和蛋白治疗研发平台	融合蛋白药物开发
	知识产权保护服务平台	知识产权服务
	大型仪器设备共享服务平台	大型仪器设备共享服务
	干细胞技术研发平台	全球首批通过 AABB 认证的人脐带间充质干细胞库
	实验动物基地	实验动物技术服务、实验模型动物
人才支撑体系	泰州市委、市政府自 2013 年起实施“113 医药人才特别计划”，共资助 684 名高层次人才（团队）	

资料来源：整理自泰州市“中国医药城”官方资料。

二 泰州医药产业龙头企业

（一）扬子江药业集团

扬子江药业集团创建于 1971 年，总部位于泰州市高港区，是国家大型医药企业集团，是科技部命名的全国首批创新型企业，现有员工 16000 余人，旗下 20 多家成员公司分布于泰州、北京、上海、南京、广州、成都、苏州、常州等地。扬子江药业集团拥有 4 个国家级创新研发平台，获 3 项国家科技进步二等奖，5 种中药材进入欧洲药典标准。扬子江药业集团致力于向社会提供优质高效的药品和健康服务，获得了一系列社会荣誉。2005～2018 年蝉联全国医药行业 QC 成果评比一等奖“十四连冠”；2015～2018 年获得 17 个国际 QC 金奖；根据工信部发布的行业排名，2014～2018 年，扬子江药业集团连续 5 年居全国医药工业企业百强榜首位；扬子江药业集团分别在 2016 年和 2019 年两次获得中国品牌价值榜医药健康板块品牌强度、品牌价值双第一等荣誉。此外，扬子江药业集团还荣获“中国质量奖提名奖”、“全球卓越绩效奖”（世界级）、“亚洲质量创新奖”、“全国重合同守信用企业”、“全国文明单位”等称号。

扬子江药业集团将项目创新、管理创新、平台创新、技术创新作为企业发展的重要支撑。2018 年，扬子江药业集团研发投入超 24 亿元，拥有药物制剂新技术国家重点实验室、中药质量控制重点研究室、中药制药工艺技术国家工程研究中心、创新药物研究与开发技术产学研联盟、企业博士后科研工作站等一批创新平台，建立了涵盖 18 个治疗领域、11 余种剂型、300 多个品规的庞大产品群。截至 2019 年 5 月，扬子江药业集团累计申请发明专利 518 件、PCT 专利 33 件，获批发明专利授权 172 项，另有 223 件实用新型及外观设计专利获得授权，主持或参与制定国家药品标准 195 个。

（二）济川药业集团

济川药业集团创建于 1994 年，总部位于泰兴经济开发区，是集中西医药、中药药妆、中药保健产品研制以及商贸流通为一体的国家高新技术企业，也是国家火炬计划医药产业骨干企业、全国制药工业百强企业。济川药业集团旗下拥有天济药业、济源医药、济仁饮片、蒲地蓝药妆、康煦源保健品、银杏产业研究院、口腔健康研究院、海源物业、东科制药等子公司。济川药业集团以规模化、资本化、国际化为发展方向，以拓展产业链、扩张产品群、发展大健康事业为战略目标，推动中西医药、中药药妆、中药保健“三业齐进”。

济川药业集团专注儿科、妇科、呼吸科、消化科及老年病等领域的药品研发、生产和销售，形成了较为完整的产业链。目前，中西药研发生产和销售占济川药业集团业务量超过 95%；以中西药为基础原料的中药药妆产品，如口服液、面部、口腔护理产品等占济川药业集团业务量的3%～5%；计划在3～5年后推出中药保健产品和相关服务。济川药业集团拥有10多个剂型、210多个规格品种的国药准字号产品群，有110多个品规列入国家医保目录，有68个品规进入国家基药目录，获批国家发明专利授权38件。

（三）其他龙头企业

除扬子江药业集团、济川药业集团外，泰州集聚了一大批医药类企业，分布在医药产业链各环节（见表7）。

表7　泰州市医药产业链相关龙头企业

产业链	企业名称	成立时间	主营业务
生物药产业	泰州迈博太科药业有限公司	2015年	生物制品、诊断试剂、化学生物试剂
	江苏泰康生物医药有限公司	2008年	治疗性抗体药物等基因工程药物
	江苏荃信生物医药有限公司	2015年	免疫性疾病抗体药物
疫苗产业	江苏康淮生物科技有限公司	2011年	新型疫苗、基因工程药物及体外诊断试剂等生物制品
诊断试剂及高端医疗器械产业	江苏硕世生物科技有限公司	2010年	传染性疾病、遗传性疾病、食品安全及肿瘤等领域
	江苏美时医疗技术有限公司	2009年	新型的医用磁共振成像系统和高温超导线圈产品
	江苏命码生物科技有限公司	2008年	生物技术相关内容
	江苏泽成生物技术有限公司	2011年	体外诊断试剂及仪器的研发、生产和销售
化学药新型制剂产业	阿斯利康药业（中国）有限公司	2012年	口服固体片剂
	泰州复旦张江药业有限公司	2007年	国家1类新药海姆泊芬等具有市场前景的产品
中药现代化	苏中药业集团股份有限公司	1979年	基因工程和生物转化在原料药上的应用
	江苏盈科生物制药有限公司	2011年	能量用药、麻醉、肿瘤等医药领域的研发和生产
保化品	石药集团中诺药业（泰州）有限公司	2011年	片剂、硬胶囊剂、粉剂、软胶囊剂及口服液等多种保健品的生产
	雀巢健康科学（中国）有限公司	2015年	口服无菌罐装临床营养产品的研发、生产与销售

资料来源：根据相关资料整理。

三　促进泰州医药产业高质量发展的对策建议

（一）完善医药产业创新体系

整合泰州医药产业创新资源，加快构建主体共同参与、市场利益共享、创新风险共担的政产学研用协同创新体系。支持扬子江药业集团、济川药业集团等医药行业龙头企业联合高校、科研院所、科技服务机构、行业协会组建泰州医药产业技术创新联盟，支持国家地方联合建设一批国家级工程技术研究中心、重点实验室等创新平台。建设和完善一批面向企业的公共技术服务平台，培育一批企业技术中心和技术创新示范企业。支持企业与中国药科大学、沈阳药科大学、北京大学、哈尔滨医科大学等医药类高校和科研院所建立以项目为基础的产学研合作。依托中科院大连化物所泰州研究院等12家高端研发载体，建设集医药研发、成果转化、技术服务、人才培养为一体的创新型研究院，为生物医药创新提供源头性技术支持，为新型产品转化与项目孵化提供服务平台，为高层次人才集聚与发展提供重要载体。

（二）健全医药科技成果转化机制

依托医药产业技术创新联盟建设面向市场需求的科技成果产业化试验平台、技术交易网络平台、技术转移中心和知识产权交易中心，加快新技术、新工艺、新产品的推广示范应用。选择医药类高校、科研院所建设职业化的人才培养体系。设立医药科技成果转化引导基金、新兴产业创业投资基金，引导金融和社会资本投资区域创新创业。进一步深化科技成果使用、处置和收益权改革，为科技成果转移转化营造良好环境。进一步完善人才引进政策，加强院士工作站等平台建设，充分发挥院士队伍创新引领作用，构建学术交流平台，举办高端论坛等学术活动。

（三）加强医药产业集聚发展

加强“创新链、产业链、人才链、资金链、政策链”五链统筹，坚持“引进来”与“走出去”并重、“招商引资”与“招才引智”并行，充分发挥泰州国家医药高新技术产业开发区的载体平台作用，不断促进医药企业集聚、医药研发机构与教育机构集聚、专业技术人才集聚、专业经营管理人才集聚、风险投资类资本集聚和产业公共服务平台集聚，推动生产性服务业与医药制造业融合互动发展。

附录：医药产业相关分类标准

1. 医药产业是高技术制造业的重要组成部分

根据国家统计局颁布的《高技术产业（制造业）分类（2017）》标准，医药制造业分为七大类，即：化学药品制造（化学药品原料药制造、化学药品制剂制造），中药饮片加工，中成药生产，兽用药品制造，生物药品制品制造（生物药品制造、基因工程药物和疫苗制造），卫生材料及医药用品制造，药用辅料及包装材料。

2. 医药产业是战略性新兴产业的重要组成部分

根据国家统计局颁布的《战略性新兴产业分类（2018）》标准，生物产业分为生物医药产业、生物医学工程产业、生物农业及相关产业、生物质能产业、其他生物产业等六大类。其中，生物医药产业包括：生物药品制品制造、化学药品与原料药制造、现代中药与民族药制造、生物医药关键装备与原辅料制造、生物医药相关服务等五大类。

根据国家发改委等部委颁布的《战略性新兴产业重点产品和服务指导目录（2016 版）》，生物产业分为生物医药产业、生物医学工程产业、生物农业产业、生物制造产业、生物质能产业等五大类。其中，生物医药产业包括：新型疫苗、生物技术药物、化学药品与原料药制造、现代中药与民族药、生物医药关键装备与原辅药、生物医药服务等六大类。

3. 医药产业是健康产业的重要组成部分

根据国家统计局颁布的《健康产业分类（2019）》标准，医药制造分为化学药品原料药制造、化学药品制剂制造、中药饮片加工、中成药生产、生物药品制品制造、卫生材料及医药用品制造、药用辅料及包装材料制造、制药设备制造等八大类。

参考文献

黄晓光、陈家应：《医药产业集群发展态势与策略》，《群众》2018 年第 14 期，第 30～32 页。

李飞：《借鉴泰州中国医药城经验加快推进我省医药产业集聚区建设——关于江苏泰州中国医药城发展情况的调研报告》，《辽宁行政学院学报》2017 年第 5 期，第 94～96 页。

李洁：《江苏泰州医药产业集群发展障碍与升级策略分析》，《经济研究导刊》2014 年第 40 期，第 39～41 页。

刘昊宇、陈瑾：《泰州医药高新区高港区加速两区融合发展 提升新城区软实力》，中国江苏网，2019 年 8 月 20 日。

陆春云：《坚持创新引领打造产业地标——江苏泰州中国医药城积极探索发展新路径》，《人民论坛》2017 年第 28 期，第 114～115 页。

王丽君、杨森：《泰州生物医药产业集群发展的现状及对策》，《金融经济》2019 年第 10 期，第 31～32 页。

B.20 长江经济带产业经济统计数据

表1　2017 年长江经济带沿线 11 省市工业统计数据

地区/指标	工业增加值（亿元）	规上工业企业单位数（个）	规上工业企业平均用工人数（万人）	规上工业企业资产总计（亿元）	规上工业企业流动资产合计（亿元）	规上工业企业负债合计（亿元）	规上工业企业主营业务收入（亿元）	规上工业企业主营业务成本（亿元）	规上工业企业利润总额（亿元）
上海	8392.84	8122	206.48	42355.44	24955.59	20600.05	37910.50	30397.56	3243.80
江苏	34013.60	45414	1031.37	116706.58	62998.00	61086.66	148996.61	127204.28	10052.54
浙江	19474.48	39949	670.51	71263.09	39320.70	39123.28	65760.08	54851.25	4605.41
安徽	10916.31	18883	309.46	35039.74	16953.48	19732.32	43110.37	37052.05	2352.44
江西	7789.59	10889	274.50	21557.67	10049.40	10997.98	33751.65	29244.52	2355.56
湖北	13060.08	15097	315.65	38585.32	18260.79	20707.95	43210.52	36637.31	2608.03
湖南	11879.94	15201	335.88	27766.56	12188.95	13730.04	38934.23	31859.74	2093.98
重庆	6587.08	6684	176.50	19760.50	9288.69	11622.75	20772.41	17505.49	1501.87
四川	11576.16	13904	318.54	43253.61	18472.38	25120.16	41631.26	34660.03	2824.26
贵州	4260.48	5311	92.89	15228.11	6541.43	9502.08	10647.55	8307.78	903.43
云南	4089.37	4186	89.60	20241.46	7269.47	12555.54	11684.53	9130.91	782.65
长江经济带	132039.93	183629	3821.38	451753.08	226298.88	244778.81	496409.71	416850.92	33323.97
全国	301669.37	372729	8957.89	1121909.57	534080.93	628016.30	1133160.76	956119.97	74916.25
长江经济带占全国的比重（%）	43.77	49.27	42.66	40.27	42.37	38.98	43.81	43.60	44.48

资料来源：整理自《中国统计年鉴》（2018 年）、长江经济带沿线 11 省市统计年鉴。整理人：张冰倩。

表 2　2017 年长江经济带沿线 11 省市服务业统计数据

地区/指标	服务业增加值（亿元）	服务业增加值占地区生产总值比重（%）	服务业固定资产投资（亿元）	服务业就业人员数（万人）	服务业就业人数占总人数比（%）	服务业法人单位数（个）	金融业增加值（亿元）	交通运输、仓储和邮政业增加值（亿元）	房地产业加值（亿元）
上海	21191. 54	69. 18	6216. 80	422. 00	66. 74	376332	5330. 54	1344. 54	1873. 05
江苏	43169. 73	50. 27	26426. 30	507. 20	34. 16	1604092	6783. 87	3097. 67	5016. 54
浙江	27602. 26	53. 32	22084. 70	438. 00	41. 54	1190194	3533. 05	1938. 17	3222. 54
安徽	11597. 45	42. 92	15482. 00	269. 00	52. 11	594467	1663. 59	875. 38	1390. 48
江西	8543. 07	42. 70	9698. 80	226. 80	48. 93	389056	1107. 12	866. 30	890. 55
湖北	16507. 38	46. 53	18085. 80	361. 40	52. 00	687379	2640. 86	1420. 01	1642. 98
湖南	16759. 07	49. 43	19244. 70	320. 90	56. 73	506224	1610. 31	1496. 01	1019. 35
重庆	9564. 03	49. 24	11243. 40	213. 20	52. 46	405566	1813. 73	939. 46	1048. 25
四川	18389. 74	49. 73	21513. 40	457. 70	57. 78	460213	3203. 27	1595. 80	2039. 83
贵州	6080. 42	44. 90	12096. 30	207. 80	65. 93	270199	787. 88	1070. 22	283. 05
云南	7833. 00	47. 83	15039. 60	256. 00	60. 60	404836	1194. 67	366. 59	345. 50
长江经济带	187237. 69	49. 64	177131. 80	3680. 00	50. 08	6888558	29668. 89	13514. 14	18772. 12
全国	429129. 48	51. 90	382227. 10	9277. 40	52. 58	15606969	64184. 26	38550. 94	44295. 94
长江经济带占全国的比重（%）	43. 63	—	46. 34	39. 67	—	44. 14	46. 22	35. 06	42. 38

注：服务业就业人员数为按行业门类分城镇单位就业人员数。

资料来源：整理自《中国统计年鉴》（2018 年）、《中国第三产业统计年鉴》（2018 年）、长江经济带沿线 11 省市统计年鉴。整理人：张冰倩。

表 3　2017 年长江经济带沿线 11 省市农业统计数据

地区/指标	农林牧渔业总产值（亿元）	第一产业就业人数（万人）	有效灌溉面积（千公顷）	农作物总播种面积（千公顷）	农业机械总动力（万千瓦）	农用柴油使用量（万吨）	农用化肥施用折纯量（万吨）	农药使用量（万吨）	农用塑料薄膜使用量（万吨）
上海	292. 60	42. 44	190. 80	284. 90	121. 80	14. 50	8. 90	0. 35	1. 57
江苏	7161. 20	799. 31	4131. 90	7556. 40	4991. 40	109. 00	303. 90	7. 32	11. 51
浙江	3093. 40	447. 90	1444. 70	1981. 10	2072. 30	201. 60	82. 60	4. 63	6. 79
安徽	4597. 90	1363. 30	4504. 10	8726. 70	6312. 90	75. 49	318. 70	9. 94	9. 76
江西	3069. 00	753. 10	2039. 40	5633. 50	2309. 60	29. 60	135. 00	8. 77	5. 35
湖北	6129. 70	1278. 00	2919. 20	7956. 10	4335. 10	66. 31	317. 90	10. 96	6. 59
湖南	5213. 50	1515. 16	3145. 90	8322. 00	6254. 80	44. 16	245. 30	11. 60	8. 52
重庆	1902. 50	474. 88	694. 30	3339. 60	1352. 60	21. 67	95. 50	1. 75	4. 55
四川	6955. 50	1792. 90	2873. 10	9575. 00	4420. 30	46. 70	242. 00	5. 58	13. 10
贵州	3413. 90	1123. 83	1114. 10	5659. 40	2181. 40	11. 40	95. 70	1. 34	5. 11
云南	3872. 90	1518. 72	1851. 40	6790. 80	3534. 50	85. 90	231. 90	5. 77	12. 02
长江经济带	45702. 10	11109. 54	24908. 90	65830. 50	37886. 70	706. 33	2077. 40	68. 01	84. 87
全国	109331. 70	20944. 00	67815. 60	166332. 00	98783. 30	2095. 10	5859. 40	165. 50	252. 84
长江经济带占全国的比重（%）	41. 80	53. 04	36. 73	39. 58	38. 35	33. 71	35. 45	41. 09	33. 57

资料来源：整理自《中国统计年鉴》（2018 年）、《中国农村统计年鉴》（2018 年）、长江经济带沿线 11 省市统计年鉴。整理人：张冰倩。

表 4　2018 年长江经济带沿线 11 省市三次产业统计数据

地区/指标	工业增加值（亿元）	工业增加值占地区生产总值比重（%）	服务业增加值（亿元）	服务业增加值占地区生产总值比重（%）	农林牧渔业增加值（亿元）	农林牧渔业增加值占地区生产总值比重（%）
上海	8694. 95	26. 61	22842. 96	69. 90	—	—
江苏	—	—	47205. 20	51. 00	—	—
浙江	—	—	30724. 30	54. 70	2012. 30	3. 58
安徽	—	—	13526. 72	45. 10	2775. 40	9. 25
江西	8113. 00	36. 90	9857. 20	44. 80	—	—
湖北	—	—	18730. 09	47. 60	3733. 62	9. 48
湖南	11916. 40	32. 71	18888. 70	51. 80	3282. 40	9. 01
重庆	5997. 70	29. 45	10656. 13	52. 30	1405. 03	6. 90
四川	12190. 50	29. 97	20928. 70	51. 40	4543. 60	11. 17
贵州	—	—	6891. 37	46. 50	2276. 74	15. 38
云南	4483. 96	25. 08	8424. 82	47. 10	2552. 78	14. 28
长江经济带	—	—	208676. 19	51. 11	—	—
全国	305160. 20	33. 90	469574. 60	52. 20	67538. 00	7. 50
长江经济带占全国的比重（%）	—	—	44. 44	—	—	—

注：浙江、安徽、湖南、四川、云南农林牧渔业增加值数据整理自各省份统计局网站，其他省市农林牧渔业增加值数据整理自中经网统计数据库。

资料来源：整理自中经网统计数据库、浙江统计信息网、安徽省统计局、湖南省统计局、四川省统计局、云南省统计局、长江经济带沿线 11 省市国民经济和社会发展统计公报。整理人：张冰倩。

表5　2017年长江经济带沿线11省市主要工业产品产量

地区/指标	原煤产量（亿吨）	原油产量（万吨）	天然气产量（亿立方米）	机制纸及纸板产量（万吨）	啤酒产量（万千升）	布产量（亿米）	原盐产量（万吨）	卷烟产量（亿支）	粗钢产量（万吨）	生铁产量（万吨）	钢材产量（万吨）	平板玻璃产量（万重量箱）
上海	—	6.80	1.71	45.25	56.43	0.96	—	896.65	1607.70	1447.72	2056.04	—
江苏	0.13	156.10	2.94	1277.68	179.42	124.75	892.89	1042.12	10427.73	7131.97	12295.44	2748.61
浙江	—	—	6.14	1911.21	254.41	202.63	8.67	957.02	1090.68	855.54	3160.46	2290.79
安徽	1.17	—	2.60	350.38	96.05	12.75	152.55	1026.83	2833.93	2414.00	3046.83	3769.49
江西	0.09	—	0.21	211.04	130.30	12.04	197.17	658.27	2412.69	2143.19	2474.35	17.83
湖北	0.03	55.50	1.27	276.72	165.52	75.93	434.52	1265.88	2875.18	2401.29	3610.12	8773.21
湖南	0.19	—	—	402.28	73.13	3.14	308.05	1678.04	2041.41	1789.93	2210.15	2561.85
重庆	0.12	—	60.70	328.99	78.95	3.61	178.46	421.50	411.44	384.10	917.26	1448.76
四川	0.48	8.70	356.39	237.07	240.66	14.94	582.81	734.10	2026.31	1899.65	2491.16	5402.67
贵州	1.63	—	4.15	35.50	92.35	0.25	—	1076.05	439.90	343.71	495.72	1521.26
云南	0.47	—	0.04	89.55	98.01	0	148.49	3589.36	1517.50	1322.12	1607.38	323.46
长江经济带	4.31	227.10	436.15	5166.67	1465.23	451.00	2903.61	13345.82	27684.47	22133.22	34364.91	28857.93
全国	35.24	19150.61	1480.35	12542.01	4401.49	691.10	6654.17	23448.25	87074.10	71361.93	104642.05	83765.80
长江经济带占全国的比重（%）	12.23	1.19	29.46	41.19	33.29	65.26	43.64	56.92	31.79	31.02	32.84	34.45

注：本表将主要工业产品中的重点产品划分为三类，第一类为对自然资源的直接开采，包括原煤、原油、天然气；第二类为直接或间接以农产品为基本原料进行加工及再加工的工业产品，包括机制纸及纸板、啤酒、布、原盐、卷烟；第三类为对工业原材料进行加工及再加工的工业产品，包括粗钢、生铁、钢材、平板玻璃。

资料来源：整理自中经网统计数据库、长江经济带沿线11省市国民经济和社会发展统计公报。整理人：张冰倩。

表 6　2018 年长江经济带沿线 11 省市主要工业产品产量

地区/指标	原煤产量（亿吨）	原油产量（万吨）	天然气产量（亿立方米）	布产量（亿米）	卷烟产量（亿支）	粗钢产量（万吨）	生铁产量（万吨）	钢材产量（万吨）	平板玻璃产量（万重量箱）
上海	—	6.50	14.50	0.90	—	1630.10	1476.80	1983.30	—
江苏	0.12	151.40	10.00	117.80	1031.00	10422.10	6796.10	12146.70	—
浙江	—	—	—	167.40	—	1266.50	873.80	3048.70	—
安徽	1.15	—	2.30	11.20	1114.40	3103.90	2422.00	3195.00	3310.20
江西	0.06	—	0.20	7.90	638.00	2499.20	2204.20	2571.30	—
湖北	0.01	54.30	5.10	57.90	1275.80	3071.80	2514.60	3649.90	9326.90
湖南	0.19	—	—	3.20	1635.60	2307.60	1963.20	2374.70	—
重庆	0.12	—	61.20	2.20	—	638.20	580.40	1187.70	—
四川	0.37	8.10	369.80	15.60	755.20	2400.70	1978.60	2896.70	5384.10
贵州	1.43	—	3.00	0.40	1075.79	418.40	342.01	554.30	—
云南	0.47	—	—	—	3501.50	1925.04	1572.40	1940.74	—
长江经济带	3.92	220.30	—	384.50	—	29683.54	22724.11	35549.04	—
全国	36.83	18910.60	1602.70	657.30	23358.70	92800.90	77105.40	110551.70	86863.50
长江经济带占全国的比重(%)	10.64	1.16	—	58.50	—	31.99	29.47	32.16	—

注：本表将主要工业产品中的重点产品划分为三类，第一类为对自然资源的直接开采，包括原煤、原油、天然气；第二类为直接或间接以农产品为基本原料进行加工及再加工的工业产品，包括机制纸及纸板、啤酒、布、原盐、卷烟；第三类为对工业原材料进行加工及再加工的工业产品，包括粗钢、生铁、钢材、平板玻璃。

资料来源：整理自中经网统计数据库、长江经济带沿线 11 省市国民经济和社会发展统计公报。整理人：张冰倩。

表7　2017年长江经济带沿线11省市主要农业产品产量

地区/指标	粮食产量（万吨）	油料产量（万吨）	棉花产量（万吨）	烤烟产量（万吨）	蚕茧产量（万吨）	茶叶产量（万吨）	水果产量（万吨）	猪牛羊肉产量（万吨）	水产品产量（万吨）
上海	99.78	0.76	0.04	—	—	—	46.39	15.05	26.89
江苏	3610.80	85.36	2.57	—	3.93	1.39	942.50	225.22	507.59
浙江	580.14	26.90	0.64	—	1.63	17.83	751.29	86.99	594.45
安徽	4019.71	154.66	8.55	2.05	2.89	10.78	606.35	267.27	217.96
江西	2221.73	120.64	10.46	5.41	0.63	6.14	670.12	263.51	250.55
湖北	2846.13	307.69	18.36	6.18	0.44	30.33	948.44	364.72	465.42
湖南	3073.60	226.08	10.60	20.46	0.04	19.71	956.39	481.54	241.53
重庆	1079.88	62.40	—	5.89	1.40	3.88	403.38	144.06	51.51
四川	3488.90	357.89	0.43	16.56	9.08	27.78	1007.88	532.78	150.74
贵州	1242.45	115.52	0.11	24.45	0.09	17.65	280.14	183.97	25.48
云南	1843.42	56.26	—	83.85	3.61	39.35	783.90	374.13	63.12
长江经济带	24106.54	1514.16	51.76	164.85	23.74	174.84	7396.78	2939.24	2595.24
全国	66160.72	3475.24	565.30	227.87	81.74	246.04	25241.90	6557.49	6445.33
长江经济带占全国的比重（%）	36.44	43.57	9.16	72.34	29.04	71.06	29.30	44.82	40.27

注：本表将农业主要产品细分为粮食作物、经济作物、猪牛羊禽肉和水产品，选取各类产品中的重点产品产量进行汇总。

资料来源：整理自中经网统计数据库、长江经济带沿线11省市国民经济和社会发展统计公报。整理人：张冰倩。

表 8　2018 年长江经济带沿线 11 省市主要农业产品产量

地区/指标	粮食产量（万吨）	油料产量（万吨）	棉花产量（万吨）	茶叶产量（万吨）	水果产量（万吨）	水产品产量（万吨）
上海	103. 70	0. 70	—	—	54. 30	30. 85
江苏	3660. 30	86. 00	2. 10	1. 40	934. 10	493. 40
浙江	599. 10	29. 40	0. 80	—	743. 60	611. 00
安徽	4007. 30	158. 00	8. 90	—	643. 80	—
江西	2190. 70	120. 80	7. 20	6. 50	684. 40	255. 90
湖北	2839. 47	302. 48	14. 93	32. 98	998. 00	458. 40
湖南	3022. 90	234. 40	8. 60	21. 50	1016. 80	252. 50
重庆	1079. 34	63. 70	—	—	431. 30	52. 96
四川	3493. 70	362. 50	0. 40	30. 20	1080. 70	153. 50
贵州	1059. 70	112. 60	0. 10	—	369. 50	23. 73
云南	1860. 54	60. 98	—	42. 33	813. 40	—
长江经济带	23916. 75	1531. 56	43. 03	—	7769. 90	—
全国	65789. 20	3433. 40	610. 30	261. 00	25688. 40	6457. 70
长江经济带占全国的比重(%)	36. 35	44. 61	7. 05	—	30. 25	—

资料来源：整理自中经网统计数据库、长江经济带沿线 11 省市国民经济和社会发展统计公报。整理人：张冰倩。

表9　2018年长江经济带沿线11省市工业统计数据

地区/指标	工业增加值（亿元）	规模以上工业企业资产总计（亿元）	规模以上工业企业流动资产合计（亿元）	规模以上工业企业负债合计（亿元）	规模以上工业企业主营业务收入（亿元）	规模以上工业企业主营业务成本（亿元）	规模以上工业企业利润总额（亿元）
上海	8694.95	42661.8	24768.00	20060.70	38445.70	30916.60	3338.40
江苏	—	119590.9	66896.90	62924.30	128085.60	108782.40	8491.90
浙江	—	77666.7	42716.00	43113.70	68653.80	57544.30	4452.10
安徽	—	37599.7	18564.20	21612.40	39354.90	33685.70	2448.20
江西	8113.00	24085.5	11391.40	12454.30	32077.40	27781.80	2157.80
湖北	—	39895.10	18555.40	20307.70	42358.10	35453.60	2755.38
湖南	11916.40	27195.30	12443.90	14011.60	34850.50	29000.00	1726.90
重庆	5997.70	19172.50	8982.20	11053.70	19674.70	16751.80	1218.70
四川	12190.50	44075.90	19059.70	24885.20	40646.70	33829.10	2717.90
贵州	—	15068.00	6723.30	9293.40	9390.80	7107.40	879.20
云南	4483.96	20562.10	7528.10	12479.40	13227.40	10283.70	925.21
长江经济带	—	467573.50	237629.10	252196.40	466765.60	391136.40	31111.69
全国	305160.20	1134382.20	554165.10	641273.80	1022241.10	857474.10	66351.40
长江经济带占全国的比重（%）	—	41.22	42.88	39.33	45.66	45.61	46.89

资料来源：整理自中经网统计数据库、长江经济带沿线11省市国民经济和社会发展统计公报。整理人：张冰倩。

B.21

长江经济带国家级制造业创新中心名录*

一　国家级制造业创新中心建设概况

2015 年 5 月 8 日，国务院印发的《中国制造 2025》提出，实施五项重大工程（制造业创新中心建设工程、智能制造工程、工业强基工程、绿色制造工程、高端装备创新工程），促进制造强国建设。制造业创新中心（工业技术研究院基地）建设工程要求围绕重点行业和新兴领域的共性需求，开展行业基础和共性关键技术研发等工作；计划到 2020 年，在全国范围内重点建成 15 家左右国家级制造业创新中心；到 2025 年，建成 40 家左右国家级制造业创新中心。

根据 2016 年 4 月 12 日国家工信部、国家发展改革委、科技部和财政部联合印发的《制造业创新中心建设工程实施指南（2016—2020 年）》，国家级制造业创新中心是以企业为主体、以独立法人形式成立，由企业、科研院所、高校等创新主体自愿组合形成的新型创新载体，必须具备四大特征（制造业创新生态系统的网络组织、制造业创新资源的整合枢纽、制造业创新服务的公共平台、制造业创新人才的培育基地）；具备五大功能（加强产业前沿和共性关键技术研发、促进技术转移扩散和首次商业化应用、加强制造业创新人才队伍建设、提供制造业创新的公共服务、积极开展国际交流与合作）。

表 1　2016 ~ 2019 年国家级制造业创新中心一览

序号	城市	创新中心名称	认定时间
1	北京	国家动力电池创新中心	2016 年 6 月
2	西安	国家增材制造创新中心	2017 年 1 月
3	广州	国家印刷及柔性显示创新中心	2017 年 1 月

* 整理人：高坤。

续表

序号	城市	创新中心名称	认定时间
4	武汉	国家信息光电子创新中心	2017 年 11 月
5	沈阳	国家机器人创新中心	2018 年 1 月
6	上海	国家集成电路创新中心	2018 年 5 月
7	上海	国家智能传感器创新中心	2018 年 5 月
8	北京	国家轻量化材料成形技术及装备创新中心	2018 年 8 月
9	武汉	国家数字化设计与制造创新中心	2018 年 9 月
10	株洲	国家先进轨道交通装备创新中心	2019 年 1 月
11	北京	国家智能网联汽车创新中心	2019 年 5 月
12	洛阳	国家农机装备创新中心	2019 年 5 月
13	苏州	国家先进功能纤维创新中心	2019 年 6 月

资料来源：整理自新华网、中国知网、相关城市政府网等提供的相关资料。

在国家制造强国建设领导小组领导下，国家工信部在全国范围内组织实施国家级制造业创新中心试点和创建工作。截至 2019 年 6 月，国家工信部认定的国家级制造业创新中心已达 13 家（见表 1）。位于长江经济带的国家级制造业创新中心 6 家：国家信息光电子创新中心（武汉）、国家集成电路创新中心（上海）、国家智能传感器创新中心（上海）、国家数字化设计与制造创新中心（武汉）、国家先进轨道交通装备创新中心（株洲）、国家先进功能纤维创新中心（苏州）。

二　武汉国家级制造业创新中心

2017 年 9 月 6 日，武汉市人民政府发布《武汉市建设“中国制造 2025”试点示范城市实施方案》，强调重点布局光通信、新型显示与智能终端、新一代移动通信等细分领域，打造“光谷”“智谷”“网络安全产业港”，加强制造业创新中心建设，建设好信息光电子、高端数控等省级制造业创新中心，创建 1 ~2 个国家级制造业创新中心。

2017 年 11 月，武汉国家信息光电子创新中心通过国家工信部认定，并于 2018 年 4 月 26 日在武汉烽火科技集团正式揭牌。国家信息光电子创新中心由武汉光迅科技股份有限责任公司牵头成立，联合中国科学院半导体研究所成立光电子发展联盟，汇聚华为、清华大学等25家单位，力争在高端材料生产、核心芯片工艺、先进封装集成等方面突破关键技术和共性技术瓶颈。目前已成功实现硅光技术转移扩散，为硅光技术的首次商用和产业化发展奠定坚实基础。

国家数字化设计与制造创新中心于2018年9月4日通过国家工信部认定，2018年10月25日在武汉光谷揭牌。国家数字化设计与制造创新中心通过产学研合作等方式，由华中科技大学、清华大学、中车株洲电力机车研究所有限公司、珠海格力电器股份有限公司等15家单位共同组建，覆盖数字化设计与制造领域60%的国家级创新平台，聚焦我国研发数字化设计、数字化分析、数字化制造等方面关键共性技术，形成数字化智能化制造技术的核心竞争力。

三　上海国家级制造业创新中心

2016年8月30日，上海市人民政府发布《“中国制造2025”上海行动纲要》，将集成电路、先进传感器与物联网列为重点发展领域，强调围绕先进集成电路工艺、智能制造系统、先进传感器等领域，推进建设一批国内领先并具有国际影响力的制造业创新中心。2018年5月23日，上海国家集成电路创新中心和国家智能传感器创新中心建设方案通过专家论证，获国家工信部认定。国家集成电路创新中心、国家智能传感器创新中心于2018年7月3日揭牌成立。

国家集成电路创新中心的发起单位为复旦大学、中芯国际集成电路有限公司和上海华虹（集团）有限公司，吸纳行业龙头企业和研究机构联合共建开放型创新平台，开展集成电路领域共性技术研发，为我国集成电路行业提供主流技术方向选择和可靠技术来源。

国家智能传感器创新中心由中国传感器和物联网产业联盟组建成立，目前已有600多家行业代表企业加盟。国家智能传感器创新中心的主研领域为先进制造及封测工艺、传感器设计集成，以及传感器新材料、新工艺、新器件和物联网应用方案，是我国物联网核心技术和“智能传感—大数据—人工智能”生态体系的重要建设者和推进者。

四　株洲国家级制造业创新中心

2016 年 4 月 25 日，株洲市人民政府发布的《株洲市贯彻“中国制造 2025”建设制造强市五年行动计划（2016～2020)》强调，株洲市将先进轨道交通装备列为制造业发展重点，积极加快建立世界领先的现代轨道交通装备制造产业体系，到 2020 年在轨道交通装备领域形成 1 个国家级制造业创新中心。

2019 年 1 月 9 日，株洲国家先进轨道交通装备创新中心建设方案通过专家认证，获国家工信部认定。国家先进轨道交通装备创新中心由中车株洲电力机车有限公司、中车株洲电力机车研究所有限公司等 12 家单位组建，立足株洲轨道交通装备产业链各领域技术优势，力争构建功能配套、产业领先的轨道交通装备产业技术公共服务平台，聚焦先进轨道交通装备制造业前沿和共性关键技术研发、技术转移扩散和首次商业化应用、公共服务、创新人才队伍建设、国际交流与合作等基本工作，全力提升创新中心的国际影响力。

五　苏州国家级制造业创新中心

2015 年 12 月 28 日，苏州市人民政府发布的《中国制造 2025 苏州实施纲要》提出，到 2025 年创建两家国家级制造业创新中心。新材料产业（包含无碱玻璃纤维、氨纶纤维等高性能纤维材料）是苏州先进制造业发展重点领域之一，先进功能纤维是苏州发展先进制造业的聚焦点。

2019 年 6 月 12 日，苏州国家先进功能纤维创新中心成功通过国家工信部认定。该中心由苏州市纺织行业龙头企业盛虹控股集团有限公司牵头创建，目前已有9家股东单位和9家联盟单位。苏州国家先进功能纤维创新中心依托江苏新视界先进功能纤维创新中心有限公司，围绕先进基础纤维新材料、关键战略新兴纤维新材料和前沿纺织新材料，着力攻克环保聚合催化剂研制与产业化应用、原材料技术开发与产业化项目、功能性聚酯纤维制备等行业重大关键共性技术。

B.22

本书编撰者研究长江经济带相关成果目录*

一 著作

1. 吴传清主编《长江经济带产业发展报告（2018）》（长江经济带产业蓝皮书 NO. 2），社会科学文献出版社，2018。

2. 吴传清、黄磊、万庆等编著《黄金水道——长江经济带》（收录“改革开放 40 周年 · 大国议题丛书”），重庆大学出版社，2018。

3. 吴传清、万庆、陈翥、黄磊等：《长江中游城市群研究》，社会科学文献出版社，2018。

4. 陈翥、龚晨、吴传清：《中国城市服务业经济研究》，社会科学文献出版社，2018。

二 报纸论文

5. 王晶晶：《推动长江经济带绿色服务业创新发展——访武汉大学中国发展战略与规划研究院副院长吴传清》，《中国经济时报》（国务院发展研究中心主管主办）2019 年 9 月 5 日第 1 ~2 版。

6. 张燕生、吴传清、徐长乐：《高质量发展，“生力军”打好主动仗》，《光明日报 · 光明视野》2019 年 9 月 4 日第 8 版。

---

* 本处仅收录武汉大学中国发展战略与规划研究院、武汉大学区域经济研究中心吴传清研究团队成员在2018年1月 ~2019年9月出版、发表的相关论著成果目录。统计时间：2019年9月8日。

7. 吴传清、黄磊：《加快建立“共抓大保护”的长效机制》，《经济日报·理论周刊》2018 年 3 月 1 日第 15 版。

8. 黄磊、吴传清：《用好“负面清单”促长江经济带绿色发展》，《经济日报·理论周刊》2018 年 4 月 19 日第 15 版。

9. 吴传清：《因地制宜打好“生态、绿色、产业”牌》，《湖北日报》2018 年 7 月 17 日第 6 版。

10. 吴传清、董旭：《长江经济带是引领全国转型发展的创新驱动带》，《长江日报》2018 年 8 月 10 日第 6 版。

11. 吴传清、董旭：《下好长江江经济带发展“一盘棋”》，《长江日报》2018 年 8 月 15 日第 5 版。

三　期刊论文

12. 黄磊、吴传清：《长江经济带工业绿色发展效率及其空间驱动机制研究》，《中国人口·资源与环境》2019 年第 8 期。

13 黄磊、吴传清：《长江经济带工业绿色创新发展效率及其协同效应》，《重庆大学学报》（社会科学版）2019 年第 3 期。

14. 吴传清、邓明亮：《科技创新、对外开放与长江经济带高质量发展》，《科技进步与对策》2019 年第 3 期。中国人民大学报刊复印资料《区域与城市经济》2019 年第 6 期全文转载。

15 许水平、吴传清：《长江经济带产业体系四元子系统协调发展的时空差异研究》，《南通大学学报》（社会科学版）2019 年第 2 期。

16. 吴传清、申雨琦：《中国装备制造业集聚对绿色创新效率的影响效应研究》，《科技进步与对策》2019 年第 5 期。

17. 吴传清、邓明亮：《土地财政、房价预期与长江经济带房地产泡沫指数》，《华东经济管理》2019 年第 6 期。

18. 吴传清、邓明亮：《长江经济带房地产业景气指数测算与时空特征分析》，《湖北经济学院学报》2019 年第 3 期。

19. 吴传清、周西一敏、李姝凡：《长江经济带产业发展研究新进展（2017～2018）》，《长江大学学报》（社会科学版）2019 年第 3 期。

20. 吴传清、宋子逸：《长江经济带创新发展研究进展（2014～2018）》，《长江大学学报》（社会科学版）2019 年第 4 期。

21. 万庆、吴传清、冯兵：《中国城市规模分布的时空演化特征——基于 DMSP/OLS 夜间灯光数据的实证分析》，《区域经济评论》2019 年第4 期。

22. 董旭、吴传清：《国内主要中心城市潜在经济增长率的测算》，《统计与决策》2019 年第 12 期。

23. 黄成、杜宇、吴传清：《主体功能区建设与“胡焕庸线”破解》，《学习与实践》2019 年第 4 期。

24. 吴传清、杜宇、宋子逸、周西一敏：《首届长江经济带 30 人论坛综述》，《长江大学学报》（社会科学版）2019 年第 1 期。

25. 黄成、邓明亮：《长江经济带化学工业集聚特征的实证研究》，《长江大学学报》（社会科学版）2019 年第 2 期。

26. 陈翥、宋子逸、万庆：《长江经济带“GDP 万亿俱乐部”城市产业发展特征的实证研究》，《长江大学学报》（社会科学版）2019 年第 2 期。

27. 吴传清、郑雷、黄成：《“胡焕庸线”假说及其新发展：基于学说史视角的考察》，《贵州社会科学》2018 年第 12 期。

28. 万庆、吴传清、朱媛媛、曾菊新：《城市规模分布研究进展与展望》，《地域研究与开发》2018 年第 5 期。

29. 吴传清、杜宇：《偏向型技术进步对长江经济带全要素能源效率影响研究》，《中国软科学》2018 年第 3 期。

30. 黄磊、吴传清：《长江经济带生态环境绩效评估及其提升方略》，《改革》2018 年第 7 期。

31. 吴传清、黄磊：《长江经济带工业绿色发展绩效评估及其协同效应研究》，《中国地质大学学报》（社会科学版）2018 年第 3 期。

32. 吴传清、黄磊：《长江经济带工业绿色发展效率及其影响因素研究》，《江西师范大学学报》（哲学社会科学版）2018 年第 3 期。

33. 吴传清、宋筱筱：《长江经济带城市绿色发展影响因素及效率评估》，《学习与实践》2018 年第 4 期。

34. 吴传清、张雅晴：《环境规制对长江经济带工业绿色生产率的门槛效应》，《科技进步与对策》2018 年第 8 期。

35. 孙智君、张雅晴：《中国高技术制造业集聚水平的时空演变特征——基于空间统计标准差椭圆方法的实证研究》，《科技进步与对策》2018 年第 9 期。

36. 吴传清、邓明亮：《长江经济带高耗能产业集聚特征及影响因素研究》，《科技进步与对策》2018 年第 16 期。

37. 吴新中、邓明亮：《技术创新、空间溢出与长江经济带工业绿色全要素生产率》，《科技进步与对策》2018 年第 17 期。

38. 吴传清、宋子逸：《长江经济带农业绿色全要素生产率测度及影响因素研究》，《科技进步与对策》2018 年第 17 期。

39. 万庆、吴传清、罗翔、曾菊新：《中国城市规模分布时空演化特征——基于“五普”和“六普”人口统计数据的实证研究》，《经济地理》2018 年第 4 期。

40. 吴传清、邓明亮、陈文艳：《中国制造业集聚对环境效率的影响研究》，《西部论坛》2018 第 6 期。

41. 吴传清、吴重仪：《长江经济带环境质量测度与提升策略》，《宏观质量研究》2018 年第 1 期。中国人民大学报刊复印资料《生态环境与保护》2018 年第 8 期全文转载。

42. 黄成、吴传清：《长江经济带综合立体交通走廊绿色发展研究》，《区域经济评论》2018 年第 5 期。

43. 孙智君、蒋含：《长江经济带 11 省市动画产业竞争力评价》，《长江大学学报》（社会科学版）2018 年第 1 期。

44. 邓明亮、何森、胡宇杰、姚芃芃：《长江经济带服务业发展研究述评与展望》，《长江大学学报》（社会科学版）2018 年第 2 期。

45. 吴传清、吴重仪：《长江经济带工业竞争力评价及影响因素研究》，

《长江大学学报》（社会科学版）2018 年第 3 期。

46. 郑开元：《长江经济带服务业发展绩效的实证研究》，《长江大学学报》（社会科学版）2018 年第 4 期。

47. 吴传清、宋子逸：《长江经济带农业碳排放的时空差异特征分析》，《长江大学学报》（社会科学版）2018 年第 5 期。

48. 吴传清、宋筱筱：《特大城市京沪穗服务业地区专业化水平及影响因素》，《湖北经济学院学报》2018 年第 1 期。

49. 郑开元、吴传清：《中国服务业发展效率问题研究回顾与展望》，《湖北经济学院学报》2018 第 2 期。上海师范大学《高等学校文科学术文摘》2018 年第 8 期“学术卡片”栏目推介本文主要观点。

50. 王礼刚、吴传清：《汉江生态经济带主要城市绿色发展水平测度与提升路径》，《湖北经济学院学报》2018 年第 4 期。

51. 吴传清、董旭：《新发展理念与长江经济带发展战略重点》，《长江技术经济》2018 年第 1 期。

52. 杜宇、吴传清：《长江经济带产业绿色转型前景看好》，《环境经济》总第 225 ~ 226 期（《中国环境报》主办，2018 年 9 月 10 日）。

53. 吴传清、申雨琦：《长江经济带装备制造业发展水平评价研究》，《徐州工程学院学报》（社会科学版）2018 年第 1 期。

四　学位论文

54. 黄磊：《环境规制、产业集聚与长江经济带城市工业绿色发展效率研究》，博士学位论文，武汉大学区域经济学专业，2019。

55. 郑开元：《长江经济带产业集聚对全要素能源效率的门槛效应与空间效应研究》，博士学位论文，武汉大学区域经济学专业，2019。

56. 申雨琦：《长江经济带装备制造业集聚对绿色创新效率影响的实证研究》，硕士学位论文，武汉大学区域经济学专业，2019。

57. 吴重仪：《长江经济带环境质量测度与提升策略研究》，硕士学位论文，武汉大学区域经济学专业，2019。

58. 董旭：《要素配置扭曲与中国工业全要素生产率地区差异研究》，博士学位论文，武汉大学区域经济学专业，2018。

59. 宋筱筱：《长江经济带城市绿色发展效率评价及影响因素研究》，硕士学位论文，武汉大学区域经济学专业，2018。

60. 陈晓：《长江经济带工业转移与绿色承接实证研究》，硕士学位论文，武汉大学区域经济学专业，2018。

61. 张雅晴：《环境规制与省域工业绿色生产率研究》，硕士学位论文，武汉大学区域经济学专业，2018。

五　其他

62. 吴传清、陈翥、宋子逸：《长江经济带“GDP万亿俱乐部”城市产业发展特征的实证研究》，载《2019武汉发展报告》（武汉发展研究院编），武汉出版社，2019，第56～65页。

63. 吴传清、申雨琦、宋筱筱：《长江经济带特大城市工业发展水平比较》，载《武汉经济研究》（武汉出版社，2018）2018年第2辑；又载《2018武汉发展报告》（武汉发展研究院编），武汉出版社，2018，第57～70页。

Abstract

General Secretary Xi Jinping emphasized at the seminar on promoting the development of Yangtze River Economic Belt held in Wuhan in 2018 that promoting the development of the Yangtze River Economic Belt is a major decision made by the Central Party Committee and a major strategy for the overall development of the country which are of great significance to the goal of struggle and the realization of the Chinese dream of the great rejuvenation of the Chinese nation. Promoting the development of the Yangtze River Economic Belt is not only a protracted war, but also a tough battle; Adhere to the new development concept and promote the high quality development of the Yangtze River Economic Belt, making the Yangtze River Economic belt become a new force to lead the high quality development of economy in China. Promoting the high quality development of the industry is the key to promoting the high quality development of the Yangtze River Economic Belt, and is an important support to promote the construction of the Yangtze River Economic Belt as the pioneering demonstration belt of China's ecological civilization construction, innovation driving belt and coordinated development belt.

Annual Report on Industrial Development in Yangtze River Economic Belt (2019) is a think-tank product compiled by three research institutes, namely, Wuhan University's China Institute of Development Strategy and Planning, Center for Regional Economic Research and Yangtze University's Research Institute of Yangtze Economic Belt Development. It is the third annual report on Industrial Development in Yangtze River Economic Belt divided into four major parts, general report, a specialized research report, a specialized investigation report, and an appendix. A total of 19 research reports and three appendices are included based on multiple dimensions and theories.

The general report contains the report on the Yangtze River Economic Belt

Industrial Development Quality. According to the scientific connotation of industrial high quality development, we will build a comprehensive evaluation system of industrial development quality, focusing on the relative position of the industrial development quality of the Yangtze River Economic Belt in the country, and analyze the evolution characteristics and spatial differences of the industrial development quality of the Yangtze River Economic Belt. The report shows that the quality of industrial development in the Yangtze River Economic Belt has been steadily rising, significantly higher than the national average and outside the Yangtze River Economic Belt, and has become a support belt for leading the nation's high quality economic development. The regional differentiation characteristics of industrial development quality in the Yangtze River Economic Belt are significant. Shanghai, Jiangsu, and Chongqing are the "highlands" for the industrial development quality of the Yangtze River Economic Belt.

The specialized research report contains 13 research reports. Focusing on research on industrial structure optimization and upgrading, manufacturing agglomeration development, manufacturing transformation and upgrading, manufacturing energy consumption, urban industrial green development, equipment manufacturing green development, pollution-intensive industrial ecological development, FDI impact on manufacturing pollution, technology service industry development, cultural industry development and other fields. The content of the report shows that the rationalization level of the industrial structure of the Yangtze River Economic Belt is higher than the national average level. The advanced level and efficient level of industrial structure is lower than the national average level. The internal differences in the upper, middle and lower reaches are large. The industrial isomorphism in the Yangtze River Economic Belt is widespread and in the deepening trend. The isomorphism in the downstream areas is the most significant and the industrial isomorphism of the Yangtze River Economic Belt agrees, but there is a risk of unconstrained transformation; industrial agglomeration has a significant role in promoting the economic development quality of the Yangtze River Economic Belt along the Yangtze River. The main driving force for improving the quality of economic development in the Yangtze River Economic Belt is the advance of technology. The annual average growth rate of total factor productivity in the Yangtze River Economic Belt manufacturing industry is higher than the national average. The upper, middle and lower reaches are in a "V" pattern, and the increase in total factor productivity in most provinces is mainly due to Technological progress. The transformation and upgrading level of the Yangtze River Economic Belt manufacturing industry is higher than the national average level, which reflects the advantages of manufacturing structure optimization and green development. The influence of the Yangtze River Economic Belt manufacturing agglomeration on the total factor energy efficiency has a threshold effect. When crossing the threshold, increasing government intervention and the level of economic development can effectively improve energy efficiency. The efficiency of urban industrial green development in the Yangtze River Economic Belt is on the rise, and the upper, middle and lower reaches are in a decreasing pattern. Economic development, environmental regulation, industrialization, and opening up have directly promoted the industrial green development efficiency of the Yangtze River Economic Belt. The agglomeration level of equipment manufacturing industry and the efficiency of green innovation in the Yangtze River Economic Belt show the differentiation characteristics between regions and industries. The level of equipment manufacturing industry in the upper, middle and lower reaches increases gradually. The agglomeration level of transportation equipment and equipment manufacturing industry and special equipment and equipment manufacturing industry is lower. There is a significant N-type relationship between equipment manufacturing industry agglomeration and green innovation efficiency in the middle and lower reaches. The upstream equipment manufacturing industry agglomeration and green innovation efficiency have a significant inverted N-type relationship. The Yangtze River Economic Belt pollution-intensive industry scale first rises and then changes smoothly. The pollution-intensive industries are mainly concentrated in the downstream areas, and there is a trend of shifting to the middle and upper reaches. The ecological efficiency of pollution-intensive industries is on the rise. FDI has a significant inhibitory effect on the pollution of the Yangtze River Economic Belt manufacturing industry, and its impact is in the Yangtze River economy. There are differences in different regions, and there are differences with the level of industrial agglomeration. The total energy consumption of the Yangtze River Economic Belt is on the rise, the energy intensity is decreasing, and the carbon emissions of energy consumption are rising. The main reasons for triggering the rapid growth of carbon emissions in the Yangtze River Economic Belt include the continuous expansion of industry and population, rapid economic growth, continuous adjustment of energy structure, and year-on-year reduction of energy efficiency. The ecological protection efficiency of the Yangtze River Economic Belt and the development efficiency of the science and technology service industry have significant spatial difference. The development efficiency of research and technology service industry has a positive impact on the ecological protection efficiency of the region and surrounding areas. The development efficiency of the science and technological capital service industry has a positive impact on the ecological protection efficiency of the region, but it has a restraining effect on the surrounding areas. The development efficiency of the science and technological publicity service industry has not produced significant effects on the ecological protection efficiency. Impact; The construction of the Yangtze River Cultural Industry Belt can effectively promote the transformation of the rich cultural resources of the Yangtze River Basin into economic advantages and promote the vigorous development of the cultural industry in the Yangtze River Economic Belt.

The specialized investigation report contains five research reports, mainly related to the hot topics of high quality development of the Yangtze River Economic Belt, such as "Yangtze River surrounded by chemical industry", rail transit equipment manufacturing, high-end shipping service industry, pharmaceutical industry, information technology industry, and national comprehensive science center construction. The report shows that the chemical industry in the Yangtze River Economic Belt plays an important role in the development pattern of the national chemical industry. The chemical industry in Hubei Province and Jiangsu Province ranks in the forefront of the Yangtze River Economic Belt, and the development of high quality development of the chemical industry has formed a problem of cracking the "chemical river" "Hubei sample" and "Jiangsu sample". Zhuzhou is largest electric locomotive R&D and manufacturing base in China. It has formed intensive industrial systems composed by the whole vehicle manufacturing as the main body, with core components, key components, vehicle electrical systems, railway engineering machinery, operation and maintenance. Hefei comprehensive national science center focuses on the fields of "information, energy, health and environment", among which the artificial intelligence industry and the quantum information technological industry are the development of Hefei comprehensive national science center. Characteristic industry, high-end shipping service industry is an important support to enhance the comprehensive competitiveness and concentration of shipping center. Wuhan Shipping Exchange is an important main body and promoter of Wuhan's high-end shipping service industry, and the key to promote the high quality development of Wuhan's high-end shipping service industry is to cultivate and develop high-end features, transport service format to strengthen the integration of high-end shipping service industry and manufacturing industry. Taizhou in Jiangsu is an important pharmaceutical industry cluster in China. It has formed an industrial system composed by medicines featuring vaccines, biopharmaceuticals, diagnostic reagents, new chemical preparations and high-end medical equipment.

The appendix is mainly built up by the industrial, service, and agricultural statistics from 11 provinces along the Yangtze River Economic Belt, The list of the National Manufacturing Innovation Center of the Yangtze River Economic Belt, the author of this book studies the catalogue of relevant results of the Yangtze River Economic Belt.

Keywords: Yangtze River Economic Belt; Industrial Agglomeration; Manufacturing Industry; Service Industry; High Quality Development

Contents

I General Report

Abstract: Industry is the focus of high quality economic development. High quality industrial development is the top priority of the Yangtze river economic belt. Review the policy texts and practice hot spots of high quality industrial development in the Yangtze river economic belt from national and provincial levels. Based on the scientific connotation of industrial high quality development, this report builds a comprehensive evaluation system of industrial development quality including 36 indicators of innovation-driven, green transformation, coordinated development and open development. Based on panel data of 30 provinces in 2011 – 2017, Using the Entropy-Topsis method to assess the quality of industrial development in 30 provinces across the country, focusing on the relative position of the industrial development quality of the Yangtze River Economic Belt in the country, and combining the two spatial scales of the middle and lower reaches of the Yangtze River Economic Belt and the 11 provinces along the Yangtze River Economic Belt to analyze the Yangtze River economy. With the evolutionary characteristics and spatial differences in the quality of industrial development. The research results show that the quality of industrial development in the Yangtze River Economic Belt has been steadily rising, significantly higher than the national average and outside the Yangtze River Economic Belt, and has become a support belt for leading the high quality development of the national economy. Innovation-driven and open development is the high quality development of industry. The main driving force. The regional differentiation of high quality industrial development in the Yangtze River Economic Belt is remarkable. Shanghai, Jiangsu, Wuhan, and Chongqing are the "highlands" for high quality industrial development in the Yangtze River Economic Belt. The high quality development of the Yangtze River Economic Belt is facing major bottlenecks such as weak industrial innovation drive capability, difficulty in industrial pollution control, low regional industrial synergy, and a comprehensive opening up pattern. To further promote the quality improvement of the industrial development of the Yangtze River Economic Belt, we should give full play to the leading role of innovation-driven industrial transformation and upgrading, increase efforts to promote industrial green development, lead regional industrial synergy development, and improve the international development level of manufacturing.

Keywords: Yangtze River Economic Belt; Industrial; High Quality Development; Innovation-driven; Open Development

Ⅱ Specialized Research Reports

Abstract: Promoting the rational, advanced and efficient development of industrial structure is an important path to realize the optimization and upgrading of industrial structure. The rationalization, advancement and high efficiency of industrial structure in 11 provinces along the Yangtze River Economic Zone from 2011 to 2017 were measured by using Taylor index method, weighted method and super-efficiency SBM model. Build the comprehensive index of industrial structure "three modernizations" to evaluate the dynamic evolution characteristics of industrial structure in the Yangtze River Economic Zone. The panel econometric model is constructed to test the influencing factors of rationalization, advancement and efficiency of industrial structure in the Yangtze River Economic Zone. The results show that the level of rationalization, advancement and high-efficiency of industrial structure in the Yangtze River Economic Zone is on the rise from 2011 to 2017. And there are great differences between the upper, middle and lower reaches of the Yangtze River Economic Zone. The level of rationalization of industrial structure in the Yangtze River Economic Zone is higher than the national average level, and the level of advancement and high efficiency is lower than the national average level. The level of economic development, investment in education and technology, and the degree of opening to the outside world play a significant role in promoting the rationalization, advancement and efficiency of industrial structure. In order to further upgrading and optimization of industrial structure in the Yangtze River Economic Belt, it is necessary to promote industrial integration, increase investment in science and technology, and improve the quality of opening to the outside world.

Keywords: Yangtze River Economic Belt; Industrial Structure; Rationalization; Advancement; High Efficiency

Abstract: The industrial isomorphism of the Yangtze River Economic Belt is a prominent problem. In this paper, the industrial structure similarity coefficient of the Yangtze River Economic Belt is calculated. The industrial isomorphism is more obvious in the middle and lower reaches of the Yangtze River Economic Belt than in the upper reaches, but there are some internal anisotropy. The deviation-share analysis method was used to evaluate the industrial isomorphism. In order to further promote the high-quality development of the industrial economy in the Yangtze River Economic Belt, it is necessary to establish the regional division of labor mechanism under the condition of marketization, give play to the decisive role of the market in the allocation of resources, and establish a service-oriented government. Implement comparative advantage development strategy and carry out intra-basin cooperation; We will enhance orderly industrial transfer and scientific undertaking in the upper, middle and lower reaches.

Keywords: Yangtze River Economic Belt; Industrial Isomorphic; Isomorphic Desirability

Abstract: This report takes the data of 107 prefecture-level and above cities in the Yangtze River Economic Belt from 2006 to 2016 as a sample, and uses the panel model to examine the relationship between industrial agglomeration and the economic development quality of the Yangtze River Economic Belt. The research results show that industrial agglomeration can effectively promote the quality of economic development in the Yangtze River Economic Belt along the Yangtze River; technological progress is the main reason for industrial agglomeration to improve the quality of economic development in the Yangtze River Economic Belt, and industrial agglomeration is not obvious in promoting technological efficiency; Through industrial agglomeration, the region can effectively play the "externality" of agglomeration, enhance the competitive environment, promote the innovation capability of various regions along the Yangtze River, and improve the quality of economic development. In the upper reaches of the Yangtze River, industrial agglomeration can play a dual role, which can promote technological progress as well as Promote efficiency. To further promote the high quality development of the Yangtze River Economic Belt, we should strengthen the integrated development of various regions along the Yangtze River, give play to the decisive role of the market in resource allocation, promote the free flow of factors, and raise the level of industrial agglomeration.

Keywords: Yangtze River Economic Belt; Industrial Agglomeration; Quality Development

Abstract: Improving energy efficiency and strengthening industrial layout adjustment can not only reduce the intensity of energy resource consumption, promote the green development of the Yangtze River Economic Belt, but also enhance the international competitiveness of the Yangtze River Economic Belt. This report quantitatively examines the temporal and spatial evolution characteristics of the manufacturing agglomeration level in the Yangtze River Economic Belt. It is found that the manufacturing location entropy of the Yangtze River Economic Belt has fluctuated and decreased in recent years, and the regional disparity is large. The manufacturing concentration in the middle reaches is generally high, with great Comparative Advantage. This report uses the general static panel model, the general dynamic panel model, and the multiple threshold regression model to examine the threshold effect of the Yangtze River Economic Belt manufacturing cluster. Based on the estimation results of different threshold effects, the impact of the total factor energy efficiency of the Yangtze River Economic Belt is further tested. Nonlinear characteristics. After crossing the threshold, market-oriented reforms can effectively promote the level of import and export trade and opening up. Government intervention can effectively promote energy conservation and emission reduction and green technology promotion. The improvement of economic development can effectively promote local governments to obtain sufficient fiscal revenue to support local low. Carbon development to improve energy efficiency. During the "Thirteenth Five-Year Plan" period, in order to promote the sustainable and healthy development of the Yangtze River Economic Belt manufacturing industry, it is necessary to promote the industrial clustering of the Yangtze River Economic Belt to the advanced stage, improve the government functions, promote institutional innovation, and play the role of the Yangtze River Economic Belt opening to the outside world.

Keywords: Yangtze River Economic Belt; Manufacturing Agglomeration; Total Factor Energy Efficiency

Abstract: Based on the provincial panel data from 2003 to 2016, the super-efficiency DEA model is combined with the GM index to measure the innovation driving ability of the Yangtze River Economic Belt manufacturing industry. The entropy weight method is used to measure the transformation and upgrading level of the Yangtze River Economic Belt manufacturing industry, and the fixed effect model test innovation is constructed. The impact of driving capacity on the transformation and upgrading of the Yangtze River Economic Belt manufacturing industry. The results show that the average annual growth rate of total factor productivity of the Yangtze River Economic Belt manufacturing industry is higher than the national level from 2004 to 2016, showing the spatial pattern of the middle reaches > upstream > downstream area. The increase of total factor productivity in most provinces is mainly due to technological progress; the Yangtze River Economic Belt Manufacturing The level of transformation and upgrading remains above the national level. Its advantages are mainly reflected in structural optimization and green development. The level of transformation and upgrading of manufacturing in the downstream areas and its decomposition are much higher than those in the middle and upper reaches. Among them, the transformation and upgrading level of Shanghai and Jiangsu manufacturing industries Its decomposition has maintained its leading position; the total factor productivity of the manufacturing industry in the Yangtze River Economic Belt has a significant positive impact on the level of transformation and upgrading of the manufacturing industry. Technological progress has a significant positive impact on the level of transformation and upgrading of the manufacturing industry, and the positive impact of technical efficiency is not significant. To further promote the transformation and upgrading of the Yangtze River Economic Belt manufacturing industry, we should adhere to the two-wheel drive of technological innovation and institutional innovation, promote regional collaborative innovation, and accelerate the adjustment and optimization of industry and talent structure.

Keywords: Yangtze River Economic Belt; Innovation Drive; Manufacturing

B. 7 The Cities' Efficiency of Industrial Green Development and Its Influence Factors in Yangtze River Economic Belt

Huang Lei / 193

Abstract: With the constraints of resource and environment severer, promoting industrial green development and cutting down the discharge of industrial waste have becoming the mainstream trend of economic development. As the national huge economic belt, the Yangtze River Economic Belt is of great importance for the construction of ecological civilization, the establishment of modern industrial system and the acceleration of high quality economic development. Based on the panel data of 110 cities in YREB from 2011 to 2016, this paper makes assessment on the spatiotemporal evolution of the cities' efficiency of industrial green development by the Methods of Super-SBM and Theil Index, and explore its influence factors by Spatial Durbin Model. The results suggest the following findings. The efficiency presents an ascending trend, which means the endogenic impetus to achieve the industrial green development strengthen a lot. The efficiency in the upper, middle and lower reaches of YREB is significantly different, showing a gradient decreasing pattern, which means YREB's industrial green development has shifted into the middle and upper reaches. Economic development, environmental regulation, industrialization and opening are the main force to improve the efficiency directly. Environmental regulation and urbanization has negative spatial spillover effect in promoting the nearby cities' efficiency in YBER. On the contrary, the industrial agglomeration and industrialization's spatial effect is negative. Based on the above empirical analysis, to improve the cities' efficiency, it is necessary to establish unified environmental warning mechanism, strengthen the supporting function of green technical innovation, promote the adjustment and upgradation of industrial structure, implement the policy of new urbanization and undertake regional and international industrial transfer greenly.

Keywords: Yangtze River Economic Belt; City Unit; Industrial Green Development

Abstract: Based on the regional and industry panel data from 2005 to 2017, the location quotient, the spatial Gini coefficient and the Super-SBM model with undesired output are used to measure the concentration level and green innovation efficiency of the equipment manufacturing industry in the Yangtze River Economic Belt. The threshold panel model analyzes the impact of the concentration of equipment manufacturing industry in the Yangtze River Economic Belt on the efficiency of green innovation. The research results show that the equipment manufacturing industry agglomeration and green innovation efficiency in the Yangtze River Economic Belt show the spatial and industrial differentiation characteristics. The horizontal concentration of industrial agglomeration in the upper, middle and lower reaches increases. The concentration of transportation equipment and equipment manufacturing industry and special equipment manufacturing industry Low, green innovation efficiency loss stems from redundant input and undesired output redundancy; there is a significant N-type relationship between equipment manufacturing agglomeration and green innovation efficiency in the middle and lower reaches, and the upstream equipment manufacturing agglomeration and green innovation efficiency are significantly negative. Type relationship. Economic growth, R&D intensity, and energy consumption is positively related to the green innovation efficiency of the equipment manufacturing industry. The opening up, urbanization rate, and environmental regulation is negatively related to the green innovation efficiency of the equipment manufacturing industry. To improve the quality of the equipment manufacturing industry in the Yangtze River Economic Belt, we should increase investment in research and development and enhance the capacity for independent innovation to promote the green development of the equipment manufacturing industry.

Keywords: Equipment Manufacturing Industry; Industrial Agglomeration; Green Innovation Efficiency

Abstract: Developing green manufacturing and adjusting the traditional industrial structure will not only alleviate overcapacity, stimulate the energy efficiency of the Yangtze River Economic Belt manufacturing industry, but also deepen the international influence of the Yangtze River Economic Belt manufacturing industry. This report quantitatively examines the overall characteristics of energy consumption in the Yangtze River Economic Belt manufacturing industry. It is found that the main energy consumption of the Yangtze River Economic Belt is generally on the rise. The industrial energy consumption is dominated by coal and oil, and natural gas consumption has shown rapid growth in recent years. The regional energy consumption structure of the Yangtze River Economic Belt has a large regional difference, and the energy intensity is also declining. This report uses Kaya's identity to measure CO_2 emissions, and decomposes CO_2 emission factors by LMDI addition decomposition method. The measurement results show that the carbon emissions of energy consumption in the Yangtze River Economic Belt are generally rising, and the scale of the industry and population are expanding. The rapid economic growth and continuous adjustment of the energy structure and the year-on-year reduction in energy efficiency are the main reasons for the rapid growth of carbon emissions in the Yangtze River Economic Belt. After 2013, the industrial structure upgrading of the Yangtze River Economic Belt and the advancement of energy-saving technologies have promoted the adjustment of industrial energy consumption structure and energy efficiency, which has led to an increase in the economic development level of the Yangtze River Economic Belt. However, this strong decoupling state is not stable.

Keywords: Yangtze River Economic Belt; Manufacturing; Energy Consumption; Carbon Emissions

Abstract: Ecological priority and green development are the main keynotes for the development of pollution-intensive industries in the Yangtze River Economic Belt. This report defines 12 pollution-intensive industries through scientific methods, and is based on the data of pollution-intensive industries in the provinces and provinces of the Yangtze River Economic Belt from 2003 to 2016. The Gini coefficient, the Thail index, the industrial concentration index, the standard deviation ellipse method, DEA-SBM model and STIRPAT model are used to study the spatial and temporal characteristics, ecological efficiency and influencing factors of pollution-intensive industry development. The study found that the scale of pollution-intensive industries in the Yangtze River Economic Belt has risen first and then stabilized. The pollution-intensive industries are mainly concentrated in the downstream areas, and the focus of the development of pollution-intensive industries is shifting to the middle and upper reaches over time. The ecological efficiency of pollution-intensive industries in the Yangtze River Economic Belt has been rising and has regional heterogeneity: the level in the lower reaches is higher, followed by the middle reaches, but the lowest in the upper reaches. The ecological efficiency of pollution-intensive industries in the Yangtze River Economic Belt is affected by diversification factors: government-regulated environmental regulations, towns The rate of transformation, the level of innovation, and the industrial structure have positive effects. The voluntary environmental regulation, per capita GDP, and energy intensity have a negative effect.

Keywords: Yangtze River Economic Belt; Pollution-intensive Industries; Ecological Efficiency

B. 11 Research on the Impact of FDI on Manufacturing Pollution in the Yangtze River Economic Belt from the Perspective of Industrial Agglomeration

Liu Han, *Wang Yan* / 292

Abstract: The importance of ecological restoration in the Yangtze River Economic Belt has become increasingly prominent. It is urgent to control the pollution emission of manufacturing industry and other industries in order to achieve green sustainable development. Based on panel data of 108 cities in Yangtze River Economic Belt from 2003 to 2016, this report used panel regression model and threshold effect model to empirically analyze the impact of FDI and industrial agglomeration on manufacturing pollution. The results showed that FDI had a significant inhibitory effect on manufacturing pollution in Yangtze River Economic Belt on the whole, and the effects were different in different parts of the Yangtze River Economic Belt; the effects of FDI varied with the level of industrial agglomeration; and industrial agglomeration had a deteriorating effect on manufacturing pollution in Yangtze River Economic Belt. Based on the above findings, this report proposes measures such as continuous introduction of high quality FDI, rational planning of FDI introduction and layout, and effective control of manufacturing agglomeration, in order to effectively alleviate manufacturing pollution in the Yangtze River Economic Belt.

Keywords: Yangtze River Economic Belt; FDI; Industrial Agglomeration; Manufacturing Pollution; Threshold Effect

Abstract: Promoting the integration of manufacturing and service industries is an important way to enhance the core competitiveness of the Yangtze River Economic Belt and achieve high quality economic development. In this paper, considering the spatial factors and power functions, the coupling coordination degree model is improved. The article measures the level of integration of manufacturing and service industries in 108 cities in the Yangtze River Economic Belt. The paper uses the spatial panel Dubin model to examine the influencing factors of the level of integration of manufacturing and service industries in the Yangtze River Economic Belt. The results show that the integration level of manufacturing and service industries in the Yangtze River Economic Belt is higher than the national average, but there is still a certain gap from the level of quality coordination and integration; the level of integration of manufacturing and service industries in the Yangtze River Economic Belt is "catch up" The effect is not obvious. The improvement of the level of integration of manufacturing and service industries is affected by factors such as spatial location, industrial agglomeration and transfer. The level of integration of manufacturing and service industries in the Yangtze River Economic Belt is affected by many factors. There is a big difference in the spatial spillover effects of factors. In the process of promoting the high quality development of the Yangtze River Economic Belt, we should attach great importance to the integrated development of manufacturing and service industries, and formulate phased and targeted support policies based on the development status of manufacturing and service industries in various regions of the Yangtze River Economic Belt. Give play to the spatial externalities of the industry and accelerate the process of integration and development of manufacturing and service industries.

Keywords: Yangtze River Economic Belt; Manufacturing; Service Industry; Integrated Development

B. 13 Research Report on Ecological Protection Efficiency and Development Efficiency of Science and Technology Service Industry in Yangtze River Economic Belt

Zhou Zhonglin, Xiao Bo and Zheng Jun / 336

Abstract: Calculate the ecological protection efficiency and the development efficiency of science and technology service industry in 11 provinces of the Yangtze river economic belt from the year 2010 to 2016 by constructing the Super-efficiency DEA model and the method of window analysis. Analyze the influence between them by constructing the model of spatial econometric. The results show that the ecological protection efficiency of 11 provinces along the Yangtze river economic belt is significantly different from the development efficiency of science and technology service industry. The efficiency of scientific research and technological service industry has a positive impact on the efficiency of ecological protection in local and surrounding areas. The efficiency of science and technological capital service industry has a positive effect on the local ecological protection efficiency, but it has a restraining effect on the surrounding area. The scientific and technological publicity service industry has no significant impact on the efficiency of ecological protection. It is suggested to strengthen the construction of local ecological protection science and technology personnel and establish the ecological protection science and technology alliance of the Yangtze river economic belt. Establish a financing mechanism for diversified and market-oriented science and technology capital, and increase the total amount of science and technology capital; we will enrich promotion platforms and make ecological protection science and technology more specialized.

Keywords: Yangtze River Economic Belt; Ecological Protection Efficiency; Science and Technology Service Industry

Abstract: The Yangtze River Basin has rich cultural resources, diverse cultural forms and significant cultural values. It plays a central role in the formation of Chinese civilization and the development of human civilization. As an important cultural industry gathering area in China, the Yangtze River Economic Belt has a good foundation for cultural industry development. Shanghai, Jiangsu and Zhejiang Province are the leading areas for the development of cultural industries in the Yangtze River Economic Belt. The report discusses the development pattern, outstanding problems and relevant policy suggestions of the cultural industry in the Yangtze River Economic Belt, and points out at present, the development of the cultural industry in the Yangtze River Economic Belt still has outstanding problems such as unsound industrial competitiveness, unbalanced regional development and imperfect cooperation mechanisms. The construction of the Yangtze River Cultural Industry Belt can effectively promote the transformation of the rich cultural resources advantages of the Yangtze River Basin into economic advantages. To promote the vigorous development of the cultural industry in the Yangtze River Economic Belt, it is necessary to construct a coordinated development mechanism for cultural industries, give full play to the role of the cultural market, improve the cultural industry policy, and achieve high-quality development of the cultural industry in the Yangtze River Economic Belt.

Keywords: Yangtze River Economic Belt; Cultural Industry; Yangtze River Culture

Ⅲ Specialized Investigation Reports

Abstract: The chemical industry in the Yangtze River Economic Belt plays an important role in the development of the national chemical industry. Among the 11 provinces along the Yangtze River Economic Belt, the chemical industry in Hubei Province and Jiangsu Province ranks in the forefront. However, while the chemical industry is undergone rapid development, the problem of "chemical industry encircles river" has become increasingly prominent. Hubei Province and Jiangsu Province have promulgated and implemented a series of plans and policies to guide the transformation and upgrading of the chemical industry to high quality development, and thus stand as the "Hubei Example" and "Jiangsu Example" of solving problem of "chemical industry encircles river". The report summarizes and analyzes the experiences of the two provinces , points out The experience of promoting the high quality development of the chemical industry in the Yangtze River Economic Belt are as follows. Using the scientific concept to guide the green development of the chemical industry. Setting up plans to creatively develop the chemical industry. The support of policy is also vital for ensuring healthy development of the chemical industry.

Keywords: Yangtze River Economic Belt; Chemical Industry; Chemical Industry Encircles River; Hubei Example; Jiangsu Example

B. 16 Investigation Report on Equipment Manufacturing Industry Development of Zhuzhou Rail Transit in Hunan Province

Abstract: Zhuzhou is the largest R&D and manufacturing base of electric locomotive in China, and one of the growth poles of rail transit industry in China. In this report, the overall development of Zhuzhou rail transit equipment manufacturing industry and industrial chain development situation were investigated and analyzed, and the research results showed that Zhuzhou rail transit equipment manufacturing industry, as a key development industry in Hunan province, has formed a relatively complete industrial chain by promoting the linkage development layout of "one city, four districts and four parks", and has a certain domestic and international influence in the construction of innovation center, technological innovation ability and market brand influence.. In order to further promote the high-quality development of Zhuzhou rail transit equipment manufacturing industry, it is necessary to promote the mechanism and system innovation of industrial cluster development, promote the coordinated development of industrial chain, and continuously enhance the industrial innovation ability and international competitiveness.

Keywords: Equipment Manufacturing; Rail Transit Equipment Industry; High Quality Development

B. 17 Research Report on Hefei Comprehensive National Science Center Information Technology Industry Development

Wu Chuanqing, Ye Yunling / 405

Abstract: The industrial development of Hefei Comprehensive National Science Center focuses on the fields of "information, energy, health and environment". Among them, artificial intelligence industry and quantum information technology industry are characteristic industries developed by Hefei Comprehensive National Science Center. This report takes the information technology industry as the research object and puts forward the suggestions to promote the high quality development of the information technology industry of Hefei Comprehensive National Science Center: coordinates the "innovation chain", "industry chain", "financial chain", "talent chain" and "policy chain", get through the channel "advanced science and technology" to "powerful industry" to "strong economy", promote industrial agglomeration and industrial cluster.

Keywords: Artificial Intelligence Industry; Quantum Information Technology Industry; High Quality Development

B. 18 "Wuhan Sample" for the Development of High-end Shipping Service Industry

Li Yanxi, Yin Lihui and Xu Xiongchen / 420

Abstract: The high-end shipping service industry focus on providing high value-added shipping services, and is an important support for enhancing the comprehensive competitiveness and concentration of radiation in shipping centers. Wuhan Shipping Exchange is an important main body and promoter of Wuhan's high-end shipping service industry. The main formats include shipping logistics, ship asset trading, shipping intellectual property, shipping finance, shipping information, shipping education, shipping culture, and shipping legal affairs. Focusing on the shipping exchanges, by comparing and analyzing the development of high-end shipping service industry in Wuhan, Shanghai and Chongqing, we can find that the high-end shipping service industry in Wuhan is more abundant, but the policy support is insufficient. The key to promoting the high-quality development of the high-end shipping service industry is to foster the development of high-end distinctive shipping service formats and strengthen the integration of high-end shipping services and manufacturing.

Keywords: Yangtze River Economic Belt; High-end Shipping Service Industry; Wuhan Shipping Exchange

Abstract: As an important pharmaceutical industry cluster in China, Jiangsu Taizhou has formed a pharmaceutical industry system featured with vaccines, diagnostic reagents, high-end medical devices, biopharmaceuticals, new chemical preparations, modernization of traditional Chinese medicines and chemical products. This report has carried out relevant research on Jiangsu Taizhou pharmaceutical industry from the aspects of development overview, leading enterprises, countermeasures and suggestions. To furtherly promote the high-quality development of Taizhou's pharmaceutical industry, we should improve the pharmaceutical industry innovation system, the transformation mechanism of medical science and technology achievements, and enhance the agglomeration effect and radiation effect of the pharmaceutical industry.

Keywords: Pharmaceutical Industry; Cluster Area; High Quality Development

皮书

智库报告的主要形式
同一主题智库报告的聚合

❖ 皮书定义 ❖

皮书是对中国与世界发展状况和热点问题进行年度监测，以专业的角度、专家的视野和实证研究方法，针对某一领域或区域现状与发展态势展开分析和预测，具备前沿性、原创性、实证性、连续性、时效性等特点的公开出版物，由一系列权威研究报告组成。

❖ 皮书作者 ❖

皮书系列报告作者以国内外一流研究机构、知名高校等重点智库的研究人员为主，多为相关领域一流专家学者，他们的观点代表了当下学界对中国与世界的现实和未来最高水平的解读与分析。截至 2020 年，皮书研创机构有近千家，报告作者累计超过 7 万人。

❖ 皮书荣誉 ❖

皮书系列已成为社会科学文献出版社的著名图书品牌和中国社会科学院的知名学术品牌。2016 年皮书系列正式列入“十三五”国家重点出版规划项目；2013~2020 年，重点皮书列入中国社会科学院承担的国家哲学社会科学创新工程项目。

中国皮书网

（网址：www.pishu.cn）

发布皮书研创资讯，传播皮书精彩内容

引领皮书出版潮流，打造皮书服务平台

栏目设置

◆ **关于皮书**

何谓皮书、皮书分类、皮书大事记、

皮书荣誉、皮书出版第一人、皮书编辑部

◆ **最新资讯**

通知公告、新闻动态、媒体聚焦、

网站专题、视频直播、下载专区

◆ **皮书研创**

皮书规范、皮书选题、皮书出版、

皮书研究、研创团队

◆ **皮书评奖评价**

指标体系、皮书评价、皮书评奖

◆ **互动专区**

皮书说、社科数托邦、皮书微博、留言板

所获荣誉

◆ 2008 年、2011 年、2014 年，中国皮书网均在全国新闻出版业网站荣誉评选中获得“最具商业价值网站”称号；

◆ 2012 年，获得“出版业网站百强”称号。

网库合一

2014年，中国皮书网与皮书数据库端口合一，实现资源共享。

权威报告·一手数据·特色资源

皮书数据库

ANNUAL REPORT(YEARBOOK) DATABASE

分析解读当下中国发展变迁的高端智库平台

所获荣誉

- 2019年，入围国家新闻出版署数字出版精品遴选推荐计划项目
- 2016年，入选“‘十三五’国家重点电子出版物出版规划骨干工程”
- 2015年，荣获“搜索中国正能量 点赞2015”“创新中国科技创新奖”
- 2013年，荣获“中国出版政府奖·网络出版物奖”提名奖
- 连续多年荣获中国数字出版博览会“数字出版·优秀品牌”奖

成为会员

通过网址www.pishu.com.cn访问皮书数据库网站或下载皮书数据库APP，进行手机号码验证或邮箱验证即可成为皮书数据库会员。

会员福利

- 已注册用户购书后可免费获赠100元皮书数据库充值卡。刮开充值卡涂层获取充值密码，登录并进入“会员中心”—“在线充值”—“充值卡充值”，充值成功即可购买和查看数据库内容。
- 会员福利最终解释权归社会科学文献出版社所有。

社会科学文献出版社 SOCIAL SCIENCES ACADEMIC PRESS (CHINA) 皮书系列

卡号：318342876257

密码：

数据库服务热线：400-008-6695

数据库服务QQ：2475522410

数据库服务邮箱：database@ssap.cn

图书销售热线：010-59367070/7028

图书服务QQ：1265056568

图书服务邮箱：duzhe@ssap.cn

S 基本子库
SUB DATABASE

中国社会发展数据库（下设 12 个子库）

整合国内外中国社会发展研究成果，汇聚独家统计数据、深度分析报告，涉及社会、人口、政治、教育、法律等 12 个领域，为了解中国社会发展动态、跟踪社会核心热点、分析社会发展趋势提供一站式资源搜索和数据服务。

中国经济发展数据库（下设 12 个子库）

围绕国内外中国经济发展主题研究报告、学术资讯、基础数据等资料构建，内容涵盖宏观经济、农业经济、工业经济、产业经济等 12 个重点经济领域，为实时掌控经济运行态势、把握经济发展规律、洞察经济形势、进行经济决策提供参考和依据。

中国行业发展数据库（下设 17 个子库）

以中国国民经济行业分类为依据，覆盖金融业、旅游、医疗卫生、交通运输、能源矿产等 100 多个行业，跟踪分析国民经济相关行业市场运行状况和政策导向，汇集行业发展前沿资讯，为投资、从业及各种经济决策提供理论基础和实践指导。

中国区域发展数据库（下设 6 个子库）

对中国特定区域内的经济、社会、文化等领域现状与发展情况进行深度分析和预测，研究层级至县及县以下行政区，涉及地区、区域经济体、城市、农村等不同维度，为地方经济社会宏观态势研究、发展经验研究、案例分析提供数据服务。

中国文化传媒数据库（下设 18 个子库）

汇聚文化传媒领域专家观点、热点资讯，梳理国内外中国文化发展相关学术研究成果、一手统计数据，涵盖文化产业、新闻传播、电影娱乐、文学艺术、群众文化等 18 个重点研究领域。为文化传媒研究提供相关数据、研究报告和综合分析服务。

世界经济与国际关系数据库（下设 6 个子库）

立足“皮书系列”世界经济、国际关系相关学术资源，整合世界经济、国际政治、世界文化与科技、全球性问题、国际组织与国际法、区域研究 6 大领域研究成果，为世界经济与国际关系研究提供全方位数据分析，为决策和形势研判提供参考。